工程建设理论与实践丛书

TIELU GONGCHENG
SHIGONG JISHU YU XIANGMU GUANLI

铁路工程
施工技术与项目管理

邹俊辉　潘 亮　周林峰　主编

華中科技大學出版社
http://press.hust.edu.cn
中国·武汉

图书在版编目(CIP)数据

铁路工程施工技术与项目管理/邹俊辉,潘亮,周林峰主编. —武汉:华中科技大学出版社,2022.12

ISBN 978-7-5680-9000-1

Ⅰ. ①铁… Ⅱ. ①邹… ②潘… ③周… Ⅲ. ①铁路工程-工程施工 ②铁路工程-项目管理 Ⅳ. ①U215 ②F530.31

中国版本图书馆 CIP 数据核字(2022)第 246567 号

铁路工程施工技术与项目管理 邹俊辉 潘 亮 周林峰 主编

Tielu Gongcheng Shigong Jishu yu Xiangmu Guanli

策划编辑:周永华
责任编辑:周怡露
封面设计:王 娜
责任监印:朱 玢
出版发行:华中科技大学出版社(中国·武汉) 电话:(027)81321913
武汉市东湖新技术开发区华工科技园 邮编:430223
录 排:华中科技大学惠友文印中心
印 刷:武汉科源印刷设计有限公司
开 本:710mm×1000mm 1/16
印 张:20
字 数:370 千字
版 次:2022 年 12 月第 1 版第 1 次印刷
定 价:98.00 元

本书若有印装质量问题,请向出版社营销中心调换
全国免费服务热线:400-6679-118 竭诚为您服务

编　委　会

主　编　邹俊辉（中国铁路广州局集团有限公司）
　　　　潘　亮（中国铁路兰州局集团有限公司）
　　　　周林峰（中铁二院工程集团有限责任公司土建三院）

副主编　严赪强（中国铁路上海局集团有限公司上海铁路枢纽工程建设指挥部）
　　　　马世岩（中铁十八局集团建筑安装工程有限公司）
　　　　陈国强（中铁十八局集团第三工程有限公司）
　　　　陈宗国（中铁二十五局集团有限公司）

编　委　郭江龙（国能朔黄铁路发展有限责任公司）
　　　　冯　琳（中铁八局集团有限公司）
　　　　于　波（中国铁路乌鲁木齐局集团有限公司库尔勒铁路建设指挥部）
　　　　呼艳燕（中铁电气化局集团有限公司上海电气化工程分公司）
　　　　陈　聪（渝黔铁路有限责任公司）

前　言

随着社会的发展，越来越多的人开始关注铁路的安全。铁路是国家重要的交通运输和基础设施，是大众化的交通工具。近年来，我国的铁路建设发展突飞猛进，进入了跨越式发展的新时期。然而在我国铁路面临大发展的同时，铁路工程施工管理方面却一直存在问题。因此，探索铁路工程施工和工程项目管理的创新与变革十分迫切和必要。

我国铁路施工单位积累了丰富的施工经验。随着现代铁路施工需求的不断提高，新的铁路标准对设计及施工方面的工作提出了新的要求。针对近年来铁路施工新技术中存在的问题，加快施工问题的整理与分析，对我国铁路建设质量的提高有着至关重要的意义。而且，研究并解决铁路工程建设施工中存在的问题，对施工单位的成本和质量控制、施工人员控制、综合市场竞争力的提高有着重要的意义。

本书共分为八章，主要内容包括论绪论、铁工程项目管理、铁路站前工程施工、铁路站房工程、铁路“四电”工程、高速铁路施工组织设计、铁路高风险隧道施工管理和铁路变更设计工程施工管理。

本书在编写中参考了部分学者的著作，在此表示衷心感谢。由于编写人员水平有限，本书难免有疏漏之处，希望广大读者给予指正。

目　　录

第1章 绪论

1.1 铁路工程建设基本概述

1.1.1 铁路工程建设的基本概念

铁路工程建设是铁路企业为了扩大再生产而增加(包括新建、改建、扩建、恢复以及添置等)固定资产以及与之相关的建设过程,它通常由以下几方面组成。

(1)建设铁路所需要进行的全部建筑工程,主要包括与铁路建设直接相关的各种永久性、临时性的建(构)筑物以及其他基础设备等。

(2)铁路各种大型设备的安装工程,主要包括为生产、运输、试验、安全与防护等项目提供所需的各种机械设备的安装、维护及调试等工程。

(3)铁路建设项目内的各种材料,设备和工、器具的购置等。

(4)铁路建设项目的申请、规划、立项及勘测设计等工作。

(5)与铁路建设相关的其他附属工程的建设工作,如铁路企业人员的培训,征用土地以及相关机构的设置等。

铁路建设资产按照管理方式的不同,可以分为固定资产和非固定资产两大类。固定资产与非固定资产是相对而言的。固定资产是在生产活动过程中长期发挥作用的劳动资料和在非生产活动中长期使用的物质资料。固定资产在生产过程中保持其原有的实物形态,直至磨损陈旧而报废。非固定资产(又称流动资产)是指可以在一年或者超过一年的一个营业周期内转变形态或耗用的资产,如银行存款、短期投资、辅助材料等,它在一个生产周期中就会全部消耗,并将价值转移到产品中,而其原有的形态也不复存在。

固定资产根据其生产性质又可以分为生产性固定资产和非生产性固定资产。确定一个物品是否属于固定资产,除了要看它是否在生产过程中长期发挥作用,是否保持原来的实物状态,还要看它是否同时满足以下规定。

(1)使用期限在1年以上。

(2)单位价值在国家或各个主管部门规定的限额以上。

因此,铁路固定资产必须同时具备以上两个条件,否则应定义为低值易耗品。但国家财政部门规定,其他大中小型工业企业的固定价值标准各不相同。铁路固定资产的形成过程是在铁路许多物质部门、生产部门的共同参与下完成的,它是铁路基本建设的成果,也是铁路建设不可或缺的一个重要部分。

1.1.2 铁路工程建设的作用

铁路工程建设是国家基本建设的一个重要组成部分,是建立和扩大铁路固定资产再生产的重要手段。它对改变铁路网结构、扩大铁路运力、促进国民经济的发展都具有十分重要的作用。具体作用如下:

(1)为铁路各个部门建立固定资产,提供生产能力,扩大再生产,促进国民经济的快速发展;

(2)提高国民经济技术装备水平;

(3)有计划地调整旧的部门结构,建立新的生产部门;

(4)合理分布生产力的重要途径;

(5)使产业规模逐步扩大,产业地位进一步提高;

(6)使产业组织结构充分优化,产业素质不断提高;

(7)改善人民的物质文化生活,并创造出丰富的物质条件等。

1.1.3 铁路工程建设的特点

铁路工程建设是一项综合性的经济活动,具有广泛的社会性,它不仅涉及生产和非生产建设等各个部门的相关利益,同时也涉及资源、财政、工农业生产、交通运输、环境保护等外部因素。所以,铁路工程建设必须按照国家规划和发展要求,从实际出发,正确处理好经济与发展、技术与进步等各种因素之间的关系。

铁路工程建设的特点如下。

(1)建设周期长,物资消耗大。一个铁路建设项目从规划到审批、从施工到竣工、从交工到运营,往往要经过几年的时间才能完成。

(2)涉及面很广,必须协调各方面的关系,取得各方面的配合和协作,做到综合平衡。

(3)建设产品具有固定性。任何一条铁路的建设都具有固定性(不可移动性),因此,在规划时必须要进行方案比选,以最低的代价获得最大的经济效益和

社会效益。

(4)建设过程必须要有连续性。每一条铁路的建设,从开工到完成,一定要保持一定的连续性,尽量节省社会资源。

(5)建设产品具有单件性。铁路建设项目都有各自不同的目的和用途,所以,通常情况下只能单独设计,不能批量生产。

(6)产品生产具有流动性,即生产者和生产工具会经常随着工程的流动而发生转移。

1.1.4　铁路工程建设的程序

1. 概念

铁路工程建设程序是指铁路建设项目从构想、选择、评估、决策、设计、施工、竣工验收到投入生产的整个建设过程中,各项工作所必须遵循的先后顺序。严禁各项建设程序顺序混乱。另外,为了提高铁路建设工程质量,应贯彻"以质量为中心,标准化计量为基础"的方针,完善项目法人责任制、工程招投标制、工程监理制、质量监督制及合同管理制等。设计单位对业主负责,从设计任务书开始,一直到完成施工图设计,确定建设工程投资额或工程造价。施工单位通过投标向业主承包工程,根据设计文件完成工程施工。

2. 铁路工程建设程序

铁路大中型工程建设应在项目决策阶段开展预可行性和可行性研究,在实际施工阶段应开展初步设计和施工图设计。小型建设项目可以进行适当的简化。

(1)立项决策阶段。依据铁路建设规划,对拟建项目进行预可行性研究,编制项目建议书;根据中国国家铁路集团有限公司批准的铁路中长期规划或项目建议书,在初测的基础上进行可行性研究,编制可行性研究报告。项目建议书和可行性研究报告应按照国家规定进行报批。工程简易的项目,也可以直接进行可行性研究,编制可行性研究报告。

(2)设计阶段。可根据批准的可行性研究报告,在定测的基础上开展初步设计。初步设计经过审查批准后,才可以进行施工图设计。工程简易的项目,可以根据批准的可行性研究报告直接进行施工图设计。

初步设计文件是确定建设规模和投资的主要依据。根据批准的可行性研究报告，开展定测、现场调查，通过局部方案比选和比较详细的设计，提出工程数量、主要设备、材料数量、拆迁数量、用地总量与分类及补偿费用，并进行施工组织设计及工程总投资估算的编制等。初步设计文件应满足主要设备采购、征地拆迁和施工图设计的需要。初步设计概算静态投资一般应不大于已批复的可行性研究报告的静态投资。

施工图文件是工程实施和验收的依据，根据审批的初步设计文件进行编制，为工程建设提供施工图、表、设计说明和工程投资概算等。

(3)工程实施阶段。在初步设计文件审查批准后，成立组织建设单位，组织工程招投标，择优选择施工单位，编制开工报告。开工报告批准后，依据批准的建设规模、技术标准、建设工期和投资，按照施工图和施工组织设计文件组织建设。

铁路工程建设项目在实施之前应做好各项准备工作，其主要内容包括征地拆迁、“三通一平”(即通水、通电、通路及施工场地平整)、工程地质勘察、组织设备、材料订货以及其他准备(如必要的施工图纸、文件等)。

(4)竣工验收阶段。铁路建设项目按照批准的设计文件全部竣工或分期、分段完成后，按规定组织竣工验收，办理资产移交。铁路建设项目由验收机构组织验收，验收机构按照国家规定设立。验收内容包括初验、正式验收和固定资产移交。限额以下项目或小型项目可以一次性验收。

工程验收后，项目承包企业应按照合同责任制的要求，对工程进行用后服务与保修，提供技术咨询，进行工程回访，负责必要的维修工作。工程施工承包企业应对保修范围和保修期限内发生的质量问题，按规定履行保修义务，并对造成的损失承担赔偿责任。

3. 建设管理单位的设立

铁路建设管理单位是建设项目的组织实施机构，是实现建设目标的直接责任者，所以，铁路建设管理单位必须是依法设立、从事铁路建设业务的企业或具有独立法人资格的事业单位，且必须满足下列条件：

(1)具有管理同类建设项目的工作经验，其负责建设的工程项目质量合格，投资控制良好，经运营检验，没有质量隐患；

(2)具有与建设项目相适应、专业齐全的技术、经济管理人员。其中，单位负责人、技术负责人、财务负责人必须具有较高学历，熟悉国家和铁路管理部门有关铁路建设的方针、政策、法规和规定，并具有较高的管理和决策水平。

4. 建设管理单位的主要职责

(1)贯彻国家和铁路主管部门的有关工程建设方针、政策、法规和规定，按照批准的建设规模、技术标准、建设工期和投资标准，组织铁路工程项目建设，针对工程质量、安全、工期、投资等全过程对委托方负责。

(2)组织勘测设计招标，组织实施勘测设计、工程地质勘察、监理和设计咨询等工作。

(3)组织施工、监理、物资设备采购招标，与中标企业签订合同。

(4)办理工程质量监理手续。

(5)负责项目的征地、拆迁工作，负责审批建设项目中单项工程的开工(复工)报告。

(6)组织编制工程项目施工组织设计。

(7)负责审核施工图，供应设计文件，组织工程设计现场技术交底。

(8)编制工程项目年度建设计划及建设资金预算的建议等。

(9)组织、协调工程建设，负责统计、报告工程进度。

(10)按照规定办理工程变更设计。

(11)按照规定组织或参与对工程质量、人员伤亡和行车安全等事故的调查和处理。

(12)负责工程项目的财务管理工作，按规定使用建设资金，办理与工程项目有关的各种结算业务等。

(13)负责验工计价，并及时办理工程价款等资金的拨付与结算。

(14)负责工程竣工验收前期工作，组织编制工程竣工文件和竣工决算，组织编写工程总结。

(15)组织归档各类竣工资料、文件及项目总报告等。

1.2　铁路工程项目管理认知

1.2.1　铁路工程项目管理的概念

铁路工程项目管理是以铁路工程项目为对象，以项目经理负责制为基础，以实现项目目标为目的，以构成铁路工程项目要素的市场为条件，以与此相适应的一整套施工组织制度和管理制度作保证，对铁路工程项目建设全过程系统地进行决策、计划、组织、协调和控制的方法体系。

1.2.2 铁路工程项目管理的五大职能

1.决策职能

铁路工程项目的建设过程是一个系统的决策过程，每一建设阶段的启动都依靠决策。前期决策对设计阶段、施工阶段及项目建成后的运行均产生重要影响。

2.计划职能

将铁路工程项目的预期目标进行筹划安排，把铁路工程项目的全过程、全部目标和全部活动统统纳入计划的轨道，用一个动态的可分解的计划系统来协调控制整个项目，以便提前揭露矛盾，使项目在合理的工期内以较低的造价、较高的质量达到预期目标。

(1)通过收集整理和分析所掌握的各种信息资料，为项目的决策人提供工程项目需不需要进行、有没有可能进行、如何进行以及可能达到的目标等一系列决策依据。因此，计划过程实际上也是一个决策过程。

工程项目的计划可按需要编制代表发展商意愿的、切实可行的总指导性控制计划，并在此基础上衍生(分解)出如下若干分计划，由相应的职能部门分头执行：①前期工作计划；②拆迁安置计划；③设计工作安排计划；④工程项目招投标计划；⑤施工作业计划，机电设备及主要材料采购供应计划；⑥建设资金使用计划；⑦竣工验收安排计划。

(2)工程项目中各项工作的开展都以计划为依据，使项目实施各阶段、各环节都做到有法可依、有据可查、有章可循，以此来协调工程项目的各项活动。因此，工程项目计划是工程项目实施的指导性文件。

(3)计划有助于人力、材料、机械、设备和建设资金等各种资源都能得到合理的、充分有效的运用，并在实施过程中可以及时地对各阶段、各环节的活动进行协调，以达到质量优良、工期和造价合理的理想目标。因此，工程项目计划是实现工程项目目标的一种必要手段。

3. 组织职能

在熟悉铁路工程项目形成过程及发展规律的基础上，通过部门分工、职责划分明确职权，建立行之有效的规章制度，使工程项目的各阶段、各环节、各层次都有管理者分工负责，形成一个高效率的组织保证体系，以确保工程项目的各项目标的实现。这里特别强调的是，可以充分调动管理者的工作热情和积极性，充分发挥管理者的工作能力和长处，以管理者的高工作质量换取工程项目的各项目标的全面实现。

4. 协调职能

在铁路工程项目的不同阶段、不同环节，与之有关的不同部门、不同层次之间，虽然都有自己的管理内容和管理办法，但它们之间的结合部位往往是管理最薄弱的地方，需要进行有效的沟通和协调。而各种协调之中，人与人之间的协调最为重要。协调职能使不同阶段、不同环节、不同部门、不同层次之间通过统一指挥形成目标明确、步调一致的局面，同时通过协调使一些看似矛盾的工期、质量和造价之间的关系，时间、空间和资源利用之间的关系也得到了充分统一，这些对于复杂的工程项目管理来说无疑是非常重要的工作。

5. 控制职能

铁路工程项目主要目标的实现，是以控制职能为保证手段的。因为偏离预定目标的可能性是经常存在的，必须通过决策、计划、协调、信息反馈等手段，采用科学的管理方法纠正偏差，确保目标的实现。目标有总体目标，也有分目标和阶段目标，各项目标组成一个体系，因此，目标的控制必须是系统的、连续的。

1.2.3 铁路工程项目管理的主要模式

1. 设计—招标—建造模式(DBB, design-bid-build)

世界银行、亚洲开发银行贷款项目和采用国际咨询工程师联合会(Fédération Internationale Des Ingénieurs Conseils, FIDIC)的合同条件的项目均采用这种模式。该模式有两个显著特点：①施工总承包，业主与施工总承包企业签订施工承包合同；②工程项目的实施必须按设计—招标—建造的顺序进行，只有一个阶段结束后另一个阶段才能开始。

1)优点

(1)该模式长期、广泛在世界各地采用,因而管理方法较成熟,各方都对有关程序较熟悉;可自由选择咨询设计人员,可对设计要求进行控制;可自由选择监理人员监理工程;采用竞争性招标,利于降低报价。

(2)参与项目的三方(业主、设计机构及施工单位)在各自合同的约定下,各自行使权利和履行义务,三方的责、权、利分配明确,利于合同管理并减少合同纠纷。

2)缺点

(1)项目管理方面的技术基础是按照线性顺序进行设计、招标、施工的管理,建设周期长,投资成本容易失控,业主的管理成本相对较高。

(2)施工单位无法参与设计工作,导致设计与施工单位之间的协调困难,设计变更频繁,变更时容易引起较多的索赔,使业主利益受损。

2.工程总承包模式

工程总承包是指从事工程总承包的企业(以下简称工程总承包企业)受业主委托,按照合同约定对工程项目的勘察、设计、采购、施工、试运行(竣工验收)等实行全过程或若干阶段的承包。工程总承包企业按照合同约定对工程项目的质量、工期、造价等向业主负责。工程总承包企业可依法将所承包工程中的部分工作发包给具有相应资质的分包企业;分包企业按照分包合同的约定对总承包企业负责。

工程总承包主要有施工总承包、设计建造总承包、设计采购施工总承包和交钥匙总承包等形式。

1)优点

(1)业主介入具体组织实施的程度较低,可充分利用工程总承包企业的先进技术和经验,克服业主经验不足的弊端。

(2)工程总承包企业下属的设计、采购、施工、试运行等部门的内部协调性强,工作效率高。

(3)实现设计、采购、施工、试运行等环节的深度合理交叉,缩短建设周期。

(4)工程总价固定,利于业主的投资控制。

2)缺点

(1)质量保障全靠工程总承包企业的自觉性。工程总承包企业可以通过调

整设计方案(包括工艺)等来降低成本,所以业主对工程总承包企业的监控十分重要,而在总承包模式中业主又不能过多地提出设计方面的细节要求和建议。

(2)工程总承包企业获得业主变更令以及追加费用的弹性也很小。

3. 建设管理模式(CM,construct management)

CM模式是以CM经理为核心的工程项目管理。业主在项目开始阶段就雇佣施工经验丰富的咨询人员(即CM经理)参与项目,由CM经理负责对设计和施工整个过程进行管理。这种模式常常采用设计一块、招标一块、施工一块的快速轨道方式,利于缩短工期和业主收回投资。

1)分类

根据合同规定的CM经理的工作范围和角色,可将CM模式分为代理型建设管理(agency CM)和风险型建设管理(at-risk CM)。

(1)代理型建设管理:CM经理是业主的咨询和代理,业主和CM经理的服务合同规定费用是固定酬金加管理费。业主在各施工阶段与承包企业签订工程施工合同。

施工任务仍然大多通过投竞标来实现,由业主与工程总承包企业签订工程施工合同。CM经理为业主管理项目,但与专业承包企业之间没有任何合同关系。因此,对于代理型CM经理来说,经济风险小,但是声誉损失的风险高。

(2)风险型建设管理:CM经理担任业主的咨询和代理的同时,也担任施工总承包企业的角色,一般业主要求CM经理提出保证最高成本限额(GMP,guaranteed maximum price),以保证业主的投资控制。如最后结算超过GMP,则由CM公司赔偿。如低于GMP,则节约的投资归业主所有,但CM公司额外承担了保证施工成本风险,因而能够得到额外的收入。

风险型CM经理的地位实际上相当于一个总承包企业,他与各专业承包企业之间有着直接的合同关系,并负责使工程以不高于GMP的成本竣工,随着工程成本越接近GMP上限,CM经理的风险越大,对利润问题的关注度也就越高。

业主的风险减少了,而CM经理的风险却增加了。风险型CM模式中,各方的关系基本上介于传统的DBB模式与代理型CM模式之间。

2)优点

(1)建设周期短。

在组织实施项目时,打破了传统的设计—施工的线性关系,代之以非线性的

阶段施工法(phased construction)。CM 模式的基本思想就是缩短工程从规划、设计、施工到交付业主使用的周期,即采用 fast-track 方法,设计一部分,招标一部分,施工一部分,实现有条件的“边设计、边施工”。

(2)CM 经理的早期介入。

业主在项目的初期就选定了建筑师/工程师、CM 经理和承包企业,由他们组成具有合作精神的项目组,完成项目的投资控制、进度计划、质量控制和设计工作。CM 经理与设计单位是相互协调关系,CM 单位在一定程度上不是单纯按图施工,而是通过提出合理化建议来影响设计。

3)缺点

(1)对 CM 经理的要求较高。CM 经理所在单位的资质和信誉都应该比较高,而且 CM 经理应是高素质的从业人员。

(2)分项招标导致承包费高。

4)适用范围

(1)设计变更可能性较大的建设工程。

(2)时间因素最为重要的建设工程。

(3)因总范围和规模不确定而无法准确定价的建设工程。

4. 项目管理(PM,project management)

PM 模式是指项目业主聘请一家公司(一般为具有相当实力的工程公司或咨询公司)代表业主管理整个项目过程,这家公司在项目中被称作“项目管理承包商”(project management Contractor,PMC)。选用该种模式管理项目时,业主方面仅需保留很小部分的基建管理力量对一些关键问题进行决策,而绝大部分的项目管理工作都由项目管理承包商来承担。

1)PMC 的组成及角色

PMC 是由一批对项目建设各个环节具有丰富经验的专门人才组成的,它具有对项目从立项到竣工投产进行统筹安排和综合管理的能力,能有效地弥补业主项目管理知识与经验的不足。PMC 作为业主的代表或业主的延伸,帮助业主在项目前期策划、可行性研究、项目定义、计划、融资方案,以及设计、采购、施工、试运行等整个实施过程中有效地控制工程质量、进度和费用,保证项目的成功实施,达到项目的技术和经济指标最优化。

2)PMC 的主要任务

PMC 自始至终对一个项目负责。其主要任务包括项目任务书的编制,预算控制,法律与行政障碍的排除,土地、资金的筹集等,同时使设计者、工料预测师和承包商的工作正确地分阶段进行,在适当的时候引入指定分包商的合同和任何专业建造商的单独合同,以使业主委托的活动得以顺利进行。

3)适用范围(常用于国际性大型项目)

(1)项目投资额大(一般超过 10 亿元),且包括相当复杂的工艺技术。

(2)业主是由多个大公司组成的联合体,并且有些情况下有政府的参与。

(3)业主自身的资产负债能力无法为项目提供融资担保。

(4)项目投资通常需要从商业银行和出口信贷机构取得国际贷款,需要通过 PMC 取得国际贷款机构的信用,获取国际贷款。

(5)业主凭借自身的资源和能力难以完成的项目,需要寻找有管理经验的 PMC 来代业主完成项目管理。

总之,项目的投资额越高,项目越复杂且难度越大,业主提供的资产担保能力越低,就越有必要选择 PMC 进行项目管理。

4)特点

(1)PMC 根据项目所在地的实际条件,运用自身的技术优势,对整个项目进行全方位的技术经济分析与比较,本着功能完善、技术先进、经济合理的原则对整个设计进行优化,实现项目生命周期的最低成本。

(2)PMC 在完成基础设计之后通过一定的合同策略,选用合适的合同方式进行招标。

(3)PMC 综合考虑不同工作,包括设计深度、技术复杂程度、工期长短、工程量大小等因素,采取恰当的合同形式,从整体上节约投资。

(4)PMC 可通过其丰富的项目融资和财务管理经验,结合工程实际情况,对整个项目的现金流进行优化。

5. 建设—运营—移交模式(BOT,build-operate-transfer)

BOT 模式是 20 世纪 80 年代在国外兴起的依靠外国私人资本进行基础设施建设的一种融资和建造的项目管理模式,或者说是国有项目民营化。它是指政府开放本国基础设施建设与运营市场,吸收国外资金,授予项目公司特许权,由该公司负责融资和组织建设,建成后在一定的特许期内由项目公司经营项目并获取商业利润，特许期满时将项目移交给项目所在地政府。

1)优点

(1)通过采取民间资本筹措、建设、经营的方式，吸引各种资金参与道路、码头、机场、铁路、公路等基础设施项目建设，降低政府财政负担。项目融资的所有责任都转移给私人企业，减少了政府主权借债和还本付息的责任。

(2)投资风险由投资者、贷款者及相关当事人等共同分担，其中投资者承担了绝大部分风险，这样政府可以避免巨大的项目风险。

(3)组织机构简单，政府部门和私人企业容易协调。

(4)项目回报率明确，严格按照中标价实施，政府和私人企业之间利益纠纷少。

(5)有利于提高项目的运作效率。项目资金投入大、周期长，由于有民间资本参加，贷款机构对项目的审查、监督更加严格。同时，民间资本为了降低风险、获得较多的收益，客观上就更要加强管理、控制造价，这从客观上为项目建设和运营提供了约束机制和有利的外部环境。

(6)BOT项目通常都由外国的公司来承包，这会给项目所在国带来先进的技术和管理经验，既给本国的承包商带来较多的发展机会，也促进了国际经济的融合。

2)缺点

(1)公共部门和私人企业往往都需要经过一个长期的调查了解、谈判和磋商过程，以致项目前期过长、投标费用过高。

(2)投资方和贷款人风险过大，没有退路，使融资举步维艰。

(3)参与项目各方存在某些利益冲突，对融资造成障碍。

(4)机制不灵活，降低私人企业引进先进技术和管理经验积极性。

(5)在特许期内，政府对项目失去控制权。

1.3 铁路工程施工技术简介

1.3.1 土方工程

铁路施工中，工程数量较大的土方工程，发生在路基工程、桥涵基坑开挖工程、土质隧道开挖工程，以及施工场地的开拓和平整等工程中。铁路施工中土方

工程的特点是工程量大，而且往往分布密集，土壤成分复杂多变。这种特点直接影响施工方法的选择和施工组织的安排。

土方工程主要由挖土、运土、填土及压实等作业过程组成。土方工程的施工方法和施工机械的选择，主要按作业种类分别考虑。铁路土方工程主要采用各种土方机械进行机械化施工，但在零星工程上则仍不可避免地少量使用人工施工。但是，为了减轻劳动强度，在人工施工中，仍应尽可能地配备一些简易的小型机具。

土方机械有单一功能的机械（如单斗挖掘机、压实机、平地机等），也有具有综合功能的机械（如推土机、铲运机等）。组织土方机械化施工应注意以下几点：首先，正确选择机型，并使多种机械配套使用，合理配合，发挥最大作用；其次，布置机械的工作路线和设计机械的工作面；最后，严格按照土方施工的操作和安全规程，控制、保证工程质量和安全施工。

1.3.2　石方工程

石方的开挖，主要采用爆破技术。

铁路施工中，爆破技术广泛用于石质路堑和石质隧道的开挖工程以及采石工程中，一般采用钻眼爆破方法。在条件适宜的情况下，石方大量而密集的路基工点上也采用“大爆破”施工方法。

钻眼用电动或风动凿岩机进行。炸药一般将硝铵类炸药包成药卷，置于炮眼根部。引爆一般用导火线和火雷管燃点，或用电线和电雷管通电进行。采用钻眼爆破法，每个药卷的用药量仅为数百克，而“大爆破”则是把整个爆破工点的数十吨甚至数百吨的药量集中装在一个或多个洞室内，用传爆线和爆破电网以及起爆箱起爆。

安全施工是爆破工程中的突出课题，从爆破器材的运送和储存，到爆破施工的每个作业过程，都必须严格按照爆破工程施工操作规范与安全规范执行，采用一切必要的安全措施。

应用电雷管和电爆网络的电起爆方法，迄今仍是广泛使用的常规方法。但是，电爆技术在使用中仍难以保证绝对安全。电爆网络的连接有时相当复杂，难免出错，导致“瞎炮”；而网络附近存在杂散电流（如高压电线，广播、电视台发射无线电，机械电瓶，地面和地下的电流导体等）时，则更容易导致早爆事故。因此，“非电爆破”的研究应运而生。目前，国内外都有研究和初步应用，主要是采用了导爆索起爆网络或塑料导爆管非电起爆系统。

1.3.3 混凝土工程

混凝土在铁路工程中应用广泛，几乎在铁路的每类专业工程中都有混凝土或钢筋混凝土结构。钢筋混凝土工程施工作业种类多，工序烦琐，施工技术要求高，使用的材料种类多，必须加强管理、合理组织，才能确保工程质量。

钢筋混凝土工程由下列工序组成。

(1)钢筋的调直、剪切、弯制、绑扎、焊接和架立。

(2)模板的制作、架立和拆除。采用金属模板时，还有涂油防锈和拆模后的整理、校正等工作。

(3)混凝土的配料、拌制、运输和浇筑。

(4)浇筑、捣实后对混凝土的自然护养或加热养护(冬季施工)。

(5)模板拆除后，如发现混凝土体有缺陷，对缺陷进行修补。

(6)在一些特殊的施工环境(如冬季或水下)，还要采取一些特殊的施工作业方法。

(7)混凝土中的游离水在温度降到－1℃左右时就开始结冰，混凝土体积也就开始膨胀。

降温到-4℃时，水泥的水化作用停止，混凝土的强度就停止增长，连水的膨胀应力也无力抵抗，混凝土内部结构就会遭到破坏。因此，混凝土在冬季条件下施工时，视低温程度必须采取如下多种冬季施工措施。

①使用高活性的水泥，如高标号水泥、快硬水泥等。

②降低水灰比，使用低流动性混凝土或干硬性混凝土。

③使用经过加温的砂、石料和水，使混凝土既能早强，又不易结冰。

④对浇筑后的混凝土体进行保温或加温养护，避免冻结。保温养护可用保温材料覆盖，加温养护有蒸汽养护法和电热养护法等。

⑤加入外加剂以加速混凝土的硬化过程，提早达到临界强度(足以抵抗冻胀应力的强度)，或降低拌和用水的冰点，使水在负温环境中仍不致冻结。

铁路施工，特别是桥梁等基础施工中，例如，沉井封底、钻孔桩的浇筑都必须在水下进行。对此，最主要的问题是如何防止尚未凝结的混凝土中的水泥被水带走。解决这一问题的主要方法如下。通过导管，把混凝土浆体直送到水底，先形成一层一定厚度的浆体覆盖层，使导管下口能插在此浆层中，因而能使继续灌入的混凝土注到覆盖层之下，受其保护(不致与水接触)。随着混凝土的不断灌入，覆盖层被不断顶升，但始终保护着新灌入其下的混凝土不致流失，直至混凝

土灌出水面。当然，在不断灌注的过程中，要不断提升导管，但是，又要始终将其下口保持在覆盖层之下。

混凝土工程的施工，一般多按拌和、运输、灌注及捣固等工序顺序分步进行。在某些结构中，例如隧道的衬砌工程，还可以采用一种把上述四道工序合成一道工序的喷射混凝土施工方法。这种施工方法的基本内容如下：应用喷射机，将混凝土拌和料通过胶管和喷嘴，借助压缩空气的压力，和水一起喷压于岩体上或模型中，形成混凝土构筑物。喷射混凝土的水灰比小，抗压能力、抗拉能力、抗渗能力以及黏结力都很强，密实度高，抗裂性能好，再加上早期强度高，有利于加快模板的周转，甚至可以不用外模板。这些优点使这种新施工方法具有广阔的发展前景。

在混凝土施工中，除冬季施工外，在其他多种场合，也广泛使用外加剂。例如，使用早强剂能有效提高混凝土的早期强度，对加快模板周转、节约冬季施工费用、加快施工进度有显著效果。而施加减水剂则可显著减少为搅拌所需的用水量，从而节约水泥，还能提高混凝土的抗渗能力和钢筋的黏结力。又如，使用缓凝剂能延长混凝土的凝结时间。对于厚大体积混凝土施工和在高温下滑升模板的施工，缓凝都是必需的要求。而喷射混凝土施工又有速凝的要求。在一般混凝土施工中，则往往为了加快模板周转而使用速凝剂。

混凝土施工中应用的外加剂种类繁多，除上述种类外，还有抗冻剂、阻锈剂和密实剂等。

1.3.4　预应力混凝土工艺

预应力混凝土工艺在我国铁路工程中的应用已相当普遍。各种预应力混凝土梁跨结构早已推广并大量使用，目前仍处于不断完善中。

普通钢筋混凝土构件由于抗拉极限应变值小，抗裂性能差，限制了钢筋抗拉力的充分发挥，更限制了高强钢材在钢筋混凝土构件中的应用，这就降低了节约钢材的可能性。采用对混凝土构件受拉区预先施加压力的施工方法，就是为了解决这一问题。这种预加压力是通过对钢筋(或钢绞线、钢丝等)先进行张拉，然后在灌注混凝土后撤除，使钢筋回缩时获得的。

预应力混凝土与普通钢筋相比，除能提高构件的抗裂能力外，还能减轻自重，节约材料。特别是为增大钢筋混凝土梁的跨度创造了条件。不过，同时也增加了张拉作业和张拉机具设备，施工工艺比较复杂。

预应力的施工方法主要有先张法和后张法。先张法就是在灌注混凝土之前对钢筋(钢绞线、钢丝)施加张力,灌注后钢筋即与混凝土结成整体的施工方法;而后张法则是在灌注混凝土之后施加张力,钢筋(钢绞线、钢丝)后来穿入预留的孔道中,在灌注后进行孔道灌浆而使预应力筋与混凝土相结合的施工方法。

预应力筋一般由单根粗钢筋、钢筋束、钢绞线束或钢丝束制成。张拉设备主要由油压千斤顶和高压油泵组成,灌浆则使用电动或手动灰浆泵进行。

为提高钢筋的强度,节约钢材,预应力筋的工地制作过程中一般还包括对钢筋的冷加工处理,就是对钢筋进行冷拉或冷拔。冷拉是在常温下用超过钢筋屈服强度的拉应力拉伸钢筋,使其发生塑性变形,形成屈服强度更高的新屈服点,从而提高了钢筋的强度。冷拔则是使 $\phi6 \sim \phi8$ 的钢筋强力通过一个钨合金拔丝模孔而达到塑性变形、提高强度的目的。

1.3.5 砌石工程

砌石工程劳动强度大,机械化施工程度低,施工速度不易提高,应用较不普遍。但是在铁路工程中,铁路行经地区一般多有大量石料,便于就地取材,因而砌石工程应用比较广泛。如桥墩台及桥头锥体护坡,涵渠边墙、端墙及翼墙,隧道洞门及翼墙,路基护墙、护坡、挡土墙,河床、河岸、水沟的铺砌与防护,各种建筑物的基础等,或应用检集的天然片石和河卵石,或使用经过各种不同程度加工的块石、毛方石、细方石,或浆砌施工,或干砌,甚至仅仅堆垒而成。

砌石工程的施工准备,首先要组织砂石料的检集和开采工作。河砂和山砂是砂料的主要来源,一般可以直接开挖,用筛分机筛分出达到要求规格的砂料。卵石和片石一般能够从砾石地层或河床中采集。在没有合适的采集地时,需专门寻找开采石料的山场,用爆破方法炸取石料。

浆砌工程的施工一般由定位放样、基底处理、砂浆制备、砌体砌筑、勾缝、养护等作业过程组成。

(1)定位放样就是按设计文件和线路中线桩和水准基桩,设定建筑物的中心桩和各主要部分的位置,并据之将各个位置固定在砌体或脚手架上。

(2)基底处理包括基坑的清理平整、排水疏平、基底土壤检验等工作。

(3)砂浆是把石料联结成整体的胶结性混合物,由胶结料(水泥或石灰、黏土)、细集料(主要是砂)和掺合料(如早强剂、塑化剂)加水拌和而成。掺加掺合料是为了改善砂浆的工作性能,减少水泥用量,并提高工程质量。

(4)砌筑作业随圬工种类的不同而采取不同的操作方法。铁路建筑物浆砌片石主要采取坐浆法和挤浆法。

(5)勾缝就是对砌体的砌缝加抹一层砂浆。砌体表面进行勾缝,既可以防止雨水渗透,又可使建筑物更美观。

(6)新砌完的圬工要用浸湿的草席或草袋覆盖,洒水养护 7～14d。砂浆未凝固前,砌体不得承受荷载或受到敲击。

浆砌圬工在冬季条件下施工时,应该采取以下防寒保温措施。

①设置暖棚,并使暖棚温度保持在5℃以上,砌筑工作在暖棚中进行。在暖棚中砌筑,棚中不供热,但石料预先加热,砂浆的温度保持在15℃以上。

②使用耐寒砂浆。

③凡不用砂浆砌筑的石工,均称干砌石工。桥头锥体、河床、河岸、堤坝、路基边坡和坡脚等处,往往应用干砌片石、堆垒石、笼装石等保护,使之免受水流冲刷、渗透和侵蚀。

a. 干砌片石的作业过程基本上与浆砌片石相似,区别在于其不使用砂浆,砌体的牢固性全靠片石的选配,片石应相互契合卡紧,并用小石填槽、塞缝隙。

b. 堆垒石是将石块在施工范围内任意堆放,因此,特别适用于对建筑物水下部位的防护,而且不论在任何季节、不论水流大小,都能进行施工。

c. 笼装石工是将片石装盛在铁丝笼、木笼或竹笼中,放置于被防护部位。笼装石工主要适用于流急浪大的地方。

第2章　铁路工程项目管理

2.1　工程项目成本管理介绍

2.1.1　工程项目成本概念及构成

工程项目成本是指在建设工程项目的施工过程中所发生的全部生产费用的总和，包括消耗的原材料、辅助材料、构配件等费用，周转材料的摊销费或租赁费，施工机械的使用费或租赁费，支付给生产工人的工资、奖金、工资性质的津贴等，以及进行施工组织与管理所发生的全部费用支出。

建设工程项目施工成本由直接成本和间接成本组成。

直接成本是指施工过程中耗费的构成工程实体或有助于工程实体形成的各项费用支出，是可以直接计入工程对象的费用，包括人工费、材料费、施工机械使用费和施工措施费等。

间接成本是指为施工准备、组织和管理施工生产的全部费用的支出，是非直接用于也无法直接计入工程对象，但为进行工程施工所必须发生的费用，包括管理人员工资、办公费、差旅交通费等。

施工成本管理就是要在保证工期和质量满足要求的情况下，采取相应管理措施，包括组织措施、经济措施、技术措施、合同措施，从而把成本控制在计划范围内，并进一步寻求最大程度上的成本节约。

2.1.2　工程项目成本计划编制

编制成本计划的程序，因项目的规模大小、管理要求不同而不同。大中型项目一般采用分级编制的方式，即先由各部门提出部门成本计划，再由项目经理部汇总编制全项目的成本计划；小型项目一般采用集中编制方式，即由项目经理部先编制各部门成本计划，再汇总编制全项目的成本计划。无论采用哪种方式，其编制的基本程序如下。

1. 收集和整理资料

广泛收集资料并进行归纳整理是编制成本计划的必要步骤。所需收集的资料即编制成本计划的依据。这些资料主要包括以下内容。

①项目经理部与企业签订的承包合同及企业下达的成本降低额、降低率和其他有关技术经济指标。

②有关成本预测、决策的资料。

③工程项目的施工图预算、施工预算。

④工程项目管理规划。

⑤工程项目使用的机械设备生产能力及其利用情况。

⑥工程项目的材料消耗、物资供应、劳动工资及劳动效率等资料。

⑦计划期内的物资消耗定额、劳动定额、费用定额等资料。

⑧以往同类项目成本计划的实际执行情况及有关技术经济指标完成情况的分析资料。

⑨同行业同类项目的成本、定额、技术经济指标资料及增产节约的经验和有效措施。

此外，还应深入分析当前情况和未来的发展趋势，了解影响成本的各种有利和不利因素，研究如何克服不利因素和降低成本的具体措施，为编制成本计划提供丰富、具体和可靠的资料。

2. 估算计划成本，确定目标成本

对所收集到的各种资料进行整理分析，根据有关的设计、施工等计划，按照工程项目应投入的物资、材料、劳动力、机械、能源及各种设施等，结合计划期内各种因素的变化和准备采取的各种增产节约措施，进行反复测算、修订、平衡后，估算生产费用支出的总水平，进而提出全项目的成本计划控制指标，最终确定目标成本。

目标成本即项目(或企业)对未来期产品成本规定的奋斗目标。目标成本有很多形式，在制定目标成本作为编制工程项目成本计划和预算的依据时，可能以计划成本或标准成本为目标成本，目标成本将随成本计划编制方法的不同而变化。

一般而言，目标成本的计算公式如下。

项目目标成本＝预计结算收入－税金－项目目标利润

目标成本降低额＝项目的预算成本－项目的目标成本

目标成本降低率＝目标成本降低额/项目的预算成本×100％

3. 编制成本计划草案

对大中型项目，各职能部门根据项目经理下达的成本计划指标，结合计划期的实际情况，提出降低成本的具体措施，编制各部门的成本计划和费用预算。

4. 综合平衡，编制正式的成本计划

在各职能部门上报了部门成本计划和费用预算后，项目经理部首先应结合各项技术组织措施，检查各计划和费用预算是否合理可行，并进行综合平衡，使各部门计划和费用预算之间相互协调、衔接；其次要从全局出发，在保证企业下达的成本降低任务或本项目目标成本实现的情况下，分析研究成本计划与生产计划、劳动力计划、材料成本与物资供应计划、工资成本与工资基金计划、资金计划等的相互协调平衡。经反复讨论多次综合平衡，最后确定的成本计划指标，即可作为编制成本计划的依据，项目经理部正式编制成本计划，上报企业有关部门后即可正式下达至各职能部门执行。

2.1.3　工程项目成本核算方法

1. 建立以项目为成本中心的核算体系

企业内部通过机制转换，形成和建立了内部劳务(含服务)市场、机械设备租赁市场、材料市场、技术市场和资金市场。项目经理部与这些内部市场主体发生的是租赁买卖关系，一切都以经济合同结算关系为基础。它们以外部市场通行的市场规则和企业内部相应的调控手段相结合的原则运行。

2. 实际成本数据的归集

项目经理部必须建立完整的成本核算账务体系，应用会计核算的办法，在配套的专业核算辅助下，对项目成本费用的收、支、结、转进行登记、计算和反映，归集实际成本数据。项目成本核算的账务体系，主要包括会计科目、会计月报表和必要的核算台账。

①会计科目主要包括工程施工、材料采购、主要材料、结构件、材料成本差异、预提费用、待摊费用、专项工程支出、应付购货款、管理费、内部往来、其他往

来、发包单位工程款往来等。

②会计报表主要包括工程成本表、竣工工程成本表等。

3.“三算”跟踪分析

“三算”跟踪分析是对分部分项工程的实际成本与施工预算成本及合同预算（或施工图预算）成本进行逐项分别比较，反映成本目标的执行结果，即事后实际成本与事前计划成本的差异，为了及时、准确、有效地进行“三算”跟踪分析，应按分部分项内容和成本要素划分“三算”跟踪分析项目，先按成本要素分别填制，然后再汇总分部分项综合成本。

项目成本偏差有实际偏差、计划偏差和目标偏差，分别按下式计算：

实际偏差＝实际成本－合同预算成本

计划偏差＝合同预算成本－施工预算成本

目标偏差＝实际成本－施工预算成本

2.1.4　工程项目成本控制措施

1. 组织措施

一方面，组织措施是从施工成本管理的组织方面采取的措施。施工成本控制是全员的活动，如实行项目经理责任制，落实施工成本管理的组织机构和人员，明确各级施工成本管理人员的任务和职能分工、权利和责任。施工成本管理不仅是专业成本管理人员的工作，各级项目管理人员都负有成本控制责任。

另一方面，组织措施是编制施工成本控制工作计划，确定合理详细的工作流程。要做好施工采购规划，通过生产要素的优化配置、合理使用、动态管理，有效控制实际成本；加强施工定额管理和施工任务单管理，控制劳动消耗；加强施工调度，避免因施工计划不周和盲目调度造成窝工损失、机械利用率降低、物料积压等而使施工成本增加。成本控制工作只有建立在科学管理的基础之上，具备合理的管理体制、完善的规章制度、稳定的作业秩序、完整准确的信息传递，才能取得成效。组织措施是其他各类措施的前提和保障，而且一般不需要增加什么费用，运用得当可以得到良好的效果。

2. 技术措施

技术措施是降低成本的保证，在施工准备阶段应多进行不同施工方案的技术经济比较，找出既保证质量、满足工期要求，又降低成本的最佳施工方案。另外，施工的干扰因素很多，因此在进行方案比较时，应认真考虑不同方案对各种干扰因素影响的敏感性。

不但在施工准备阶段，还应在施工全过程中注意采取技术措施，以降低成本。例如进行技术经济分析，确定最佳的施工方法；结合施工方法，进行材料使用的比选，在满足功能要求的前提下，通过代用、改变配合比、使用外加剂等方法降低材料消耗的费用；确定合适的施工机械、设备使用方案；结合项目的施工组织设计及自然地理条件，降低材料的库存成本和运输成本；应用先进的施工技术；采用新材料等。企业还应划拨一定的资金用于技术改造，虽然这在一定时间内往往成本支出增加，但从长远的角度看，会降低成本、增加效益。

3. 经济措施

①认真做好成本的预测和各种成本计划，由于工程成本的不稳定性、不确定性以及施工过程中会受到各种不利因素的影响等特点，成本的计划应尽量准确。认真做好合同预算成本、施工预算成本，并在施工之前做好两算对比，为成本管理打下基础。在施工中进行成本动态控制，及时发现偏差，分析产生偏差的原因，采取纠偏措施。

②对各种支出，应认真做好资金的使用计划，并在施工中进行跟踪管理，严格控制各项开支。

③及时准确地记录、收集、整理、核算实际发生的成本，并对后期的成本做出分析与预测，做好成本的动态管理。

④对各种变更及时做好增减账，及时找业主签证。

⑤及时结算工程款。

4. 合同措施

①选用适当的合同结构。这对项目的合同管理至关重要，在工程项目组织的模式中，有多种合同结构模式，在使用时，必须对其分析、比较，要选用适合工程规模、性质和特点的合同结构模式。

②合同条款严谨细致。在合同的条文中应细致地考虑一切影响成本、效益的因素。特别是潜在的风险因素，通过对引起成本变动的风险因素的识别和分析，采取必要的风险对策，如通过合理的方式同其他参与方共同承担风险，增加承担风险的个体数量，降低损失发生的比例，并最终使这些策略反映在签订的合

同的具体条款中。在一些和外商签订的合同中，还必须很好地考虑货币的支付方式。

③全过程的合同控制。采用合同措施控制项目成本，应贯彻合同的整个生命期，包括从合同谈判到合同终结的整个过程。

合同谈判是合同生命期的关键时刻。在这个阶段，双方具体地商讨合同的各个条款和各个细节问题，修改合同文本，最终双方就合同内容达成一致，签署合同协议书。这个阶段，虽然项目经理部还没有组建，但管理活动已经开始，必须予以重视。施工企业在报价时，一方面必须综合考虑自己的经营总战略、建筑市场竞争激烈程度和合同的风险程度等因素，以调整不可预见风险费和利润水平；另一方面还应选择有合同管理和合同谈判方面知识、经验和能力的人作为主谈判人，进行合同谈判。承包商的各职能部门特别是合同管理部门应有力配合，积极提供资料，为报价、合同谈判和合同签订提供决策的信息、建议、意见。

在合同执行期间，项目经理部要做好工程施工记录，保存各种文件图纸，特别是注有施工变更的图纸，注意积累素材，为正确处理可能发生的索赔提供依据，并密切注视对方合同执行的情况，以寻求向对方索赔的机会。在合同履行期间，当合同履行条件发生变化时，项目经理部应正积极参与合同的修改、补充工作，并着重考虑对成本控制的影响。

2.1.5　工程项目成本分析的基本方法

工程项目成本分析的基本方法包括比较法、因素分析法、差额计算法、比率法等。

1. 比较法

比较法，又称“指标对比分析法”，就是通过技术经济指标的对比，检查目标的完成情况，分析产生差异的原因，进而挖掘内部潜力的方法。这种方法，具有通俗易懂、简单易行、便于掌握的特点，因而得到了广泛应用，但在应用时必须注意各技术经济指标的可比性。比较法通常有下列形式。

(1)将实际指标与目标指标对比。

将实际指标与目标指标对比，以此检查目标完成情况，分析影响目标完成的积极因素和消极因素，以便及时采取措施，保证成本目标的实现。在进行实际指标与目标指标对比时，还应注意目标本身有无问题。如果目标本身出现问题，则应调整目标，重新正确评价实际工作的成绩。

(2)本期实际指标与上期实际指标对比。

通过本期实际指标与上期实际指标对比,可以看出各项技术经济指标的变动情况,反映施工管理水平的提高程度。

(3)与本行业平均水平、先进水平对比。

这种对比可以反映本项目的技术管理和经济管理与行业的平均水平和先进水平的差距,进而采取相应措施。

2. 因素分析法

因素分析法又称连环置换法。这种方法可用来分析各种因素对成本的影响程度。在进行分析时,首先要假定众多因素中的一个因素发生了变化,而其他因素不变,然后逐个替换,分别比较其计算结果,以确定各个因素的变化对成本的影响程度。因素分析法的计算步骤如下。

(1)确定分析对象,并计算出实际数与目标数的差异。

(2)确定该指标是由哪几个因素组成的,并按其相互关系进行排序(排序规则:先实物量,后价值量;先绝对值,后相对值)。

(3)以目标数为基础,将各因素的目标数相乘,作为分析替代的基数。

(4)将各个因素的实际数按照上面的排列顺序进行替换计算,并将替换后的实际数保留下来。

(5)将每次替换计算所得的结果与前一次的计算结果相比较,两者的差异即为该因素对成本的影响程度。

(6)各个因素的影响程度之和,应与分析对象的总差异相等。

3. 差额计算法

差额计算法是因素分析法的一种简化形式,它利用各个因素的目标值与实际值的差额来计算其对成本的影响程度。

4. 比率法

比率法是指用两个以上的指标的比例进行分析的方法。它的基本特点是先把对比分析的数值变成相对数,再观察其相互之间的关系。常用的比率法有以下几种。

(1)相关比率法。

由于项目经济活动的各个方面是相互联系、相互依存又相互影响的,因而可

以将两个性质不同而又相关的指标加以对比，求出比率，并以此来考察经营成果的好坏。例如：产值和工资是两个不同的概念，但它们的关系又是投入与产出的关系。在一般情况下，都希望以最少的工资支出完成最大的产值。因此，用产值工资率指标来考核人工费的支出水平，就很能说明问题。

(2)构成比率法

构成比率法又称比重分析法或结构对比分析法。构成比率可以反映成本总量的构成情况及各成本项目占成本总量的比重，同时也可看出量、本、利的比例关系(即预算成本、实际成本和降低成本的比例关系)，从而寻求降低成本的途径。

(3)动态比率法。

动态比率法，就是将同类指标不同时期的数值进行对比，求出比率，以分析该项指标的发展方向和发展速度。动态比率的计算，通常采用基期指数和环比指数两种方法。

2.1.6　工程项目成本考核

1. 成本考核的原则

成本考核应坚持以下原则。

(1)阶段性考核与项目竣工考核相结合的原则。

(2)企业考核与项目考核相结合的原则。

(3)资金考核与成本考核相结合的原则。

2. 考核的程序

成本考核一般采取对照岗位考核标准，先个人自评，然后部门考核，最后项目考核小组考核的程序进行。

3. 考核结论

为保证项目成本的顺利进行，提高项目的经济效益，考核结果应分等级(如四级：90 分及以上为优秀；80～89 分为称职；60～79 分为基本称职；60 分以下为不称职，限期整改)。考核结果按分值定性，与工资分配挂钩，也可作为奖惩和效益工资分配的依据。

2.2　工程项目进度管理

2.2.1　工程项目进度管理的作用

工程项目进度管理是项目施工中的重点控制内容之一，是保证工程项目按期完成、合理安排资源供应、节约工程成本的重要措施。它的主要作用体现在如下几个方面。

(1)通过项目施工进度控制，可以有效地缩短项目建设周期。

(2)通过项目施工进度协调，可以减少不同单位和部门之间的相互干扰。

(3)通过项目施工进度控制，可以落实承建单位各项施工计划，保证工程项目成本、进度和质量目标顺利实现。

(4)通过项目施工进度控制，可以为防止或提出项目施工索赔提供依据。

2.2.2　工程项目进度计划的编制

1. 施工目标工期的确定

为了提高进度计划的预见性和进度控制的主动性，在确定施工进度控制目标(施工进度目标工期)时，必须全面细致地分析影响项目进度的各种因素，采用多种决策分析方法，制定一个科学、合理的施工目标工期。确定施工目标工期主要根据：工程建设总进度目标对施工工期的要求；施工承包合同或指令性计划工期限制；工期定额或类似工程项目的施工时间(可类比的进度控制数据)；工程的难易程度和工程条件的落实情况；企业的组织管理水平和经济效益的要求等。施工目标工期的确定通常可以采用以下方法。

(1)以正常工期为施工目标工期。

正常工期是指与正常施工速度相对应的工期。正常施工速度是根据现有施工条件下制定的施工方案和企业经营的利润目标确定的，用以保证施工活动必要的劳动生产率，从而实现工程的施工计划。

(2)以最优工期为施工目标工期。

最优工期是指总成本最低的工期。它可以正常工期为基础，应用工期成本优化的方法求解。

直接费随工期的缩短而增加；间接费随工期的缩短而减少。不同工期情况下的直接费和间接费叠加可得总成本曲线，总成本最低点对应的工期 T_0 即最优工期，以此作为施工目标工期。

(3)以合同工期或指令工期为施工目标工期。

通常情况下，建设工程施工承包合同中有明确的施工工期，或者国家实施的工程任务规定了指令性工期。此时，施工目标工期可参照合同工期或指令工期，结合企业施工生产能力和资源条件确定，并充分估计各种可能的影响因素及风险，适当留有余地，保持一定提前量。这样，即使施工中发生不可预见的意外事件，也不会使施工工期产生太大的偏差。

2. 工程项目进度计划的编制方法

(1)横道图法。

横道图是一种直观的进度计划方法，是用图、表相结合的形式表示各项工程活动的开始时间、结束时间和持续时间，图右边是进度表，图上边的横栏表示时间，用水平线段在时间坐标下标出项目的进度线，水平线段的位置和长短反映该项目从开始到完工的时间。横道图能够清楚地表达活动的开始时间、结束时间和持续时间，一目了然，易于理解，且制作简单，在工程中广泛应用，是一种传统的计划表示方法。但横道图不能表达工程活动之间的逻辑关系和某一活动的提前或推迟、持续时间延长等对其他活动的影响，也不能表示工程活动的重要性。

(2)网络图法。

为了适应大规模工程项目建设的需要，20 世纪 50 年代后期发展起来一种科学的计划管理新方法——网络计划技术。它是利用网络图的形式，在网络图上加注各项工作的时间参数，来进行工程计划和控制的现代管理方法。网络图是由箭线和节点组成，用来表示工作流向的有向、有序的网状图形。网络图能充分、清晰地表达各工作之间相互制约、相互依赖的复杂逻辑关系；通过网络时间参数的计算，能够分别确定各项工作的最早可能开始时间和最迟必须开始时间以及相应的结束时间、总时差和自由时差：可以明确由关键工作组成的关键线路，可以看出哪些工作必须按期完成，哪些工作允许有机动时间；能够进行计划方案的优化和比较等。网络计划符合施工的要求，特别适用于施工组织和管理，已成为施工进度计划普遍采用的形式。

2.2.3 工程项目进度控制方法和措施

1. 工程项目进度控制的主要方法

(1)行政方法。

用行政方法控制进度是指上级单位及上级领导、本单位的领导，利用其行政地位及权力，通过发布进度指令，进行指导、协调、考核；利用激励手段(奖、罚、表扬、批评)，监督、督促等方式进行进度控制。行政方法控制进度的重点是进度控制目标的决策和指导，在实施中应由实施者自己进行控制，尽量减少行政干预。使用行政方法控制进度具有直接、迅速、有效等优点，但要提倡科学性，防止主观、武断、片面地指挥。

(2)经济方法。

用经济方法控制进度是指有关部门和单位用经济手段对进度控制进行影响和制约，主要内容如下：建设银行通过控制投资的投放速度来控制工程项目的实施进度；在承发包合同中，写进有关工期和进度的条款；建设单位通过招标的进度优惠条件鼓励施工单位加快进度；建设单位通过工期提前奖励和延期罚款实施进度控制。

(3)管理技术方法。

进度控制的管理技术方法是指规划、控制和协调。通过规划确定项目的进度总目标和分目标；控制就是在项目实施的全过程中，进行计划进度与实际进度的比较，发现偏差，及时采取措施进行纠正；通过协调项目建设各方之间的进度关系达到控制进度的目的。

2. 工程项目进度控制的措施

进度控制的措施包括组织措施、技术措施、合同措施、经济措施和信息管理措施等。

(1)组织措施。

组织措施包括落实项目经理部的进度控制部门和人员，制定进度控制工作制度，明确各层次进度控制人员的任务和管理职责，对影响进度目标实现的干扰因素和风险因素进行分析，进行工程项目分解，实行目标管理。

(2)技术措施。

技术措施涉及对实现进度目标有利的设计技术和施工技术的选用。不同的

设计理念、设计技术路线、设计方案会对工程进度产生不同的影响，在设计工作的前期，特别是在设计方案评审和选用时，应对设计技术与工程进度的关系做分析比较。在工程进度受阻时，应分析是否存在设计技术的影响因素，为实现进度目标有无设计变更的可能性。

施工方案对工程进度有直接的影响，在决策其选用时，不仅应分析技术的先进性和经济合理性，还应考虑其对进度的影响。在工程进度受阻时，应分析是否存在施工技术的影响因素，为实现进度目标有无改变施工技术、施工方法和施工机械的可能性。

(3)合同措施。

合同措施是以合同形式保证工期进度的实现，如签订分包合同、合同工期与计划的协调、合同工期分析、工期延长索赔等。

(4)经济措施。

经济措施涉及资金需求计划、资金供应的条件和经济激励措施等。为确保进度目标的实现，应编制与进度计划相适应的资源需求计划(资源进度计划)，包括资金需求计划和其他资源(人力和物力资源)需求计划，以反映工程实施的各时段所需要的资源，进而发现所编制的进度计划实现的可能性，若资源条件不具备，则应调整进度计划。

资金供应条件包括可能的资金总供应量、资金来源(自有资金和外来资金)以及资金供应的时间。在工程预算中应考虑加快工程进度所需要的资金，其中包括为实现进度目标将要采取的经济激励措施所需要的费用。

(5)信息管理措施。

建立监测、分析、调整、反馈系统，通过计划进度与实际进度的动态比较，提供进度比较信息，实现连续、动态的全过程进度目标控制。

2.2.4　施工进度计划的调整

为了实现进度目标，工程项目控制人员发现问题后，必须对实施的进度进行调整。调整原施工进度计划的方法一般有以下两种。

1. 改变某些工作间的逻辑关系

若检查的实际进度产生的偏差影响了总工期，在工作之间的逻辑关系允许改变的条件下，可通过改变关键线路上各工作的先后顺序及逻辑关系来实现缩短工期的目的。

对于大型群体工程项目,单位工程间的相互制约相对较小,可调幅度较大;对于单位工程内部各分部、分项工程,由于施工顺序和逻辑关系约束较大,可调幅度较小。采用此种方式进行调整增加了各工作间的相互搭接时间,因而进度控制工作显得更加重要,实施中必须做好协调工作。

2. 缩短后续某些工作的持续时间

这种方法不改变工作之间的逻辑关系,而是缩短后续某些工作的持续时间,加快进度,以保证计划工期的实现。在项目进度拖延的情况下,为了加快进度,通常是压缩引起总工期拖延的关键线路和某些非关键线路的工作持续时间。一般是根据“工期费用优化”的原理进行调整。具体做法如下。

①研究后续各项工作持续时间压缩的可能性及其极限工作持续时间。

②确定因计划调整、采取必要措施而引起的各项工作的费用变化率。

③选择直接引起工期拖延的工作及紧后工作优先压缩,以免工期拖延影响扩散。

④选择费用变化率最小的工作优先压缩,以求花费最小代价满足既定工期要求。

⑤综合考虑第③条、第④条,确定新的调整计划。

在实际工作中应根据具体情况选用上述方法进行进度计划的调整,某一种方式的调整幅度不能满足工期目标要求时,可以同时采用上述两种方法进行进度计划调整。

在缩短关键工作的持续时间时,通常需要采取一定的措施来达到目的。具体措施如下。

①组织措施。增加工作面,组织更多的施工队伍;增加每天的施工时间(如采用三班制等);增加劳动力和施工机械的数量等。

②技术措施。改进施工工艺和施工技术,缩短工艺技术间歇时间;采用更先进的施工方法,以减少施工过程的数量(如将现框架方案改为预制装配方案);采用更先进的施工机械等。

③经济措施。实行包干奖励,提高奖金数额,对所采取的技术措施给予相应的经济补偿等。

④其他配套措施。改善外部配合条件,改善劳动条件,实行强有力的调度等。

2.3　工程项目质量管理

2.3.1　全面质量管理的思想

全面质量管理(total quality control,TQC),是 20 世纪中期在欧美和日本广泛应用的质量管理理念和方法,我国从 20 世纪 80 年代开始引进和推广全面质量管理方法。其基本原理就是强调在企业或组织的最高管理者质量方针的指引下,实行全面、全过程和全员参与的质量管理。

TQC 的主要特点如下:以顾客满意为宗旨;领导参与质量方针和目标的制定;提倡预防为主、科学管理、用数据说话等。建设工程项目的质量管理,同样应贯彻如下“三全”管理的思想和方法。

(1)全方位质量管理。

建设工程项目的全面质量管理,是建设工程项目各方干系人所进行的工程项目质量管理的总称,其中包括工程(产品)质量和工作质量的全面管理。工作质量是产品质量的保证,工作质量直接影响产品质量。业主、监理单位、勘察单位、设计单位、施工总包单位、施工分包单位、材料设备供应商等,任何一方、任何环节的疏忽或质量责任不到位都会对建设工程质量造成影响。

(2)全过程质量管理。

全过程质量管理是指根据工程质量的形成规律,从源头抓起,全过程推进。GB/T 19000—ISO9000 系列标准强调质量管理的“过程方法”管理原则。因此,必须掌握识别过程和应用“过程方法”进行全程质量控制。主要的过程如下:项目策划与决策过程;勘察设计过程;施工采购过程;施工组织与准备过程;检测设备控制与计量过程;施工生产的检验试验过程;工程质量的评定过程;工程竣工验收与交付过程;工程回访维修服务过程等。

(3)全员参与质量管理。

按照全面质量管理的思想,组织内部的每个部门和工作岗位都承担相应的质量职能,组织的最高管理者确定了质量方针和目标,就应组织和动员全体员工参与实施质量方针的系统活动。开展全员参与质量管理的重要手段就是运用目标管理方法,将组织的质量总目标逐级进行分解,使之形成自上而下的质量目标分解体系和自下而上的质量目标保证体系,发挥组织系统内部每个工作岗位、部门或团队在实现质量总目标过程中的作用。

2.3.2 质量管理的PDCA循环

在长期的生产实践过程和理论研究中形成的PDCA(plan、do、check、action)循环,是确立质量管理和建立质量体系的基本原理。从实践论的角度看,管理就是确定任务目标,并按照PDCA循环原理来实现预期目标。每一循环都围绕着实现预期的目标,进行计划、实施、检查和处置活动,解决问题并改进,从而不断提高质量。一个循环的四大职能活动相互联系,共同构成了质量管理的系统过程。

1. 计划(Plan)

质量管理的计划职能,包括确定或明确质量目标和制定实现质量目标的行动方案两方面。

实践表明质量计划的严谨周密、经济合理和切实可行,是保证工作质量、产品质量和服务质量的前提条件。

建设工程项目的质量计划,是由项目干系人根据其在项目实施中所承担的任务、责任范围和质量目标,分别进行质量计划而形成的质量计划体系。其中,建设单位的工程项目质量计划,包括确定和论证项目总体的质量目标,提出项目质量管理的组织、制度、工作程序、方法和要求。项目其他各方干系人,则根据工程合同规定的质量标准和责任,在明确各自质量目标的基础上,制定实施相应范围质量管理的行动方案,包括技术方法、业务流程、资源配置、检验试验要求、质量记录方式、不合格处理、管理措施等具体内容和做法的质量管理文件,同时必须对其实现预期目标的可行性、有效性、经济合理性进行分析论证,并按照规定的程序与权限,经过审批后执行。

2. 实施(Do)

实施职能在于将质量的目标值,通过生产要素的投入、作业技术活动和产出过程,转换为质量的实际值。为保证工程质量的产出或形成过程能够达到预期的结果,在各项质量活动实施前,要根据质量管理计划进行行动方案的部署和交底;交底的目的在于使具体的作业者和管理者明确计划的意图和要求,掌握质量标准及其实现的程序与方法。在质量活动的实施过程中,则要求严格执行计划的行动方案,规范行为,把质量管理计划的各项规定和安排落实到具体的资源配

置和作业技术活动中。

3. 检查(check)

检查指对计划实施过程进行各种检查,包括作业者的自检、互检和专职管理者专检。各类检查也都包含两大方面:①检查是否严格执行了计划的行动方案,实际条件是否发生了变化,不执行计划的原因;②检查计划执行的结果,即产出的质量是否达到标准的要求,对此进行确认和评价。

4. 处置(action)

对于质量检查所发现的质量问题或质量不合格,及时进行原因分析,采取必要的措施,予以纠正,保持工程质量形成过程的受控状态。处置分纠偏和预防改进两个方面:前者是采取应急措施,解决当前的质量偏差、问题或事故;后者是提出目前质量状况信息,并向管理部门反馈,反思问题症结或计划时的不周,确定改进目标和措施,为今后类似问题的质量预防提供借鉴。

2.3.3　施工阶段的质量控制

施工阶段的质量控制是一个经由对投入资源和条件的质量控制(即工程项目的事前质量控制),进而对施工生产过程以及各环节质量进行控制(即工程项目的事中质量控制),直到对所完成的产出品的质量检验与控制(即工程项目的事后质量控制)为止的全过程的系统控制过程,所以,施工阶段的质量控制可以根据工程项目实体质量形成的不同阶段划分为事前控制、事中控制和事后控制。

1. 事前控制

事前控制就是要求预先进行周密的质量计划,包括质量策划、管理体系、岗位设置。

把各项质量职能活动,包括作业技术和管理活动建立在有充分能力、条件保证和运行机制的基础上。对于建设工程项目,尤其施工阶段的质量控制,就是通过施工质量计划或施工组织设计或工程项目管理实施规划的制定过程,运用目标管理的手段,实施工程质量事前预控(或称为质量的计划预控)。

事前控制必须充分发挥组织的技术和管理方面的整体优势,把长期形成的先进技术、管理方法和经验智慧,创造性地应用于工程项目。

事前控制要求针对质量控制对象的控制目标、活动条件、影响因素进行周密分析，找出薄弱环节，制定有效的控制措施和对策。

2. 事中控制

事中控制也称作业活动过程质量控制，是指质量活动主体的自我控制和他人监控的控制方式。自我控制是第一位的，即作业者在作业过程中对自己质量活动行为的约束和技术能力的发挥，以完成预定质量目标的作业任务；他人监控是指作业者的质量活动过程和结果，接受来自企业内部管理者和来自企业外部有关方面的检查检验，如工程监理机构、政府质量监督部门等的监控。事中控制的目标是确保工序质量合格，杜绝质量事故发生。

事中控制的措施：施工过程交接有检查、质量预控有对策、工程项目有方案、图纸会审有记录、技术措施有交底、配制材料有试验、隐蔽工程有验收、设计变更有手续、质量处理有复查、成品保护有措施、质量文件有档案等。

工程项目事中控制的实质就是在质量形成过程中如何建立和发挥作业人员和管理人员的自我约束以及相互制约的监督机制，使工程项目质量从分项、分部到单位工程自始至终都处于受控状态。总之，在事前控制的前提下，事中控制是保证工程项目质量一次交验合格的重要环节，没有良好的作业自控和监控能力，工程项目质量就难以得到保证。

3. 事后控制

事后控制也称为事后质量把关，以使不合格的工序或产品不流入后道工序、不流入市场。事后控制的任务就对质量活动结果进行评价、认定，对工序质量偏差进行纠正，对不合格产品进行整改和处理。

从理论上分析，对于建设工程项目，计划预控过程所制定的行动方案考虑得越周密，事中自控能力越强、监控越严格，实现质量预期目标的可能性就越大。理想的状况就是希望做到各项作业活动“一次成活”“一次交验合格率达100%”。但要达到这样的管理水平和质量是相当不容易的，即使坚持不懈地努力，也还可能有个别工序或分部分项施工质量出现偏差，这是因为在作业过程中不可避免地会存在一些计划时难以预料的因素，包括系统因素和偶然因素。

建设工程项目质量的事后控制，具体体现在施工质量验收各个环节的控制方面。

以上系统控制的三大环节不是孤立和截然分开的，它们构成了有机的系统过程，实质上也就是质量管理 PDCA 循环的具体化，并在每一次滚动循环中不断提高，达到质量管理和质量控制的持续改进。

2.3.4　高速铁路施工质量验收

1. 验收的程序和组织

验收的程序包括检验批验收、分项工程验收、分部工程验收和单位工程验收。验收工作按所处阶段分别由监理单位或建设单位组织进行。

检验批应由施工单位自检合格后报监理单位，由监理工程师组织施工单位专职质量检查员等进行验收。监理单位应对全部主控项目进行检查，对一般项目的检查内容和数量可根据具体情况确定，分项工程应由监理工程师组织施工单位分项工程技术负责人等进行验收，检验批和分项工程质量验收记录应按规定表格填写。

2. 施工单位的自检工作

施工单位的自检是各阶段质量验收的基础。施工单位要加强过程控制，落实内部质量责任制，做好自检、互检和交接检。施工单位应在自检合格的基础上，把各种验收记录表填好后，向监理单位或建设单位提出验收申请。

3. 监理单位的验收工作

监理单位由专业监理工程师组织对检验批、分项工程、分部工程的质量进行验收，总监理工程师参与单位工程的质量验收。

4. 勘察设计单位的验收工作

勘察设计单位要对与勘察设计质量有关的检验项目进行确认，如对主体结构的地质条件进行确认、对需要检验的复合地基承载力进行确认等；参与重要的、特殊的分部工程的质量验收；参与每个单位工程的质量验收。

5. 建设单位的验收工作

建设单位组织施工单位、监理单位、勘察设计单位对单位工程的质量进行验收。单位工程有分包单位施工时，分包单位应对所承担的工程项目按高速铁路施工质量验收标准规定的程序进行检查评定，总包单位应派人参加。分包工程完成后，应将有关工程资料移交总包单位。

单位工程的质量验收是施工质量过程控制的最后一道程序，是建设投资转化为工程实体的标志，也是检验设计质量和施工质量的重要环节。

当参加验收各方对工程施工质量验收意见不一致时，可请铁路建设行政主管部门或其委托的质量监督部门协调处理。

2.4 工程项目合同管理

2.4.1 工程项目合同管理的基本原则

1. 符合法律法规的原则

订立合同的主体、内容、形式、程序等都要符合法律法规规定。合同当事人订立、履行合同，唯有遵守法律和行政法规，合同才受国家法律的保护，当事人预期的目的才有保障。

2. 平等自愿的原则

自愿是指合同当事人在法律、法规允许范围内，根据自己的意愿签订合同，即有权选择订立合同的对象、合同的条款内容、合同订立时间和依法变更或解除合同，任何单位和个人不得非法干预。贯彻平等自愿的原则，必须体现签约各方在法律地位上的完全平等。合同要在双方友好协商的基础上订立，签约双方都是平等的，任何一方都不得把自己的意志（例如单方提出的不平等条款）强加于另一方，更不得强迫对方同自己签订合同。

3. 公平原则

公平原则是民法的基本原则之一。合同当事人应当遵循公平原则确定各方的权利和义务。根据公平原则，民事主体必须按照公平的观念设立、变更或者取消民事法律关系。在订立工程项目合同中贯彻公平原则，反映了商品交换等价有偿的客观规律和要求。贯彻该原则的基本要求是签约各方的合同权利、义务要对等而不能失去公平，要合理分担责任。

4. 诚实信用原则

合同当事人行使权利、履行义务应当遵循诚实信用原则。诚实信用原则实

质上是社会良好道德、伦理观念上升为国家意志的体现。在订立合同中贯彻诚实信用原则，要求当事人应当诚实，实事求是地向对方介绍订立合同的条件、要求和履约能力，充分表达自己的真实意愿，不得有隐瞒、欺诈的成分，在拟定合同条款时，要充分考虑对方的合法权益和实际困难，以善意的方式设定合同权利和义务。

5. 等价有偿的原则

等价有偿原则是订立合同的一项基本原则。

6. 不得损害社会公共利益和扰乱社会经济秩序原则

合同当事人订立、履行合同，应当尊重社会公德，不得扰乱社会经济秩序，损害社会公共利益。

2.4.2　FIDIC 合同条件

国际咨询工程师联合会简称 FIDIC，在国际上具有很高的权威性，其成员为各国(或地区)咨询工程师协会。FIDIC 内部设有合同管理委员会，根据国际通用的项目管理模式编制了许多规范性的合同文本，其中应用较广的有 1987 年发布的《土木工程施工合同条件》《电气和机械工程合同条件》，1994 年发布的《土木工程施工分包合同条件》，1995 年发布的《设计-建造与交钥匙工程合同条件》以及 1998 年发布的《业务/咨询工程师标准服务协议书》等。随着国际上工程建设规模不断扩大，项目管理模式多样化发展，FIDIC 于 1999 年又制定了《施工合同条件》《工程设备和设计-施工合同条件》《设计采购施工(EPC)/交钥匙工程合同条件》《简明合同格式》以及《生产装备与设计-施工合同条件》。这些文本站在客观、公正的立场上，协调平衡了合同双方的利益与要求，内容详尽严谨。考虑到工程项目合同涉及面广、技术性强，文本除明确业主和承包商的责、权、利以外，还明确了咨询工程师在项目管理中的职责和作用。这些文本保护了双方的合法权益，得到了国际上广泛的肯定，不仅为 FIDIC 成员国采用，而且世界银行、亚洲开发银行、非洲开发银行的贷款项目中也常常采用，成为国际通行的合同示范文本。

由于篇幅所限，这里仅讲述《施工合同条件》通用条件的主要内容。

1. 合同文件的组成

通用条件的条款规定，构成对业主和承包商有约束力的合同文件包括以下几方面的内容。

(1)合同协议书。业主发出中标函的28d内，接到承包商提交的有效履约保证后，双方签署的法律性标准化格式文件。为了避免履行合同过程中产生争议，专用条件指南中说明最好注明接受的合同价格、基准日期和开工日期。

(2)中标函。业主签署的对投标书的正式接受函，可能包含作为备忘录记载的合同签订前谈判时可能达成一致并共同签署的补遗文件。

(3)投标函。承包商填写并签字的法律性投标函和投标函附录，包括报价和对招标文件及合同条款的确认文件。

(4)合同专用条件。

(5)合同通用条件。

(6)规范。

2. 合同担保

(1)承包商提供的担保。

合同条款中规定，承包人签订合同时应提供履约担保，接受预付款前应提供预付款担保。在范本中给出了担保书的格式，分为企业法人提供的保证书和金融机构提供的保函两类格式。保函均为无须承包商确认违约的无条件担保形式。

(2)业主提供的担保。

大型工程建设资金的融资可能包括从某些国际援助机构、开发银行等筹集的款项，这些机构往往要求业主应保证履行给承包商付款的义务，因此在专用条件范例中，增加了业主应向承包商提交“支付保函”的可选择使用的条款，并附有保函格式。业主提供的支付保函担保金额可以按总价或分项合同价的某一百分比计算，担保期限至缺陷通知期满后6个月，并且为无条件担保，使合同双方的担保义务对等。

通用条件的条款中未明确规定业主必须向承包商提供支付保函，具体工程的合同内是否包括此条款取决于业主主动选用或融资机构的强制性规定。

3. 合同价格

通用条件中分别定义了“接受的合同款额”和“合同价格”的概念。“接受的合同款额”指业主在中标函中对实施、完成和修复工程缺陷所接受的金额，来源于承包商的投标报价并对其确认。合同价格则指按照合同各条款的约定，承包商完成建造和保修任务后，对所有合格工程有权获得的全部工程款。

最终结算的合同价可能与中标函中注明的接受的合同款额不一定相等。主要是因为大型复杂工程的施工期较长，通用条件中包括合同工期内因物价变化对施工成本产生影响后计算调价费用的条款，每次支付工程进度款时均要考虑约定可调价范围内项目当地市场价格的涨落变化，而这笔调价款没有包含在中标价格内，仅在合同条款中约定了调价原则和调价费用的计算方法。

4. 指定分包商

指定分包商是由业主(或工程师)指定、选定，完成某项特定工作内容并与承包商签订分包合同的特殊分包商。合同条款规定，业主有权将部分工程项目的施工任务或涉及提供材料、设备、服务等工作内容发包给指定分包商实施。

5. 解决合同争议的方式

任何合同争议均交由仲裁或诉讼解决，一方面往往会导致合同关系的破裂，另一方面解决起来费时、费钱且对双方的信誉有不利影响。为了解决工程师的决定可能处理得不公正的情况，通用条件中增加了“争端裁决委员会”处理合同争议的程序。

(1)解决合同争议的程序。

①提交工程师决定。

FIDIC 编制的施工合同条件的基本出发点之一，是合同履行过程中建立以工程师为核心的项目管理模式，因此不论是承包商的索赔还是业主的索赔均应首先提交给工程师。任何一方要求工程师作出决定时，应与双方协商尽力达成一致。如果未能达成一致，则应按照合同规定并适当考虑有关情况后作出公正的决定。

②提交争端裁决委员会决定。

双方起因于合同的任何争端，包括对工程师签发的证书，作出的决定、指示、意见或估价不同意接受时，可将争议提交合同争端裁决委员会，并将副本送交对方和工程师。裁决委员会在收到提交的争议文件后84d内作出合理的裁决。作出裁决后的28d内任何一方未提出不满意裁决的通知，则此裁决即为最终的决定。

③双方协商。

任何一方对裁决委员会的裁决不满意，或裁决委员会在84d内没能作出裁决，在此期限后的28d内应将争议提交仲裁。仲裁机构在收到申请后的56d才开始审理，这一时间要求双方尽量以友好的方式解决合同争议。

④仲裁。

如果双方仍未能通过协商解决争议，则只能在合同约定的仲裁机构最终解决。

(2)争端裁决委员会。

签订合同时，业主与承包商通过协商组成裁决委员会。裁决委员会可约定为1名或3名成员，一般由3名成员组成，合同每一方应提名一位成员，由对方批准。双方应与这两名成员共同商定第三位成员，第三人作为主席。争端裁决委员会的行为属于非强制性但具有法律效力的行为，相当于我国法律中解决合同争议的调解，但其性质则属于个人委托。成员应有承包合同的履行和合同的解释方面的经验，能流利地使用合同中规定的交流语言。

6.施工阶段的合同管理

(1)施工进度管理。

①承包商编制施工进度计划。

承包商应在合同约定的日期或接到中标函后的42d内(合同未作约定)开工，工程师则应至少提前7d通知承包商开工日期。承包商收到开工通知后的28d内，按工程师要求的格式和详细程度提交施工进度计划，说明为完成施工任务而打算采用的施工方法、施工组织方案、进度计划安排，以及按季度列出根据合同预计应支付给承包人费用的资金估算表。

合同履行过程中，一个准确的施工计划对合同涉及的有关各方都有重要的作用：要求承包人按计划施工，工程师也应按计划做好保证施工顺利进行的协调管理工作。施工计划还是判定业主是否延误移交施工现场、迟发图纸以及应提供的材料、设备，成为影响施工应承担责任的依据。

②工程师对施工进度的监督。

为了便于工程师对合同的履行进行有效的监督和管理以及协调各合同方之

间的配合，承包商每个月都应向工程师提交进度报告，说明前一阶段的进度情况和施工中存在的问题，以及下一阶段的实施计划和准备采取的相应措施。

当工程师发现实际进度与计划进度严重偏离时，不论实际进度是超前还是滞后，为了使进度计划有实际指导意义，有权随时指示承包人编制改进的施工进度计划，并再次提交工程师认可后执行，新进度计划将代替原来的计划。

③顺延合同工期。

通用条件的条款中规定可以给承包商合理延长合同工期的条件通常可能包括延误发放图纸、延误移交施工现场、承包商依据工程师提供的错误数据导致放线错误、不可预见的外界条件、施工中遇到文物和古迹对施工进度的干扰以及发生不可抗力事件等。

(2)施工质量管理。

①建立承包商的质量体系。

通用条件规定，承包商应按照合同的要求建立一套质量管理体系，以保证施工符合合同要求。在每一工作阶段开始实施前，承包商应将所有工作程序的细节和执行文件提交工程师，供其参考。

②现场资料管理。

承包商的投标书被认为其在投标阶段对招标文件中提供的图纸、资料和数据进行过认真审查和核对，并通过现场考察和质疑已取得了对工程可能产生影响的有关风险、意外事故及其他情况的全部必要资料。业主同样有义务向承包商提供基准日(指投标截止日期前第 28 天)后得到的所有相关资料和数据。不论是招标阶段提供的资料还是后续提供的资料，业主应对资料和数据的真实性和正确性负责，但对因承包商理解、解释资料或推论导致的错误不承担责任。

③质量的检查和检验。

为了保证工程的质量，工程师除按合同规定进行正常的检验外，还可以在认为必要时依据变更程序指示承包商变更规定检验的位置或细节、进行附加检验或试验等。由于额外检查和试验是基准日前承包商无法合理预见的情况，影响到的费用和工期视检验结果是否合格划分责任归属。

④对承包商设备的控制。

工程质量的好坏和施工进度的快慢，很大程度上取决于投入施工的机械设备、临时工程在数量和型号上的满足程度。对承包商设备的控制包括对承包人自有的施工设备和租赁的施工设备的控制。若工程师发现承包人使用的施工设备影响了工程进度或施工质量，有权要求承包人增加或更换施工设备，由此增加

的费用和工期延误责任由承包人承担。

⑤环境保护。

承包商的施工应遵守环境保护的有关法律和法规的规定，采取一切合理措施保护现场内外的环境，限制因施工作业引起的污染、噪声或其他对公众和财产造成损害和妨碍。施工产生的散发物、地面排水和排污不能超过环保规定的数值。

(3)工程变更管理。

工程变更，是指施工过程中出现了与签订合同时的预计条件不一致的情况，而需要改变原定施工承包范围内的某些工作内容。工程师可以根据施工进展的实际情况，在认为必要时就对合同中任何工作工程量的改变等方面发布变更指令，变更估价由双方协商确定。

(4)工程进度款的支付管理。

①预付款。

预付款又称动员预付款，是业主为了帮助承包商解决施工前期开展工作时的资金短缺问题，从未来的工程款中提前支付的一笔款项。合同工程是否有预付款，以及预付款的金额多少、支付(分期支付的次数及时间)和扣还方式等均要在专用条款内约定。通用条件内针对预付款金额不少于合同价 22%的情况，规定了管理程序。

a. 动员预付款的支付。预付款的数额由承包商在投标书内确认。承包商需要首先将银行出具的履约保函和预付款保函交给业主并通知工程师，工程师在 21d 内签发“预付款支付证书”，业主按合同约定的数额和外币比例支付预付款。预付款保函金额始终保持与预付款等额，即随着承包商对预付款的偿还逐渐递减保函金额。

b. 动员预付款的扣还。预付款在分期支付工程进度款的支付中按百分比扣减的方式偿还。

②用于永久工程的设备和材料预付款。

合同条件是针对包工包料承包的单价合同编制的，因此规定由承包商自筹资金采购工程材料和设备，只有当材料和设备用于永久工程后，才能将这部分费用计入工程进度款内结算支付。通用条件规定，为了帮助承包商解决订购大宗主要材料和设备所占用资金的周转问题，订购物资经工程师确认合格后，按发票价值 80%作为材料预付的款额，含在当月应支付的工程进度款内。双方也可以在专用条款内修正这个百分比，目前施工合同的约定通常在 60%～90%。

③业主的资金安排。

为了保障承包商按时获得工程款，通用条件内规定，如果合同内没有约定支付表，当承包商提出要求时，业主应提供资金安排计划。

④保留金。

保留金是按合同约定从承包商应得的工程进度款中相应扣减一笔金额保留在业主手中，作为约束承包商严格履行合同义务的措施之一。当承包商有一般违约行为使业主受到损失时，可从该项金额内直接扣除损害赔偿费。

合同内以履约保函和保留金两种手段作为约束承包商忠实履行合同义务的措施，当承包商严重违约而使合同不能继续顺利履行时，业主可以凭履约保函向银行获取损害赔偿；而因承包商的一般违约行为令业主蒙受损失时，通常利用保留金补偿损失。履约保函和保留金的约束期均是承包商负有施工义务的责任期限（包括施工期和保修期）。

⑤工程进度款的支付程序。

a. 工程量计量。工程量清单中所列的工程量仅是对工程的估算量，不能作为承包商完成合同规定施工义务的结算依据。每次支付工程月进度款前，均需通过测量来核实实际完成的工程量，以计量值作为支付依据。

采用单价合同的施工工作内容应以计量的数量作为支付进度款的依据，而在总价合同或单价包干混合式合同中，按总价承包的部分可以按图纸工程量作为支付依据，仅对变更部分予以计量。

b. 承包商提供报表。每个月的月末，承包商应按工程师规定的格式提交一式六份本月支付报表，提出本月已完成合格工程的应付款要求和对应扣款的确认。

c. 工程师签证。工程师接到报表后，对承包商完成的工程形象、项目、质量数量以及各项价款的计算进行核查。若有疑问，可要求承包商共同复核工程量。在收到承包商的支付报表的 28d 内，按核查结果以及总价承包分解表中核实的实际完成情况签发支付证书。

d. 业主支付。承包商的报表经过工程师认可并签发工程进度款的支付证书后，业主应在接到证书后及时给承包商付款。业主的付款时间不应超过工程师收到承包商的月进度付款申请单后的 56d。如果逾期支付，将承担延期付款的违约责任，延期付款的利息按银行贷款利率加 3%计算。

7. 竣工验收阶段的合同管理

(1)竣工检验和移交工程。

①竣工检验。

承包商完成工程并准备好竣工报告所需报送的资料后,应提前 21d 将某一确定的日期通知工程师,说明此日后已准备好进行竣工检验。工程师应指示在该日期后 14d 内的某日进行。此项规定同样适用于按合同规定分部移交的工程。

②颁发工程接收证书。

工程通过竣工检验达到了合同规定的“基本竣工”要求后,承包商在认为可以完成移交工作前 14d 以书面形式向工程师申请颁发接收证书。基本竣工是指工程已通过竣工检验,能够按照预定目的交给业主占用或使用,而非完成了合同规定的包括扫尾、清理施工现场及不影响工程使用的某些次要部位缺陷修复工作后的最终竣工,剩余工作允许承包商在缺陷责任期内继续完成。

工程师接到承包商申请后的 28d 内,如果认为已满足竣工条件,即可颁发工程接收证书;若不满意,则应书面通知承包商,指出还需完成哪些工作后才达到基本竣工条件。工程接收证书中包括确认工程达到竣工的具体日期。工程接收证书颁发后,不仅表明承包商对该部分工程的施工义务已经完成,而且对工程照管的责任也转移给业主。

(2)未能通过竣工检验。

①重新检验。

如果工程或某区段未能通过竣工检验,承包商对缺陷进行修复和改正,在相同条件下重复进行此类未通过的试验和对任何相关工作的竣工检验。

②重复检验仍未能通过。

当整个工程或某区段未能通过按重新检验条款规定所进行的重复竣工检验时,工程师应有权选择以下任何一种处理方法:

a. 指示再进行一次重复的竣工检验;

b. 如果该工程缺陷致使业主基本上无法享用该工程或区段所带来的全部利益,拒收整个工程或区段(视情况而定),在此情况下,业主有权获得承包商的赔偿。

(3)竣工结算。

颁发工程接收证书后的 84d 内,承包商应按工程师规定的格式报送竣工报

表。工程师接到竣工报表后，应对照竣工图进行工程量详细核算，对其他支付要求进行审查，然后再依据检查结果签署竣工结算的支付证书。此项签证工作，工程师也应在收到竣工报表后28d内完成。业主依据工程师的签证予以支付。

8. 缺陷责任期阶段的合同管理

缺陷责任期即国内施工文本所指的工程保修期，即自工程接收证书中写明的竣工日开始，至工程师颁发履约证书为止的日历天数。尽管工程移交前进行了竣工检验，但只是证明承包商的施工工艺达到了合同规定的标准，设置缺陷责任期的目的是考验工程在动态运行条件下是否达到了合同中技术规范的要求。若承包商未能负责，业主有权雇用其他人实施并予以付款。如果属于承包商应承担的责任原因导致，业主有权按照业主索赔的程序由承包商赔偿。

2.4.3　我国工程项目货物采购合同管理

货物采购合同是工程项目合同体系中的重要组成部分，与施工合同居于同样重要的地位。工程项目是一个特殊的产品，发包人购买的是工程实体的形成过程，而构成工程实体的过程中，重要的就是施工和货物采购。货物采购合同应依据工程承包合同的相关内容订立，在实践中，有的货物由发包人负责提供，也可以由承包人负责采购，无论是发包人自己采购的货物，还是承包人采购的货物，都应当由双方当事人在施工合同中作出明确约定，并符合施工合同对货物的质量要求和工程进度需要的安排。也就是说，货物采购合同的订立要以施工合同为依据，并且与其他工程建设事项互相衔接。

目前，我国还没有统一的货物采购合同示范文本，货物采购合同一般都是由当事人按照《中华人民共和国合同法》的规定，双方协商约定。这里仅介绍货物采购合同的主要内容，待国家有关行政主管部门出台统一的货物采购合同示范文本后，在实际工作中应以新的示范文本为准。

1. 货物采购合同的主要内容

(1)货物名称、种类。

需要采购的各种货物，应在合同中予以明确和具体化，这是货物采购中重要的条款之一。在合同中，应详细写明各种货物的品种、型号、规模、等级、花色、数量等，还要写明货物不符合合同规定时买方提出异议的时间。

(2)质量要求。

质量条款是货物采购供应合同中的重要条款，也是验收货物和区分责任的依据。货物的质量关系到该货物能否满足购货人的需要，是否适用于约定的用途。货物的质量要求主要体现在货物的性能、功能、耐用程度、可靠性、外观、经济性等方面。实践中，相当多的经济纠纷是因质量问题引起的，因此，一定要在合同中说明货物质量的各项要求。供货人应保证货物是用要求的工艺和材料制造而成的，并完全符合合同规定的质量、规格和性能的要求，还应保证所提供的货物经正确安装、运转和保养，在其使用寿命期内应具有满意的性能。成套供货的货物，不仅对主件有质量要求，对附件也要有质量要求。

(3)技术标准。

货物的技术标准指国家对采购货物的性能、规格、质量、检验方法、包装以及储运条件等所作的统一规定，是设计、生产、检验、供应、使用该产品的技术依据。合同双方当事人在确定货物技术标准时，如该货物有国家标准或行业标准的，应按照国家标准或行业标准执行；如没有国家标准和行业标准的，则按地方标准或企业标准执行；当事人有特殊要求的，由双方协商，在合同中约定。

实行招标采购的货物，合同中货物的技术标准应与招标文件中规定的技术标准一致。

(4)包装要求。

除合同中另有约定外，供货人提供的全部货物，均应采用国家标准或行业标准要求的保护措施对货物进行包装，适于远距离运输、防潮、防震、防锈和防粗暴装卸要求，确保货物安全无损运抵现场。由于包装不善所引起的货物锈蚀、损坏和损失均由供货人承担。

采用包装箱对货物进行包装的，供货人应在包装箱的四侧以醒目的方式标记出提货人、目的地、货物名称、货物毛重或净重、尺寸等内容。

(5)交货条款。

交货条款包括交货方式、运输方式、到货地点、提货人、交(提)货期限等内容。

合同中必须明确约定交货方式是一次性交货，还是分期分批交货；是现场交货还是购货人自提。

采用现场交货方式的，供货人负责办理运输和保险，将货物运抵现场并进行卸货。有关运输和保险的一切费用由供货人承担。所有货物运抵现场的日期为交货日期。供货人应在合同约定的交货期前将货物名称、数量、包装箱件数、总

毛重、总体积、备妥交货日期以及对货物在运输和仓储的特殊要求和注意事项通知购货人。

合同中还应明确交货地点、运输方式以及交货期限。合同中规定的到货地点，即合同履行地。双方应根据各种运输工具的特点，结合货物的特性和数量、路程的远近、供应任务的缓急等因素协商选择合理的运输方式和运输工具。交货期限是货物由供货人转移给购货人的具体时间要求，它涉及合同是否按期履行问题和货物意外损失危险的责任承担问题。合同中的交货期限，应写明年份和月份。实际交货日期早于或迟于合同规定的，即视为提前或逾期交货，当事人应承担相应的责任。在履行合同过程中，如果供货人遇到不能按时交货和提供服务的情况，应及时以书面形式将不能按时交货的理由、延误时间通知购货人。购货人在收到通知后，应给予答复：如果同意，可通过修改合同，酌情延长交货期限；如果供货人任意拖延交货，将被追究违约责任。

(6)检验和验收。

在交货前，供货人应对货物的质量、规格、性能、数量和重量等进行详细而全面的检验，并出具一份证明货物符合合同约定的文件，但有关质量、规格、性能、数量或重量的检验不应视为最终检验。供货人检验的结果应在检验文件中加以说明。

货物运抵现场后，购货人应对货物进行验收。验收包括对货物的名称、品种、规格、型号、花色、数量、质量、包装等进行检测和测试，以确定是否与合同相符。验收标准应根据合同约定的质量标准进行。如果质量标准是国家标准、行业标准、地方标准，应按规定标准验收；如果质量标准是双方约定的其他标准，应按其他标准验收，供货人应附产品合格证或质量保证书及必要的技术资料；如果质量标准是以样品为依据，双方应共同封存样品，分别保管，按封存的样品进行验收。如发现货物的规格或数量与合同不符，购货人有权拒付货款，并应在合同约定的时间内，根据供货人自行检验的结果或当地质检部门出具的检验证明向供货人提出索赔。

(7)质量保证期。

质量保证期为供货人对货物质量责任的保修期限。供货人对货物的质量是负责任的，但并非无期限、无条件地负责，双方应该在合同中明确有关责任期限的约定。货物采购合同应约定一个适当的质量保证期，在质量保证期内，如果货物的数量、质量或规格与合同不符，或证实货物是有缺陷的，包括潜在的缺陷或使用不符合要求的材料制造等，购货人应以书面形式通知供货人，供货人在收到通知后应在约定的时间内免费维修或更换有缺陷的货物或部件。

(8)价格和结算。

价格条款是货物采购合同的重要条款,是双方当事人进行结算的依据规定如下:①货物的价格,实行招标采购的货物,按中标人的中标价格执行。②不实行招标采购的货物,属于国家定价的,应按国家定价执行;属于国家指导价的货物,则按国家指导价执行;不属于国家定价和国家指导价的,由双方根据市场价格协商定价。

在价格条款中,应写明付款总额、付款方式、付款次数、付款时间、付款币种,以及延期付款时利息的计算方法。结算是对货物价款的了结和清算。目前在我国货物价款采用转账方式比较普遍,包括异地托收承付、异地委托收款信用证结算、汇兑结算、票据结算等。合同中应明确规定货款的结算办法和结算时间,并注明双方的开户银行和账户名称、账号。

(9)违约责任。

①供货人违约责任。

a. 不能按时交货的,应向购货人偿付违约金。具体偿付比例可由双方在合同中约定。

b. 提前交货或多交的货物的品种、型号、规格、质量不符合合同约定的,供货人应承担购货人代保管期内实际发生的保管、保养等费用。

c. 购货人按供货人通知的时间、地点前往提货而未提到货时,供货人应负逾期交货的违约责任,并承担购货人因此而支付的实际费用。

d. 货物的规格、品种、质量不符合合同约定的,如果购货人同意利用,应当按质论价,由供货人负责包修、包换、包退,并承担修理、调换、退货所发生的实际费用;不能修理或调换的,按不能交货处理。在交售货物中掺杂使假、以次充好的,购货人有权拒收,供货人同时应向购货人偿付相应的违约金。

e. 产品包装不符合合同约定的,必须重新包装的,供货人应重新包装,并承担因此支付的费用。因包装不符合规定造成货物损坏或者丢失的,供货人应负责赔偿。

f. 由于货物错发到货地点或接货单位造成逾期交货的,供货人应支付违约金。未经购货人同意,供货人擅自改变运输路线和运输工具的,应承担由此增加的费用。

②购货人违约责任。

a. 中途退货或无故拒收货物,应支付违约金,并承担供货人由此发生的费用

和赔偿由此造成的损失。具体赔偿比例双方在合同中约定。

b. 自提货物未按供货人通知的日期或合同规定的日期提货的，应承担供货人在此期间所支付的保管费、保养费。

c. 未按合同规定日期付款的，应按合同约定支付违约金。在此期间如遇国家规定的价格上涨，承担由此而多发生的费用。

d. 错填或临时变更到货地点且没提前通知供货人的，应承担由此而多支付的费用。

e. 在合同约定的验收期限内，未进行验收或验收后在规定的期限内，未提出异议的，视为默认。对于提出质量异议或因其他原因提出拒收的一般货物，在代保管期内，应按原包装妥善保管、保养，不得动用，一经动用即视为接收。

(10)争议。

货物采购合同发生争议，双方应协商解决，协商不成，可聘请咨询工程师或有关行业主管部门等第三方进行调解，协调不成时，可按照合同也选择仲裁机构仲裁或向有管辖权的人民法院提起诉讼。

2. 货物采购合同的履行

货物的生产过程，就是合同的履行过程。与工程采购不同，货物采购合同签订后要实行催交和现场监造与检验，这是货物合同履行的重要保证，是货物招标投标工作的延续。

(1)催交。

因为采购的货物是在制造厂家生产制造的，货物是否能及时交付，一方面固然要依靠供货人，另一方面还要依靠购货人派遣咨询工程师作为驻厂代表进行催交货物。

催交工作的任务主要是督促供货人能按合同规定的期限要求提供货物和技术文件，以满足现场施工安装的需要，故催交工作贯穿合同签订后直到货物制造完成，并具备出厂检验合格的全过程。催交工作的重点是保证货物生产制造的进度和工期，在催交的过程中，驻厂代表及时地发现制造过程中的问题，并且能采取有效的控制和改正措施，以防止进度拖延。

催交工作是货物采购必不可少的重要环节。国外工程公司对催交工作也十分重视，为确保设备、材料按时到货，保证工程顺利进行，会投入一定的人力做催交工作。做好催交工作，对保证工程项目的总进度具有重要作用。催交工作主要包括下列内容。

①催促供货人按照合同规定,及时向招标人提交一份详细的制造进度表,明确交货日期,以便催交工作的开展。

②检查供货人主要原材料的采购和准备进展情况,并检查供货人主要外协配件和配套辅机的采购进展情况。

③检查设备、材料的制造、组装、试验、检验和装运的准备情况。检查各关键工序是否按生产计划进行。催交人员应不断评估供货人的进度状态,确保全部关键控制点的进度按期进行。

(2)现场监造与检验。

与工程采购不同,为确保货物的质量符合采购合同规定的要求,避免由于质量问题而影响工程建设,或给以后生产经营带来困难。对于货物采购尤其是设备采购,购货人需要派遣咨询工程师在供货厂家进行现场监造与检验,包括对材料进货的检验、设备制造加工监造检验、组装和中间产品的监造检验、整体货物性能的监造检验、包装监造检验、运输条件检验等。现场监造与检验的要求应事先在合同中约定。

①监造与检验的主要内容。

a. 工程师的职责就是保证货物的质量和制造进度。货物质量主要是通过建立和实施质量保证体系来保证的。咨询工程师应首先了解制造厂质量保证体系文件的制订和有效实施情况,并对其提出建议。

b. 咨询工程师应掌握货物招标采购合同的全部内容,特别是要掌握合同中的技术标准、规范要求、货物的质量要求和时间要求,以及检验标准要求,并且据此制订监造检验计划,列出重点监造检验目录。

c 在货物制造开始之前,咨询工程师要组织召开协调会议,使供货人明确产品要求,检验内容、方式、时间以及各自的义务等。

d. 货物制造工作中,根据需要咨询工程师应进驻制造现场进行监造与检验。监造与检验的方法一般是日检、实测、记录、照相等。当需要使用测试仪器时,供货人应提供协助和方便。

e. 货物制造完毕后,咨询工程师应参加全面的质量验收,认真做好出厂前的检验测试,把问题消除在出厂之前,并完成检验报告。检验报告应该是根据订货合同及其附件提出的技术规格和要求,对采购的设备和材料进行检验、测试和其他有关质量检查的真实情况的记录。为了提高编写检验报告的质量,咨询工程师应根据经验编制统一的格式。检验报告的结论部分,应该明确被检验的设备和材料可以验收、有条件验收或拒收等。

f. 根据具体情况，也可聘请有资格和有信誉的第三方检验机构承担货物的检验工作。

g. 设备、材料运抵施工现场后，主持仓储的管理人员要开箱检验，合格后方能入库。

②监造与检验的要求。

a. 在机械设备制造之前，工程师要召开预检会议，审查制造厂的检验计划。

b. 机械设备检验应按订货合同文件规定的标准、规范进行。

c. 认真做好检验报告，因为检验报告是对机构设备质量的真实记录。

d. 对合格产品，有关参检方要联名签字，并且一切文件要完整无损。对不合格产品，咨询工程师要提出处理意见。

e. 对产品质量有争议的问题，应聘请第三方检验，也可请专家或有关专业部门检验，得出公正的结论。

货物制造完毕，运抵施工现场并入库后，货物采购合同才宣布履行完毕，采购工作宣布结束。

2.4.4　索赔管理

1. 索赔概念及作用

索赔是合同当事人在合同实施过程中，根据法律、合同规定及惯例，对并非由于自己的过错，而是属于合同对方承担责任且实际发生了损失的行为，可向对方提出给予补偿的要求。索赔事件的发生，可以是一定行为造成的，也可以由不可抗力引起；可以是合同当事人一方引起的，也可以由任何第三方行为引起。索赔的性质属于经济补偿行为，而不是惩罚。索赔的损失结果与被索赔人的行为并不一定存在法律上的因果关系。

索赔的主要作用有如下。

(1)索赔是合同管理的主要环节，是挽回成本损失的主要手段。

(2)工程索赔的健康开展，对双方的管理与合同的履约管理都提出很高的要求，它有利于促进双方加强内部管理，提高管理素质，严格履行合同，维护市场正常秩序。

(3)能促使双方迅速掌握索赔和处理索赔的方法和技巧，有利于熟悉国际惯例，有利于对外开放和对外承包工程的开展。

(4)可促使双方根据合同执行的实际情况，实事求是地调整工程造价和工期，把原来计入工程造价的一些不可预见费用改按实际发生的损失支付，有助于降低工程造价，使工程造价更合理。

2. 承包商向业主的索赔

(1)常见的索赔内容。

①不利的自然条件与人为障碍引起的索赔。

不利的自然条件是指施工中遭遇到的实际自然条件比招标文件中所描述的更为困难和恶劣，是承包商无法预测的不利自然条件与人为障碍，导致了承包商必须花费更多的时间和费用，在这种情况下，承包商可以向业主提出索赔要求。

②工程变更引起的索赔。

在工程施工过程中，由于工地上不可预见的情况和环境的改变，在监理工程师认为必要时，可以对工程或其任何部分的外形、质量或数量作出变更。任何此类变更，承包商均不应以任何方式使合同作废或无效。但如果监理工程师确定的工程变更单价或价格不合理，或缺乏说服承包商的依据，则承包商有权就此向业主索赔。

③工期延期的费用索赔。

工期延期的索赔通常包括两个方面：①承包商要求延长工期；②承包商要求偿付非承包商原因导致工程延期而造成的损失。这两方面的索赔报告一般要求分别编制。因为工期和费用索赔并不一定同时成立。

④加速施工费用的索赔。

一项工程可能遇到各种意外的情况或由于工程变更而必须延长工期。但由于业主的原因，坚持不延期，迫使承包商加班赶工来完成工程，从而导致工程成本增加，承包商可以提出索赔。

⑤业主不正当地终止工程而引起的索赔。

由于业主不正当地终止工程，承包商有权要求补偿损发，其数额是承包商在被终止工程中的人工、材料、机械设备的全部支出，以及各项管理费用、保险费、贷款利息、保函费用的支出(减去已结算的工程款)，并有权要求赔偿其盈利损失。

⑥物价上涨引起的索赔。

物价上涨是各国市场的普遍现象，尤其在一些发展中国家。由于物价上涨，人工费和材料费不断增长，引起了工程成本的增加。如何处理物价上涨引起的合同价调整问题，常用的办法有以下三种。

a. 对固定总价合同不予调整。这适用于工期短、规模小的工程。

b. 按价差调整合同价。在工程结算时，对人工费及材料费的价差，即现行价格与基础价格的差值，由业主向承包商补偿。

c. 用调价公式调整合同价。在每月结算工程进度款时，利用合同文件中的调价公式，计算人工、材料等的调整数。

⑦法律、货币及汇率变化引起的索赔。

如果业主在规定的应付款时间内未能按工程师的任何证书向承包商支付应支付的款额，承包商可在提前通知业主的情况下，暂停工作或减缓工作速度，并有权获得任何误期的补偿和其他额外费用的补偿(如利息)。

⑧不可抗力的后果。

如果不可抗力、妨碍承包商履行合同规定的任何义务，使其遭受延误和(或)增加费用，承包商有权根据“承包商的索赔”的规定要求索赔。

(2)合同示范文本中规定的索赔条款。

为了健康开展工程索赔工作，FIDIC 制定的《施工合同条件》和我国的《建设工程施工合同示范文本》都写出了涉及索赔的条款，为开展索赔提供了条件。

3. 业主向承包商的索赔

由于承包商不履行或不完全履行约定的义务，或者由于承包商的行为使业主受到损失时，业主可向承包商提出索赔。示范文本中也包括了业主向承包商索赔的内容和条件，主要内容如下。

(1)工期延误索赔。

由于承包商的责任使竣工日期拖后，影响到业主对该工程的利用，给业主带来经济损失，业主有权对承包商进行索赔，即由承包商支付误期损害赔偿费。施工合同中的误期损害赔偿费，通常是由业主在招标文件中确定的。业主在确定误期损害赔偿费的费率时，一般要考虑以下因素：

①业主盈利损失；

②由于工程拖期而引起的贷款利息增加；

③工程拖期带来的附加监理费；

④由于工程拖期不能使用，继续租用原建筑物或租用其他建筑物的租赁费。

误期损害赔偿费的计算方法，在每个合同文件中均有具体规定。一般按每延误一天赔偿一定的款额计算，累计赔偿额一般不超过合同总额的 10%。

(2)施工缺陷索赔。

当承包商的施工质量不符合合同的要求,或使用的设备和材料不符合合同规定,或在缺陷责任期未满以前未完成应该负责修补的工程时,业主有权向承包商追究责任,要求补偿所遭受的经济损失。如果承包商在规定的期限内未完成缺陷修补工作,业主有权雇佣他人来完成工作,发生的费用由承包商负担。如果承包商自费修复,则业主可索赔重新检验费。

(3)对指定分包商的付款索赔。

在承包商未能提供已向指定分包商付款的合理证明时,业主可以直接按照监理工程师的证明书,将承包商未付给指定分包商的所有款项(扣除保留金)付给这个分包商,并从应付给承包商的任何款项中如数扣回。

(4)业主合理终止合同或承包商不正当地放弃工程的索赔。

如果业主合理地终止承包商的承包,或者承包商不合理放弃工程,则业主有权从承包商手中收回由新的承包商完成工程所需的工程款与原合同未付部分的差额。

4. 索赔费用的组成

索赔费用的主要组成部分同工程款的计价内容相似。按我国现行规定,建安工程合同价包括直接工程费、间接费、计划利润和税金。我国的这种规定同国际上通行的做法还不完全一致。按国际惯例,建筑安装工程合同价一般包括直接费、间接费和利润。直接费包括人工费、材料费和机械使用费;间接费包括工地管理费、保险费、利息、总部管理费等。

从原则上说,承包商有索赔权利的工程成本增加,都是可以索赔的费用。这些费用都是承包商为了完成额外的施工任务而增加的开支。但是,对于不同原因引起的索赔,承包商可索赔的具体费用内容是不完全一样的。哪些内容可索赔,要按照各项费用的特点、条件进行分析论证。

(1)人工费。

人工费包括施工人员的基本工资、工资性质的津贴、加班费、奖金以及法定的安全福利等费用。对于索赔费用中的人工费部分而言,人工费包括完成合同之外的额外工作所花费的人工费用;由于非承包商责任的工效降低所增加的人工费用;超过法定工作时间加班劳动;法定人工费增长以及非承包商责任工程延误导致的人员窝工费和工资上涨费等。

(2)材料费。

材料费的索赔内容如下。

①由于索赔事项材料实际用量超过计划用量而增加的材料费。

②由于客观原因材料价格大幅度上涨。

③由于非承包商责任工程延误导致的材料价格上涨和超期储存费用。

材料费中应包括运输费、仓储费以及合理的损耗费用。如果由于承包商管理不善造成材料损坏失效,则不能列入索赔计价。

(3)施工机械使用费。

施工机械使用费的索赔内容如下。

①由于完成额外工作增加的机械使用费。

②非承包商责任工效降低增加的机械使用费。

③由于业主或监理工程师原因导致机械停工的窝工费。窝工费的计算,如系租赁设备,一般按实际租金和调进调出费的分摊计算;如系承包商自有设备,一般按台班折旧费计算,而不能按台班费计算,因台班费中包括了设备使用费。

(4)分包费用。

分包费用索赔指的是分包商的索赔费,一般包括人工、材料、机械使用费的索赔。分包商的索赔应如数列入总承包商的索赔款总额以内。

(5)工地管理费。

索赔款中的工地管理费是指承包商完成额外工程、索赔事项工作以及工期延长期间的工地管理费,包括管理人员工资、办公、通信、交通费等。但如果对部分工人窝工损失索赔,因其他工程仍然进行,可能不予计算工地管理费索赔。

(6)利息。

索赔额的计算经常包括利息。利息的索赔通常发生于下列情况:

①拖期付款的利息;

②由于工程变更和工程延期增加投资的利息;

③索赔款的利息;

④错误扣款的利息。

这些利息的具体利率,在实践中可采用以下标准:

①按当时的银行贷款利率;

②按当时的银行透支利率;

③按合同双方协议的利率;

④按中央银行贴现率加 3 个百分点。

(7)总部管理费。

索赔款中的总部管理费主要指的是工程延误期间所增加的管理费。

(8)利润。

一般来说,由于工程范围的变更、文件有缺陷或技术性错误、业主未能按时提供现场等引起的索赔费用,承包商可以列入利润。但对于工程暂停的索赔,由于利润通常包括在每项实施的工程内容的价格之内,而延误工期并未影响削减某些项目的实施,将导致利润减少。所以,一般监理工程师很难同意在工程暂停的费用索赔中加入利润损失。

索赔利润的款额计算通常与原报价单中的利润百分率保持一致,即在成本的基础上增加原报价单中的利润率,作为该项索赔款的利润。

5. 索赔证据

证据是索赔的关键,证据不足或没有证据,索赔是不能成立的。常见的可以索赔的证据除合同文本外,有如下几种。

(1)投标文件。投标文件是组成施工合同的重要部分,其内容包括承发包双方的要约和承诺,在索赔要求中可以直接作为证据。

(2)会议纪要。在施工过程中发包人、承包人、监理人及有关方面针对工程召开的一切会议的纪要。但纪要要经过参与会议的各方签认,或由发包人或其代理人签章发给承包企业才有法律效力。

(3)往来信件。合同双方的往来信件,特别是对承包企业提出问题的答复信或认可信等。

(4)指令或通知。发包人驻工地代表或监理工程师发出的各种指令、通知,包括工程设计变更、工程暂停等指令。

(5)施工组织设计。这是指包括施工进度计划在内,并经发包人驻工地代表或监理工程师批准的施工组织设计或施工方案。

(6)施工现场的各种记录。如施工记录、施工日报、工长日记、检查人员日记或记录,以及经发包人驻工地代表或监理工程师签认的工程中停电、停水、停气和道路封闭、开通记录或证明等。

(7)工程照片。这是指注明日期,直观的工程照片。

(8)气象资料。现场每日天气状况记录。请发包人驻工地代表或监理工程师签证的气象记录。

(9)各种验收报告。如隐蔽工程验收报告、中间验收工程报告、材料实施报

告以及设备开箱验收报告等。

(10)建筑材料的采购、运输、保管和使用等方面的原始凭证。

(11)政府主管工程造价部门发布的材料价格信息、调整造价的方法和指数等。

(12)各种可以公开的成本和会计资料。

(13)国家发布的法律、法令和政策文件,特别是涉及工程索赔的各类文件,一定要注意积累。

6. 索赔程序

索赔主要程序包括提出索赔意向,调查干扰事件,寻找索赔理由和证据,计算索赔值,起草索赔报告,通过谈判最终解决索赔争议。

承包商可按下列程序以书面形式提出索赔:

(1)索赔事件发生 28d 内,向工程师发出索赔意向通知;

(2)发出索赔意向通知后 28d 内,向工程师提出延长工期和(或)补偿经济损失的索赔报告及有关资料;

(3)工程师在收到承包商送交的索赔报告及有关资料后,于 28d 内给予答复,或要求承包商进一步补充索赔理由和证据;

(4)工程师在收到承包商送交的索赔报告和相关资料后 28d 内未予答复或未提出进一步要求,视为该项索赔已经认可;

(5)当该索赔事件持续进行时,承包商应当阶段性向工程师发出索赔意向,在索赔事件终了 28d 内,向工程师送交索赔的有关资料和最终索赔报告。索赔答复程序与(3)、(4)规定相同。

反之,由于承包商不履行合同义务,给业主造成损失,业主的索赔程序和时限与上述规定相同。

2.5　工程项目安全管理

2.5.1　安全管理概述

1. 安全管理的概念

工程项目安全管理是一项综合性管理工作,是工程项目管理的重要组成部分。它是指在项目施工的全过程中，运用科学管理的理论、方法，通过法规、技术、组织等手段所进行的规范劳动者行为，控制劳动对象、劳动手段和施工环境条件，消除或减少不安全因素，使人、物、环境构成的施工生产体系达到最佳安全状态，实现项目安全目标等一系列活动的总称。

工程项目具有露天、高空作业多，受环境影响大，工程结构复杂等特性，工程项目生产过程中发生安全事故的频率比其他行业高，因此在项目管理中应高度重视安全管理问题，将其作为一项复杂的系统工程认真加以研究和防范，尽可能事先排除各种导致安全事故的原因。安全生产管理具体包括以下三个方面的内容。

(1)对劳动者的管理通过依法制定有关安全的政策、法规，给予劳动者的劳动安全、身体健康以法律保障，以约束劳动者的不安全行为，消除或减少主观上的安全隐患。

(2)对劳动手段与劳动对象的管理采取改善施工工艺，改进设备性能，以消除和控制生产过程中可能出现的危险因素，并通过安全技术保证措施，达到规范物的状态，以消除和减轻其对劳动者的威胁和造成财产损失。

(3)对劳动条件(施工环境)的管理采取防止、控制施工中高温、严寒、粉尘、噪声、振动等对劳动者安全与健康影响的医疗、保健、防护等一系列措施，改善和创造良好的劳动条件、防止职业伤害，保护劳动者身体健康和生命安全。

2. 安全管理的原则

(1)管生产同时管安全。

安全寓于生产之中，并对生产发挥促进与保证作用。管生产应同时管安全。

(2)坚持安全管理的目的性。

安全管理的内容是对生产中的人、物、环境因素的管理，有效地控制人的不安全行为和物的不安全状态，消除或避免事故，达到保护劳动者的安全与健康的目的。没有明确目的的安全管理是一种盲目行为，在一定意义上，盲目的安全管理，只能纵容威胁人的安全与健康的状态，向更为严重的方向发展或转化。

(3)必须贯彻预防为主的方针。

安全生产的方针是“安全第一、预防为主”。安全第一是从保护生产力的角度和高度，表明在生产范围内安全与生产的关系，肯定安全在生产活动中的重要性。安全管理不是处理事故，而是在生产活动中，针对生产的特点，对生产因素采取管理措施，有效地控制不安全因素的发展与扩大，把可能发生的事故消灭在萌芽状态，以保证生产活动中人的安全与健康。

(4)坚持“四全”动态管理。

安全管理不是少数人和安全机构的事，而是一切与生产有关的人共同的事。安全管理涉及生产活动的各方面，涉及从开工到竣工交付的全部生产过程，涉及全部生产时间，涉及一切变化的生产因素。因此，生产活动中必须坚持全员、全过程、全方位、全天候的动态安全管理。

(5)安全管理重在控制。

安全管理的目的是预防、消灭事故，防止或消除事故伤害，保护劳动者的安全与健康。在安全管理的主要内容中，对生产因素状态的控制与安全管理目的关系更为直接，显得更为突出。因此，对生产中人的不安全行为和物的不安全状态的控制，是动态的安全管理的重点。

(6)在管理中发展提高。

安全管理是在变化着的生产活动中的管理，是一种动态管理。意味着其是不断发展、不断变化的，以适应变化的生产活动，消除新的危险因素，也更需要不间断地摸索新的规律，总结管理、控制的办法与经验，指导新的变化后的管理，从而使安全管理不断上升到新的高度。

3. 工程项目安全目标

工程项目安全目标是在项目施工过程中，安全工作所要达到的预期效果。

工程项目安全目标应根据项目施工的特点制订，应具有先进性和可行性。工程项目总的安全目标值包括项目施工过程控制伤亡事故发生的指标、控制交通安全事故的指标、尘毒治理要求达到的指标、控制火灾发生的指标等。

项目总的安全目标确定后，还要按层次进行安全目标分解，形成安全目标体系；项目经理部下属各单位、各部门的安全目标；施工班组安全目标；个人安全目标。在安全目标体系中，总目标值是基本的安全指标，而下一层的目标值应略高一些，以保证上一层安全目标实现。如项目总安全目标要求重大伤亡事故为零，中层的安全目标除此之外还要求重伤事故为零，施工队一级的安全目标还应进一步要求轻伤事故为零，班组一级要求险肇事故为零，个人则做到违章为零。

4. 高速铁路建设工程安全生产的特点

(1)学习任务繁重，多工种交叉作业，施工情况复杂。

高速铁路工程是一项涉及多专业、多工种相互配套的系统工程，它特点是施

工工程量大、工期长、技术类型多、结构复杂。高速项目投资巨大、工期长且由很多的分部分项工程组成，因此，相互联系和制约的因素较多，从而构成施工顺序、施工方法、运输方法和施工机具的配备错综复杂。

(2)高危作业较多，劳动者素质普遍不高。

铁路施工涉及露天、野外、高空等高危作业比较多。目前，在高速铁路建设中手工劳动和繁重体力劳动多，劳动者素质普遍不高，这就使高速铁路建设规模大、技术新、标准高，却难以制订与之相配套、相适应的安全生产技术和保证措施。

(3)作业环境艰苦，施工情况多变化。

在施工过程中，由于地质、水文、气候的变化难测，特别是高速铁路大多邻近既有线施工，还要考虑在行车干扰的情况下施工，既要保证通过能力和安全运营，又要保证工程任务的完成，从而增加了施工的多变性。除此之外，高铁在施工过程中还需要处理好征地、拆迁、补偿、道路、供水、供电等一系列问题，这就进一步加大了安全事故发生的概率。

(4)工期紧，安全教育培训仓促，效果不明。

由于历史的原因，我国铁路建设速度一直跟不上国民经济发展的速度，为使高速铁路能够尽快地为国民经济服务，与国外同等级铁路建设工期相比，我国高速铁路的建设工期普遍紧张，多数企业为了赶工期对职工的三级安全教育多半是在仓促中完成的，其培训的效果很差。铁路施工企业三级安全教育执行情况也不容乐观，而作为铁路建设的工人因工作流动性较大，基本得不到企业的安全技能培训。

(5)安全生产投入不足，违章现象时有发生。

铁路建筑市场的激烈竞争导致各施工企业竞相压价，在低价中标的情况下，部分施工企业为了降低成本就减少了对保证安全生产的必要措施和费用的投入，同时各方从业人员过分注意自身的经济利益，轻视自身的安全，导致施工企业有章不循、纪律松弛、违章指挥、违章操作、管理不严、监督不力和违反劳动纪律的现象。

2.5.2 安全管理措施

1. 落实安全责任、实行责任管理

工程项目经理承担控制、管理施工生产进度、成本、质量、安全等目标的责

任，因此，必须同时承担进行安全管理、实现安全生产的责任。

(1)建立、完善以项目经理为首的安全生产领导机构，有组织、有领导地开展安全管理活动，承担组织、领导安全生产的责任。

(2)建立各级人员安全生产制度，明确各级人员的安全责任；抓制度落实、抓责任落实，定期检查各安全责任落实情况。

(3)工程项目应通过监察部门的安全生产资质审查，并得到认可。

(4)工程项目负责施工生产中物的状态审验与认可，承担物的状态漏验、失控的管理责任。

(5)一切管理、操作人员均须与工程项目签订安全协议，向工程项目作出安全保证。

(6)安全生产责任落实情况的检查，应认真、详细地记录，作为分配、补偿的原始资料之一。一般而言，每个工程项目应根据具体情况，成立以项目经理为主的安全生产委员会或领导小组。同时，根据建设工程的性质、规模和特点，配备规定数量的专职和兼职安全管理员，督促检查各类人员贯彻执行安全管理，协助项目经理推动安全管理工作，保证施工管理顺利进行。

2. 安全教育

(1)安全事故诱因分析。

诱发安全事故的主要原因有人的不安全行为、物的不安全状态及管理上的缺陷，因此，安全教育既要从提高安全意识方面，也要从增强安全技术知识方面进行有的放矢的教育和培训。

①人的不安全行为。

不安全行为是人表现出来的，与人的心理特征相违背，属非正常行为。人在生产活动中，曾引起或可能引起事故的行为，必然是不安全行为。人出现一次不安全行为，不一定就会发生事故或造成伤害，然而不安全行为一定会导致事故。即使物的因素是事故的主要原因，也不能排除隐藏在不安全状态背后的人的行为失误的转换作用。

②物的不安全状态。

人机系统把生产过程中发挥一定作用的机构、物料、生产对象以及其他生产要素统称为物。物具有不同形式、不同性质的能量，有出现能量意外释放，引发事故的可能性。由于物的能量可能释放引起事故的状态，称为物的不安全状态。这是从能量与人的伤害之间的联系所给出的定义。从发生事故的角度分析，也可把物的不安全状态看作曾引起或可能引起事故的物的状态。

在生产过程中，物的不安全状态极易出现。所有的物的不安全状态，都与人的不安全行为或人的操作、管理失误有关。物的不安全状态背后往往隐藏着人的不安全行为或失误。物的不安全状态既反映了物的自身特性，又反映了人的素质和人的决策水平。物的不安全状态的运动轨迹，一旦与人的不安全行为的运动轨迹交叉，就会发生事故。因此，物的不安全状态是发生事故的直接原因。正确判断物的具体不安全状态，控制其发展对预防、消除事故有直接的现实意义。

(2)安全教育的主要内容。

项目经理部应切实加强现场工作人员的安全教育，本着“谁使用谁负责”的安全原则，实施培训考核上岗制，建立健全培训档案制度。安全教育贯穿整个项目建设过程，教育的主要内容如下。

①安全思想教育。

教育操作人员具有良好的自我保护意识，时时处处注意安全，防范风险于未然。

②安全技术教育。

教育操作人员了解其施工生产的一般流程，安全生产的一般注意事项，工种、岗位安全生产知识，重点熟悉安全生产技术和安全技术操作规程等。

③安全法制和纪律教育。

操作人员应充分了解安全生产法规和责任制度、安全生产规章制度、职工守则、劳动纪律和安全生产奖惩条例等。

3. 安全检查

工程项目安全检查的目的是清除隐患、防止事故、改善劳动条件及提高员工安全生产意识，是安全控制工作的一项重要内容。通过安全检查可以发现工程中的危险因素，以便有计划地采取措施，保证安全生产。工程项目的安全检查应由项目经理组织，定期进行。

(1)安全检查的形式。

①全面安全检查。

全面检查应包括职业健康安全管理方针、管理组织机构及其安全管理的职责、安全设施、操作环境、防护用品、卫生条件、运输管理、危险品管理、火灾预防、安全教育和安全检查制度等内容。对全面检查的结果必须进行汇总分析，详细

探讨所出现的问题及相应对策。

②经常性安全检查。

工程项目和班组应开展经常性安全检查，及时排除事故隐患。工作人员必须在工作前对所使用的机械设备和工具进行仔细的检查，发现问题立即上报。下班前，还必须进行班后检查，做好设备的维修保养和清整场地等工作，保证交接安全。

③专业或专职安全管理人员的专业安全检查。

操作人员在进行设备检查时，往往根据其自身的安全知识和经验进行主观判断，因而有很大的局限性，不能反映客观情况。而专业或专职安全管理人员则有较丰富的安全知识和经验，其通过认真检查就能够得到较为理想的效果。专业或专职安全管理人员在进行安全检查时，必须按章检查，发现违章操作情况要立即纠正，发现隐患及时指出并提出相应防护措施，并及时上报检查结果。

④季节性安全检查。

要对防风防沙、防涝抗旱、防雷电、防暑防害等工作进行季节性的检查，根据各个季节自然灾害的发生规律，及时采取相应的防护措施。

⑤节假日检查。

在节假日，工人往往放松警惕，容易发生意外，而且一旦发生意外事故，也难以进行有效的救援和控制。因此，节假日必须安排专业安全管理人员进行安全检查，对重点部位要进行巡视。同时配备一定数量的安全保卫人员，搞好安全保卫工作，绝不能大意。

⑥要害部门重点安全检查。

对于企业要害部门和重要设备必须进行重点检查。由于其重要性和特殊性，一旦发生意外，会造成大的伤害，给企业的经济效益和社会效益带来不良的影响。为了确保安全，对设备的运转和零件的状况要定时进行检查，发现损伤立刻更换，决不能“带病”作业；设备和零件一到有效年限即使没有故障，也应该予以更新，不能因小失大。

(2)安全检查的主要内容。

①查思想。

检查企业领导和员工对安全生产方针的认识程度，建立健全安全生产管理和安全生产规章制度。

②查管理。

主要检查安全生产管理是否有效，安全生产管理和规章制度是否真正得到落实。

③查隐患。

主要检查生产作业现场是否符合安全生产要求，检查人员应深入作业现场，检查工人的劳动条件、卫生设施、安全通道，零部件的存放状况，防护设施状况，电气设备、压力容器、化学用品的储存情况，粉尘及有毒有害作业部位点的达标情况，车间内的通风照明设施、个人劳动防护用品的使用是否符合规定等。要特别注意对一些要害部位和设备加强检查，如锅炉房，变电所，各种存放剧毒、易燃、易爆等物品的场所。

④查整改。

主要检查对过去提出的安全问题和发生生产事故及安全隐患是否采取了安全技术措施和安全管理措施，进行整改的效果如何。

⑤查事故处理。

检查对伤亡事故是否及时报告，对责任人是否已经作出严肃处理。

在安全检查中必须成立一个适应安全检查工作需要的检查组，投入适当的人力、物力，检查结束后应编写安全检查报告，说明已达标项目、未达标项目、存在问题、原因分析，以及作出纠正和预防措施的建议。

(3)安全检查的组织。

①制订安全检查制度，按制度要求的规模、时间、原则、处理、报偿全面落实。

②成立由第一责任人为首，业务部门、全体人员参加的安全检查组织。

③安全检查必须做到有计划、有目的、有准备、有整改、有总结、有处理。

(4)安全检查的注意事项。

①安全检查要深入基层、紧紧依靠职工，坚持领导与群众相结合的原则，组织好检查工作。

②建立检查的组织领导机构，配备适当的检查力量，挑选具有较高技术业务水平的专业人员参加。

③做好检查的各项准备工作，包括思想、业务知识、法规政策和物资、奖金准备。

④明确检查的目的和要求，既要严格要求，又要防止一刀切，要从实际出发，分清主、次矛盾，力求实效。

⑤把自查与互查有机结合起来。基层以自检为主，企业内相应部门间互相检查，取长补短，相互学习和借鉴。

⑥坚持查改结合。检查不是目的，只是一种手段，整改才是最终目的。发现

问题，要及时采取切实有效的防范措施。

⑦建立检查档案。结合安全检查表的实施，逐步建立健全检查档案，收集基本的数据，掌握基本安全状况，为及时消除隐患提供数据，同时也为以后的职业健康安全检查奠定基础。

⑧在制定安全检查表时，应根据用途和目的具体确定安全检查表的种类。制定安全检查表要在安全技术部门的指导下，充分依靠职工来进行。初步制定的检查表，要经过群众的讨论，反复试行，再加以修订，最后由安全技术部门审定后方可正式实行。

(5)安全生产规章制度的检查。

为了实施安全生产管理制度，工程承包企业应结合自身的实际情况，建立健全一整套安全生产规章制度，并落实到具体的工程项目施工任务中。在安全检查时，应对企业的施工安全生产规章制度进行检查。施工安全生产规章制度一般应包括以下内容：

①安全生产奖励制度；

②安全值班制度；

③各种安全技术操作规程；

④危险作业管理审批制度；

⑤易燃、易爆、剧毒、放射性、腐蚀性等危险物品生产、储运、使用的安全管理制度；

⑥防护物品的发放和使用制度；

⑦安全用电制度；

⑧加班加点审批制度；

⑨危险场所动火作业审批制度；

⑩防火、防爆、防雷、防静电制度；

⑪危险岗位巡回检查制度；

⑫安全标志管理制度。

4. 施工安全技术措施

(1)施工安全控制。

①安全控制的概念。

安全控制是生产过程中涉及的计划、组织、监控、调节和改进等一系列致力于满足生产安全所进行的管理活动。

②安全控制的目标。

安全控制的目标是减少和消除生产过程中的事故，保证人员健康安全和财产免受损失。

具体包括如下内容：

a. 减少或消除人的不安全行为的目标；

b. 减少或消除设备、材料的不安全状态的目标；

c. 改善生产环境和保护自然环境的目标。

③施工安全控制的特点。

建设工程施工安全控制的特点如下。

a. 控制面广。

由于建设工程规模较大，生产工艺复杂、工序多，在建造过程中流动作业多，高处作业多，作业位置多变，遇到的不确定因素多，安全控制工作涉及范围大，控制面广。

b. 控制的动态性。

(a)建设工程项目的单件性使得每项工程所处的条件不同，所面临的危险因素和防范措施也会有所改变。员工在转移工地后，熟悉一个新的工作环境需要一定的时间，有些工作制度和安全技术措施也会有所调整，员工同样需要一个熟悉的过程。

(b)建设工程项目施工的分散性。因为现场施工分散于施工现场的各个部位，尽管有各种规章制度和安全技术交底的环节，但是面对具体的生产环境时，仍然需要自己的判断和处理，有经验的人员还必须适应不断变化的情况。

c. 控制系统交叉性。

建设工程项目是开放系统，受自然环境和社会环境影响很大，同时也会对社会和环境造成影响，安全控制需要把工程系统、环境系统及社会系统结合起来。

d. 控制的严谨性。

建设工程施工的危害因素复杂、风险程度高、伤亡事故多，所以预防控制措施必须严谨，如有疏漏，情况就可能会失控，从而酿成事故，造成损失和伤害。

④施工安全控制程序。

a. 确定每项具体建设工程项目的安全目标。

按“目标管理”方法在以项目经理为首的项目管理系统内分解各个目标，从而确定每个岗位的安全目标，实现全员安全控制。

b. 编制建设工程项目安全技术措施计划。

工程施工安全技术措施计划是对生产过程中的不安全因素用技术手段加以消除和控制的文件，是落实“预防为主”方针的具体体现，是进行工程项目安全控制的指导性文件。

c. 安全技术措施计划的落实和实施。

安全技术措施计划的落实和实施包括建立健全安全生产责任制，设置安全生产设施，采用安全技术和应急措施，进行安全教育和培训，安全检查，事故处理，沟通和交流信息，通过一系列安全措施的贯彻，使生产作业的安全状况处于受控状态。

d. 安全技术措施计划的验证。

安全技术措施计划的验证是通过施工过程中对安全技术措施计划实施情况的安全检查，纠正不符合安全技术措施计划的情况，保证安全技术措施的贯彻和实施。

e. 持续改进。

根据安全技术措施计划的验证结果，对不适宜的安全技术措施计划进行修改、补充和完善。

(2)施工安全技术措施的一般要求。

①施工安全技术措施必须在工程开工前制定。

施工安全技术措施是施工组织设计的重要组成部分，应在工程开工前与施工组织设计一同编制。为保证各项安全设施的落实，在工程图纸会审时，就应特别注意考虑安全施工的问题，并在开工前制定好安全技术措施，使得用于该工程的各种安全设施有较充分的时间进行采购、制作和维护等准备工作。

②施工安全技术措施要有全面性。

按照有关法律法规的要求，在编制工程施工组织设计时，应当根据工程特点制定相应的施工安全技术措施。对于大中型工程项目、结构复杂的重点工程，除必须在施工组织设计中编制施工安全技术措施外，还应编制专项工程施工安全技术措施，详细说明有关安全方面的防护要求和措施，确保单位工程或分部分项工程的施工安全。对爆破、拆除、起重吊装、水下、基坑支护和降水、土方开挖、脚手架、模板等危险性较大的作业，必须编制专项安全施工技术方案。

③施工安全技术措施要有针对性。

施工安全技术措施是针对每项工程的特点制定的，编制安全技术措施的技术人员必须掌握工程概况、施工方法、施工环境、条件等一手资料，并熟悉安全法规、标准等，才能制定有针对性的安全技术措施。

④施工安全技术措施要有可靠性。

施工安全技术措施应把可能出现的各种不安全因素考虑周全，制定的对策措施方案应力求可靠，这样才能真正做到预防事故的发生。一般通常的操作工艺、施工方法以及日常安全工作制度、安全纪律等制度性规定，安全技术措施中不需要再作抄录，但必须严格执行。

⑤施工安全技术措施必须包括应急预案。

由于施工安全技术措施是在相应的工程施工之前制定的，所涉及的施工条件和危险情况大都建立在可预测的基础上，而建设工程施工过程是开放的过程，在施工期间，变化是经常发生的，还可能出现预测不到的突发事件或灾害(如地震、火灾、台风、洪水等)。所以，施工技术措施计划必须包括面对突发事件或紧急状态的各种应急设施、人员逃生和救援预案，以便在紧急情况下，能及时启动应急预案，减少损失，保护人员安全。

⑥施工安全技术措施要有可行性和可操作性。

施工安全技术措施应能够在每个施工工序之中得到贯彻实施，既要考虑保证安全要求，又要考虑现场环境条件和施工技术条件下能否做到。

(3)主要的工程施工安全技术措施。

建设工程结构复杂多变，工程施工涉及的专业和工种很多，安全技术措施内容广泛。但归结起来，安全技术措施可以分为一般工程安全技术措施、特殊工程安全技术措施、季节性安全技术措施和应急措施等。

①一般工程安全技术措施。

一般工程是指结构共性较多的工程，其施工生产作业既有共性，也有不同之处。由于施工条件、环境等不同，同类工程不同之处在共性措施中就无法解决。应根据有关法规的规定，结合以往的施工经验与教训，制定安全技术措施。一般工程安全技术措施主要有以下几个方面：

a. 土石方开挖工程，应根据开挖深度、土质类别，选择开挖方法，确定保证边坡稳定或采取的支护结构措施，防止边坡滑动和塌方；

b. 脚手架、吊篮等选用及设计搭设方案和安全防护措施；

c. 高处作业的上下安全通道；

d. 爆破作业的安全防护；

e. 施工洞口的防护方法和主体交叉施工作业区的隔离措施；

f. 场内运输道路及人行通道的布置；

g. 编制临时用电的施工组织设计和绘制临时用电图纸，在建工程(包括脚手

架具）的外侧边缘与外电架空线路的间距达到最小安全距离采取的防护措施；

h. 防火、防毒、防爆、防雷等安全措施；

i. 混凝土与砌体工程的浇筑要求；

j. 起重机回转半径达到项目现场范围以外的要设置安全隔离设施。

②特殊工程安全技术措施。

结构比较复杂、技术含量高的工程称为特殊工程。对于结构复杂、危险性大的特殊工程，应编制单项的安全技术措施。如爆破、大型吊装、沉箱、沉井、烟囱、水塔、特殊架设作业、高层脚手架、井架和拆除工程等，必须制定专项施工安全技术措施，并注明设计依据，做到有计算、有详图、有文字说明。

③季节性安全技术措施

季节性安全技术措施是考虑不同季节的气候条件对施工生产带来的不安全因素，可能造成的各种突发性事件，从技术上、管理上采取的各种预防措施。一般工程的施工组织设计或施工方案的安全技术措施中，都需要编制季节性施工安全措施。对危险性大、高温期长的建设工程，应单独编制季节性的施工安全措施。季节性主要指夏季、雨季和冬季。各季节性施工安全的主要内容如下：

a. 夏季气候炎热，高温持续时间较长，主要应做好防暑降温工作，避免员工中暑和因长时间暴晒造成的职业病；

b. 雨季进行作业，主要应做好防触电、防雷击、防水淹泡、防堤方、防台风和防洪等工作；

c. 冬季进行作业，主要应做好防冻、防风、防火、防滑、防煤气中毒等工作。

④应急措施。

应急措施是在事故发生或各种自然灾害发生的情况下的应对措施。为了在最短的时间内达到救援、逃生、防护的目的，必须在平时就准备好各种应急措施和预案，并进行模拟训练，尽量使损失减少到最低限度。应急措施可包括以下内容：

a. 应急指挥和组织机构；

b. 施工场内应急计划、事故应急处理程序和措施；

c. 施工场外应急计划和向外报警程序及方式；

d. 安全装置、报警装置、疏散口装置、避难场所等；

e. 有足够数量并符合规格的安全进、出通道；

f. 急救设备（担架、氧气瓶、防护用品、冲洗设施等）；

g. 通信联络与报警系统；

h. 与应急服务机构(医院、消防等)建立联系渠道；

i. 定期进行事故应急训练和演习。

2.5.3 安全事故的分类和处理

1. 安全事故的分类

安全事故分两大类型，即伤害事故与职业病。

伤害事故是指因生产过程及工作原因或与其相关的其他原因造成的伤亡事故。

1)按照事故发生的原因分类

我国《企业伤亡事故分类标准》(GB 6441—1986)将企业事故分为20类：物体打击、车辆伤害、机械伤害、起重伤害、触电、淹溺、灼烫、火灾、高处坠落、坍塌、冒顶片帮、透水、放炮、瓦斯爆炸、火药爆炸、锅炉爆炸、容器爆炸、其他爆炸、中毒和窒息及其他伤害。

其中与建筑业有关的有以下12类。

(1)物体打击：落物、滚石、锤击、碎裂、崩块、砸伤等造成的人身伤害，不包括因爆炸而引起的物体打击。

(2)车辆伤害：被车辆挤、压、撞和车辆倾覆等造成的人身伤害。

(3)机械伤害：被机械设备或工具绞、碾、碰、割、戳等造成的人身伤害，不包括车辆、起重设备引起的伤害。

(4)起重伤害：从事各种起重作业时发生的机械伤害事故，不包括上、下驾驶室时发生的坠落伤害，起重设备引起的触电及检修时制动失灵造成的伤害。

(5)触电：由于电流经过人体导致的生理伤害，包括雷击伤害。

(6)灼烫：火焰引起的烧伤、高温物体引起的烫伤、强酸或强碱引起的灼伤、放射线引起的皮肤损伤，不包括电烧伤及火灾事故引起的烧伤。

(7)火灾：在火灾时造成的人体烧伤、窒息、中毒等。

(8)高处坠落：由于危险势能差引起的伤害，包括从架子、屋架上坠落以及平地坠入坑内等。

(9)坍塌：建筑物、堆置物倒塌以及土石塌方等引起的事故伤害。

(10)火药爆炸：在火药的生产、运输、储藏过程中发生的爆炸事故。

(11)中毒和窒息：煤气、油气、沥青、化学、一氧化碳中毒等。

(12)其他伤害:包括扭伤、跌伤、冻伤、野兽咬伤等。

2)按事故后果严重程度分类

(1)轻伤事故:造成职工肢体或某些器官功能性或器质性轻度损伤,表现为劳动能力轻度或暂时丧失的伤害,一般每个受伤人员休息 1 个工作日以上,105 个工作日以下。

(2)重伤事故:一般指受伤人员肢体残缺或视觉、听觉等器官受到严重损伤,能引起人体长期存在功能障碍或劳动能力有重大损失的伤害,或者造成每个受伤人损失 105 工作日以上的失能伤害。

(3)死亡事故:一次事故中死亡职工 1～2 人的事故。

(4)重大伤亡事故:一次事故中死亡 3 人以上(含 3 人)的事故。

(5)特大伤亡事故:一次死亡 10 人以上(含 10 人)的事故。

(6)特别重大伤亡事故:凡符合下列情况之一者即特别重大伤亡事故。

①民航客机发生的机毁人亡(死亡 40 人及以上)事故。

②专机和外国民航客机在中国境内发生的机毁人亡事故。

③铁路、水运、矿山、水利、电力事故造成一次死亡 50 人及以上,或者一次造成直接经济损失 1000 万元及以上的。

④公路和其他发生一次死亡 30 人及以上或直接经济损失在 500 万元及以上的事故(航空、航天器科研过程中发生的事故除外)。

⑤一次造成职工和居民 100 人及以上的急性中毒事故。

⑥其他性质特别严重、产生重大影响的事故。

2. 安全事故的处理

1)安全事故处理的原则

强化安全生产监管监察行政执法。各级安全生产监管监察机构要增强执法意识,做到严格、公正、文明执法。依法对生产经营单位安全生产情况进行监督检查,指导督促生产经营单位建立健全安全生产责任制,落实各项防范措施。组织开展好企业安全评估,做好分类指导和重点监管。对严重忽视安全生产的企业及其负责人或业主,依法加大行政执法和经济处罚的力度。认真查处各类事故,坚持事故原因未查清不放过、责任人员未处理不放过、整改措施未落实不放过、有关人员未受到教育不放过的"四不放过"原则,不仅要追究事故直接责任人的责任,同时要追究有关负责人的领导责任。

2)安全事故处理程序

依据《生产安全事故报告和调查处理条例》及《建设工程安全生产管理条例》,安全事故的报告和处理应遵循以下规定程序。

(1)事故报告。

①伤亡事故发生后,负伤者或者事故现场有关人员应当立即直接或者逐级报告企业负责人。企业负责人接到重伤、死亡、重大伤亡事故报告后,应当立即报告企业主管部门和企业所在地安全行政管理部门、劳动部门、公安部门、人民检察院等。

②企业主管部门和劳动部门接到死亡、重大伤亡事故报告后,应当立即按系统逐级上报;死亡事故报至省、自治区、直辖市企业主管部门和劳动部门;重大伤亡事故报至国务院有关部门。

③发生死亡、重大伤亡事故的企业应当保护事故现场,并迅速采取必要措施抢救人员和财产,防止事故扩大。

(2)安全事故调查。

①参加调查组的单位。

a. 轻伤、重伤事故,由企业负责人或其指定人员组织生产、技术、安全等有关人员以及工会成员参加事故调查组,进行调查。

b. 死亡事故,由企业主管部门会同企业所在地设区的市(或者相当于设区的市一级)安全行政管理部门、劳动部门、公安部门、工会组成事故调查组,进行调查。

c. 重大伤亡事故,按照企业的隶属关系由省、自治区、直辖市企业主管部门或者国务院有关主管部门会同同级安全行政管理部门、劳动部门、公安部门、监察部门、工会组成事故调查组,进行调查。

d. 事故调查组应当邀请人民检察院派员参加,还可邀请其他部门的人员和有关专家参加。

②事故调查组成员应当符合下列条件。

a. 具有事故调查所需要的某一方面的专长。

b. 与所发生事故没有直接利害关系。

③事故调查组的职责。

a. 查明事故发生原因、过程和人员伤亡、经济损失情况。

b. 确定事故责任者。

c. 提出事故处理意见和防范措施的建议。

d. 完成事故调查报告。

事故调查组有权向发生事故的企业和有关单位、有关人员了解有关情况和索取有关资料，任何单位和个人不得拒绝。

事故调查组在查明事故情况以后，如果对事故的分析和事故责任者的处理不能取得一致意见，劳动部门有权提出结论性意见；如果仍有不同意见，应当报上级劳动部门及有关部门处理；仍不能达成一致意见的，报同级人民政府裁决。但不得超过事故处理工作的时限。任何单位和个人不得阻碍、干涉事故调查组的正常工作。

3）安全事故处理

事故调查组提出的事故处理意见和防范措施建议，由发生事故的企业及其主管部门负责处理。

因忽视安全生产、违章指挥、违章作业、玩忽职守或者发现事故隐患、危害情况而不采取有效措施以致造成伤亡事故的，由企业主管部门或者企业按照国家有关规定，对企业负责人和直接责任人员给予行政处分；构成犯罪的，由司法机关依法追究刑事责任。

在伤亡事故发生后隐瞒不报、谎报、故意迟延不报、故意破坏事故现场，或者无正当理由，拒绝接受调查以及拒绝提供有关情况和资料的，由有关部门按照国家有关规定，对有关单位负责人和直接责任人员给予行政处分；构成犯罪的，由司法机关依法追究刑事责任。

在调查、处理伤亡事故中玩忽职守、徇私舞弊或者打击报复的，由其所在单位按照国家有关规定给予行政处分：构成犯罪的，由司法机关依法追究刑事责任。

伤亡事故处理工作应当在 90 日内结案，特殊情况不得超过 180 日。伤亡事故处理结案后，应当公开宣布处理结果。

第3章　铁路站前工程施工

3.1　路基工程施工

3.1.1　施工准备工作

1.技术准备

1)开展现场调查

铁路路基工程的施工调查除了调查全线或全段共同需要的项目,还应根据工程特点着重调查并收集下列资料,并编写调查报告。

(1)施工范围内的地质、水文、气象等情况。

(2)核对土石类别及分布,调查施工环境条件及取、弃土困难地段的填料来源、弃土位置和运土条件等。

(3)调查核对级配填料,收集级配填料的拌和场地等有关资料。

(4)大量石方爆破地段的地形、地貌、地质和附近居民、建筑物、交通与通信设施情况。

(5)大型土石方施工机械的运输及组装场地。

(6)农作物收割、播种季节及平均产量和为办理用地、补偿工作所需的资料。

(7)为办理房屋、道路、管线、线路等拆迁补偿工作和清理施工场地所需的资料。

(8)修建各项临时工程,并采取施工防排水措施。

(9)采用新技术、新工艺、新机具、新材料、新型结构等所需的资料。

2)做好图纸会审和技术交底工作

施工图表是铁路施工单位进行铁路施工的重要依据,路基工程必须按照批准的设计文件施工。如需变更,应按变更设计处理办法执行。在设计技术交底会上,施工单位应认真听取设计单位对工程设计依据、意图和功能要求的说明,

提出疑问并给出合理化建议，形成文件记录，作为指导施工的依据。在此基础上，施工单位应组织有关技术人员进行图纸审核，及时到施工现场核对。如发现误差，应与设计人员联系，更正设计错误。必要时，会同设计单位、建设单位（监理单位）进行图纸会审，共同解决设计文件中的差、错、漏等问题。会审会议必须做好相应的会议纪要，并尽快发放到参加会议的各方代表手中。会议纪要是竣工资料的重要组成部分，具有与施工图表一样的法律效力。同样，施工前也要做好施工技术交底，将设计内容、施工组织设计、施工计划和施工技术要求，自上而下逐级向施工班组、工人进行交底。

3）编制施工组织设计

编制施工组织设计包括确定合理的施工方案及技术组织措施；确定施工季节及施工进度；制订材料及机具设备计划，选择施工机具设备，制订施工机械化配套方案；完善质量保证措施、安全保证措施及环保措施；明确工地施工便道、机械停放位置、材料和成品存放位置等，并绘制施工场地平面布置图；施工组织设计报监理单位和建设单位批准后方可实施；根据掌握的资料，对投标时初步拟定的施工方法和技术措施等进行重新评价和深入研究，制订详尽、实用的施工方案。

4）测量放线

根据工程施工特点，成立工地测量组并配备相应仪器设备，进行开工前测量。施工控制测量采用全站仪进行，放样完成后，施工作业工区测量小组之间交叉复核检。开工前测量包括与设计单位交接桩、导线复测、中线复测、水准点复测和加密、施工控制网布设等。

修筑路基以前，需要在地面上把标志路基的施工界线桩钉出来，作为线路施工的依据，这些标桩称为边桩。测设边桩的工作，称为路基边坡的放样。具体来说就是要沿线路中线桩两侧用桩标志出路堤边坡坡脚和路堑边坡坡顶的位置，作为填土或挖土的边界。路基工程的填挖方都是根据边桩起坡的，因此，正确确定边桩的位置对整个施工都十分重要。线路中线是线路施工的平面控制系统，也是铁路路基的主轴线，在施工时必须保持定测时的位置。定测以后往往要经过一段时间才进行施工，定测时所钉设的桩点不可避免会丢失或移动。因此，在线路施工开始之前，必须进行一次中线复测，把定测时的中线恢复；同时，还应检定测资料的可靠性，这项工作称为线路复测。线路复测包括钉好百米标桩、边桩和加桩，钉好圆曲线和缓和曲线，核对地面高程和原有水准基点，并增设施工时需要的临时水准基点等。设置加桩是由于在施工阶段对土石方的计算要求比设计阶段准确，横断面要求测得密些。

此外，与设计单位交接桩及施工复测应符合下列要求。

(1)交接桩应在现场进行，并办理书面交接手续。

(2)中线、高程必须与相邻地段贯通闭合，两端为桥梁或隧道时，应以桥梁或隧道中线、高程为准。在两个施工单位的分界处，应由双方共同复测，线路中线与水准点必须与管界外的控制桩和水准点闭合。

(3)线路控制桩和路基中线、高程测量误差按现行铁路工程测量的有关规定，必须贯彻“双检制”，对主要的中线控制桩应测设护桩并作出记录。边桩应根据贯通后的中线、高程测设，在地形、地质变化处应加测横断面的地面线。

2. 施工现场准备

1)征地拆迁

征地拆迁工作是工程建设按期顺利进行的前提和基础。由于拆迁工作政策性强、涉及面广、难度大，施工单位要积极配合地方政府及业主做好征拆工作。开工前要详细调并制订征拆计划，重点做好建设用地的正式手续、“三电”和地下管线、道路、管道和企事业单位建筑物的调、迁改工作。对先期开工工程要提前办理相关手续，确保按时开工。涉及环境保护和水土保持的项目需要提前取得允许开工的各项手续。同时，对拆迁户应按照国家有关规定给予补偿。拆迁工作要突出“顺序、统一、一次到位”的原则，杜绝二次拆迁、重复拆迁。

2)改移线路

对于施工用地范围内的各种管线，如水渠、通信电缆、电网等，必须在工程开工前与相关部门取得联系，尽快进行线路改移。改移道路的施工原则：正线施工对既有道路干扰较大甚至中断既有道路的，应先施工改移道路，后施工正线工程；正线施工对既有道路干扰不大的，可视情况先施工正线工程，后施工改移道路。

3)临时工程

临时工程是为保证施工期间的工程运输、居住、通信、水电供应等功能而临时修建的工程，主要包括临时通车便线、临时岔线以及施工便道等。

临时通车便线是指在新建铁路长大干线施工中对影响全线铺轨的控制工程或地段，可修建铁路便线，先行铺轨通车，作为临时通车方案。

临时岔线是为解决工程材料和设备的中转、存放、加工、组装等问题，以及满足其他施工需要而设置的岔线。

施工便道是施工运输的大动脉，应保证畅通无阻，所以便道应按标准修建。当无设计标准时，施工便道的修筑标准应按施工运量和施工机械的最大荷载确定，并满足施工需要。便道的设置原则如下。

(1)利用地形做到走向合理，运距短捷，线路平顺，工程简单，造价低廉，同时可尽量利用原有道路。

(2)尽可能靠近线路及施工用料地点，并接近铁路高程，照顾重点工程，缩短便线长度。

(3)减少与既有线的交叉，避免施工对行车造成干扰。

(4)重点土石方工程考虑设贯通便道，贯通便道沿路基两侧征地范围设置，以减少租地。

4)路基改良土及级配碎石拌和站

拌和站设置地点要尽量靠近填筑施工现场，设于远离村落、交通便利之地。土源点离施工现场较近时，拌和场应设置于取土场或附近；级配碎石拌和站要尽量利用改良土拌和站的既有设施，必要时独立设置。

拌和场供应的经济半径宜控制在 15 km 之内，施工区段长不宜超过 20 km。

3. 物资准备

路基施工要消耗大量材料，因此，开工前应进行材料的购进、采集、加工、调运和储备工作。对主要物资材料，要做好材质、产量调查及询价，按质量体系程序文件对供方进行评价，签订供货合同；选择质量好、信誉高的供方。按规定做好材料试验及检验等工作，保证物资按计划供应，满足开工及正常施工的需要。做好施工机械和机具的准备：对已有的机械机具做好维修试车工作；对缺少的机械机具应立即订购、租赁或制作。

4. 施工队伍准备

施工队伍准备工作主要是建立健全工程管理机构和施工队伍，明确各自的施工任务，将项目管理目标细化、分解，责任到人，落实到位。进场前，对施工人员进行有针对性的培训。进场后，对施工人员进行技术、安全操作规程以及环保、医疗、消防和文明施工等方面的教育。

健全各项劳动力组织管理制度，建立完善的医疗保障体系，成立后勤保障系统，制订合理的饮食卫生及营养方案，以人为本，确保广大施工人员的人身安全和身心健康。

5. 试验段施工

高速铁路、一级铁路、特殊地区铁路以及采用新技术、新工艺、新材料的路基，在正式施工前，应采用不同的施工方案和施工方法，铺筑试验段并进行相关试验分析，从中选出最佳施工方案和施工方法以指导大面积路基施工。所铺筑的试验段应具有代表性，施工机械和工艺过程要与以后全面施工时相同。试验段施工要达到以下目的。

(1)填料性质分析和填料选择。

(2)摊铺系数、松铺厚度的确定。

(3)确定整平和整形的合适机具。

(4)确定压实机械的选择和组合以及压实的顺序、速度和遍数。

(5)填料的颗料级配、最优含水率及控制。

(6)实测压实指标与设计指标的差异。

(7)确定挖、装、运输机械和整平、碾压机械的协调和配合。

(8)确定压实指标采用的检测方法。

(9)确定最佳施工工艺。

(10)关注安全环保措施的有效性及改进措施。

(11)形成合理的路基施工管理组织机构。

3.1.2 土石方调配

1. 土石方调配的原则

(1)节约用地，尽量利用荒地、劣地、空地作为取土、弃土的场地，少占耕地，并结合施工改地造田。取土坑的深度与弃土的堆置地点，要考虑排水系统的全面规划，禁止弃土堵塞渠道，取土坑的深度应使坑底高程与桥涵沟底高程相适应，以利排水。

(2)好土应尽量用在回填质量要求较高的地段。

(3)挖方量与运距之积尽可能为最小，即总土方运输量或运输费用为最小。

(4)充分利用移挖作填，减少废方和借方，使挖方和填方基本达到平衡；同时，选择恰当的调配方向、运输路线，使土方运输无对流现象。如果挖方少于填

方数量时，可以先横向取土填筑路堤底部，再纵向利用路堑的挖土填筑路堤的上部。如果路堤两侧取土有困难，可采用放缓路堑边坡或扩大断面的方法取土。当挖方数量大于填方数量时，可先横向将多余土方丢弃，再纵向运输到路堤处填筑。

(5)在规划土源时也应考虑附近其他余土的利用问题。可充分利用改河、改沟、改移公路等附属工程的土方。隧道开挖出来的坚石、次坚石可充分利用，用来修建桥涵、挡土墙等，还可用作线路道砟。预留的复线位置或拟扩建站场的范围，都不应在其挖方上弃土，亦不应在预留填方处取土，最好将挖方上的弃土弃于预留填方处。

(6)在调配土方平衡土源时，还应考虑以下因素。

①土、石方经过挖掘、运输、填筑及压实后，其体积较原来有所变化。有的体积增大，有的却减小，可以用松散率或压缩率表示，其数值的大小与土石成分、性质、夯实密度、含水率和施工方法等有关。在调配时，土石方的数量应根据其压缩率或松散率的经验数值进行调整。

②路堤基底的沉陷量(约为路堤填土高度的1%～4%)。

③土石的挖、装、运、卸过程中的损耗。

④用机械填筑路堤时，为了保证路基边沿部分的填土压实，施工时需将路堤每侧填宽约0.2 m。一般来说，可按填土的断面方数增加15%来规划取土土源，但计算所完成的工程量时，只能按设计的断面方数计算。

(7)土石方调配与施工方法密切相关。施工方法不同，土石方调配的方量数和经济运距也不同。要做好土石方调配工作，不能单靠设计文件和图纸，必须进行现场调查。只有结合现场的实际情况进行调配，才能使调配的方案具有实际的意义。

2. 土石方调配方法

区间的路基是线形土石方建筑物，大型站场的路基是广场型土石方建筑物，在对两者进行土石方调配时，所采用的调配方法是不同的。通常对区间的路基土石方调配采用线法调配，而对大型站场的路基土石方调配采用面法调配。

1)线法调配

线法调配主要借助于线路纵断面图和土方累积图来实现。土方累积图是指在线路纵断面图下方，按照各桩号处的累计土石方数量(挖方为正，填方为负)所绘制的该段线路的土石方量累积曲线。通过线路纵断面图和土方累积图，可以确定区间路基土石方调配的最大经济运距，从而得出合理的移挖作填方案。采用线法调配通常有两个运土方向：纵向运土和横向运土。纵向运土是指从路堑运土到两端的路堤。横向运土是指从路堑运土到弃土堆或从取土坑运土到路堤。当从路堑挖一方土纵向运到路堤的费用，比将路堑挖一方土横向运到弃土堆，再从取土坑挖一方土横向运到路堤的总费用更低时，纵向运土是较为经济的。但随着纵向运土的距离增大，利用方的单价也随之增大。当纵向运土增加到一定的距离，使得从路堑挖运一方土到路堤的费用，比将土运到弃土堆，再从取土坑挖一方土运到路堤的总费用大时，则纵向运土应改为横向运土。

应当指出，移挖作填的合理运距不能单纯从经济上考虑。在线路穿经城镇、工矿、森林、农田、果园等地区时，必须尽可能压缩取、弃土用地宽度，适当加大移挖作填距离，这不仅在宏观上是合理的，而且随着运土机械的发展，也是可行的。而对于不可避免地必须占地的场合，则需要尽可能地不占好地，或通过施工改地造田，造地还田。

2)面法调配

面法调配主要用于大型站场和重点高填深挖的大面积土石方调配。其运土方向无一定的规律性，只要能做到在站场范围内将土石方合理分配即可。

采用面法调配时必须同时考虑站场附近其他设施的施工对土石方调配的影响。如果对这些情况不了解，或者对其给土石方调配带来的影响程度估计不足，将使得调配工作复杂化，造成浪费，增加工程成本。在考虑填挖方数时，要把同一站场内施工的建筑物基坑、地道及其他可以利用作填方的挖土数量计算进去；在大量修建作为疏干场地用的排水沟及渗沟时，需计算其土方数量，因为这些土方有时数量很大，能影响土方调配；大型编组站施工进度计划中所规定的线路铺设及开通顺序对土方工程施工方法的选择及土方调配具有决定性影响；对于附近是否有可以利用的设备、利用的程度等均要全盘考虑。

站场土石方调配类似房屋建筑土石方调配，可参照房建土石方调配的原则和方法进行。

3.1.3 路堤施工

1. 土质路堤施工

土质路堤是指用挖方地段的土方或其他来源的土方填筑的路堤。

1)填料的选择

为保证路堤具有足够的强度、良好的水稳定性及耐久性,应选用符合要求的填料,采用合理的方法来填筑路堤。

为便于工程施工时的选择、应用与管理,增强填料适用性,根据填料本身的风化程度及级配的优劣,将其归纳为 5 组,具体如下。

A 组为优质填料,包括硬块石、碎石土、粗砂、中砂、级配良好的漂石土等。

B 组为良好填料,包括软块石、碎石土、粗砂、中砂、级配不好的漂石土等(A、B 这两组填料在填筑路堤时可以任意使用)。

C 组为可使用的填料,包括粉砂、粉土、滑石类土等。该组填料在使用时应限制其使用范围或对其做特殊处理。例如,白垩土及滑石类土,仅允许用于基底干燥且不受水浸的较低路堤,并在使用时进行个别设计,采取措施保持路基本体不致受水影响。又如,带有草皮的表层土,不得填于高度在 1.2 m 以内的路堤。当路堤高于 1.2 m,且地面横向坡度小于 1∶5 时,可将其打碎用于路堤下层。

D 组为不应使用的填料,包括黏粉土、风化严重的软块石等。原则上一般在路基工程中不采用这一组别的填料,在不得不使用 D 组填料时,应按设计要求采取改良土质、加强压实、做好防排水工程以及加固坡面护坡等措施。

E 组为严禁使用的填料,主要是指有机土,例如,淤泥及淤泥质土、含石膏及其他易溶盐类含量超过容许限度的土。该组填料绝对不得用于路堤填筑。

基床由表层和底层组成,重载铁路路基基床厚度通常为 2.5 m,基床表层填料为 A、B 组。高速铁路路基表层厚度为 0.7 m,底层厚度为 2.3 m,基床表层一般采用级配碎石或级配砂砾石等材料填筑。

2)填土压实

在路基填筑施工过程中,尤其要重视对填土的压实。天然结构的土,经过挖、运、填等工序后变为松散状态,必须将路基填土碾压密实,保证路堤具有足够的强度和稳定性。如果路基压实不好、基础不稳,就会影响轨道的平顺性。因此,压实工作对路基施工是至关重要的。

填土的压实方法有碾压、夯实和振动,如图 3.1 所示。平整场地等大面积填土工程多采用碾压法,对较小面积的填土工程则宜采用夯实法和振动法。相应的压实机械也可以分为碾压式、夯击式和振动式三大类型。此外,运土工具中的推土机、铲运机以及汽车也可用于路基压实。

3)施工注意事项

(1)施工前,必须对地基进行复核及处理,并随即填筑。发现地基范围内有

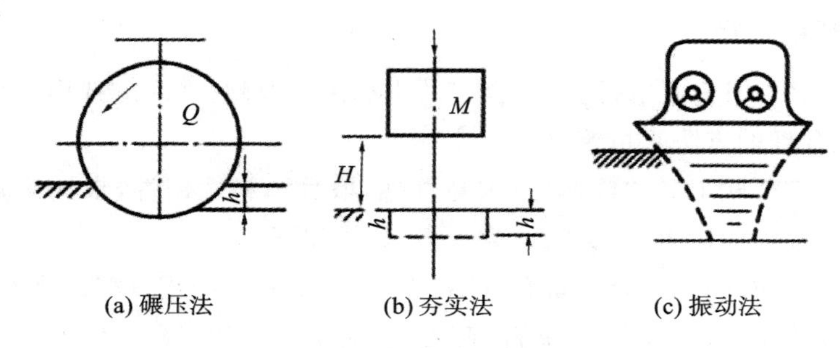

图 3.1　填土压实方法

泉眼、坑穴或局部松软等,应慎重处理,不得随意填塞。

(2)路堤填料的选择应满足"路堤填料选择"的要求。填料的挖、装、运、铺及压实应连续进行,以防止填料的物理、化学特征(如级配、塑性、液限、风化程度、含盐量等)随时间或在作业过程中丧失或转变,以保证路堤上的实际填料尽可能与选定的相符。在作业过程中,对细粒土和粉砂、黏砂填料,应避免其含水率的不利变化;对粗粒土和软块石,应防止产生颗粒的分解、沉积和离析。当实际使用的填料发生变化时,应另取样做土工试验进行鉴定。填料摊铺应先用推土机初平,再用平地机精平,填层面应无显著的局部凹凸,并保证两侧横向坡度以便排水。

(3)基床以下路堤及基床底层填筑时,对分层填土的厚度和要求夯压的次数应严格控制,填土厚度应均匀,以保证每一填层各深度的压实密度均匀一致。压实层面应碾压或夯压至大致平整,以保持上一层填土厚度均匀,局部高差不大于30 mm。压实密度及其均匀性应经检验符合要求后方可在其上继续填筑。在下层检验合格的基础上填筑上层,并严格控制填筑质量,以确保整个路堤的密实度符合要求。为适应机械化施工的发展,需采用并不断研究快速检测技术。

(4)基床表层材料,充分压实后在长期动力作用下要能保持高稳定性,并有很好的水稳定性和较小的渗透性。为此,基床表层填筑时,应分3层填筑,每层的最大填筑压实厚度不得大于30 cm,最小填筑压实厚度不得小于15 cm。在摊铺机或平地机后面应由人工及时消除粗细集料离析现象。对于粗集料"窝"和粗集料"带",应添加细集料并拌和均匀;对于细集料"窝",应添加粗集料,并拌和均匀。

(5)在完工的路堤结构顶面上,除压实、平整和运铺底砟的机械外,不应行驶其他大型机械和车辆,以防止路拱外形受损及路基面上产生坑槽积水。严禁在已完成的或正在碾压的路段上调头或急刹车。路基施工完成后预留不少于6～

18 个月的调整期及沉降观测期，预压地段应先期组织施工以满足工后沉降的控制要求并进行工后沉降分析。

(6)当土质不良时，可以采取向土中加入掺合料的办法，以改善和提高填料的稳定性、防水或排水性、压实性和强度。根据填料性质，改良土可采用物理改良和化学改良两种方法。采用物理法改良的混合料，应对拌和后的混合料进行筛分，判定其是否达到设计要求；采用化学法改良的混合料，应对其均匀性和掺合料的比例、有效成分进行判定(均匀性一般通过观察其色泽来判定，掺合料的比例、有效成分应按相应的试验方法进行检测)。改良土施工时应采取有效措施防止粉尘污染。

(7)路堤施工应及时做好防排水，基底、坡脚、填层面均不得积水。傍山修筑路堤时，应防止水渗入路堤结构各部。在多雨地区或雨季施工时，应防止地表水流入取土场内，并应随时排出取土场内局部积水。

(8)电缆槽、接触网支柱基础、声屏障等工程应与路基同步施工，施工时不得损坏、危及路基的稳固和安全。

2. 石质路堤施工

填石路堤是指用挖方地段的石方弃渣或其他来源的石料填筑的路堤，它的填料性质、填筑方法、压实标准及边坡的防护等与土质路堤有很大的差异。使用碎、块石填筑的路堤，其填料的粒径大小、大块石间空隙是否充填密实、是否分层压实等因素，对路堤的强度和密实程度影响较大。

1)用不易风化的石块填筑路堤

填石路堤基底处理与土质路堤相同。在路堤靠近路基面部分，因受列车动力作用的影响大，路基面下 0.3 m 内不得使用粒径大于 15 cm 的石块，以免轨枕受力不均而被折断；在路基面以下 1.2 m 以内应分层填筑，石块要整平、排紧，大面向下，石块间的空隙用小石块填塞，使之稳定密实；路基底部分层铺填；其他部分则先码砌两侧边坡，然后在两侧码砌边坡之间，用倾填的办法进行填筑。填腹工作紧随着边坡的码砌进行，随码随填。

倾填石块，要求粒径 25～40 cm 的石块不得少于 80%。根据落差高度、岩石性质及石块摔碎情况，可在倾填时约掺入 20%的粒径为 15～25 cm 的石块。粒径小于 15 cm 的石块，或大于 40 cm 的大片石及长条状的石块，均不宜填入。

路堤边坡面层应以较大的石块码砌。码砌厚度下部 2 m，自下而上逐渐减薄为 1 m，边坡码砌的方法台阶式和栽砌式 2 种。如图 3.2 所示。

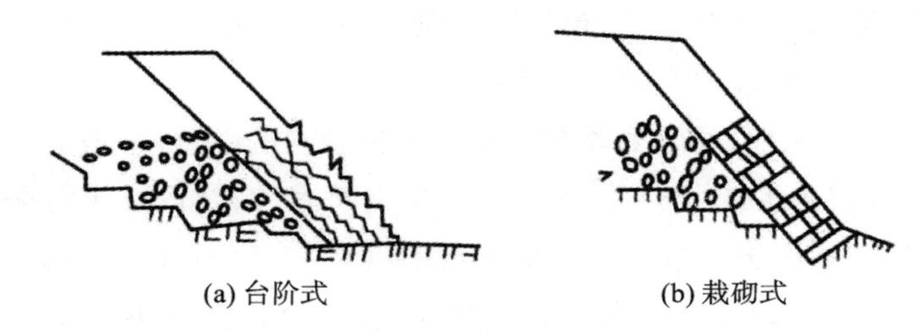

图 3.2 边坡码砌形式

高速铁路路基采用岩质填料时，不应倾填，应分层填筑，分层压实。填料的最大粒径在基床底层内不得大于 15 cm，在基床以下路堤内不得大于 30 cm，且大块石不应集中，应均匀地分布于填筑层中，每一填筑层内部和表面石块间的空隙应用较小石块、石屑等材料填充密实，并使层厚均匀和层面平整。当采用软块石作为填料时，应查明其风化程度并判别填料的适用性。

2)用易风化的石块填筑路堤

原则上，暴露在大气中风化速度较快的石块不宜作为填石路堤的填料，必须用这种强风化石料或软质岩石填筑路堤时，应先检验 CBR(california bearing ratio)值是否符合土质路堤的填土质量要求，CBR 值符合要求的按土质路堤技术要求进行填筑，不符合要求的不得使用。

CBR 试验是将规定尺寸(直径 5 mm)的探头贯入土中，在一定的贯入深度时，比较其对应的荷载强度和 CBR 基准，从而确定地基承载能力的相对值。CBR 基准是用美国加州的一种具有代表性的未筛碎石进行多次试验得到的，并将其平均值定为 100%。CBR 试验的贯入探头直径为 50 mm，和铁路道砟的尺寸相近。试验将探头贯入土中的过程和道砟在列车荷载的作用下挤陷入基床表面的现象极为相似，所以将 CBR 试验应用于铁路路基压实的质量管理中是比较合理的。

施工时，应分层填筑，每层厚度约为 50 cm，块石应大面向下，摆放平稳，间隙以小石块、石屑填塞。对可压碎的风化石块，应尽量分层压实。

3. 加筋土路堤填筑施工

加筋土路堤是一种新型的路堤施工技术，该技术采用了强度高、变形小、耐老化的土工合成材料作为加筋材料。当路堤填筑到一定高度后，对其下的筋带进行张拉，对土体施加侧向预压应力，从而提高路堤承载能力，节约工程费用，而且能够保证路堤和结构物之间沉降的连续性。加筋土路堤断面由于其具备较好

稳定性和较强变形适应能力，且可以因地制宜、就地取材，对原有工程环境扰动小等，在各国工程实践中得到广泛应用。

用于加筋的土工合成材料应符合设计要求。土工合成材料运至工地后，应分批整齐堆放在料棚(库)内，防止日晒雨淋，并保持料棚通风干燥。土工合成材料进场时，应逐批检查出厂检验单、产品合格证及材料性能报告单。加筋铺设范围、层数及位置应符合设计要求。加筋土路堤中土工合成材料属于隐蔽工程，应按隐蔽工程做好检查记录。

土工合成材料的铺设应符合下列规定：铺设土工合成材料的下承层表面应整平、压实，并清除表面坚硬凸出物；铺设土工合成材料时，应将强度高的方向置于路堤主要受力方向，当设计有特殊要求时按设计铺设；土工合成材料的连接应牢固，受力方向连接强度不低于设计抗拉强度；土工合成材料铺设时，必须拉紧展平插钉固定，并应与路基面密贴，不得有褶皱扭曲；铺设多层土工合成材料时，其上、下层接缝应交替错开，错开距离不宜小于 0.5 m。

路堤土方填筑除符合普通土质路堤填筑的有关规定外，并应符合下列规定。

(1)土工合成材料铺设后应及时填筑填料，其受阳光直接暴晒时间不得过长。

(2)在加筋材料拉紧展平后，软土地基上填料的摊铺及填筑应从两侧开始，平行于路堤中线向中心对称填土，地基面上首层填料宜用轻型压实机具压实，只有当土工合成材料上的填料厚度大于 0.6 m 后，才能采用重型压实机械；一般路基上填料的摊铺及填筑从路堤中线开始，对称地向两侧填土。

(3)严禁施工机械直接在土工合成材料上行走作业。

(4)加筋土路堤与两端一般路堤应同步施工。

(5)加筋土路堤的边坡防护宜与路堤填筑同步施工。

3.1.4　路堑施工

1. 土质路堑施工

路堑开挖是将路基范围内设计高程之上的天然土体挖除，并运到填方地段或其他指定地点的施工活动。深长路堑往往工程量巨大，开挖作业面狭窄，常常是一段路基施工进度的控制性工程，因此，应因地制宜，以加快施工进度、保证工程质量和施工安全为原则，综合考虑工程量大小、路堑深度和长度、开挖作业面大小、地形与地质情况、土石方调配方案、机械设备、施工季节和环境保护要求等因素,制定切实可行的开挖方式。根据路堑深度和纵向长度,开挖时可按下列几种方法进行。

1)单层横挖法

单层横挖法是从路堑的一端或两端按路堑横断面全高和全宽,逐渐地向前开挖,挖出的土石一般向两头运送,如图 3.3(a)所示。这种开挖方法,因工作面小,仅适用于短而浅的路堑,可一次性挖到设计高程。

2)多层横挖法

如果路堑较深,可以在不同高度上分成几个台阶同时开挖,每一开挖层都有单独的运土出路和临时排水措施,做到纵向拉开,多层、多线、多头出土。这种开挖方法称为多层横挖法,如图 3.3(b)所示。这样能够增加作业面,容纳更多的施工机械,形成多向出土,以加快工程进度。

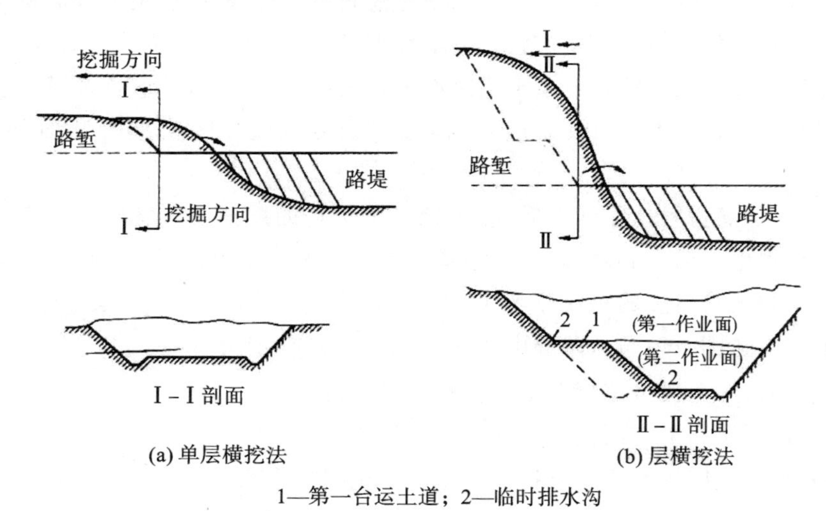

(a) 单层横挖法　　(b) 层横挖法

1—第一台运土道；2—临时排水沟

图 3.3　横挖法示意图

3)分层纵向开挖法

分层纵向开挖法是开挖时沿路堑纵向将开挖深度内的土体分成厚度不大的土层,在路堑纵断面全宽范围内纵向分层挖掘,如图 3.4 所示。这种施工方法适用于宽度和深度均不大的长路堑。

4)通道式纵挖法

通道式纵挖法是开挖时先沿线路纵向分层,每层先挖出一条通道作为机械运行和出土的线路,然后逐步向两侧扩大开挖至设计边坡为止,如图 3.5 所示。

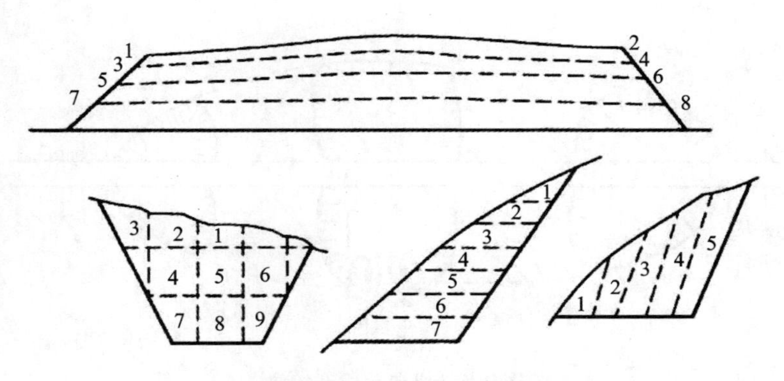

图 3.4　分层纵挖法(图中数字为开挖顺序)

这种施工方法为纵向运土创造了有利条件,适宜于路堑较长、较宽、较深而两端地面坡度较小的情况。

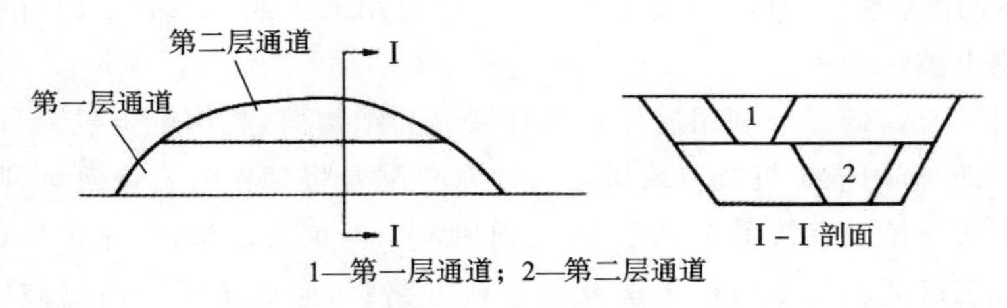

1—第一层通道；2—第二层通道

图 3.5　通道式纵挖法

5)纵向分段开挖法

如果所开挖的路堑很长,可在一侧适当位置将路堑横向挖穿,把路堑分为几段,各段再采用纵向分层或纵向拉槽开挖的方式作业,这种开挖路堑的方法称为纵向分段开挖法,如图 3.6 所示。这种挖掘方式可增加施工作业面,减少作业面之间的干扰并增加出料口,从而大大提高工效,适用于傍山的深长路堑开挖。

2. 石质路堑施工

岩石较坚硬,石质路堑的开挖往往比较困难,这对路基的施工进度影响很大,尤其是工程量大而集中的山区石方路堑。因此,采用何种开挖方法以加快工程进度,是石质路堑开挖需要解决的重要问题。通常,在开挖程序确定之后,根据岩石条件、开挖尺寸、工程量和施工技术要求,通过方案比较拟定合理的方式。其基本要求如下:保证开挖质量和施工安全;符合施工工期和开挖强度的要求;有利于维护岩体完整和边坡稳定性;可以充分发挥施工机械的生产能力;辅助工程量少。石质路堑的开挖方法有以下 3 种。

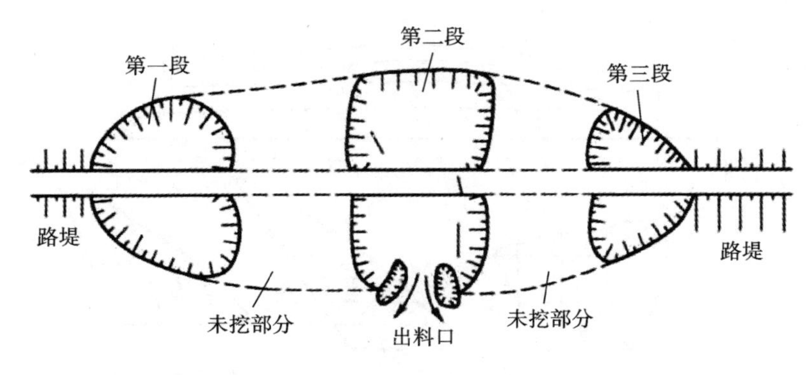

图 3.6　纵向分段开挖法

(1)爆破法,即利用炸药爆炸的能量将土石炸碎以利挖运或借助爆炸能量将土石移到预定位置。爆破法具有工效高、速度快、劳动力消耗少、施工成本低等优点,故使用普遍。尤其对于岩质坚硬、不可能用人工或机械开挖的石质路堑,通常采用爆破法开挖。

(2)松土法,即充分利用岩体的各种裂缝和结构面,先用推土机牵引松土器将岩体翻松,再用推土机或装载机与自卸汽车配合将翻松的岩块搬运到指定地点。松土法开挖没有钻爆工序作业,无须风、水、电辅助设施,简化了场地布置,加快了施工进度。凡能用松土法开挖的石方路堑,应尽量不采用爆破法施工。随着大功率施工机械的应用,松土法越来越多地应用于石质路堑的开挖,而且开挖的效率也越来越高,能够用松土法施工的范围也不断扩大。松土施工时常用的机械有多齿松土器和单齿松土器两种。

(3)破碎法。破碎法又分两种。一种是利用破碎机凿碎岩块,然后进行挖运等作业。这种方法是将凿子安装在推土机或挖土机上,利用活塞的冲击作用使凿子产生冲击力以凿碎岩石,其破碎岩石的能力取决于活塞的大小。另一种是将膨胀剂放入炮孔内,利用产生的膨胀力,缓慢作用于孔壁,经过数小时至 24h 达到 300～500 MPa 的压力,使介质裂开。破碎法主要用于岩体裂缝较多、岩块体积小、抗压强度低于 100 MPa 的岩石,由于这种方法的开挖效率不高,只能用于爆破法和松土法不能使用的局部场合,作为两者的辅助作业方式。

3.1.5　路基边坡及挡土墙

1. 边坡施工

路堤边坡坡度应根据填料的物理力学性质、气候条件、边坡高度以及基底工

程地质和水文地质条件进行合理选定。边坡施工中应采用合适的填筑方法，避免边坡过陡。填土路堤时，对于细粒土边坡，依据路肩边线桩，用人工按设计坡率挂线刷去超填部分，进行整修拍实。整修后的边坡应达到转折处棱线明显、直线处平直、变化处顺畅的要求。填石路堤时，边坡码砌应与填筑层铺设同时进行，以保证靠近边坡的填料碾压密实。码砌边坡的路基每侧加宽码砌后的边坡坡率应符合设计要求。

不论采取何种填筑材料，路堤边坡均应采用加宽超填或专用边坡压实机械施工，提高边坡的压实度。为防止雨水冲刷边坡，填筑面应平整，并根据现场情况做必要的截水沟(缘)和急流槽等截水、排水设施。

路基刷坡宜用刷坡机械进行刷坡。机械刷坡时应根据路肩线用坡度尺控制坡度。人工刷坡时应采取挂方格网控制边坡平整度和坡度，方格网桩距不宜大于10 m。边坡冲沟应采取挖台阶、小型机具夯实的方法进行回填处理。此外，应重视圬工砌筑，勾缝应密实，提高急流槽、护坡的施工质量。

2. 坡面防护

路基坡面防护主要是解决路基修筑以后，裸露的路基边坡防护问题。常见坡面防护方法有植物防护和工程防护：前者主要是种草、铺草皮和植树等；后者主要指喷浆或喷射混凝土防护、浆(干)砌片石防护以及砌筑预制块防护法等。

路堤坡面防护工程应视填料性质、气候条件、边坡高度、浸水及冲刷等具体情况因地制宜采取适宜的防护形式，并符合下列规定。

(1)当路堤边坡适宜进行植物防护，且能保证路基边坡的稳定时，应优先采用植物防护方法。视路堤高度及填料情况，可采用植草、种植灌木或爬藤植物，与骨架护坡、土工合成材料结合植物防护等措施。

(2)当路堤边坡高度较高时，可在边坡不小于2.5 m宽度范围内分层铺设土工格栅等土工合成材料，每层间距0.3～0.6 m，铺设至基床表层下，并在边坡上采取适宜的植物防护措施。

(3)浸水地段受水流冲刷的路基边坡应根据流速、流向及冲刷深度，采用植物防护或圬工防护等措施。

3. 挡土墙

挡土墙是用来支撑天然边坡或人工填土边坡以保持土体稳定的构筑物。在铁路工程中，设置挡土墙的目的是保证山体稳定，防止山坡危岩、落石的威胁，防止河流冲刷以及减少土石方工程量。当路基边坡与靠近线路的建筑物互有干扰时，为避免拆迁已有建筑物，也常用挡土墙。

铁路路基施工时，在以下情况下需要修筑挡土墙：为减少路堑边坡开挖、路堤边坡薄层填方地段或为加强路堤本体稳定地段的陡坡路基；为避免大量挖方、降低边坡高度或加强边坡稳定性的路堑地段；不良地质条件下的加固地基、边坡、山体、危岩或拦挡落石地段；受水流冲刷影响路堤稳定的沿河、滨海路堤地段；为节约用地、少占农田或保护既有重要建筑物地段；为保护生态环境地段；其他特殊条件下的地段。

挡土墙按构造分为重型挡土墙和轻型挡土墙两种。重型挡土墙主要是指重力式挡土墙和衡重式挡土墙，它依靠墙身自重支撑土压力来维持稳定。重力式挡土墙墙身断面较大，圬工多，但形式简单，施工方便，可就地取材，适应性较强，故被广泛采用。轻型挡土墙结构较轻巧，圬工量省，占地较少，经济效果较好，有利于实现结构轻型化和施工机械化，是新型的支挡建筑物。

1)重力式挡土墙的施工注意事项

(1)在岩体破碎或土质松软、有水地段，修建挡土墙应尽量选择在雨水较少的秋、冬季施工。此时地下水位一般较低，土体的含水率较小，土体抗滑能力较大，土体稳定。

(2)根据地质情况采取适当的开挖方法。若挡土墙位置位于地质条件不良的地段，基础开挖应按结构要求分段错开开挖，集中施工，不能一次开挖太长。

(3)施工前必须备足材料，在做好施工准备工作的基础上方可动工。一旦开工，基坑开挖基础砌筑以及墙身砌筑或安装等工程的施工必须迅速而且一气呵成，以减少基坑的支撑工作。明挖基础的基坑开挖到位后，为防止雨水下渗影响墙身稳定，应及时回填夯实，顶面做成坡度不小于4%的排水横坡，同时要做好墙后的排水设施。河边基坑应回填石块，以防冲刷。

(4)随着墙身的砌筑，待圬工强度达到70%以上时，应及时进行墙后回填，挡土墙背后的填料规格和回填方法必须符合《铁路路基设计规范》(TB 10001—2016)的规定。填土时，应夯实紧密。同时应分层填筑，层面要铺平，并用小石块将空隙塞实，然后再填第二层。如果随便抛填，则会大大增加对墙背的压力，同时由于孔隙大了，沉落量也将增加。

(5)挡土墙端部伸入路堤或嵌入地层部分应与墙体结合一起砌筑。路堑挡土墙顶面应抹平并与边坡相接；其间空隙应予填实并封严。挡土墙与桥台、隧道洞门连接时，应协调配合施工，必要时应加临时支撑，保证相接填方或地基土层

的稳定。

(6)干砌挡土墙,缝的两侧应选用平整石料砌筑,使之形成垂直通缝。

2)锚定板挡土墙的施工注意事项

(1)在施工前应对握裹力及摩阻力进行现场拉拔试验。每种地层应进行3种以上的拉拔试验,以校核设计数据的可靠性。施工中使用的水泥、砂子应按设计规定的配合比做砂浆强度试验。

(2)锚杆的焊接、锚固及防锈是锚杆施工中的关键工序,应严格要求按施工工艺操作,其对焊或帮条焊均须做钢筋焊接强度试验,验证能否满足设计要求。

(3)挡板背后填料应均匀,不应填入大块石料以免挡板集中受力。

(4)填方与上、下层锚杆铺设顺序应相互配合,待填至锚杆高程时方可铺设锚杆。在铺设好的锚杆下部不得有坑洼现象,防止上部土将锚杆压弯。

(5)为了防止不可避免的路堤下沉,可在锚杆中部预先做成向上弯曲的拱度,待路堤下沉后锚杆可恢复压直。也可在锚杆位置处用片石砌成宽约0.2~0.3 m有盖的小槽子,将锚杆放入槽底,在路堤下沉时锚杆上部土压不致直接压在锚杆上。

(6)在陡坡地段修建路堤锚杆挡土墙时,应将陡坡挖成台阶,防止路堤下滑增大锚杆剪切应力。

(7)对立柱、挡板、锚杆和锚定板的搬运及安装应防止碰撞和剧烈振动,同时要符合圬工强度要求,以免影响构件质量。

3.1.6 铁路路基过渡段施工

1.过渡段的施工工艺

过渡段处理目前主要采取以下3种处理措施:①在过渡段较软一侧,增大基床刚度,减小路堤沉降,如采用工后沉降小的桩基、复合地基等;②在过渡段较软一侧增大轨道竖向刚度;③在过渡段较硬一侧,通过设置轨下、枕下、砟底橡胶垫块(板)来调整轨道竖向刚度,以确保过渡段的施工质量。

1)基底处理、基坑回填

(1)过渡段施工前,对过渡段施工范围进行放样。对过渡段原地面应碾压密实,若原地面土质松散,则进行挖除换填。

(2)桥台台后及横向结构物基坑采用C15混凝土回填,回填前清理基坑中的松散土。

2)测量放样、埋设沉降观测桩

采用全站仪进行放样,按照设计要求放出沉降观测桩位置,并埋设沉降观测桩。

3)混合料摊铺、碾压

(1)根据试验确定的配合比进行集中搅拌。在搅拌现场,集料、储备料应分类存放、相互隔开,并派有经验的试验人员控制混合料拌和时的含水率和各种材料的配比,随时抽查配比情况并记录,发现异常要及时调整或停止生产。

(2)采用平地机进行摊铺。

(3)路桥过渡段与相邻路基、桥台锥体填筑按水平分层一体同时施工,使其衔接良好,一般先填筑过渡段两侧包边土,然后填级配碎石。

(4)严格控制过渡段填筑厚度,在桥台上用油漆画出层厚,一小格为 15 cm,一大格为 30 cm,根据长度算出需要的级配碎石的方量,并做好虚铺厚度检测,以便控制填筑厚度。

(5)摊铺后要立即碾压,碾压时纵向轮迹重叠不小于 0.4 m,横向衔接处搭接长度不小于 2 m;碾压中的含水率是能否压实的关键,一般控制在最佳含水率,易达到碾压标准。压路机先静压 1 遍,再弱振 2 遍、强振 2 遍,最后静压 1 遍收光,既要防止碾压遍数不足,又要防止出现过剩压实。

2. 过渡段施工的控制要点

1)过渡段施工的一般要求

(1)过渡段应与相邻的路堤及锥体按一个整体同时施工,并将过渡段与连接路堤的碾压面按大致相同的水平分层高度同步填筑并均匀压实。

(2)过渡段级配碎石填筑应符合下列规定。

①桥台后 2 m 范围外大型压路机能碾压到的部位应采用大型压路机碾压,大型压路机碾压不到的部位及在后台 2 m 范围内应采用小型振动压实设备进行压实。

②横向结构物两侧的过渡段填筑必须对称进行,并与相邻路堤同步施工。

③大型压路机能碾压到的涵背两端部位宜采用大型压路机械碾压。大型压路机碾压不到的部位应采用小型振动压实设备进行压实。

④横向结构物的顶部填土厚度小于 1 m 时,不得采用大型振动压路机进行

碾压。

⑤加入水泥的级配碎石混合料宜在 2h 内使用完毕。

2)过渡段施工控制要点

(1)施工中工序要安排得当、合理。

(2)采用网格法铺料,第一层松铺厚度控制在 30 cm 左右,其上松铺厚度宜控制在 28～32 cm,填料表面平整度满足规定要求后,再进行碾压。

(3)控制边角压实质量,压路机碾压不到位时采用人工冲击夯夯实。对于填筑压实质量可疑地段,应视情况增加检验的点数,分析原因,采取处理措施。

(4)加强试验检测过程控制,严格按照设计和规范要求进行各项指标检测,并配备足够的检测人员以缩短检测时间。

(5)路基填筑过程中重视沉降观测工作,预先埋设沉降观测器件,按设计和规范要求的观测频率采集沉降观测结果以控制填筑速度。

(6)路基填筑前进行接口交底,避免出现反开挖施工影响路基质量。

(7)如施工地区降水较多,在路基填筑过程中做好临时与永久相结合的排水工作,已施工的路基表面应在雨前及时采取覆盖(彩条布、塑料薄膜等)和防护措施,防止雨水浸淋。

3.2　轨道工程施工

3.2.1　有砟轨道施工

1. 轨排组装

轨排组装是在铺轨基地将钢轨、轨枕用联结零件合成轨排,然后运到铺轨工地进行铺设。

轨排组装是机械化铺轨的重要组成部分。为了保证基地组装轨排的质量,防止组装中发生差错,造成返工浪费,影响铺轨进度,组装时必须仔细地按照事先编制的轨排组装作业计划进行。轨排组装的作业方式可分为活动工作台和固定工作台两种。活动工作台作业方式组装轨排又分为单线往复式和双线循环式两种。作业方式不同,使用的机具设备和作业线的布置也不同。因此,在轨排组装前,应根据具体情况确定作业方式。

1)活动工作台作业方式

(1)单线往复式。

单线往复式生产线(图 3.7)是我国目前新线及运营线使用较多的一种轨排组装生产线,其特点是作业线上采用了起落架,在起落架上完成各工序的作业内容。其作业过程如下:将人员和所需机具按工序的先后顺序固定在相应的工作台位上,而用若干个可以移动的工作台组成流水作业线,依靠工作台往复移动传递轨排,按组装顺序流水作业,直到轨排组装完毕。

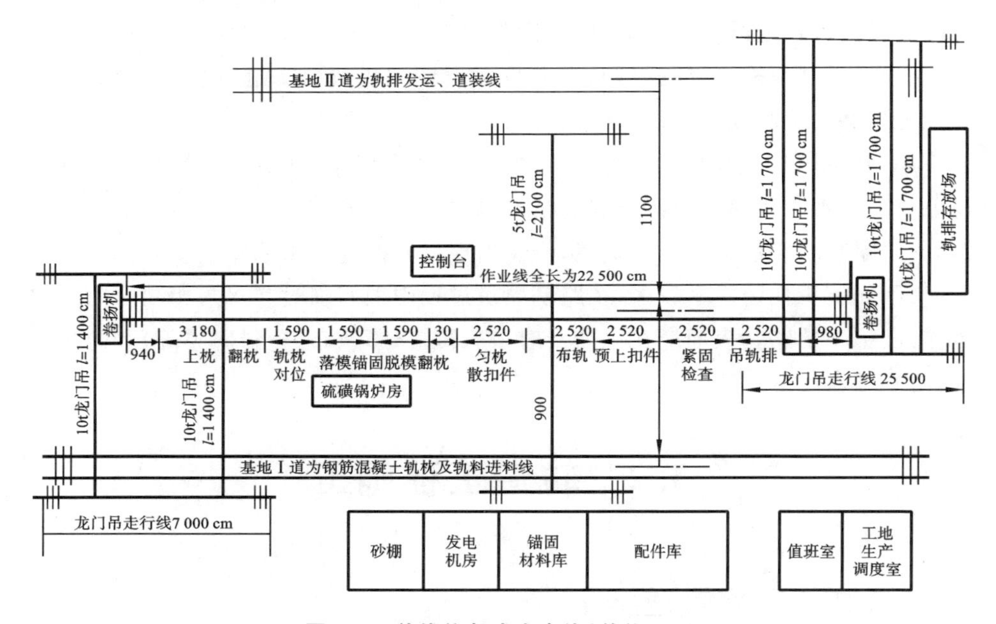

图 3.7 单线往复式生产线(单位:cm)

在组装中,工作台的往复移动是由设在工作台两侧的起落架配合进行的。每完成一个工序,工作台就前移一个台位,并由起落架将轨排顶起,工作台退回至原位,然后下降起落架,轨排即留在下一工序的工作台上。这样,每完成一个工序,工作台车就前后往复一次,起落架也相应升降一次,保证轨排组装的连续性活动工作台由铁平车和钢轨连接而成。变换工序是由设在作业线一端的 3t 卷扬机牵引活动工作台进行;起落架的升降由设在作业线另一端的 5t 卷扬机控制。工作台应高出未升起时的起落架顶面 5 cm,以利工作台的移动。

单线往复式作业方式的作业线,布置在进料线和装车线之间,包括吊散钢轨、轨枕硫黄锚固、匀散轨枕、吊散轨枕、上配件并紧固、质量检查及轨排装车 7 个工序。由于轨枕硫黄锚固工作量大,作业时间较长,往往成为控制工序。为了

平衡各工序间的作业时间，提高组装效率，在硫黄锚固工作台位一侧，另设长约 80 m 的硫黄锚固作业线相配合，并在锚固作业线的端部附近备有粉碎硫黄的碾子、炒砂子及熬制硫黄锚固浆液的锅灶等，以及为不受气候影响而保证锚固作业顺利进行的工棚。

单线往复式作业方式，既节省拼装作业场地，也节省拼装所需的设备和劳动力，有利于实现轨排组装全面机械化，适宜地形狭小、场地受限制的情况。

(2)双线循环式。

双线循环式组装轨排的过程如下。轨排组装分设在两条作业线上完成。在第一条作业线上完成其规定的几个工序后，经横移坑横移到第二作业线上，继续作业，直到轨排组装完毕，进行装车。空的工作台经另一横移坑再横移到第一作业线上，继续循环作业，每一循环完成一个轨排的组装。坑内有横移线路以及横移台车，横移时可用人力移动或卷扬机牵引。

双线循环式作业方式，可将各工序组成循环流水作业线，从而改善工作条件，提高工作效率。但该作业方式要求场地比较宽阔，因而有一定的限制。

2)固定工作台作业方式

固定工作台作业方式，是将组装作业线划分为若干个作业台位，作业时，各工序的人员和所需机具沿各个工作台位完成自己工序的作业后依次前移，而所组装的轨排则固定在工作台上，并在这一台位上完成全部工序。当沿作业线组装完第一层轨排，又在第一层轨排上面继续依次组装第二层轨排、第三层轨排后，人员再转移到作业线Ⅱ的台位上继续组装。固定工作台作业方式所组装的轨排是固定不动的，仅仅是人员和机具沿工作台移动，所以作业线的布置比较简单，只需在组装作业线上划分一下固定工作台的台位，每一台位长 26 m，而台位的多少和作业线的长短，可根据铺轨任务和日进度的需要来决定。

2. 轨排运输

为了确保机械铺轨的速度，保证前方不间断地铺轨，必须组织好从轨排组装基地到铺轨工地的轨排运输。

1)轨排运输车种类

(1)滚筒车运输。

滚筒车一般由 60t 平板车组成，车面上左、右两侧各装滚筒 11 个，每 1.0～1.2 m 装一个，由两辆滚筒平板车合装一组轨排，每组 6～7 层。滚筒车组装示

意图如图 3.8 所示。

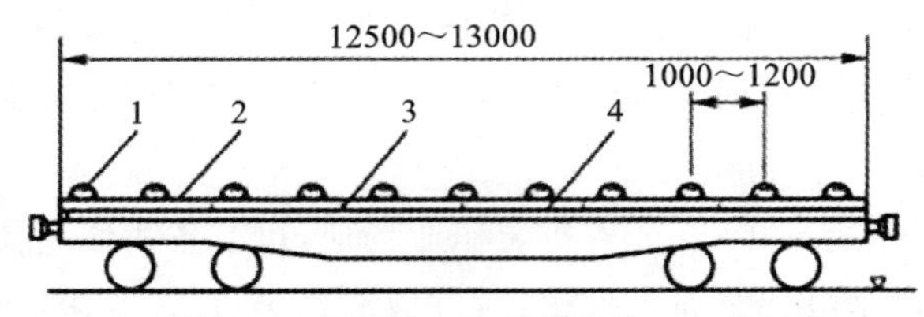

1—滚轮；2—旧钢轨；3—垫梁扣件；4—车地板

图 3.8 滚筒车组装示意图(单位:mm)

用滚筒车装运轨排,必须在滚筒上面安放拖船轨,以承受运输排垛的质量。为了避免轨排在运输过程中前后窜动,两辆平板车之间的车钩应设停止缓冲器,拖船轨的头部靠滚筒处设有止轮器。

(2)平板车运输。

用无滚筒平板车运送轨排时,每 6 个轨排为一组,装在 2 个平板车上,7 组编为一列。在换装站或铺轨现场各设两台 65t 倒装龙门架,将轨排换装到有滚筒的平板车上,供铺轨机铺轨。

平板车运输轨排优点较多,无须制造大量滚筒,能够减少止轮器数量,减少捆扎工作量,运输速度可达 30 km/h,节省人力和费用。

2)轨排运输的效率

轨排运输的效率取决于两个主要因素:轨排列车的数量和新铺设轨道的质量。

(1)轨排列车的数量。

轨排运输所需要的列车数量与下列因素有关。

①铺轨机每天铺轨的能力。

②每列轨排列车能够装载轨排的数量。

③每列轨排列车的装车和运行的周转时间。

轨排运输列车的数量必须合理。如果轨排列车过少,则会产生铺轨工程停工待轨的现象,同时,轨排组装车间已组装完毕的轨排大量积压,造成存储费用的增加。如果轨排列车过多,则会造成大量车辆积压。因此,在确定运输列车的合理数量时,应该坚持下面的原则,即应能保证铺轨机和轨排运输车辆得到充分的利用。

机械铺轨时,一般有一列轨排车在工地跟随铺轨机供应轨排。当该列车的轨排铺完后,该列车应立即返回邻近车站,以便让另一列轨排车继续前进供应轨

排。因此，当工地距基地较近，轨排列车装车和运行的时间之和小于或等于铺轨机铺设一列车轨排所需的时间时，则需配备 2 列轨排车。当基地到工地的距离逐渐增加，而轨排列车装车与运行时间之和大于铺轨机铺设一列车轨排所需时间时，则需配备 3 列轨排列车。其中 2 列用于装车运输，1 列随铺轨机供应轨排。

随着铺轨的前进，铺轨工地离组装基地越远，供应轨排的周转时间就越长，则所需的轨排列车就越多。为了更经济合理地供应轨排，一般当铺轨工地距离组装基地超过 80 km 时，宜在靠近铺轨工地附近的车站设置轨排换装站。轨排换装站一般设在距铺轨工地较近的有给水设施的车站，至少有 3 个股道。一股进行调车作业、停放车辆及机车整备；一股为轨排换装线；正线为列车到发线，应保持畅通。轨排换装线应设在直线股道上。

一般每列车装 6 组轨枕，每组 6 层，每组可铺轨 150 m，每组需 2 辆滚轮车，共需 12 辆滚轮车。另外，基地还应预留备用滚轮车若干辆。设置轨排换装站后，基地到换装站用普通的平车将轨排运到换装站，在换装站用 2 台龙门架将轨排倒装到滚轮车上，再拉到前方铺设。

(2)新铺设轨道的质量。

轨排运输的效率还取决于新铺设轨道的质量。高质量的轨道可以改善线路技术状态，以提高行车速度，缩短列车周转时间。因此，在铺轨的同时还要抓紧铺砟整道，提高新铺设轨道的质量。

3. 轨排铺设

新建铁路的轨排铺设，大多采用铺轨机施工，少数情况下也采用龙门架。

1)悬臂式铺轨机铺设轨排。

铺轨机在铺设的线路上作业和行走。施工单位在轨排铺设时所采用的机械，应根据单位现有的设备能力及工程的工期要求合理选型。悬臂式铺轨机有高臂和低臂之分，但它的作业形式基本一致。

(1)喂送轨排。

轨排列车进入工地后，当前面轨排垛喂进铺轨机后，需要将后面的轨排垛依次移到最前面的滚筒车或专用车上，这样才能保证作业的连续性。向前倒移轨排垛的方式主要有拖拉方式和用二号车或专用列车倒运方式两种。

①拖拉方式。

此种方式适用于滚筒列车。在铺轨机的后方选择一段较为平直的线路进行大拖拉作业。用拖拉钩钩住滚筒列车最前面的一组轨排垛的第二层轨排的钢轨后端，用大小支架（俗称炮架）将 ϕ28 钢丝绳支离平板车，将底板钩等专用机具固定于线路上，然后缓慢地拉动列车。最前面的一组轨排垛被固定在线路上，所以在滑靴的引导下，这组轨排垛便移动到前面的滚筒车上。轨排垛到位后，撤去固定轨排垛的机具，再由机车推动整列车向前送到铺轨机的尾部。

②用二号车或专用列车倒运方式。

这种方式必须在铺轨工地配备两台起重量 65t 以上的倒装龙门吊，再配有二号车或专用车。若倒装龙门吊能够让机车通过，则可省去二号车。作业方式如下：将两台龙门吊吊立在离铺轨机不远且较为平直的线路上，机车将轨排列车依次推送到龙门吊下，用龙门吊吊起整组轨排垛，倒装到装有滚筒的二号车或专用车上，再由二号车或机车推送到铺轨机的尾部。

（2）铺设轨排。

①将轨排推进主机。

用铺轨机自身的卷扬设备挂千斤绳推进轨排组。

②主机行走对位。

铺轨机自行走到已铺轨排的前端适当位置，停下对位。需要支腿的铺轨机，在摆头以后立即放下支腿，按要求支撑固定。

③吊运轨排。

开动吊重小车从铺轨机后端走行到前端，在主机内对好轨排的吊点位置，落下吊钩挂好轨排，然后吊高轨排至离下面轨排 0.2 m 高度，开始前进到吊臂最前方。

吊重小车的结构和吊挂小车的设施，对于高臂铺轨机，可以是两辆吊重小车（相距 2～3 m）共同吊住一根 13.8 m 长的扁担，扁担两端各设挂钩可以挂住轨排送到前方；或不设纵向扁担，由两辆小车直接吊住轨排前后两个吊点（相距 13.8 m）送到前方铺设。对于低臂铺轨机，采用一龙门式、长 2.5 m 左右的吊重台车，台车前后两端各吊住铁扁担中部（相距 2.0 m 左右），在两条低臂式铺轨机的轨道上运行到吊臂前端。也可以用两台龙门吊架直接吊住轨排（相距 13.8 m），在长达 26 m 以上的框架式吊臂上行走，框架前端用轮胎式台车托住，构成简支式长大框架，轨排在框架内落放到地面上。

④落铺轨排。

吊重小车吊轨排走行到位时应立即停止，并开始下落轨排至离地面约 0.3 m 时稍稍停住，然后缓缓落下后端，与已铺轨排的前端对位上鱼尾板。对位时间

一般占铺一节轨排总时间的一半以上,成为控制铺轨速度的关键。在后端对位上鱼尾板后,可通过摆头设施使前端对正线路中线,并立即落到路基上。轨排落实以前,为使轨排保持所需的形状,一般需人工(或用拨道器)左右拨正。

⑤小车回位。

铺好一节轨排后立即摘去挂钩,将扁担升到机内轨排之上,吊轨小车退回主机,准备再次起吊。有支腿的铺轨机应立即升起支腿,主机再次前进对位,并重复以上工序。待一组轨排全部铺设完,立即翻倒托轨。拖入下一组,轨排再按以上工序进行铺设。当一列轨排列车铺完后,利用拖拉方法,将拖船轨返回空平板车上,由机车将空平板车拉回前方站,并将前方站另一列轨排列车运往工地。

⑥补上夹板螺栓。

为了提高铺轨的速度,铺设轨排时仅上两个螺栓,在铺轨机的后面还要组织人员将未上够的夹板螺栓补足、上紧。

2)铺轨龙门架铺设轨排

铺轨龙门架是铁路铺轨半机械化施工机具之一,它主要用于铺设钢筋混凝土轨排、旧线拆换轨排以及轨排基地装卸工作等。铺轨龙门架的特点是机身不在自己铺设的轨道上行走,而是在预先铺设于线路两侧的轨道上吊重和走行。它的缺点是体力劳动较强,占用人员较多,要求地面较宽。

铺轨龙门架由 2～4 个带有走行轮的框架式龙门架组成,每个龙门架的吊重有 4t 和 10t 两种,其中有带运行机械和不带运行机械的两种形式,相互间用连接杆连接行动。龙门架的起重和运行依靠自带的发电机供电,发电机和拖拉用的卷扬机同放在一辆普通平板车上,挂在铺轨列车的后端,用电缆送电。铺 25 m 混凝土轨排时,一般用 4 台起重量 4t 的龙门架或 2 台起重量为 10t 的龙门架;铺 25 m 混凝土轨枕板轨排用 3 台起重量为 10t 的龙门架;铺长轨排可根据轨排重量和龙门架的起重量适当配置多台龙门架一同使用。

铺轨时,应先铺设龙门架的走行轨道,目前铺设的方法主要是人力铺设和拖拉机拖框架式龙门轨。然后将龙门架下到走行轨道上,并用滚筒车或托架车将轨排组运送到最前端,开动龙门架即可吊运轨排。把轨排运到铺设地点,降落轨排铺设在路基上。重复上述步骤,即可继续铺设轨排。

3)轨排铺设的注意事项

(1)铺轨前预先铺设的砟带,左右高差不得大于 3 cm,砟带要按照线路中心桩铺设,不得偏斜。

(2)铺轨时,如果路基比较松软,在新铺轨排的前端,在落位之前,砟带应稍垫高,以防铺轨机前端下沉,造成连接小夹板的困难。如果路基特别松软,前支腿垫木应加长加宽,增加承压面积,提高承压力。

(3)拖拉指挥人员与司机调车指挥人员要密切配合并明确拖拉速度,时时注意平板车上的作业情况,发现异常情况及时停车。机车推送前进时,速度以小于5 km/h为宜,在最后5~6 m时,速度应控制在3 km/h,并派有经验的人看守,以防止意外。

(4)铺轨机及滚筒平车上的滚筒,应有专人负责保养注油,以减小拖拉时的摩擦阻力。

(5)轨排起吊和走行时要平稳,下落时不要左右倾斜,铺设时要注意控制中线及轨缝。钢筋混凝土轨枕的线路拨道比较困难,在铺设时严格对中,一次铺好,可以大大提高工作效率。

(6)轨排铺设完毕后,常常会出现因轨头不够方正而影响轨缝和对中的现象。有时,轨缝对齐后,中线又会出现偏差,造成下一节轨排无法铺设。因此,为了确保轨排铺设的质量,除了在铺设过程中加强质量监控,还必须从一开始就保证轨头的方正。

影响轨头方正的因素有很多,如丈量不准、方尺不方、钢轨本身有硬弯、吊装运送轨排时两股钢轨错动等,但主要是前两项因素。强化对基地作业的质量管理,可以大大降低这类情况出现的概率。其方法如下。

①卸轨时严格防止摔弯。

②拼装轨排前,应对轨长重新丈量核对,严格控制两股等长,对于存在公差的标准轨,在选配时,可允许长度差不超过3 mm,但在拼装下一轨排时,需将前一轨排的两股钢轨的长度差数补齐。

③制作准确的方尺,如铁质尺。

(7)上螺栓时,要随时注意指挥信号,铺轨机行进前要迅速离开轨道。后面补上螺栓,要随时注意轨排列车和铺轨机的动向,发现来车要迅速离开道心。禁止站在铺轨机和车辆底下作业。在线路上,禁止作业人员将工具和材料放在线路上休息,并随时注意行车安全。

3.2.2　无砟轨道施工

1. 无砟轨道结构

无砟轨道初期投资较大，建成后永久变形限制严格，轨道更换维修困难，振动噪声较大，但因其稳定性高，刚度均匀性好，结构耐久性强，可显著减少维修工作量。无砟轨道结构高度低、自重轻，可减轻桥梁二期恒载或降低隧道净空，就高速铁路建设而言，无砟轨道比有砟轨道适应性更强。

自 1971 年无砟轨道在日本东海道新干线应用后，无砟轨道在世界范围内得到了广泛应用，其铺设范围从桥梁、隧道发展到土质路基和道岔区。

1）无砟轨道结构组成

作为一种轨道结构形式，无砟轨道须保持轨道结构支承列车运行、传递列车荷载等基本功能，可分为上部结构和下部结构两部分。上部结构由钢轨、扣件、预制结构或混凝土/沥青道床板以及底座/支承层等组成，即轨道结构。其中的钢轨、扣件和预制结构组合称为轨排，而道床板、支承层、底座称为上部结构层。下部结构包括桥梁、隧道和路基，即基础工程。

无砟轨道结构与有砟轨道结构的根本区别在于，无砟轨道结构采用塑性变形小、耐久性好的混凝土或沥青材料代替了有砟轨道结构中容易磨耗、粉化和破碎的道砟材料。道砟在有砟轨道结构中可支承、传递、分散轨排的垂向、纵向和横向荷载；提供弹性，减缓冲击荷载，降低噪声；有效调整轨道几何尺寸。无砟轨道结构取消道砟后，引发轨道刚度、几何状态调整和抵抗纵横向作用力方式的改变，其中抵抗纵横向作用力方式的不同，决定了无砟轨道的结构形式有多种类型。

2）无砟轨道分类

目前，无砟轨道结构形式主要有双块式无砟轨道和板式无砟轨道两种：双块式无砟轨道主要有雷达 2000 型（Rheda 2000）和旭普林型（Zublin）；板式无砟轨道主要有博格型和日本板式型。

（1）双块式无砟轨道。

双块式无砟轨道由钢轨、扣件、双块式轨枕、道床板、底座（路基和隧道区段可不设）等部分组成。双块式无砟轨道施工自下向上，施工机具相对简单；道床板采用绝缘套管绝缘，可施工性强，绝缘效果可靠；道床板底座不需要工厂预制，可节省运输道床板费用，降低投资；现浇道床板底座，工作面的增加为利用就近梁场作为轨排拼装场创造了条件；不受桥梁隧道和施工工期等因素影响，更适合我国地形复杂、桥隧比重大的高铁线路。此外，其施工进度受现场大量混凝土圬工施工影响，施工过程需严格控制施工工艺，避免轨枕和混凝土道床板之间出现裂缝。

(2)板式无砟轨道。

板式无砟轨道是用双向预应力混凝土轨道板及乳化沥青水泥砂浆(CA砂浆)替换传统有砟轨道的轨枕和道砟的一种新型轨道形式。板式无砟轨道主要由钢轨、扣件、预制混凝土轨道板(简称轨道板)、乳化沥青水泥砂浆调整层(CA砂浆调整层)、混凝土凸形挡台及混凝土底座(简称底座)等部分组成。

板式轨道结构中的轨道板为工厂预制，其质量容易控制，现场混凝土施工量少，施工进度较快；道床外表美观；由于其采用"由下至上"的施工方法，施工过程中不需要工具轨；在特殊减振及过渡段区域，通过在预制轨道板底粘贴弹性橡胶垫层，易于实现下部基础对轨道的减振要求(如日本板式轨道结构中的防振G型)。但在桥上铺设时，受桥梁不同跨度的影响，需要不同长度的轨道板配合使用，增加了制造成本；曲线地段铺设时，线路超高顺坡、曲线矢度的实现对扣件系统的要求较高；板式轨道结构中CA砂浆调整层的施工质量直接影响轨道的耐久性；板式轨道的制造、运输和施工专业性较强。

2. 无砟轨道选型

无砟轨道的技术条件虽然优于有砟轨道，但动力响应只存在程度差别，不会有实质性区分。此外，其可维修性不如有砟轨道，因此，无砟轨道选型应重视对动力特性的适应性。我国高速铁路选择无砟轨道型式，需重点考虑以下几方面内容。

(1)轨道弹性是优先考虑的因素。在各种无砟轨道均具稳定性、刚度均匀性好及维修工作量少的相同条件下，弹性较好的无砟轨道必然会兼具列车振动和冲击明显减小、维修质量高、行车条件好等效果，并将实现轮轨系统的整体优化。

(2)可维修性是我国高速铁路必须重视的关键运营要素。我国高速铁路设计速度堪称世界之最，列车荷载条件不如国外高速铁路好，且通过总重比其他国家大，特别是跨线列车经由速度等级低、标准较低的铁路长距离运行后，磨损耗的车轮会对高速线路产生何种影响，目前尚难以评估，维修方面的问题不可低估。

(3)施工质量是实现设计目标的关键。高速铁路对施工精度的要求严格且工程浩大,施工质量控制难度大。因此,应重视施工组织和管理,尽可能创造便利条件,以确保施工质量和进度。

3. 无砟轨道扣件

扣件是轨道结构的重要组成部件。可增弹减振和调整轨道变形的道砟层被取消后,轨道所需弹性和调整量几乎全部由扣件提供,扣件必须具有足够的扣压力,以确保钢轨与道床可靠连接。此外,在有减振降噪要求的地段,无砟轨道扣件系统还要考虑减振降噪的要求。因此,无砟轨道对扣件的要求比有砟轨道对扣件的要求更高。对无砟轨道扣件的具体要求如下。

(1)调整轨道几何形位的能力较强。受施工误差、路基沉降、梁体收缩徐变上拱、墩台沉降和混凝土基础变化等因素影响,无砟轨道扣件系统应对钢轨高低和左右位移具有较大的调整能力。

(2)为使无砟轨道具有相当的弹性,通常要求扣件节点刚度在 50 kN/mm 以下。在要求减振降噪地段,更需要采用特殊的轨道结构和高弹性扣件,如采用浮置板结构或进一步降低轨道结构的刚度。

(3)用于桥上和高架桥上的无砟轨道扣件,其阻力应控制在一定范围内,以减小桥梁伸缩力和挠曲力对无缝线路长钢轨纵向力的影响。

(4)通用性较好,能适应大扣压力(隧道和线路)扣压件和小扣压力(桥梁)扣压件的安装和批量生产的要求。此外,施工和运营管理也要求扣件具有通用性,以适应不同类型的轨道结构。

(5)绝缘性能良好,保证轨道电路的正常工作;养护和维修简便;造价尽可能低廉。

扣件按弹性分为全弹性、半弹性和无弹性扣件;按有无挡肩分为有挡肩和无挡肩扣件;按扣压方式分为分开式和不分开式扣件。不论何种类型的扣件,其基本结构均由扣压件、弹性基板和锚固连接件 3 大部件组成。扣压件的作用是将钢轨牢固固定在轨枕或弹性基板上。弹性基板是指金属铁垫板与橡胶弹性垫板结合为一体的统称,它是扣件系统中直接支承钢轨并将列车垂向和横向动荷载经钢轨均匀传递至混凝土轨下基础的主要部件。锚固连接件由一个或数个配件组成,其作用是将基板固定于混凝土道床上,它除承受经扣件吸收降低后的荷载外,尚须具有绝缘功能。

决定扣件结构形式的主要因素是扣件的合理刚度、钢轨高低和左右位置调整能力。无砟轨道扣件选型设计,应既要与无砟轨道结构配套,又要与曲线地段相适应。

4. 无砟轨道施工管理重点

1)下部结构物沉降变形控制

无砟轨道采用大量混凝土结构,稳定性高,但修复性差。发生沉降变形时,只能通过扣件系统进行调整。而扣件系统调整范围有限,沉降过大时,只能进行大规模维修。故所有无砟轨道必须建造在稳定的下部结构物之上。

2)防排水系统检

隧道内防排水系统若不完善,未达到设计要求或基底清理不干净,造成道床长期浸泡在水中,将导致混凝土失效,最终不得不通过采取限速通过或拆除等措施以保证行车安全。

3)测量工作

高精度的测量是保证无砟轨道的平顺性及运行舒适性的前提,也是确保线下结构物准确的关键。

4)相关工程接口

(1)轨道电路:由于国内采用的轨道电路传输模式为 ZPW-2000,无砟轨道内钢筋的纵向及平面闭合回路会产生磁场而影响轨道电路的传输,所以设计应采用塑料卡对钢筋节点进行隔离,避免产生回路。

(2)过轨管线:无砟轨道施工后,基本不存在再埋设过轨管线的可能性,故应在施工时提前埋设。

5)过渡段施工

(1)一般规定。

①过渡段工后沉降变形应符合现行规范标准要求。

②过渡段的位置,长度及设置方法应符合设计要求。

③过渡段使用的轨道部件、销钉、道砟胶、橡胶垫层及高强度挤塑板等材料的规格、型号及其性能等应符合相关标准及设计要求。

④过渡段应与两端线路进行贯通测量。

⑤不同轨道结构间的过渡段区域不得有工地焊接头和绝缘接头,且钢轨接头与过渡段起(终)点相错量应大于等于 2.5 m。

⑥道床施工前应先清除支承层或混凝土底座基础表面浮砟、碎片等杂物。确保支承层或底座表面清洁。

无砟轨道的支承层或底座从过渡点开始向有砟轨道延伸长度应符合设计要求，支承层或底座的厚度应按设计要求平顺过渡，同时应满足有砟轨道区段最低道砟厚度的要求。

路基上无砟轨道与有砟轨道过渡时，无砟轨道末端根据设计要求设置端刺或者在轨道板（道床）下采用钢筋混凝土底座取代支承层，轨道板（道床）与钢筋混凝土底座间设置的剪力筋位置、数量、深度等应符合设计要求。

过渡段范围内的轨道刚度过渡所采用的胶垫规格、型号及轨枕类型等应符合设计要求。

（2）不同形式无砟轨道之间的过渡段。

不同形式无砟轨道间过渡段施工基本工艺流程：施工准备→过渡段测量定位→过渡段线下基础状态检查→基础面处理→支承层或底座施工（高度顺接）→道床板（轨道板）施工→长钢轨铺设及调整→质量检查。

不同结构高度的无砟轨道结构之间的过渡段，应按设计要求在过渡区消除高差，保证相互之间顺接。

采用扣件弹性垫板的静刚度来实现刚度过渡时，所使用的扣件弹性垫板的规格、型号、数量及放置位置应符合设计要求。

过渡段轨道板板底应按设计要求粘贴橡胶垫层，橡胶垫层及胶黏剂的性能应符合相关技术条件的规定。

不同类型无砟轨道之间的过渡段按设计要求设置纵向连接钢筋、抗剪钢筋（销钉）及端梁等。

道岔两端应预留不小于 200 m 的长度作为道岔和区间衔接测量的调整距离，道岔与区间无砟轨道衔接时应以道岔控制基桩为依据进行调整。

6）物流组织

无砟轨道施工场地受限制，尤其隧道及桥梁地段无砟施工，物流组织成为施工组织的关键点。物流组织主要包括物资及机具组织和行车组织。物资及机具组织主要包括各类物资材料进场顺序、数量和堆放地点等。行车组织主要涉及各类施工车辆及施工设备的组织，防止造成交通堵塞。施工组织时，应提前进行物流组织的设计，并根据现场施工状况及时进行修正。只有物流组织通畅，才能保证施工各工序合理衔接，各工作面作业规范。

7)信息化施工

无砟轨道施工作业由于需确认的前提条件多,且施工过程精度要求高,工序一旦作业完成,很难进行返工作业,工序间交接必须及时准确。同时,作业层与管理层间必须保证信息畅通,方便资料及时准确地供给,达到高质量、快速有效施工的目的。

8)精细化施工

无砟轨道精度要求高,且施工完成后外观质量要明显高于有砟轨道,其精度直接影响钢轨的铺设精度,故施工管理要树立精细化施工的理念。此外,无砟轨道施工为全新的施工方法,只有在施工中注重细节,才能保证整体工程质量。

9)工艺性试验段的建设

无砟轨道施工技术发展迅速,应根据施工进展不断寻求技术创新。每一关键工序施工前均应修建不少于 20 m 的试验段,对施工工艺、施工机械进行验证,同时也可借此培训人员。

10. 工装、机械化保质量的理念

无砟轨道施工提倡机械化,加快施工进度及提高质量保证率,能减少人为因素的影响。施工中更应注重小型机具、工装的研发,新的机具设备的应用,使提高工效及质量保证率的效果更明显,且见效更快。

3.2.3 道岔铺设与铺砟整道

1. 道岔铺设

1)人工铺设道岔

铺设道岔需按照一定的铺设程序和铺设要求进行。以普通单开道岔的铺设方法和步骤为例,详述如下。

(1)准备工作。

为了顺利铺设道岔,下列各项准备工作,都必须事先认真做好。

①熟悉图纸。道岔的设计标准图,包括道岔布置图和道岔各组成部分的构造图,是铺设道岔最主要的依据。铺设道岔前,应认真学习。

②整理料具。道岔钢轨、道岔前后的短轨、配件、岔枕等,运到施工现场后,要详细清点、检查、整理,并丈量各部尺寸,编号、分类堆放好。若有尺寸、类型不

符或缺损者，应立即更换补齐。

③测量，即测设道岔位置桩。根据车站平面图，定出道岔中心桩；按道岔布置图测量基本股道起点的位置；并量取从道岔中心到尖轨尖端的长度，定出岔头位置桩；再测量辙叉根的位置，定出岔尾桩。一般情况下，岔头与岔尾不会正好在钢轨接缝位置，故需要在道岔前后插入短轨加以调整。

(2)铺设方法。

①铺岔枕。

先把道岔前后线路仔细拨正，拆除岔位处的原有轨道，把岔枕间隔固定在岔位靠基本股道的一侧，按间隔绳散布岔枕，并使全部岔枕在基本股道的一侧取齐。

②散布垫板及配件。

垫板与各类配件必须严格按设计散布与安放，不允许随便互换，特别是辙后垫板与辙叉的护轨下垫板不得弄错。

③岔枕钻眼。

由于道岔垫板的型式、尺寸及位置不一样，岔枕道钉孔位置必须逐一量画，并打出道钉孔位置印。直股上使用普通垫板的岔枕，可用线路上道钉孔样板打印；使用其他垫板的岔枕，要根据轨距、轨头宽、轨底宽及垫板长度计算出岔枕端头的尺寸，画出垫板边线，摆上垫板，按每块垫板上的道钉孔眼打好道钉孔印；曲线部分的道钉孔眼，要在直股道钉钉好以后，根据支距及轨距画出垫板边线，按垫板上的钉孔打印。

④铺设道岔钢轨。

道岔钢轨的铺设顺序，通常都是先直股后弯股，先外股后里股，共分4步钉完，如图3.9所示。

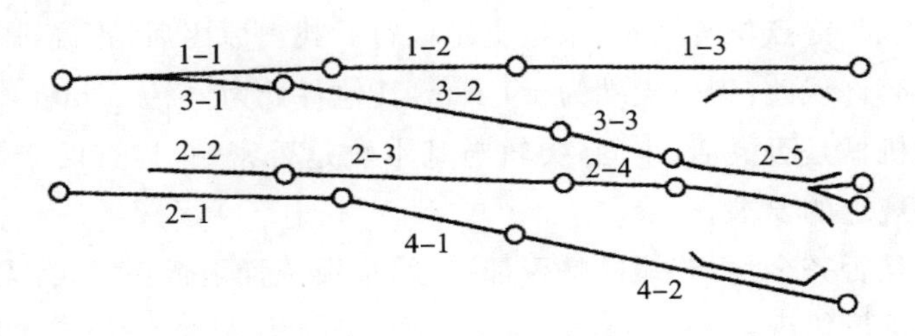

图3.9　道岔钢轨铺设顺序

a.铺钉直线上股钢轨和护轮轨。

按编号顺序铺设直股基本轨和护轨1-1～1-3，并使得1-1的前端与岔头桩对齐。连接钢轨接头，并按直股轨距要求，铺设钢轨 2-1～2-4 和辙叉 2-5。

b. 铺钉直线下股钢轨、尖轨及辙叉。

以拨正的上股钢轨为准，根据各点的轨距要求，摆正垫板，钻好道钉孔，每块垫块先钉两个道钉，待全面钉完，拨正道岔直线方向使道岔与前后轨道方向顺直，经检后再补钉其余的道钉。

c. 铺钉导曲线上股轨和尖轨。

根据道岔布置图或导曲线支距表上的导曲线支距，从轨根部接缝上即导曲线起点开始，按支距法铺钉 3-1～3-3 的钢轨，连接接头，铺好垫板后即可钉道钉。先钉支距点枕木上的道钉，用撬棍拨移钢轨，然后钉道钉。打钉时，应先钉外口后钉里口，以确保支距正确。

d. 铺钉导曲线下股钢轨和护轮轨。

以导曲线上股为准，按规定的轨距及递减距离（前三后四）铺钉 4-1 和 4-2 钢轨，连接钢轨接头，铺垫板，拨正钢轨，然后钉道钉。

⑤安装连接杆。

安装连接杆，尖轨摆动必须灵活，尖轨尖端与基本轨必须密贴，且摆度必须合乎规定（152 mm）。

⑥安装转辙机械

转辙机械应设在侧线一侧的两根长岔枕上，一般在安装信号时进行，对刚铺的道岔，可采取临时措施扳动。

（3）道岔铺设后的检查整理。

为了确保行车安全，道岔铺设完毕后，应立即进行检，其主要内容如下。

①各个接头轨缝要符合标准。

②基本轨正确顺直，导曲线圆顺。如不圆顺，原因一般有以下 3 种：支距尺寸不准；支距起、终点位置不对；未按支距铺钉。找出原因后，正确进行处理。

③轨距容许误差：尖轨尖端为±1 mm，其他各处为－2～3 mm。

④转辙机械是否灵活、牢固，尖轨与基本轨是否密贴，检查两个岔枕间隔尺寸是否符合规定的要求。

⑤配件是否齐全，所有螺栓是否都拧紧，垫板位置是否正确，有无错置、倒放以及轨底未落槽等现象。

⑥道钉与钢轨是否密贴，岔枕是否方正。

检查必须认真、仔细，发现不符合要求者，应立即加以改正。

2)机械铺设道岔

为进一步提高道岔铺设的效率和质量,或者由于地区条件和劳动力等限制,可采用机械化铺设的方法进行。

机械铺设道岔就是把需要铺设的道岔,在轨排组装基地预先钉好,再根据 3 大部分(即转撤器、连接部分及辙叉、护轨)拆开,分成 3 个块,装卸分块按道岔铺设的顺序装在轨排车上运到施工现场,然后利用起重设备或铺轨机铺设。对号数更大的道岔,由于基本轨和导轨增长和质量增大,必须另行研究组拼办法。

(1)道岔组装工作台布置。

道岔组装工作台应尽量设在轨排组装作业线附近,以便利用机具设备。工作台的地面要夯实整平,并埋设道岔交点桩,或在地面上做成道岔组装模型。

工作台的台位数量根据基地轨排组装能力而定。基地每昼夜轨排组装能力小于 4 km 时,设 2 个工作台;大于 4 km 时,设 4 个工作台。每个台位应分别按道岔型号标出道岔交点和各类岔枕的分界处和间隔。

(2)道岔的组装。

道岔成品的组装是在铺轨基地内进行。一般分为转撤器、导曲线、辙叉和护轨 3 部分进行。每部分的搭接部位暂不钉联,以利于吊装、运输和铺设。

其组装工序如下。

①根据组装计划,确定道岔号数、左开及右开。

②按照岔枕的分界桩和间距桩散布岔枕,用模板打出道钉孔位置,并钻眼。

③散布垫板、轨撑和钢轨等部件。

④散布道钉、螺栓,并插入部分道钉和螺栓。

⑤按先直股后曲股的次序打入道钉,搭接部位道钉暂不钉联。

⑥将搭接部位未钉联的配件清点装包。

⑦检查道岔成品、混凝土枕规格、配件数量及组装质量是否符合规定,对不合格者加以整修,合格后则在辙叉上标明站名、编号及道岔类型。

(3)道岔的装运。

道岔轨排的装运通常采用立装。立装是在平板车上安装 2～3 个用角钢、槽钢或旧钢轨弯制的装车架,组成专用的支架车。道岔可斜靠在装车架的两侧,每侧 3 层,每车可装道岔 2 副。

道岔轨排一般采用 8～10t 履带吊车吊装,吊装顺序为先装辙叉部分,次装导曲线部分,最后装转撤器部分。轨面一律朝内侧,以利吊装、铺设。由于道岔轨排不对称,重心不在中间,起吊时要注意挂钩位置,保持轨排平衡。

道岔装车后，应使用特制松紧螺栓拉杆进行固定，以免在运输过程中串动。

(4)道岔的铺设。

道岔的铺设一般采用吊车铺设，其作业顺序如下。

①列车在预留岔位处停车，逐一将道岔成品卸于正线的一侧。

②拆除预留岔位处的轨排(一般是3个)，吊装、卸在线路的另一侧。

③按照转撤器部分、导曲线部分、辙叉部分的顺序，依次吊装、铺设、正位。每吊装、铺设一节，即联结夹板、钉联搭接部位的直股和曲股钢轨，抽换普枕、补齐长岔枕，安装临时转辙器。

④检查道岔铺设质量，并进行整修。

(5)道岔铺设质量要求。

①道岔轨距的允许误差为-2～3 mm，尖轨尖端有控制锁设备的道岔为±1 mm。

②任何情况下，道岔最大轨距不得超过1456 mm。

(6)施工注意事项。

①在施工前及施工中应与电务、运输部门密切联系，积极配合，确保行车安全。

②全部基本作业应在线路封锁期间内完成。如遇故障，也应保证直线线路开通，未完成部分在不封锁线路的条件下，利用列车间隙铺钉侧线，作业应遵循先直股后曲股的原则。

③铺设道岔前应拨正出岔处及其前后线路的方向，并确定直线轨道中心位置。

④需铺道岔的前后线路，如轨缝有瞎缝及大缝，应先调整和加强防爬锁定，防止拆开线路铺设道岔钢轨时，发生拨不进或连不上的情况。

⑤顶换部分岔枕，根据已画好的岔枕间隔印，每隔6根混凝土轨枕将原混凝土轨枕换成岔枕，交错进行，并注意必须将每根岔枕下面的道床捣固密实。

3)无砟道岔

(1)无砟道岔的基本类型。

无砟道岔施工具有过程复杂、精度要求高、自动化程度低、周期较长的特点，在实际施工时，应遵循“专业化、机械化、标准化”施工原则，确保道岔铺设质量，以满足机车运行平顺性和舒适性的要求。目前，我国常用的无砟道岔形式主要有枕式无砟道岔和板式无砟道岔两种。其中，板式无砟道岔又可分为路基上、隧道内或桥梁上的道岔施工等不同情况。

(2)无砟道岔施工的一般规定。

枕式无砟道岔施工的主要施工装备包括道岔组装平台、道岔支撑调整系统、吊装设备及配套吊具、道岔轨排移动平车、混凝土运输车、混凝土泵车、洒水车、螺栓紧固机、检测测量仪器等。板式无砟道岔施工的主要施工装备包括混凝土搅拌站、混凝土运输车、混凝土浇筑设备、水泥沥青砂浆搅拌车、水泥沥青砂浆灌注设备、道岔板运输车、道岔板铺设门吊及汽车吊、道岔板精调装置、道岔板固定扣压装置、检测测量仪器等。

无砟道岔施工时,应遵循以下规定,合理组织施工。

①道岔区及前后 200 m 的路基(桥梁或隧道)宜作为一个整体对沉降变形观测资料进行分析评估,工后沉降变形符合设计要求后方可进行无砟道岔施工。

②施工前应由建设单位组织相关单位,根据路基、排水、信号、供电等设计图,逐一核对道岔路基范围内各种管线沟槽的数量、位置、结构尺寸及道岔区无砟轨道接口是否正确,并确认路基(桥梁或隧道)表面尺寸验收合格。

③道岔道床施工前应调查当地气温资料,掌握气温、轨温变化规律。合理安排道岔精调和混凝土浇筑时间。道岔精调及混凝土浇筑温度宜接近设计锁定轨温。

④道岔区无砟轨道施工应与区间正线、站线轨道工程施工相协调。

a. 道岔区无砟轨道施工,与区间正线及站线轨道之间,应按设计规定设置过渡段。

b. 正线无砟道岔宜在站内正线无砟道床施工前完成预铺。无条件预铺时,可采用预留岔位,铺设临时轨道过渡段后再进行换铺。

c. 道岔区间无砟轨道无缝线路施工与跨区间无缝线路施工应协调进行。

⑤无砟道岔铺设应统筹考虑道岔的供应、运输和铺设环节制订实施方案,做好施工协调工作,提前完成测量设备及精调系统的验证和钢轨焊接型式试验。

⑥道岔组装平台应根据道岔总布置图设计,具备组装及调试功能,保证道岔组装精度。道岔组装平台应牢固平整,平台的长度、宽度及开向应与待铺道岔相同,平台周围应有道岔组件摆放场地和吊装及机械作业空间。

⑦道岔在运输、装卸、存放和铺设过程中,应保证道岔部件不产生塑性变形和损伤。道岔铺设应采用配套设备机械化施工。

⑧道岔支撑系统应稳固,具有一定的强度、刚度和稳定性。

⑨渡线道岔应作为一个整体进行精调,一次浇筑完成。相邻道岔距离较近时应进行联测,一起精调。

(3)无砟道岔施工质量控制要点。

①模板安装应稳固牢靠,接缝严密,确保不得漏浆。模板与混凝土的接触面应清理干净并涂刷隔离剂。

②混凝土浇筑前和浇筑过程中,必须设专人对模板加固状态进行检查,确保混凝土浇筑施工顺利进行。

③钢筋绑扎要牢固,以防浇筑混凝土时绑扎扣松散及钢筋移位。钢筋绑扎完毕后,应进行认真检查,尤其对钢筋之间的绝缘情况。要保证每块道床板里的纵横向钢筋数量及接地满足设计要求。

④控制砂浆垫层厚度,确保精调垫块安装后的高程。

⑤道岔板在吊装过程中,应由具有作业资格的人员操作,必须由专人进行指挥,施工人员必须严格按照执行操作规程,严禁违规操作,由安全质量检查部门安排专人现场监督;轻吊慢放,避免互相碰撞。

⑥道岔板铺板前,采用高压水枪冲洗干净道岔板底部。

⑦道岔板精调作业,需考虑天气条件,应严格遵循精调作业条件,在阳光强烈天气与雨天禁止施工。道岔板精调后严禁无关人员在板上踩踏走动,做好警示标牌。

⑧灌注混凝土时道岔板螺栓孔必须上好螺栓或盖好孔盖,避免混凝土进入螺栓孔。混凝土浇筑后用土工布加塑料薄膜进行洒水养护。

2. 铺砟整道

1)施工准备工作

(1)与线上工程有关的施工准备工作。

①测设起拨道控制桩。

起拨道控制桩,是控制轨道中线和水平高程的依据,为使整道工作便于进行,通常把起道和拨道标记设置在同一桩位上。

起拨道控制桩的设置:直线地段每 50 m 设置一根,圆曲线每 20 m 设置一根,缓和曲线上每 10 m 设置一根。此外,圆曲线和缓和曲线的起讫点,线路纵断面的变坡点等,也应设置起拨道控制桩:直线地段应钉在线路前进方向左侧的道床坡脚处;曲线地段设在曲线内侧的道床坡脚处。桩距轨道中心一般控制在 2.3 m 左右。桩的顶面应与设计轨顶等高,并标出道床顶面高度以便控制起道作业。

②汇总技术资料。

根据设计文件及测量所得数据，计算各起拔道控制桩的里程、名称、线路、纵坡、曲线要素、起道高度、超高量、制动地段、曲线正矢及其他轨道标准等并汇总成表，按规定将整道的有关数据用铅油标在钢轨轨腰上，以便整道时使用。

③整平路基面。

铺砟整道前应进行一次路基面检查，如有损坏(如冲毁、坑穴等)或路基顶面有轨枕压成的陷槽，应用与路基同类的土体修补夯实，使路基面保持规定的横向坡度，以利排水，严禁用道砟填塞陷槽，以免积水，形成病害。

(2)道砟的采备、装卸和运输。

①用砟量计算。

铺砟整道所需的道砟数量，可根据道床横断面计算，再加运输、卸砟、上砟时的损失和捣固后道床挤紧及沉落等原因，其增加率一般如下：碎石道砟 11.5%，卵石道砟 11%，砂子道砟 14%。

②砟场选择原则。

新建铁路道砟来源有三种：利用邻近新线的营业线既有砟场；沿线零星采集；建立永久砟场或临时砟场。前两种砟源，在条件允许、经济上适宜时，必须优先选用，但常常不是新线道砟的主要来源。新建铁路所需道砟主要依靠自建永久砟场或临时砟场，其选择原则主要如下。

a. 砟场的选择应考虑开采费用、施工难易程度以及运输距离的远近等。有条件时还应考虑配合生产片石等材料，以综合利用资源。

b. 建场前必须采集样品，试验其质量是否达到道砟技术条件的要求。

c. 建场前必须进行钻探或挖探，计算其储量是否满足产量的要求。

d. 应考虑防洪、排水、冬期施工以及有适当弃土场地等因素。

③道砟的采备。

道砟采备可用人工或机械钻眼，爆破法开采片石，并用机械化或半自动机械化方法加工。

④道砟装车与运输道。

道砟装车根据设备情况，可因地制宜地选用高站台、棚架溜槽、活门漏斗和机械装车等方法。运砟宜采用风动卸砟车。例如，K13 型风动卸砟车，由走行部分、钢结构车体、漏斗装置、启门传动装置以及工作室等组成。若没有风动卸砟车，宜用敞车或改装的平车运砟。在砟场离线路较近的情况下，可用汽车甚至畜力车运砟。

⑤卸砟。

卸砟一般有风动卸砟车卸砟和人工卸砟(平板车)两种。

风动卸砟车车体下部的漏斗装置用以洞卸和散布道砟,它有4个外侧门和两个内侧门,通过启动传动装置,利用风压启闭不同的侧门,能使道砟按要求散布在轨道内外侧的不同部位。

车内容砟量可达36 m^3,外侧门全开时,40~50s就能卸空一车。

人工卸砟时,当运砟列车到达卸砟地段后,每辆车配备3~4人,将车门逐一打开,在列车徐徐前进中将砟卸于轨道两旁,车中部及两端的道砟用铁锹铲卸。

2)铺砟

按照在道床上的使用部位,道砟分为垫层和面砟两种。垫层一般是在铺轨前按设计的垫层厚度直接铺到路基面上的道砟。其作用如下:①防止在铺轨时压断或损坏轨枕;②防止铺轨后轨枕被压入路基面内,形成陷槽积水,造成路基病害;③铺轨时能将轨排摆平,便于钢轨接头的连接,并可便于铺轨后线路纵断面的调整。垫层材料一般使用粗砂、中砂、卵石、砂石屑或煤砟。面砟是在铺轨以后用卸砟列车将道砟均匀散布在轨道两侧的路肩上,再由人工或机械回填到道床内。面砟的作用如下:①将机车车辆的荷载均匀地传递到路基上;②增强轨道的弹性和稳定性;③便于排水,使轨枕经常处于干燥状态;④便于整正轨道。面砟材料是按设计要求选用的。

单层道床厚度不大于25 cm时可一次散布,大于25 cm时应分两次散布,并分层捣固,第二次布砟需待前一层道砟铺好并经过5~10对列车碾压后才能进行。列车散布道砟时的速度不得超过5 km/h,并按照需要量散布均匀。

目前,铺砟作业大多采用不同程度的机械化施工,其机械化可分为单项机械作业和综合机械作业两大类。单项作业机械包括QB-20型液压起拨道机、XYZ-ZC型捣固机、TYD16型自动捣固机等;综合作业机械是将几种作业联合在一台机械上进行的一种大(中)型轨行式机械,其特点是设备自重较大,功率大,工作效率高,常见的有YZC-1型液压整砟作业车、SSP103型配砟整形机、YT-$C_2$69型电磁液压悬臂式铺砟机、VDM-800KS型夯实机等。

3)上砟整道

上砟整道是将卸在线路两侧的道砟铺到轨道内,并将轨道逐步整修到设计规定的断面形状,达到稳定程度。这项工作应跟在铺轨后1~2个区间进行,并应尽量缩短,但不得影响铺轨作业。铺砟整道到规定的高程,经过列车走压不少于50次后,在交工前应按规定做一次全面的整道作业,使轨道的轨距水平、高低方向等都达到规定的技术标准。

(1)上砟整道。

①整正轨缝。

整正轨缝前应按区间进行现场调查,将轨长、轨缝及接头相错量按钢轨编号逐一列表计算做出全面的整正计划。施工前,将计划好的钢轨移动量及其移动方向写在相应的钢轨上,使之符合要求。轨缝整正工作量较大时,往往会牵动轨枕位置,使轨枕脱离捣实的道床,因此,在轨缝整正后,应进行起道、方正轨枕及捣固等工作。为保证轨缝整正作业中不间断行车,应配备各种长度、腰部有长孔的短轨头,以便夹板连接。

②起道。

新线起道时,先选择一个标准股,在预先用水准仪测设好的水平桩外,按要求的高度起好,并按轨枕下串实道砟,作为起道瞄视的基准点,如图3.10所示,每次至少起好两个基准点。人工起道瞄视方法与检查轨顶纵向水平的方法相同。当标准股连续起平30～40 m后,使轨枕中线与轨腰的间隔相一致并垂直线路中心线。

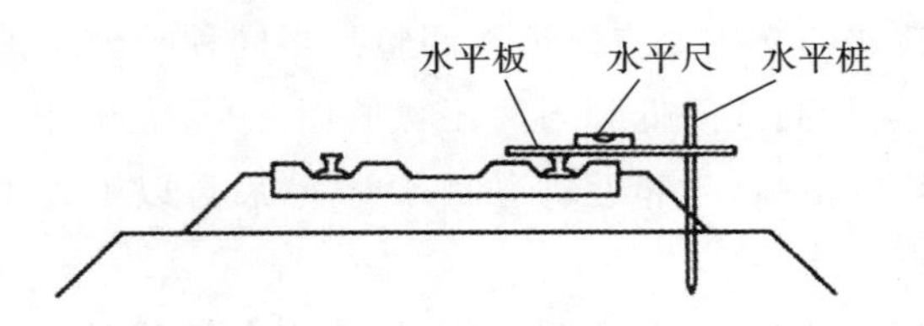

图3.10　起道基准点设置

起道后应将路肩处的道砟填入轨枕盒中,以便进行捣固。但应注意,在已起道与未起道的相接地段,应做成不大于5‰的顺坡,在末次起道时,为防止道床沉落和轨顶高程不足,可将起道高度适当提高3～5 mm。

机械起道可用激光准直液压起拨道机,用激光准直仪控制轨顶高程。

③捣固。

线路起道后必须进行捣固。人工捣固使用捣固镐,机械捣固可用液压捣固机。捣固范围:混凝土枕应在钢轨外侧50 cm和内侧45 cm范围内均匀捣固;轨枕在钢轨两侧各40 cm范围内捣固道床,钢轨下应加强捣固。此外,对钢轨接头处和曲线外股,应加强捣实上述规定范围内的道床。人工捣固时,一般2人或4人为一组,同时捣固一根轨枕,打镐顺序先由轨底中心向外,然后再由外向内。根据起道高度分别捣18～28镐,相邻镐位应略有重叠,落镐位

置应离枕底边 10～30 mm，以免打伤轨枕，并能把轨枕底部道砟打成阶梯形的稳固基础。

人工捣固时应做到举镐高度够、捣固力量够、八面镐够、捣固镐数够及捣固宽度够。

机械捣固时，捣固质量取决于捣固时间的长短。其落镐次序及各镐位的捣固时间可参照相关规定。

④拨道。

新线拨道时，主要根据测设的中线桩进行，把钢轨及轨枕一起横移一定距离，使其符合线路中心线的位置要求。为了不妨碍铺砟整道工作，保护中线的准确位置，中线桩一般均自线路中心位置外移，与起道用的水平桩合并设置。人工拨道一般使用 6～8 个拨道器，均匀分布在两根钢轨的同侧，分布范围约 3.5～4 m，1 人指挥，其他人用拨道器用力拨道。机械拨道可用激光准直仪直接控制起拨道机拨道。

(2)施工注意事项。

①轨道应逐步矫正。随着每次铺砟，都要做好相应的整道作业。

②不同种类轨枕的交接处应以道砟调整。当同种类轨枕铺设长度短于 100 m 时，应将该段轨道抬高或降低到与两端轨道面齐平；大于 100 m 时，应先将较低轨道的一个半轨排抬高，与邻近轨道面齐平，然后再以不大于 2‰的坡度向较低方向顺接。

③在卸砟过程中，应尽量做到两边同时卸，以免造成偏重而影响行车安全。装、卸砟人员必须在列车停稳后才允许上、下车。

④行车人员必须服从领车人员的指挥，特别在边走边卸时，道口、道岔、无砟桥面和整体道床地段严禁卸砟，对安装信号设备的处所应更加注意，以免压坏设备。

⑤砟车到达卸砟地点开车门时，车上人员应站到安全位置，以免砟溜下伤人。开车门应从前进方向的前部开始依次向后开，以免发生事故。

⑥机械上道前必须设置防护，在未显示防护信号前不准上道作业。瞭望条件较差的地段应在车站设联络员。

⑦运砟列车必须在规定时间内返回车站，以免影响其他列车的正常运行。

3.3　桥梁工程施工

3.3.1　明挖基础施工

1. 陆地基坑的开挖和支护

基坑属于临时性工程，它只是为基础圬工的砌筑提供一个空间。基坑开挖应当注意以下几点。

(1)基坑开挖前应将施工区域内的地下、地上障碍物清除和处理完毕。准确测定基础轴线、边线位置及高程，并应按地质水文资料，结合现场具体情况，确定开挖范围、开挖坡度、支护方案、弃土位置和防排水措施。基坑开挖深度一般稍大于基础埋深，视对基底处理的不同要求而定。基坑可采用垂直开挖、放坡开挖、支撑加固或其他加固的开挖方法。

(2)基坑施工除用人工外，还大量采用机械施工。常用机械多为位于坑顶的由吊机操纵的挖土斗、抓土斗等；遇到开挖工作量特别大的基坑，还常采用铲式挖土机、铲运机、倾斜车等。如果采用机械开挖，距离基底设计高程约 30 cm 厚的最后一层土应该保留。在砌筑基础之前，再用人工来挖除修整，以保证地基土结构不受破坏。

(3)基坑宜在枯水或少雨季节开挖。在旧墩台附近开挖基坑时，必须有适当防护措施。

(4)基坑开挖与支护紧密相连。基坑支护是用支撑结构保护坑壁。若基坑开挖后坑壁能保持稳定不坍塌，可不加支护。实际上常因坑深土松，甚至还有地下水或坑顶荷载，需要进行支护。根据开挖过程中坑壁稳定情况采取相应支护方式。必要时，基坑应进行边坡稳定计算。

2. 水中基坑的开挖和支护

1)水下围堰的修建

铁路工程许多大型结构，如桥梁墩台，一般位于河流、湖泊或海峡中。若基础底面离河底不深，可采用围堰法在水中修筑基坑。在即将开挖的基坑周围先建一道挡水围堰，排干围堰内的水，露出河床，此时就可在无水状态下开挖基坑和砌筑基础。在某些情况下，围堰不仅起防水作用，而且还起着支持施工平台和基坑坑壁的作用。

围堰顶面一般应高出施工期间可能出现的最高水位 0.7 m，最低应不小于 0.5 m，以免淹没基坑。围堰应尽量做到防水严密，以减轻排水工作。围堰外形应适应水流排泄，大小不应压缩流水断面过多，以免壅水过高危害围堰安全，影响通航、导流等。对河流断面被围堰压缩而引起的冲刷，应有防护措施。围堰内部尺寸应与基坑尺寸相适应，能够容纳施工机具、人员作业和模板安装等。围堰的断面尺寸应满足强度和稳定性的要求，能抵抗水、土压力，使基坑开挖后，围堰不致发生破裂、滑动或倾覆。围堰施工一般应安排在枯水期进行，且尽可能缩短工期，保证施工安全。围堰种类较多，采用何种围堰，应根据水深、流速、河床地质、流水断面压缩量、航道要求、基础的埋深和平面尺寸、材料及设备供应等情况而定。

2)围堰排水

(1)围堰修筑及排水。

用围堰法修建水下基础，通常是在围堰建成后，即从围堰内排水，随后在无水或少水条件下开挖基坑。可见，排水是一个十分重要的问题，它直接关系到选定的施工方案能否得以实施。在不透水的河床上建成的围堰，涌入基坑内的水是通过堰堤渗透的，这一部分水量可通过改善堰堤的防水性使之减少到最小。在透水性河床上，涌入坑底的水主要是经过堰底土层渗透进来的。这一部分水量可采取的改进措施如下：加深板桩的入土深度；采用双层板桩；在板桩内侧堆土，使流线趋于平缓，以防止涌水。至于土围堰，经河床涌入堰内的水量，只能用加宽堰堤或以黏土覆盖河床的方法使其减少。如果围堰底部有连通的溶洞，则只得放弃围堰法，改用其他施工方法。

在围堰内用得最多的排水设备是普通离心水泵。在排水施工中要求不得中断排水，水泵的动力最好一部分用电力，另一部分用内燃机。排水到最后阶段，必然有泥沙混入，普通泥沙泵难于正常工作，故需配备吸泥泵 1～2 台。因为水泵的有效吸程只有 5～6 m，且进水管太长也不合适，所以在抽水过程中需要随着水位下降而移动水泵位置。有时，由于某些故障，水位再次上升，势必造成水泵反复搬运，十分麻烦。为解决这一问题，可将水泵置于可升降的平台上，水泵随水位升降；对于平面很大的围堰，可将水泵置于浮排上，即可使水泵经常处于最有效的工作位置，保持最高效率的吸程，而无须人工转移水泵位置，亦可避免不必要的停止运转。水泵出水口应该离堰堤较远，以免排出的水流冲刷堤身。

在水深很深的情况下，在围堰内抽水时，必须密切注视围堰的工作状态，以免造成不必要的工程事故。

(2)水下开挖。

围堰建成后，在开挖基坑时，往往会出现必须采取水下挖土的情况。例如：河床土质透水性大，水抽不干；或者因抽水会引起涌砂；或当水头较高时，打入粗粒透水层中的板桩围堰，其渗水量极大，难抽干。遇到这些情况时，只能采用水下施工方法，即在水下开挖并在水下浇筑混凝土。此时，围堰的主要作用不是防水，而是围水，即使围堰内形成一个静水环境，这样方能使水下开挖和水下浇筑混凝土成为可能。当然，围堰仍然担任着支撑坑壁的作用。

水下挖土机主要有抓土斗和吸泥机两类。

抓土斗有双瓣式、四瓣式等，前者适于挖泥沙，后者适于挖漂卵石。用抓土斗挖土要特别注意不能撞坏围堰支撑，以免造成事故。

吸泥机有离心吸泥机、水力吸泥机和空气吸泥机等。离心吸泥机是靠旋转叶片所产生的离心力来抽吸泥水，被抽出的碎块最大直径可达 20 cm。水力吸泥机由高压水管和吸泥管组成。高压水通过高压水管由喷嘴喷出时在其周围形成部分真空，把吸泥管下端莲蓬头的泥水吸上并排出管外，水力吸泥机在桥梁基础及其他重要结构物的水中基础施工中广泛采用。

3)基坑排水

为保证基坑内旱地施工，以及减小坑壁支护所受的水压力，常需要采用人工降低地下水位。人工降低地下水位的基本做法是在基坑周围钻设一些井，地下水渗入井中后，随即被抽走，使地下水位线降到开挖基坑底面以下。按排水工作原理来分，主要有汇水法和井点法。前者是纯重力作用排水；后者则有真空或电渗排水作用，适用于直接排水有困难的情况。如果在基坑内排水或降水都有困难，可采用水下浇筑混凝土，进行水下施工。

(1)汇水井排水。

汇水井排水如图 3.11 所示，其要点是在基坑内基础范围外低处挖汇水井，并从井开始在基础外周围挖排水沟(边沟)，使坑内的水沿排水沟集于汇水井，并采用普通离心水泵等抽水机排水。水下挖基时，抽水能力应为渗水量的 1.5～2 倍。排水管口应在基坑边缘 5 m 以外，以防渗回基坑，致使边坡坍塌。抽水时需有专人负责汇水井的清理工作，24h 不间断排水，直至承台施工完毕。

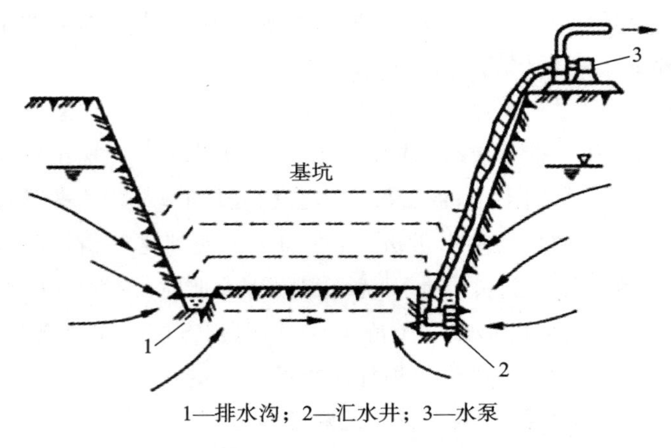

1—排水沟；2—汇水井；3—水泵

图 3.11 汇水井排水法

(2)井点法降水。

①轻型井点降水

轻型井点降水如图 3.12 所示，其要点如下：在基坑外围或一侧、两侧，每隔一定距离进行钻孔(或冲孔)，埋下直径为 38～50 mm 的井点管。埋好后，井点管周围填砂砾作为过滤层，上面用黏土填封，以防漏气。井点管的上端通过连接弯管与集水总管连接，集水总管再与真空泵和离心水泵相连。启动抽水设备，地下水便在真空泵吸力的作用下，经滤水管进入井点管和集水总管。排出空气后，由离心水泵的排水管排出，使地下水位降低到基坑底以下，既保证旱地工作条件，又消除坑底下地基土发生“涌砂”的可能。

②喷射井点降水。

当降水深度超过 6 m，土层渗透系数为 0.1～2.0 m/d 时，采用喷射井点降水比较合适，其降水深度可达 20 m。喷射井点的特点为井点管的滤管以上部分有内、外两层，内管下端连接喷射扬水器。抽水过程是用高压水泵把高压水送进外管，向下经由喷射扬水器的进水窗，向上由喷嘴喷出。喷出时流速急剧增加，压力水头相应骤降，将喷嘴口周围空气吸入急流带走，形成高度真空。管内外压力差使地下水由滤管被吸入井点管并上升至喷射扬水器，经喷嘴两侧与喷嘴射出的高速水流一起进入混合室，并在此混合，经喉管进入扩散室，流速渐减，高速水流具有的速度水头渐转为压力水头，故能经内管自行扬升到地面，流入循环水池，由高压水泵抽出并重新变为高压水进行工作，多余的水由低压离心泵排走。通常一台高压水泵能为 30～50 个井点服务，最适宜的降低水位范围为 5～18 m。

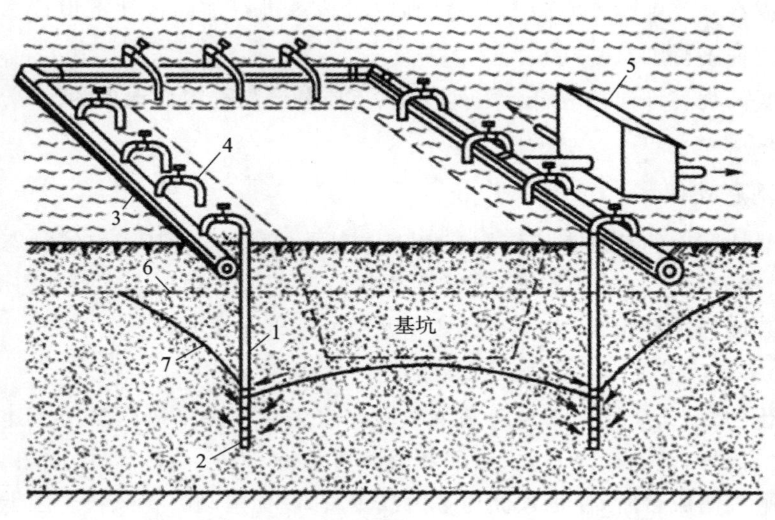

1—井点管；2—滤管；3—总管；4—弯联管；5—水泵房；
6—原有地下水位线；7—降低后地下水位线

图 3.12　轻型井点法降低地下水位全貌图

3. 基底检验和处理

基坑开挖至设计高程后，应及时进行坑底土质鉴定，如果不能满足设计要求，应改变基础设计或者对基底采取相应的处理措施。基底检验合格后应及时清理，并立即砌筑基础。

1）基底检验

基坑挖到设计高程，且坑壁支护也已完成后，应按工程质量检验制度中的规定进行基底检查，其目的在于确定地基容许承载力大小、基坑位置及高程是否与设计文件相符，以确保基础强度和稳定性，不致发生滑移等危害。

基底检验内容：检验基底平面位置、尺寸大小、基底高程；检验基底土质均匀性、地基稳定性及承载力等；检查基底处理和排水情况；检验施工日志及有关试验资料等。对基坑地质及承载力的检验方法，按地基土质复杂程度（如溶洞、断层、软弱夹层、易溶岩等）及结构对地基有无特殊要求，可采用直观或触探方法，或取土样进行试验。若坑中积水较深又无法排干，可由潜水员到水下检查；对特大桥及重要大中桥的墩台基础等，必要时还应在坑底钻探，钻探深度不小于 4 m，或按设计的特殊要求进行荷载试验。

基底检验合格后，填写“隐蔽工程检验证”，并立即进行基底处理，不能让它长期暴露在空气中。若检验不合格，则应对地基进行加固或变更设计。基坑未经检验签证不得砌筑基础。

基底高程容许误差应符合下列规定：土质基底高程容许误差为±50 mm；石质-200～50 mm。

2)基底处理

天然地基上的基础直接依靠基底土体来承担荷载，故基底土体状态的好坏对基础、墩台及上部结构影响很大，不能仅检查土体名称与容许承载力大小，还应进行基底处理工作。土质不同，基底处理方法也存在差异。

(1)岩层。

风化的岩层，应挖至满足地基承载力要求为止。在未风化岩层上建筑基础时，应先将岩面上的松碎石块、淤泥和苔藓等清除干净。如果岩层倾斜，应将岩层面凿平或凿成台阶，使承重面与重力线垂直，以免滑动。在风化岩层上建筑基础时，开挖基坑宜尽量不留或少留坑底富余量。浇筑基础圬工时，同时将坑底填满，封闭岩层。基础砌筑前，岩层表面应用水冲洗干净。

(2)碎石类或砂类土层。

将基底修理平整、夯实后即可砌筑基础。砌筑前，底层先铺一层 2 cm 厚的稠水泥砂浆。

(3)黏土层。

在铲平坑底时，应尽量保持其天然状态，不得用土回填夯实。必要时，可夯入一层 10 cm 厚的碎石层，碎石层顶面应略低于基底设计高程。基底处理完后，应尽快砌筑基础，不得暴露过久，以免土面风化松软，致使土的强度显著降低。

(4)湿陷性黄土。

在基底设置防水措施。根据土质条件，使用重锤夯实、换填、挤密桩等措施进行地基加固。基础回填不得使用砂、砾石等透水土体，应用原土加夯封闭。

(5)冻土层。

冻土基础开挖宜使用天然或人工冻结法施工，并应保持基底冻层不融化。

(6)泉眼。

用堵塞或排除的方法进行处理，不能任其浸泡圬工或带出土粒。常用预防措施是预先对坑底土进行加固，方法有深层搅拌法、旋喷法、劈裂注浆法等。

(7)溶洞。

在一定深度内钻孔检查有无隐蔽溶洞。对暴露的溶洞应用浆砌片石、混凝土填充，或填砂、砾石后，压水泥浆充实加固。对于较深的溶沟，可用钢筋混凝土

盖板或梁跨越，也可改变跨径避开。

4. 基础圬工浇(砌)筑

明挖基坑中的基础施工，有的基坑渗漏很小，易于排水施工；有的渗漏严重，不易将水排干。为方便施工和保证施工质量，应尽可能在基底处于干燥的情况下浇(砌)筑基础。传统基础施工可分为无水砌筑、排水浇砌及水下灌注 3 种情况。

排水砌筑的施工要点：确保在无水状态下砌筑圬工；禁止带水作业及用混凝土将水赶出模板外的浇筑方法；基础边缘部分应严密隔水；水下部分圬工必须待水泥砂浆或混凝土终凝后才允许浸水。

水下浇筑混凝土一般只有在排水困难时采用。基础圬工水下浇筑分为水下直接浇筑基础和水下封底浇筑基础两种。水下直接浇筑基础是指直接将搅拌好的混凝土浇筑在水下。当混凝土部分露出水面后，把新浇的混凝土在其附近继续灌下。这样连续全面向前推进，把水排挤走，直至浇筑任务完成。这种混凝土浇筑法仅适用于水深为 1～2 m，水基本静止，且对混凝土质量要求不很严格的情况，故一般采用水下封底浇筑基础。

1)水下封底浇筑基础

水下开挖至设计高程后，即在坑底浇筑一层水中混凝土，封住围堰底面，防止漏水，称为封底混凝土。封底后仍要排水才能砌筑基础，封底只是起封闭渗水作用，其混凝土只作为地基而不作为基础本身，适用于板桩围堰开挖的基坑。封底后至少需经过养护 3d，使混凝土强度达到规定要求后才能在围堰内抽水。

2)水下混凝土的浇筑方法

为保证水下混凝土质量，使混凝土和水不出现混合现象，应采取正确的施工方法。灌注水下混凝土的施工方法有很多，如垂直移动导管法、吊斗法、麻袋法、灌浆法和液阀法等，其中以垂直移动导管法最为有效，它能保证较好的施工质量，是现今桥梁水下基础施工广泛采用的方法。垂直移动导管法的原理是混凝土拌和物是在一定的落差压力作用下，通过密封连接的导管进入初期灌注的混凝土下面，顶托着初期灌注的混凝土及其上面的泥浆逐步上升，形成连续密实的混凝土桩身的。施工顺序如下：把 20～30 cm 直径的导管垂直下放到离基坑底约 10 cm 处，导管单节长为 1 m、1.5 m、2 m，两端为法兰盘，用螺栓连接成需要的总长度。导管上端伸出水面，上接漏斗，其容积大致与导管容积相等。在漏斗颈口用细绳悬推一个球塞，直径比导管内径略小。漏斗里灌满混凝土，并先做好后续供应准备。然后放松吊绳，使球塞在混凝土柱压力下，下落一段距离，随即割断绳索，使导管内混凝土随球塞下落，同时不停地向漏斗输送混凝土，当球塞落到导管底部时，提升导管 25～30 cm，管内混凝土从下口把球塞挤出，并在管底周围形成混凝土堆，把管口埋住，当混凝土面高出管底 1 m 以上后，随着混凝土面上升慢慢提升导管，使导管底始终保持在混凝土面以下至少 1 m，以保证新混凝土不会与管外水接触，如此直到浇筑完毕，不得间断。

为使混凝土通过导管能够流到需要的位置，导管内混凝土除应有足够流动性外，必须使导管底部混凝土压力超出原有静水压力，才能使混凝土不断向四周扩散。这个超压力决定于导管高度。导管高度越高，混凝土产生的超压力也就越大。根据施工经验，一根导管的有效作用半径，当压力差为 0.1 MPa、0.15 MPa 及 0.25 MPa 时，分别为 3.0 m、3.5 m 及 4.0 m。因此，要根据基坑面积、障碍物和导管作用半径等因素来决定导管数量和布置方式。当灌注面积较大时，宜用多根导管同时或逐管浇筑，按先低后高、先周围后中部的次序并保持混凝土面的高程大致相同，确保混凝土充满基底全部范围。使用多根导管时，注意各导管的有效作用半径相互搭接，并能盖满井底全部范围。

对于大体积的封底混凝土，可分层分段逐次浇筑。对于强度要求不高的围堰封底水下混凝土，可一次由一端逐渐灌注到另一端。正常情况下，所灌注的水下混凝土仅其表面与水接触，其他部分的灌注状态应与空气中灌注无异，从而保证水下混凝土的质量。至于与水接触的表层混凝土，可在排水面露于外时予以凿除。

灌注水下混凝土在施工过程中，应当注意如下几点。

(1)做好准备工作。组织有关人员检查机具设备是否齐全；机械试运转是否正常；对导管进行试拼装，检查导管是否漏水(导管各节的长度不宜过大，彼此的连接应可靠而又便于拆装)；将球塞放入导管，从顶到底检查是否有卡住现象；对导管进行提升试验，检查导管是否垂直；核对导管底距基底面的距离。

(2)水下浇筑混凝土时，水泥浆易被水冲走，影响灌注质量，为安全起见，水下混凝土的强度应较设计值提高 20%～30%。同时，水下混凝土应选用能保证水下混凝土浇筑时间小于首批混凝土初凝时间的混凝土配合比，不能保证时可掺入缓凝剂来达到要求。混凝土具有足够的和易性和流动性，以利其顺利地通过导管并能在水下自动摊开。为此，泵送时坍落度宜为 180～220 mm；水泥用量不少于 360 kg/m^3；含砂率也较高，取 45%～50%，并宜选用中粗砂，粗粒径应小

于 40 mm,混凝土粗骨料的最大粒径应不大于导管内径的 1/8～1/6。

(3)开始灌注混凝土时,为使隔水栓能顺利排出,导管底部至孔底的距离宜为 300～500 mm,桩直径小于 600 mm 时可适当加大导管底部至孔底的距离。为防石子卡住球塞,在开始往漏斗内储存混凝土时,宜先倒入一盘砂浆。漏斗容量不宜太小,一般为 1～1.5 m^3,导管每节长 1～2 m,底节长度可采用 4～6 m,各节用法兰盘连接。提升导管要做到慢升、快落,拆卸导管要快,一般应不超过 20～30 min。

(4)导管只许垂直地上下移动,不许歪斜或做水平移动。用几根导管同时浇筑时,每根导管的管底高程要尽量接近。浇筑速度要一致,使整个混凝土面能水平地向上升高。如混凝土的生产速率不足以同时浇筑数根导管,则允许分批逐次浇筑。

(5)混凝土要连续灌注,正常灌注间歇不宜大于 30 min。每根桩的浇筑时间不应太长,宜在 8h 内浇筑完成。随着浇筑工作的进行,应徐徐将导管向上提升,每次提升高度不宜超过 20 cm,并应保证导管内经常装满足够高度的混凝土。提升时,导管不得挂住钢筋,为此可设置防护三角形加劲板或设置锥形法兰护罩。在浇筑过程中要经常测量混凝土面高程及导管底埋入混凝土的深度,防止埋得太浅。同时,每次向导管投料后都应“翻浆”,否则应及时上下活动导管(50 cm 内),防止堵塞。导管底端在混凝土内的埋入深度,应不小于 1 m。可用平底锤铊系于有长度标记的测绳上量测。

(6)灌注完毕后,应将导管底提离混凝土面 1.5～2.0 m,并用水将管壁上的残留砂浆冲洗干净,以免混凝土终凝后导管无法拔出。混凝土浇筑完毕,位于地面以下及桩顶以下的孔口护筒应在混凝土初凝前拔出。当混凝土浇筑面接近设计高程时,应用取样盒等容器直接取样,确定混凝土的顶面位置,保证混凝土顶面浇筑到桩顶设计高程以上 0.5～1.0 m,以便排干水后将该顶面的浮浆或松散层凿除后,仍能保证设计厚度。

(7)浇筑时将混凝土面的理论升高值与实际上升值进行对比。严防因“护孔”使导管拔出混凝土面至桩身混凝土出现“断桩”或“夹渣”。

3.3.2　沉入桩施工

1. 沉入桩基础

1)锤击沉桩施工

锤击沉桩施工是利用桩锤落到桩顶上的冲击力克服土对桩的阻力,使桩沉到预定深度或达到持力层的一种打桩施工法。锤击沉桩施工是混凝土预制桩常用的沉桩方法,它施工速度快,机械化程度高,适用范围广,但同一桩长不一定能适应土层变化的需要,易发生桩长不够而送桩或过长而截桩的现象,增加现场工作量和损耗;施工时有冲撞噪声并引发地表层振动,在城区和夜间施工有所限制;费用相对较高。锤击沉桩施工程序示意图如图 3.13 所示。

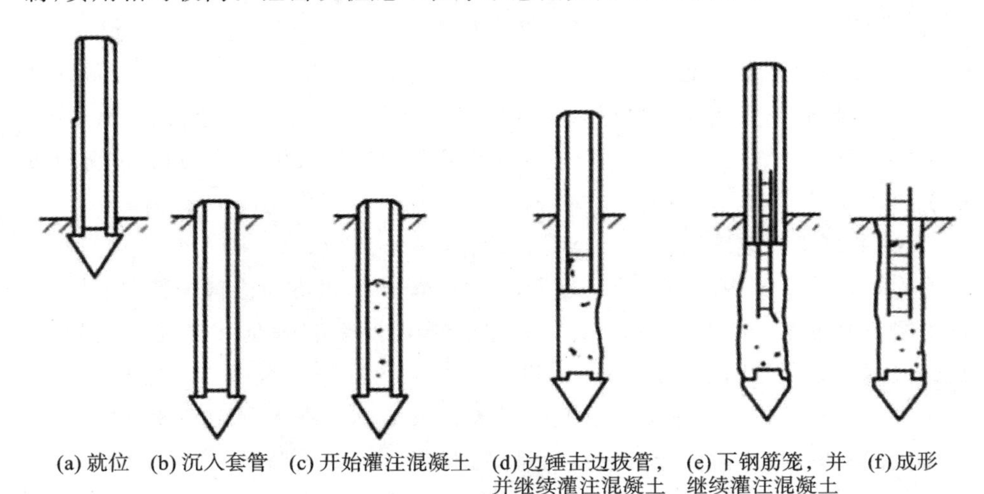

图 3.13 锤击沉桩施工程序示意图

2)振动沉桩施工

直径 1 m 多的管桩用锤是打不动的,并且也易打坏薄壁,故大口径薄壁管桩一般都用振动沉桩施工,更大口径的管桩甚至采用两台同一型号的振动锤机械并联进行同步振动。振动沉桩施工是利用振动锤沉桩将桩与振动锤连接在一起,振动锤产生的振动力通过桩身带动土体振动,使土体的内摩擦角减小、强度降低而使桩在自重与机械力的作用下沉入土中。该方法在砂土中施工效率较高,设备构造简单,使用方便,效能高,所消耗的动力少,附属机具设备亦少。它不仅可用于沉桩,而且可用于拔桩。一根长 20 m 的 55 号工字钢管桩,要从土体中拔出,如果采用静力拔桩,大约需要 200～300t 的拔桩力,而用振动拔桩,只用 20～30t 拔桩力即可。振动沉桩机构造示意图见图 3.14。

振动沉桩施工一般适用于松软或塑态黏性土和较松散的砂土中,在紧密黏性土和砂质土中可用射水配合施工。在插好桩后,初期宜依靠桩和振动锤的自重下沉,待桩身入土达到一定深度并确认桩位和竖直度符合要求后再振动下沉。每根桩的沉桩作业应连续完成,接桩和停水干振时间不可过久。振动沉桩过程

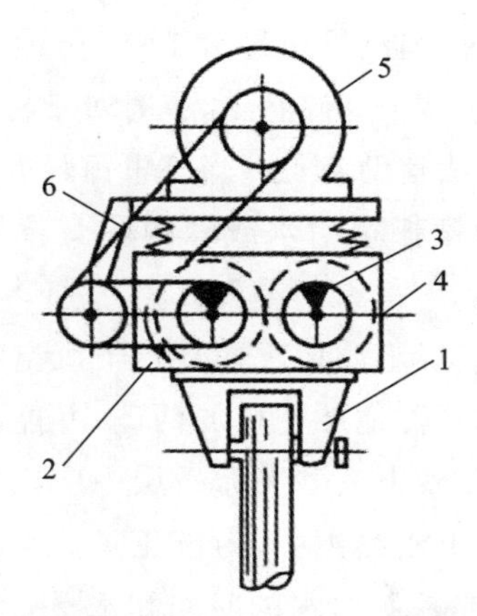

1—桩帽；2—振动器；3—偏心振动块；
4—器轮；5—电动机；6—弹簧支撑

图 3.14　振动沉桩机构造示意图

中，如发现下沉速度突然减小，此时桩可能遇上硬层，应停止沉桩，将桩略微提升 0.6～1.0 m，重新快速振动冲下。当振动下沉的速度减小至 5 cm/min 以下或桩顶冒水时，应改用射水法。振动锤的振动力应大于下沉桩的土摩阻力。应特别注意，振动持续的时间不得过短，也不得过长。过长不但浪费电力，而且也易振坏电动机，一般为 10～15 min。

振动锤亦可用于灌注桩施工。目前用于振动锤多用于灌注桩。振动锤用于灌注桩施工时，它与桩管用法兰连接，桩管的底部有活瓣。沉桩时活瓣闭合，桩管因振动沉入土中，将周围的土体挤走，形成长孔。桩管顶部侧边有开口斜槽，从斜槽中可将混凝土灌入。混凝土灌入后，开动振动锤，同时一边缓慢地往上拔桩管，这时活瓣张开，混凝土即灌入孔中。等到桩管完全拔出，土中即形成了灌注桩。

采用振动为主射水配合沉桩时，桩尖沉至距设计高程 2 m 时应停止射水并将射水管提高，应立即进行干振直至设计高程，当最后下沉贯入度小于或等于试桩最后下沉贯入度且振幅符合规定时，即可认为沉桩合格。同一基础的基桩全部沉完后，宜将全部基桩再进行一次干振，保证全部基桩达到合格标准。

3）射水沉桩施工

射水沉桩施工是锤击或振动沉桩的一种辅助方法，所用的设备主要包括高压射水管和高压水泵两部分。它是利用高压水流经过附于空心桩内部的射水管来冲松桩尖附近的土层，以减小桩下沉的阻力，便于桩在自重或锤击作用下沉入土中。一般是边冲水边打桩，当沉桩至最后 1～2 m 时停止冲水，用锤击至规定高程。射水沉桩施工适用于砂土和碎石土，有时对于特别长的预制桩，单靠锤击有一定困难时，亦可用射水法辅助施工。当桩重锤轻或者遇到砂土、卵石层等用锤击下沉有困难时，则可边锤振边射水或者两者交替使用，即锤振与射水配合使用。

射水沉桩施工的选择应视土质情况而异。下沉空心桩时，一般用单管内射水。下沉实心桩，将射水管对称地装在桩的两侧，并能沿着桩身上下移动，以便在任何高度上射水冲土。在砂土及砂夹卵石层中应以射水为主，锤击或振动为辅，以免把桩打坏。在亚黏土或黏土中，为避免降低承载力，一般以锤击或振动为主，以射水为辅，并应适当控制射水的时间和水量；当使用内射水还不能使桩锤击下沉时，则可加用外射水，但必须对称地进行射水（不得少于 2 根），否则会使桩歪斜或产生移位。在砂黏土或黏土中，应以锤击或振动为主，在不得已时才辅以内射水，尽量不用外射水，以免降低桩的承载力。

射水管可顺着桩心往下放，或者用 2～3 根射水管沿桩的外侧对称地下放，射水管下端接有射水嘴，要用特殊耐磨钢材制成。射水管顶部接胶管，到固定段处再接钢管，最后接高压水泵。射水管内射水的长度应为桩长、射水嘴伸出桩尖外的长度和射水管高出桩顶以上高度之和。

沉桩效果决定于水压和水量。即水压要大到能冲散土层，同时又要有足够的水量使冲散的土颗粒沿桩侧上升，从而使其冲出地面。水压和水量与地质条件、选用的桩锤或振动机具、沉桩深度、射水管直径、数目等因素有关，较完善的方法是在沉桩施工前经过试桩后予以选定。射水时还应严格控制射水时间和水压，以免降低管桩的承载力。

射水沉桩施工要点：吊插桩基时要注意及时引送输水胶管，防止拉断与脱落；基桩插正立稳后，压上桩帽桩锤，并开始用较小水压，使桩靠自重下沉。初期应控制桩身，不使其下沉过快，以免阻塞射水管嘴，并注意随时控制和校正桩的方向；下沉渐趋缓慢时，可开锤轻击，沉至一定深度（8～10 m）已能保持桩身稳定后，可逐步加大水压和锤的冲击动能；沉桩至与设计高程有一定距离（2.0 m 以上）停止射水，拔出射水管，进行锤击或振动使桩下沉至设计要求高程。对湿陷性黄土地层，除设计有特殊规定外，不宜采用射水沉桩。

高压水泵可采用多级离心式。当一台水泵的水压不够时，可用几台水泵串联的方法；水量不够时，则可采用几台水泵并联的方法，但必须保证所有串、并联的水泵的水压、水量要大致接近，且应把水压稍低或水量稍大的水泵放在进水

方向。

4)静力压桩施工

静力压桩施工与锤击沉桩施工相近,不同的只是不采用冲击力,而是借助于桩架自重及桩架上的压重,通过卷扬机牵引,由钢丝绳、滑轮和压梁,将整个压桩机的重力(800～1500 kN)反压在桩顶上,以克服桩身下沉时与土的摩擦力,迫使预制桩下沉。此工法对桩材强度的要求相对不高,对地基土结构的破坏相对较小,施工时桩垂直度易控制,送桩较深,且可减小打桩时对地基和邻近建筑物的影响,低噪声、无振动、无污染,施工快速,近年来,已被城市附近的桩基工程施工广泛采用。但静压桩机自重大,运输成本高,对地基强度要求也高,同时易挤压成桩,导致成桩损坏。且与打入桩相比,桩尖进入持力层厚度较浅,间距较小时存在"浮桩"现象,不利于桩体横向稳定。遇到持力层起伏较大时,截桩情况无法避免。静力压桩施工常用于软土地层及沿海、沿江淤泥地层中。静力压桩机分为机械式和液压式两种。机械式压桩机利用钢丝绳滑轮组将桩压入土中,而液压式压桩机利用液压油缸压桩,并夹住其他已入土的桩作为锚桩,以平衡压桩阻力。液压式压桩机一般用来压成排的钢板桩。例如,机械式静力压桩机主要包括桩架底盘、滑轮组、配重和动力设备等。压桩时,先将桩起吊,对准桩位,将桩顶置于压梁下,开动卷扬机牵引钢丝绳,逐渐将钢丝绳收紧,使活动压梁向下,将整个桩机的自重和配重荷载通过压梁压在桩顶,当静压力大于桩尖阻力和桩身与土层之间的摩阻力之和时,桩被压入土中。常用压桩机有 80t、120t、150t 等。

静力压桩在一般情况下桩分段预制,分段压入,逐段接长。每节桩长度取决于桩架高度,通常 6 m 左右,压桩桩长可达 30 m,桩断面常用为 400 mm×400 mm。接桩方法有焊接法、硫黄胶泥锚接法和法兰螺栓连接法。

2. 就地灌注桩

就地灌注桩的施工方法是先由不同的钻孔或挖机设备成孔,待孔深达到设计要求后进行清孔,放入钢筋笼,然后进行水下灌注混凝土而成桩。这种成桩工艺在我国铁路桥梁工程中使用极其广泛,并随着我国铁路建设不断发展日趋成熟。钻孔灌注桩施工设备简单、施工安全,省工省料、造价低廉,适应各类土层、岩层。但成桩过程完全在地下"隐蔽"完成,若施工过程中的许多环节把握不当,会影响成桩质量。

1)施工准备

施工准备工作除了做好必要的场地布置、钻孔定位及钻机就位工作，主要是保证护筒埋设质量和泥浆的准备。

2)成孔

成孔是灌注桩施工中的关键作业。成孔质量的好坏直接关系到灌注桩施工进度的快慢以及灌注桩施工的成功与否，所以成孔一定要严格按照施工操作规程。

成孔方法很多，各自适应于不同地层与环境条件，用得较多的有沉管法、钻(冲)孔法、挖孔法和爆破法等。

3)清孔

浇筑水下混凝土前，孔底沉渣应清除干净。因为孔内钻渣大部分悬浮于泥浆中，仅依靠抽渣方法难以清除干净；在灌注水下混凝土的一段时间内，钻渣又会沉淀于孔底，形成软弱垫层，使桩端支撑力显著降低。因此，在灌注水下混凝土前，必须清除孔底沉淀层，以减少桩基沉降量，提高桩承载力。

清孔对泥浆护壁成孔灌注桩的承载力和沉降量影响较大。因此，浇筑水下混凝土前孔底沉渣厚度应满足设计要求。一般情况下，终孔后第一次清孔：孔内排出或抽出的泥浆，手摸无 2～3 mm 颗粒，泥浆比重介于 1.1～1.2。安装钢筋笼后第二次清孔：孔内排出或抽出的泥浆，手摸无 2～3 mm 颗粒，泥浆比重不大于 1.1，含砂率小于 2%，黏度 17～20s；设计无要求时，对以摩擦力为主的灌注桩，沉渣允许厚度不得大于 30 cm，以端承力为主的柱桩沉渣允许厚度不得大于 10 cm。做好清孔工作，减小沉渣厚度，有利于保证混凝土质量。清孔工作的关键是思想上重视、操作时仔细，这样就不至于在清孔时引起坍孔，从而保证清孔效果。清孔方法应根据使用的钻孔机具选用。

4)安放钢筋笼

清孔后应立即放入钢筋笼和导管，并固定在孔口钢护筒上，使其在灌注混凝土中不上浮和下沉。

钢筋笼长度应根据吊装设备的起吊高度分段制作，并注意在钢筋笼四周适当距离设置钢筋混凝土预制块或钢筋耳环的保护层。现场起吊一般利用钻孔的钻架起吊系统完成起吊钢筋笼的工作。

起吊钢筋笼应用两点吊，以免变形。每节钢筋笼进入孔口，要扶正慢慢放入孔，严禁四处摆动，以免碰撞孔壁。上下两节钢筋笼应位于同一竖直线上，应逐

节焊好下放，直到多节钢筋笼拼接成整体，下放到设计高程。最后，将钢筋笼顶部主筋用定位短筋焊牢，固定于护筒上，防止其下落或上浮，并测量钢筋笼底部位置是否符合设计高程。钢筋笼下放完并检查无误后应立即灌注混凝土，间隔时间不可超过 4h。

3.3.3　沉井基础施工

1. 筑岛沉井施工

1)沉井制造

制作沉井的方法有铺垫木法和刃脚土模支撑法两种。铺垫木法在过去制作沉井时用得较多，而刃脚土模支撑法则是近年来日渐普及的新施工方法。

2)沉井下沉

沉井拆模后，达到规定强度，即可开挖下沉。开挖下沉主要有排水后除土下沉和水中除土下沉两种方法。使沉井下沉的力量主要是沉井自重。阻碍沉井下沉的阻力包括井壁与土体的摩阻力、刃脚下土体的支撑力以及沉井埋在水中部分的浮力。要使沉井下沉，主要通过从井内用机械或人工的办法均匀除土，消除或减小井壁与土体的摩阻力和刃脚下土体的支撑力，使沉井依靠自重逐渐下沉。

3)沉井接高

当沉井下沉到高出地面 1 m 左右时，应停止下沉，浇筑混凝土接高井壁。接高一般超过 5 m。模板及支架不宜直接支撑于地面，以免沉井因自重增加而下沉，模板及支架与混凝土发生相对位移，致使混凝土受损。

沉井接高前应尽可能调平，接高各节的竖向中轴线应与前一节的中轴线重合。在倾斜的沉井上接高，应顺沉井的倾斜轴线上延，不可垂直接高，以便沉井倾斜纠正后保持竖直而不弯折。水上沉井接高时，井顶露出水面应不小于 1.5 m；地面上沉井接高时，井顶露出地面应不小于 0.5 m。接高前不得将刃脚掏空，避免沉井倾斜，接高加重应均匀、对称地进行。任何情况下，不得使模板及其支撑与地面接触。

沉井接高加重，促使沉井下沉，往往在加重到一定程度，超过地基承载力极限时突然下沉，并同时产生较大的倾斜。为避免沉井突然下沉或倾斜，可在刃脚下回填或支垫。当沉井入土不深、刃脚下的土质比较松软时，有必要采取这些措施，以策安全。

4)沉井的纠偏

沉井位置偏离设计位置超过一定限度时,会使基底的受力不均程度加重,严重时会使墩身位置超出,造成沉井报废的事故。因此,做好沉井的防偏纠偏工作十分重要。在施工过程中,关键在于均匀除土,防止沉井偏斜,并及时调整沉井的倾斜和位移,这在下沉初期尤为重要,一定要做到勤测量、勤调整,千万不可麻痹大意,否则后患无穷。

5)沉井的封底、填充和灌注顶盖

(1)沉井封底。

基底处理完毕,经检验合格,填写检验合格证书后,宜先铺一层较粗的卵石或块石,然后再铺级配砂石层。砂石层厚度宜控制在150～500 mm,在其上浇筑封底混凝土。当基底涌水量不大、地基稳定时,应首先考虑干封底。对于无法排干井内积水或抽水会引起流沙的沉井,一般采用导管法灌注。水下混凝土应连续灌注,不得中途停顿。

水下混凝土厚度用测锤检测,达到设计高程后,停灌混凝土,缓缓抽出导管。

(2)填充取土井和灌注顶盖。

如设计要求填充取土井,待封底混凝土达到设计强度后,即可抽干井孔内的水,刷洗、清除混凝土表面的淤泥、浮浆等杂物,再填充取土井。如用片石混凝土填充,可一直填到顶,通常不做顶盖。如封底后不必填充取土井,或仅填以砂石,则应在井顶灌制钢筋混凝土顶盖。

2.其他形式沉井施工

1)浮式沉井

若水位较深(如大于10 m),人工筑岛困难或不经济或有碍通航,可采用浮式沉井,即在岸边将沉井作成空体结构,利用在岸边铺设的滑道滑入水中,然后用绳索引到设计墩位,沉井底节可做成空体结构,或采取其他方法(如装上钢气筒)使其在水中飘浮,亦可在驳船上筑沉井,浮运至设计位置,再逐步用混凝土或水灌注空体,增加自重,使其在水中徐徐下沉,直达河底。

在我国桥梁沉井基础中,浮运沉井只是极少数,其中主要使用的类型有木沉井、钢丝网水泥薄壁沉井、钢沉井等。

木沉井以木料为主进行制作,其结构则根据沉井形式、浮运方法等因素,因地制宜地加以设计。木沉井加工制作简单,质量较轻,便于水上拖运,适用于沉

井数量少、施工单位技术水平较低的情况。钢丝网水泥薄壁浮运沉井是将钢丝网水泥船的技术移植到浮运沉井，是浮运沉井在构造上的一个创新。由于所需木材极少，且施工技术也不复杂，一般水平的施工队伍均能胜任，在中小河流上广泛采用。钢沉井是使用钢板焊制的一个空壁沉井，主要用于大江大河上的特大桥梁沉井基础，其制作工艺、浮运下沉技术都极为复杂，只有专业施工队伍才能胜任，故适用范围受到一定的影响。

2)泥浆润滑套沉井

泥浆润滑套沉井是将沉井做成台阶式，在井壁外台阶以上的空隙中压入触变性泥浆，这种泥浆是用黏土、化学处理剂（碳酸钠）加水，按一定比例充分拌和而成，它在静止状态时，具有一定强度，能把土压力传递到井壁上并使四周的土壁不至于坍落。当沉井下沉时，泥浆与土体间发生滑移，泥浆受到扰动，即变成“溶胶”状态，能大大减小土与井壁间的摩阻力（可降低至 3～5kPa，一般黏性土为 25～50kPa)，减少井壁圬工数量，加速沉井下沉，并具有良好的稳定性。采用泥浆套下沉沉井，沉井达到设计高程后，为了恢复土对井壁的固着作用，破坏泥浆套，可另外压入水泥砂浆来排除泥浆。泥浆润滑套沉井一般用在旱地或浅滩上的沉井基础。

下沉过程中，要勤补浆，勤观测，发现倾斜、漏浆等问题应及时纠正。当基底为一般土质，易出现边清基边下沉现象，此时应压入水泥砂浆换置泥浆，以增大井壁摩阻力。此外，该法不宜用于卵石、砾石土层。

3)空气幕沉井

空气幕沉井，就是在沉井井壁周围预埋若干层水管路，每层管上钻有许多小孔，当压入压缩空气后，气体从小孔喷出，沿井壁上升，在沉井周围形成一层空气帷幕（简称空气幕)，以减小井壁与土体间的摩阻力，使沉井顺利下沉。用空气幕沉井，沉井的下沉和停止较易控制；停止压气后，井壁摩阻力即可恢复。空气幕下沉沉井适应于砂类土、粉质土及黏质土地层，不适宜卵石土、砾类土、硬黏土及风化岩等地层。

下沉过程中，先在井内除土，消除刃脚下土的抗力后再压气，但也不得过分除土而不压气，一般除土面低于刃脚 0.5～1.0 m 时，即应压气下沉。压气时间不宜过长，一般不超过 5 min/次。放气顺序为先上部气斗，后下部气斗，以形成沿沉井外壁上喷的气流。气压应不小于喷气孔最深处理论水压的 1.6 倍，应尽可能使用风压机的最大值。停气时应先停下部气斗，依次向上，最后停上部气斗，并应缓慢减压，不得将高压空气突然停止，防止造成瞬间负压，使喷气孔内吸入泥沙而被堵塞。

4)高低刃脚沉井

根据设计要求，沉井需要下沉到岩面，而岩石表面倾斜度较大时，可采用高低刃脚沉井。这种沉井的刃脚底面不在同一高程上，而是随岩面高低而变化，即刃脚长短不齐，但沉井顶仍在同一水平面上。采用高低刃脚时应有足够的地质资料，以便将刃尖周围岩石面的高程绘制成图，以确定刃脚高低。

高低刃脚沉井的刃尖属于钢制，其高度也比普通刃脚高。筑岛时，岛面应随刃脚高低变化填筑，最好采用土内模制造，以减少铺垫和支撑的困难。高低刃脚沉井易向短刃脚一侧偏斜，故在短刃脚的外侧应加筑填土挡御。

由于高低刃脚沉井的刃脚能与高低不平的岩石面密切接触，从而使沉井基底岩面的清理及水下封底混凝土的灌注能正常地进行而无须再采取特殊措施，从而就扩大了沉井基础的适用范围。

3.3.4 墩台身施工

1.混凝土墩台施工

就地浇筑的混凝土墩台施工有两个主要工序：①制作与安装墩台模板；②混凝土浇筑。

1)制作与安装墩台模板

模板安装前应复核基层上的模板控制线，然后在基层上做 30 mm 厚砂浆找平层，且模板拼装前板面应涂刷脱模剂，清除结构内的垃圾，还需将预埋件焊接固定在结构主筋上。安装时要坚实牢固，板、节间接缝采用双面胶止浆带，双面胶纸浆带必须与模板面平齐并接缝严密，以免振捣混凝土时引起跑模漏浆；模板外设双排钢管支架，上搭竹脚板做工作平台，且为防止扰动模板，支架与模板要完全分离；安装位置要符合结构设计要求。

2)混凝土浇筑

桥梁墩台通常比较高，混凝土数量大且位置分散，因此在墩台施工中，除要重视混凝土的施工质量外，还要根据现场地形和机具设备，合理布置拌和站，从而解决混凝土的运输问题，实现混凝土浇筑一条龙，使各工序紧密配合，以加快施工进度。

3)墩台施工注意事项

(1)墩台顶帽施工前后均应复测其跨度及支撑垫石高程。施工中应确保支承垫石钢筋网及锚栓孔位置正确,垫石顶面平整,高程符合设计要求。

(2)墩台施工完毕,应对全桥进行中线、水平及跨度贯通测量,并标出各墩台的中心线、支座十字线、梁端线及锚栓孔位置。暂不架梁的锚栓孔或其他预留孔,应排出积水封闭孔口。

(3)台后填土应符合有关规定及设计要求。对软土路基地段,应控制填土速度,进行墩台位移测量。

(4)锥体填筑前应对原地面进行处理、压实,并准确放样。锥体填筑材料应满足设计要求。锥体应与桥台过渡段同步施工。施工中应采用机械分层填筑压实,锥体填筑的检项目和标准应与相邻路堤一致。

(5)桥台顶道砟槽面应设置防水层、保护层和排水坡,做到平顺无凹坑。桥台背后及两侧防水层应按设计要求设置。

(6)锥体护坡施工须挂线,砌面要平顺。砌筑时不允许边砌边补土。

(7)导流构筑物应与路基、桥涵工程通盘考虑施工。不得在导流构筑物范围内取土、弃土破坏排水系统。砌筑用料应符合设计要求,导流构筑物的填土密实度应达到设计要求。

2. 石砌墩台施工

在石料丰富地区建造桥梁墩台时,如果工期要求不紧,应优先考虑采用石砌墩台,以减少水泥用量,充分发挥其取材方便、经久耐用的优点。石砌墩台用片石、块石及粗料石以水泥砂浆砌筑,其施工主要包括定位放样、材料运送、圬工砌筑、养护及勾缝等工序。

1)石料及砂浆

石砌墩台采用的石料必须质地坚硬、不易风化、无裂纹,砌筑前用水清洗湿润且去掉泥污。常用的石料有片石、块石及粗料石。片石用途较广,用于砌筑桥涵基础、桥墩台、涵身、隧道洞门、挡土墙和护坡等;一般无固定的形状、尺寸,但其中部尺寸不得小于 15 cm,镶面用片石边缘厚度不小于 15 cm;用于主体工程的石料强度不得低于 30 MPa,用于附属工程的不得低于 20 MPa。

块石主要用作镶面石,也用于砌筑高大或受力大的桥墩台和基础、拱涵和拱圈等;形状大致方正,无固定尺寸,但无锋棱凸角;块石强度一律不得低于 30

MPa。粗料石主要用于砌筑拱桥拱涵的拱圈和镶面,形体方正,除石料尾部外其余5个面都要凿平,最小厚度不小于20 cm,并不小于长度的1/3,宽度不小于厚度,长度不得小于厚度的1.5倍;粗料石强度不得低于40 MPa,砌筑破冰体时强度不得低于60 MPa。位于流冰或有严重漂流物河中的墩台,宜选用较坚硬的石料或高强度混凝土预制块进行镶砌,砌筑砂浆由水泥、水和细骨料按照一定比例配合调制而成。所用水泥、砂、水等材料的质量标准宜符合混凝土工程相应材料质量标准。砂浆中所用砂宜采用中砂或粗砂,当缺乏中砂及粗砂时,在适当增加水泥用量的基础上,亦可采用细砂。砂的最大粒径:当用于砌筑片石时,不宜超过5 mm;当用于砌筑块石、粗料石时,不宜超过2.5 mm。如砂的含泥量达不到混凝土用砂的标准,且砂浆强度等级大于或等于M5,可不超过5%,小于M5则可不超过7%。

砂浆必须具有良好的和易性,以便抹成均匀的薄层,且与基面黏结牢固。为改善水泥砂浆的和易性,可掺入无机塑化剂或以皂化松香为主要成分的微沫剂等有机塑化剂,其掺量可参照生产厂家的规定并通过试验确定。砂浆本身还要有一定的抗压强度,以起到传递压力和荷载的作用。在严寒及寒冷地区和经常受水作用部位,砂浆还要有一定的耐久性(抗渗性、抗冻性)。拌和的砂浆应于开始凝结前(一般为1h)全部用完,已凝结的砂浆,严禁使用。

2)施工要点

石砌墩台位置、尺寸,是利用放样来控制的。因此,施工前首先要放好样,才能使砌石工作有所依据。放样是按照设计图纸测量定出墩台中心线、轮廓线,并在墩台转角处设置标杆和挂线,作为砌筑定位石的准绳的工序。

对于形状比较简单的工程,要根据砌体高度、尺寸、错缝等,先行放样配好料石再砌;对于形状比较复杂的工程,还应先做出配料设计图,注明块石尺寸。

将石料吊运并安砌到正确位置是砌石工程中比较困难的工序。当质量小或距地面不高时,可用简单的马凳跳板直接运送;当质量较大或距地面较高时,可采用固定式动臂吊机、桅杆吊机或井式吊机,将材料运到墩台上,然后再分运到安砌地点。

砌体应分层砌筑,砌体较长时可分段、分层砌筑,但两相邻工作段的砌筑差一般不宜超过1.2 m;分段位置宜尽量设在沉降缝或伸缩缝处,同一层石料及水平灰缝的厚度要均匀一致,每层按水平砌筑,丁顺相间,砌石灰缝互相垂直,灰缝宽度和错缝按规定办理。砌缝宽度不大于30 mm,上、下层竖缝错开距离不小于80 mm。砌筑斜面墩台时,斜面应逐层放坡,以保证规定的坡度。砌块间用砂浆

黏结并保持一定缝厚，所有砌缝要求砂浆饱满。

砌筑基础的第一层砌块时，如基底为岩层或混凝土基础，应先将基底表面清洗、湿润，再坐浆砌筑。如基底为土质，可直接坐浆砌筑，即在定位挂线的基础上砌筑时首先铺一层砂浆，其厚度为所砌石块高度的 1/5～1/4，再安砌大石块，然后用砂浆将大石块间隙灌满，随即用中石块仔细嵌填到已灌满砂浆的空隙中，并将其中多余的砂浆挤出，做到既节省水泥又保证砌体质量。

砌石一般顺序：先砌角石，再砌面石，最后填腹石。角石在砌石中很重要，它是控制左右方向和水平方向的关键，同时也控制上下层之间灰缝宽度，所以角石也叫定位石。角石应选比较方正、大小差不多的石块。角石砌好后就可把线移挂到角石上，再砌面石。为了运送石料方便，外圈面石可在运送石料方向留一进料口，等填腹砌到缺口处，撤去跳板，再封砌。

腹石一般都采取向运送石料方向倒退砌的方法，填腹石的分层高度应与镶面石高度相同。圆端尖端及转角形砌体的砌石顺序，应自顶点开始，按丁顺排列接砌镶面石。圆端形桥墩的圆端顶点不得有垂直灰缝，砌体质量应符合以下规定。

(1)砌体所用各项材料类别、规格及质量符合要求。

(2)砌缝砂浆或小石子混凝土铺填饱满、强度符合要求。

(3)砌缝宽度、错缝距离符合规定，勾缝坚固、整齐，深度和形式符合要求。

(4)砌筑方法正确。

3.3.5　桥梁墩台特殊施工方法

1. 滑模法施工

采用滑动钢模施工桥梁墩台的方法是将模板整体安装在墩身周围，借助千斤顶的作用，在灌注混凝土的同时使模板逐渐向上提升，所以只用一节模板就能灌注整个墩身。这种方法也适用于修建烟囱、筒仓、冷却塔、水塔、楼房等高层建筑。随着施工技术的发展，滑模也由螺旋千斤顶提升直坡滑模发展为液压千斤顶提升收坡滑模，解决了锥形空心墩的施工问题，扩大了滑模施工的应用范围，目前广泛用于铁路与公路的圆形、圆端形及矩形空心、实心桥墩施工。

目前，滑模施工的高度已达到百米。其优点主要如下。

(1)简化了立模、拆模等工序，并实现混凝土连续灌注，可加快施工进度，缩短工期。例如，某桥墩高 37 m，采用滑模施工，日滑升最高速度达 11 m，全墩仅

6d 就完成。

(2)接头缝数量减少,增强了混凝土的整体性,提高了混凝土质量。

(3)节约脚手架和模板使用的木料约70%,节约劳动力约30%,降低了工程成本。

(4)减少高空安装和拆除模板的作业,施工更加安全。

滑模施工的缺点是不宜冬期施工,因脱模较早,养护条件不如用普通模板好,施工中位置易偏扭,应随时纠正。

2. 爬模施工

1)无爬架爬模法

无爬架爬模法要求用塔吊等起重设备进行提升,仅靠模板系统本身不断完成提升作业,但模板制造简单,构件种类少,可根据起重能力和主塔造型确定模板分块大小。一般均为多节模板交替提升,并保证在已浇筑主塔上有一节模板不拆动,以便与下一节模板连接。其外观美观,施工速度快。

2)有爬架爬模法

有爬架爬模法是依靠附着在已浇阶段上的模板提升爬架,依靠爬架提升模板。有爬架爬模施工是目前高耸结构施工中比较先进的施工方法,施工进度快,工程质量高,经济效益可观,操作简便。爬模施工采用的主要设备由爬架和大模板(大模板外附有脚手架,它们连成一个整体)组成,爬架与大模板在施工过程中逐层上升。其工作原理如下:结构外墙混凝土达到一定强度后,利用固定的大模板提升爬架,待升到位的爬架固定后再利用爬架将大模板提升,从而完成一个节段高度的提升。每次提升约 2 m。

3. 翻模施工

在铁路桥梁高墩施工中采用滑模存在顶杆回收率低、设备质量大、投资多等缺陷,采用爬模则存在构造复杂、一次性投入大的实际问题,故将原用于电力工程的烟囱和冷却水塔工程施工的翻模技术引入铁路桥梁施工。该技术在侯月铁路海子沟大桥施工中首次获得了成功。与滑模、爬模相比,翻模具有结构简单、操作方便、零部件损耗小、成本低、便于加工的优点。

翻模是由上、中、下3组同样规格的模板组成,随着混凝土的连续灌注,下层混凝土达到拆模强度后,自下而上将模板拆除,接续支立,如此循环往复,完成桥

墩的灌注施工。翻模模板安装前，应进行试拼并编号，以保证模板间接缝严密，安装时按编号顺序进行。

3.3.6　钢筋混凝土简支梁制造

1. 模板工程

预制梁的模板是施工过程的临时结构，它不仅关系到预制梁尺寸的精度，而且对工程质量、施工进度和工程造价有直接的影响。

预制梁的模板通常按材料分类，有钢模板、木模板、土模板、土木结合模板以及钢木结合模板等数种。对于在预制工厂生产用的模板和数量较多的预制梁，常采用钢模板和钢木结合模板。模板在制作时，应保证表面平整，转角光滑，连接孔配合准确。对于钢模板要考虑焊缝收缩对长度的影响，对于木模板要在构造上采取措施以防漏浆。模板的组装可在工作平台上进行，底模在制作时需考虑预制梁的预拱度。

模板的安装应与钢筋工作配合进行。在底模整平、钢筋骨架安装后，安装侧模和端模；也可先安装端模，后安装侧模。模板安装的精度要求高于预制梁。每次模板安装完成后须经过验收合格后，方可进入下一工序。

模板有底模、侧模、端模和内模之分。底模支撑在底座上或设置在流水台车上，可用 12～16 mm 的钢板制成。在预制梁时底模不必拆除，仅在第二次使用前进行整平和校准，在构造上应注意设置底模与侧模、底模与端模以及底模接长的联系构件，部分构件预制还需在其底模下设置安装振捣器的构造。此外，还应在底模与台座之间设置减振垫。

侧模沿梁长置于预制梁的两侧，小跨径梁、板可用整体侧模。通常考虑起吊重量和简化构造，模板单元长度为 4～5 m，可在横隔梁处分隔。当横隔梁间距较大时，可在中间再划分。

侧模由侧板、水平加劲肋、斜撑等构件组成。钢侧模一般采用 4～8 mm 钢板，加劲角钢取用 50～100 mm。木侧模厚 30～50 mm。加劲方木取用 80～100 mm。侧模在构造上应考虑悬挂振捣器的构件，要加强侧模间的连接构造，并需设置拆模板的设施。

端模设置在梁的两端，安装时连接在侧模上，用于形成梁端形状。

内模是空心截面梁、板的预制关键，其结构形式直接影响到制作是否经济、装拆是否方便、周转率高低等问题。

2. 钢筋工程

混凝土结构中常用的钢筋按直径大小分为钢丝(3～5 mm)、细钢筋(6～12 mm)和粗钢筋(大于 12 mm)。

钢筋按强度不同,分为 5 级。Ⅰ～Ⅳ级为热轧钢筋,Ⅴ级钢筋是Ⅳ级钢筋经热处理后制成的。Ⅰ级钢筋为低碳钢,强度最低;Ⅱ～Ⅳ级钢筋为普通低合金钢,强度及硬度逐级增高,但塑性逐级降低。Ⅰ级钢筋表面光圆;Ⅱ、Ⅲ级钢筋表面有人字纹和月牙纹两种;Ⅳ级钢筋表面为螺纹。为便于运输,直径为 6～9 mm 的钢筋常卷成圆盘,直径大于 12 mm 的钢筋一般按 6～12 m 长轧制。

常用的钢丝有冷拔低碳钢丝和碳素钢丝两类,一般均卷成圆盘。

钢筋出厂应有出厂证明书或试验报告单,运至工地后,应根据品种按批分别堆存,并按规定抽取试样做机械性能试验。在加工过程中如发现脆断、焊接性能不良或机械性能显著不正常,应进行化学成分检验或其他专项检验。

钢筋一般先在钢筋车间加工,然后运至现场安装或绑扎。其加工过程一般有冷拉、时效、对焊、下料、调直、除锈、弯曲、绑扎等工序。

1)冷拉

为了提高钢材的强度和节约钢材,钢筋在使用前一般需要进行冷拉,即在常温下用超过钢筋屈服强度的拉力拉伸钢筋。冷拉适用于Ⅰ～Ⅳ级钢筋。冷拉时,钢筋被拉直,表面锈渣剥落,因此,冷拉还可同时完成调直、除锈工作。在冷拉时最好采用同时控制钢筋应力和延伸率的方法,即"双控",并以应力控制为主,延伸率控制为辅。如果钢筋已拉到控制应力,而伸长率尚未超过允许值,则认为合格;若钢筋已达到允许伸长率,而应力还小于控制应力,则这根钢筋应降低强度使用。钢筋的冷拉应按施工操作程序要求进行。

2)时效

钢筋经过冷拉后,虽然其屈服强度提高了,但钢筋的脆性也提高了,为此钢筋冷拉之后应进行时效。时效的作用是将冷拉后的钢筋置于一定的温度下,经过一段时间使钢筋的内应力得以消除。时效通常分为人工时效和自然常温时效。人工时效是将冷拉后的钢筋在 100℃的恒温下保持 2h 左右;自然常温时效是当自然气温在 25～30℃时,至少应放置 24h。总之,无论是冷拉还是时效,都必须保证预应力筋的实际强度不低于相应的设计强度。

3)对焊

由于受到冶金生产和运输上的限制,目前国内精轧螺纹钢钢厂最长能生产

18 m，钢筋常需对焊接长后使用。对焊一般应在冷拉前进行，以免冷拉钢筋高温回火后失去冷拉所提高的强度。目前多采用闪光对焊，即利用对焊机使两段钢筋接触，通以低电压的强电流把电能转化为热能，当钢筋加热到接近熔点时，施加压力顶锻，使两根钢筋焊接在一起，形成对焊接头。焊接时，由于两段钢筋轻微接触，接触面小，电流密度和接触电阻大，接触点很快熔化，产生金属蒸汽飞溅，形成闪光形象，故名闪光焊。

4）下料

下料即按照钢筋的计算长度、工作长度和原材料的试验数据确定下料长度。下料长度必须精确计算，以防止下料过长或过短造成浪费，或给张拉、锚固带来困难。钢筋下料切断可用钢筋切断机及手动液压切断机（直径 16 mm 以下的钢筋）。

5）调直、除锈、弯曲

钢筋调直可采用冷拉的方法，细钢筋及钢丝还可采用调直机调直，粗钢筋还可采用锤直或扳直的方法。经过冷拉或调直机调直的钢筋，则在冷拉或调直的过程中完成了除锈工作。若未经过冷拉或冷拉、调直后保管不善而锈蚀的钢筋，可采用电动除锈机除锈，还可采用喷砂除锈、酸洗除锈或手工（用钢丝刷、砂盘）除锈。钢筋弯曲成形一般采用钢筋弯曲机及弯箍机等，也可采用手摇扳手弯制钢箍，用卡盘与扳头弯制钢筋。钢筋弯曲前应先画线，形状复杂的钢筋应根据钢筋加工牌上注明的尺寸将各弯点画出，根据钢筋外包尺寸，扣除弯曲调整值，以保证弯曲成形后外包尺寸准确。

6）绑扎

钢筋现场绑扎之前要核对钢筋的等级、直径、形状、尺寸及数量是否与配料单相符，核实无误后方可开始现场绑扎。

受力钢筋的绑扎接头位置应相互错开，分散布置。在受拉区，同一截面受力钢筋接头的截面积占钢筋总面积的百分率不应超过 50%，在受压区不受限制。钢筋的绑扎接头搭接长度的末端与钢筋弯曲处的距离不得小于 $10d$（d 为钢筋直径），接头不宜位于构件最大弯矩处。构件的保护层厚度要符合规范的规定，施工中应在钢筋外侧设置混凝土垫块或水泥砂浆垫块以保证保护层的厚度。

3. 混凝土工程

混凝土工程质量是保证混凝土达到设计强度等级的关键，将直接影响钢筋混凝土结构的强度和耐久性。由于混凝土在施工现场搅拌、浇筑，其原料质量和施工质量将对混凝土工程质量有决定性影响。因此，必须按照《铁路混凝土工程施工质量验收标准》(TB 10424—2018)的要求进行施工，以确保混凝土工程质量。

混凝土工程施工工艺过程包括混凝土的拌制、运输、浇筑、振捣、养护及拆模等。

1)混凝土的拌制

(1)拌制方法。

混凝土应使用机械拌制。凡是永久性结构，不得采用人工拌制。对坍落度大于 50 mm 的零星工程，经质量监督人员同意，可以人工拌制。人工拌和应在铁板或其他不渗水的平板上进行，先将水泥和细骨料拌匀，再加入石子和水，拌至材料均匀、颜色一致为止。如果需要掺加外加剂，应先将外加剂(指可溶性附加剂)调成溶液，再加入拌和水中，与其他材料拌匀。

(2)搅拌机的选择。

机械搅拌常用的搅拌机有自落式搅拌机和强制式搅拌机两种。

自落式搅拌机的主要工作结构为可转动的搅拌筒，筒内壁焊有弧形叶片。当搅拌筒绕水平轴旋转时，弧形叶片将混合料提到一定高度，然后自由落下，使材料相互混合。自落式搅拌机宜用于搅拌塑性混凝土。

强制式搅拌机的主要工作结构为水平放置的圆盘，盘内有可转动的叶片。搅拌时，混合料在叶片的强制搅动下被剪切和旋转，形成交叉的流料，直至搅拌均匀。强制式搅拌机的搅拌作用比自落式搅拌机强烈，宜用于搅拌干硬性混凝土及轻骨料混凝土。和自落式搅拌机相比，强制式搅拌机动力消耗多，叶片易磨损，构造较复杂，维护费用高。一般多用于混凝土预制厂。

搅拌机的选择应根据工程量大小、混凝土坍落度、骨料种类、粒径等而定，既要满足技术要求，又要符合经济、节约能源的原则。

(3)加料顺序。

搅拌时加料普遍采用一次投料法，将砂、石、水泥和水一起加入搅拌筒内进行搅拌。搅拌混凝土前先在料斗中装入石子，再装水泥和砂，水泥夹在石子和砂中间，上料时减少水泥飞扬，同时水泥及砂子不至于黏住斗底。料斗将砂、石、水泥倾入搅拌机的同时加水。

另一种加料方法为二次投料法。先将水泥、砂和水加入搅拌筒内进行充分搅拌，成为水泥砂浆后，再加入石子搅拌成混凝土。这种投料方法目前多用于强

制式搅拌机搅拌混凝土。

(4)搅拌时间。

从砂、石、水泥和水等全部材料装入搅拌筒开始到开始卸料所经历的时间称为混凝土的搅拌时间。混凝土搅拌时间是影响混凝土质量和搅拌机生产率的一个主要因素。搅拌时间过短,混凝土搅拌不均匀,影响混凝土的强度;搅拌时间过长,混凝土的匀质性并不能显著增加,反而使混凝土和易性降低,且影响混凝土搅拌机的生产率。混凝土搅拌的最短时间与搅拌机的类型和容量有关,应符合规定。

为了提高混凝土的和易性、减少混凝土的单位用水量、节约水泥用量、提高混凝土的强度,常需要在混凝土拌制时加入相应的外加剂。在混凝土中加入的外加剂主要有减水剂、早强剂、促凝剂、缓凝剂、加气剂和膨胀剂等。

2)混凝土的运输

混凝土应以最少的转运次数、最短的距离迅速从搅拌地点运往浇筑位置,确保混凝土从搅拌机中卸出后到浇筑完毕的延续时间不超过具体的规定。运输道路要平整,防止混凝土因颠簸振动而发生离析、漏浆、严重泌水和坍落度损失过多等。若运至浇筑地点的混凝土有离析现象时,必须在浇筑前进行二次搅拌,但不得加水。

运输工作应保证混凝土的浇筑工作连续进行。

运送混凝土的容器应严密、不漏浆,容器的内壁应平整光洁、不吸水。黏附的混凝土残渣应及时清除。

当采用外加剂、掺合料、快硬水泥拌制混凝土时,应根据其特性与试验确定延续运输时间。若运输时间过长,应采取措施,使混凝土浇筑时的坍落度仍能满足浇筑和振捣的需要。目前,较为常用的方法是使用混凝土泵运送混凝土,这样既可简便竖直运送混凝土,提高工效,又可保证混凝土的拌制质量。

3)混凝土的浇筑

混凝土的浇筑方法直接影响到混凝土的密实度,而密实度与混凝土的强度和耐久性有关。浇筑混凝土前一定要仔细检模板和钢筋的尺寸、预埋件的位置等是否正确,并要看模板的清洁、润滑和紧密程度。

混凝土自高处倾落时,为防止离析,其自由下落高度应不超过 2 m。自由下落高度超过 2 m 时,应使用串筒或溜槽输送。当倾落高度大于 10 m 时,串筒内应附设减速设备。串筒用薄钢板制成,每节筒长 0.7 m 左右,用钩环连接,筒内设有缓冲挡板。溜槽一般用木板制作,表面包铁皮。

浇筑方法主要考虑两个方面:一是浇筑层的厚度与浇筑程序;二是良好的振捣。两个方面互相影响。当构件的高度(或厚度)较大时,为了保证混凝土能振捣密实,应采用分层浇筑法,并应在下层混凝土初凝之前,将上层混凝土浇筑并振捣完毕。如果在下层混凝土初凝以后,再浇筑上面一层混凝土,在振捣上层混凝土时,下层混凝土由于受振动,已凝结的混凝土结构就会遭到破坏。混凝土分层浇筑时每层的厚度应符合规定。

T形梁的浇筑顺序一般采用水平层浇筑,也可采用斜层浇筑,其横隔梁的混凝土与梁肋同时浇筑。当梁高、跨长或混凝土拌制跟不上浇筑进度时,可采用分层分段法,由梁一端向另一端浇筑。

浇筑空心板梁,一般先浇筑底板,再立芯模,轧焊顶面钢筋,然后浇筑肋板与面板混凝土,待混凝土初凝后,即可抽卸芯模。

混凝土浇筑进行中不得任意中断,由于技术上或组织上的原因必须间歇时,间歇时间应根据环境温度、水泥性能、水灰比、外加剂类型及混凝土硬化条件确定。无试验资料时,对不掺外加剂的混凝土,间歇时间不宜超过2h;当温度的高达30℃时,应减少为1.5h;当温度低于10 ℃时,可延长至2.5h。

如果混凝土浇筑的间歇时间超过规定时间,或前层混凝土已凝结,则要待前层混凝土具有不小于1.2 MPa强度时,才可浇筑次层混凝土;当要求结合缝具有不渗水性时,应在前层混凝土强度达到2.5 MPa后,再浇筑新混凝土。新旧混凝土结合缝的处理必须符合规范要求。

4)混凝土的振捣

混凝土浇筑与混凝土振捣要密切配合,分层浇筑,分层振捣。

混凝土机械捣实的原理是由混凝土振动机械产生简谐振动,并把振动力传给混凝土,使其发生强迫振动,破坏混凝土拌和物的凝聚结构,使水泥浆的黏结力和骨料间的摩阻力显著减小,流动性增加,骨料在重力作用下下沉,水泥浆则均匀分布,填充骨料间的空隙,气泡逸出,孔隙减少,游离水挤压上升,且使混凝土充满模内,提高密实度。振动停止后,混凝土又重新恢复其凝聚结构并逐渐凝结硬化。

混凝土的振捣可分为人工振捣(用铁钎)和机械振捣两种。人工振捣适用于坍落度大、混凝土数量少或钢筋过密的情况。大规模的混凝土浇筑,必须使用机械振捣。

混凝土振捣设备有插入式振捣器、平板式振捣器、附着式振捣器。插入式振

捣器,常用的是软管式,在构件断面有足够的地方插入振捣器,而钢筋又不太密时可采用,其安装和操作简单、灵活,振捣效果比平板式和附着式要好。操作时,要做到快插慢拔。如插入速度慢,会先将表面混凝土振实,与下部混凝土发生分层离析现象;如拔出速度过快,混凝土来不及填补而易在振捣器抽出的位置形成空洞。振捣器插入时应尽量避免碰撞钢筋和模板,在振捣新混凝土层时,应将振捣器机头插入下层,使两层结合成一体。平板式振捣器用于大面积混凝土施工,如桥面、基础等。附着式振捣器是挂在模板外侧振捣,借振动模板来振捣混凝土,对模板的要求较高,而振动的效果不太好,常用于薄壁混凝土构件,如梁肋部分等。

在预制梁时,组织强力振捣是提高施工质量的关键。由于预制梁截面形状复杂,梁高、壁薄,钢筋密集,在浇筑梁的下层或下马蹄处混凝土时,可使用底模和侧模下排的振捣器联合振捣,并依照浇筑位置调整振捣部位。当浇筑梁上层或梁肋混凝土时,主要使用侧模振捣,辅以插入式振捣。待浇筑桥面混凝土时,可使用侧模上排振捣器、插入式振捣器和平板式振捣器联合振捣。

混凝土的振捣时间应严格控制。振捣时间过长,容易引起混凝土离析;振捣时间过短,混凝土达不到要求的密实度。一般以振捣至混凝土不再下沉、无显著气泡上升、混凝土表面出现浮浆、表面达到平整为适度。当用附着式振捣器时,因振捣效率差,一般振捣 2 min 左右。当用插入式振捣器时,效果较好,一般只要 20～30 s。当用平板式振捣器时,在每个位置的振捣时间为 25～40 s。

5)混凝土的养护及拆模

混凝土的强度增长,主要靠水泥的水化作用。而水泥的水化作用需要有适当的温度和湿度才能实现。混凝土在低温时强度增长很慢,当气温下降到－1～－2℃时,硬化基本上停止。如果空气干燥,混凝土中的水分迅速蒸发,一方面使混凝土剧烈收缩而导致产生裂缝;另一方面当游离水全部蒸发后,水泥水化作用也就停止,混凝土即停止硬化。因此,混凝土浇筑后需进行养护,以保持混凝土硬化所需的温度与湿度。

在常温下,混凝土的养护方法主要是用潮湿的草袋、麻袋、稻草等覆盖,并常洒水,也可采用塑料薄膜包裹。养护时间与水泥品种和是否掺用塑化剂有关。一般情况下,用普通硅酸盐水泥拌制的混凝土养护时间在 7d 以上,用矿渣水泥、火山灰水泥或在施工中掺塑化剂的混凝土养护时间在 14d 以上。

自然养护法比较经济,但混凝土强度增长较慢,模板占用时间较长,特别在低温下不能采用。当日平均气温低于 5℃时,不得浇水,应加以覆盖,防止水分蒸发或混凝土受冻。为了加速模板周转和施工进度，可采用蒸气法养护混凝土。

拆模是否及时会影响到预制梁的质量和模板的周转使用。不承重的侧模，在混凝土强度达到2.5 MPa后，可以拆除。侧模可用千斤顶协助脱模，为使模板单元安全脱模，常用旋转法脱模，其转动中心可设在侧模的下端或上端。承重的底面模板应在混凝土强度能承受自重和其他可能的外荷载后方能拆除。通常当强度达到设计吊装强度并不低于设计强度的70%时，就可起吊主梁，进行下一根梁的预制工作。

拆模后，如发现有缺陷，应进行修补。对面积小、数量不多的蜂窝或露石的混凝土，先用钢丝刷或加压水洗刷基层，然后用1∶2.5～1∶2的水泥砂浆抹平；对较大面积的蜂窝、露石和露筋应按其全部深度凿去薄弱的混凝土层，然后用钢丝刷或加压水冲刷，再用比原混凝土强度等级高一个级别的细骨料混凝土填塞，并仔细捣实。对影响结构性能的缺陷，应与设计单位研究处理。

6)混凝土的冬期施工要点

冬期施工期限的划分原则：根据当地多年气象资料统计，当室外日平均气温连续5d稳定低于5℃即进入冬期施工；当室外日平均气温连续5d高于5℃时解除冬期施工。

冬季施工的主要技术措施如下。冬期施工的混凝土在受冻前，混凝土的抗压强度不得低于以下规定：用硅酸盐水泥或普通硅酸盐水泥制备的混凝土，为设计强度的30%；用矿渣硅酸盐水泥制备的混凝土，为设计强度的40%。

在保证混凝土必要的和易性的同时，应尽量采用较小的水灰比和较低的坍落度，同时优先选用硅酸盐水泥或普通硅酸盐水泥，水泥强度等级应不低于32.5。

冬期施工混凝土运输时间应尽量缩短，并应防寒保温。

增加拌和时间，使水泥的水化作用加快，并使水泥的发热量增加以加速混凝土凝固。通常冬季施工混凝土拌和时间比正常情况下增加50%～100%。

掺入早强剂，加速混凝土强度的发展，并降低混凝土内水溶液的冰点，防止混凝土早期冻结。过去常用氯化钠作快凝剂，因其腐蚀钢筋已不再使用；现在常用的早强剂有含三乙醇胺的硫酸钠复合剂和亚硝酸钠复合剂两种。

用蒸气养护、暖棚法、蓄热法和电热法等提高养护温度。

模板和保温层应在混凝土冷却到5℃后方可拆除。当混凝土与外界温差大于20℃时，拆模后的混凝土表面，应临时覆盖，使其缓慢冷却。

冬期施工应增设两组与结构同条件养护的试块，一组用以检验混凝土受冻前的强度;另一组用以检验转入常温养护28d后的强度。

3.3.7 预应力钢筋混凝土简支梁制造

1.先张法

先张法的制梁工艺是在浇筑混凝土前张拉预应力筋,将其临时锚固在张拉台座上,然后立模浇筑混凝土,待混凝土达到规定强度(不得低于设计强度的70%)时,逐渐将预应力筋放松,这样就因预应力筋的弹性回缩通过其与混凝土之间的黏结作用,使混凝土获得预压应力。

先张法施工可采用台座法或流水台车法。

采用台座法时,构件施工的各道工序全部在固定台座上进行。它不需要复杂的机械设备,能适宜多种产品生产,可露天作业,自然养护,也可采用湿热养护,故应用较广。

采用流水台车法时,构件在移动式的钢模中生产,钢模按流水方式通过张拉、浇筑、养护等各个固定车间完成每道工序。流水台车法需要较高的机械化程度,且需蒸汽养护,因此,只用在预制厂生产定型的构件。

1)台座

台座是先张法施工的主要设备之一,承受预应力钢筋的全部张拉力,它应有足够的强度和稳定性,以免台座变形、倾覆、滑移而引起预应力损失。台座由一个框架(两根固定横梁和两根受压柱构成)和两根活动横梁组成,固定和活动横梁间设置千斤顶,预应力钢筋两端用工具锚在活动横梁的锚固板上。千斤顶顶起活动横梁使预应力筋受张拉。全部张拉力由框架承受。

承压可为中心受压或偏心受压。前者省料但作业不方便,后者则相反。一般用偏心受压。

2)预应力筋的张拉

对于预应力混凝土预制梁,张拉索筋对梁施加预应力是一项十分重要的工作。施加预应力过多或不足都会影响梁的预制质量,必须按设计要求,准确地施加预应力。

先张法梁的预应力筋是在底模整理后,在台座上进行张拉已加工好的预应力筋。采用先张法,梁通常采用一端张拉,另一端在张拉前要设置好固定装置或安放好预应力筋的放松位置。张拉前,应先在端横梁上安装预应力筋的定位钢板，同时检查其孔位和孔径是否符合设计要求。之后，在台座上安装预应力筋，穿筋时应注意不碰掉台面上的隔离剂。安装张拉设备时，应使张拉力的作用线与钢筋中心线一致。张拉时应采用应力与伸长值双控制。如发现伸长值异常，应停止张拉，查明原因。此外，在张拉过程中要十分重视施工安全。

张拉预应力筋可单根进行，也可多根成组进行。同时张拉多根预应力筋时，应预先调整初应力（一般取 10%），以保证成组张拉时每根钢筋应力均匀。张拉通常采用超张拉的方法，其目的是在高应力状态下加速预应力筋松弛早期发展，以减少应力松弛引起的预应力损失。钢筋张拉的程序依钢筋的类型而异。

先张法采用钢筋时，其张拉程序如下：0→初应力（取张拉力的 10%）→105%σ_k→90%σ_k→σ_k（锚固）。（σ_k为张拉时的控制应力，下同。）

先张法采用钢丝时，需要对钢丝进行预拉，以减小预应力损失，其张拉程序为：0→初应力（取张拉力的 10%）→105%σ_k→0→σ_k（锚固）。

先张法采用钢绞线时，其张拉程序为：0→103%σ_k（锚固）。

钢筋在超张拉时，其张拉值不得大于钢筋的屈服强度，或钢丝、钢绞线抗拉强度的 75%。为确保施工安全，应在超张拉后放松至 90%的控制应力，进行安装预埋件、模板和钢筋等工作。

3)浇筑混凝土

梁体混凝土浇筑顺序是从一端向另一端推进，一次完成，不允许留设施工缝。混凝土的用水量和水泥用量必须严格控制，以减少混凝土由于收缩和徐变而引起的预应力损失。浇筑时必须振捣密实，因梁底预应力筋密集且在高应力状态下，故采用底模振捣（振动小车）；桥面和腹板用插入式振捣器振捣。采用平卧叠浇法制作预应力混凝土构件时，其下层构件混凝土的强度达到 5 MPa 后，方可浇筑上层构件混凝土，并应有隔离措施。

4)预应力筋的放松

当混凝土强度达到设计强度的 70%～80%时，可在台座上放松受拉预应力筋，对预制梁施加预应力。放松过早，会造成较多的预应力损失（主要是收缩、徐变损失）；放松过迟，则影响台座和模板的周转。放松操作时速度不应过快，尽量使构件受力对称均匀。只有待预应力筋被放松后，才能切割每个构件端部的钢筋，再用吊车将梁吊离台位，在存梁区进行封端工作。

放松预应力钢筋的方法：用千斤顶先拉后松、砂箱放松、滑楔放松和螺杆放松等方法采用千斤顶放松，是在混凝土达到规定强度后，再安装千斤顶重新张拉

钢筋，施加的应力不应超过原有的张拉控制应力，之后将固定在横隔梁定位板前的双螺帽慢慢旋动后，再将千斤顶回油，让钢筋慢慢放松，使构件均匀对称受力。当逐根放松预应力筋时，应严格按有利于梁受力的顺序分阶段进行。通常自构件两侧对称地向中心放松，以免较后一根钢筋断裂时使梁承受大的水平弯曲冲击作用。

2. 后张法

后张法的制梁工艺是先制作留有预应力筋孔道的梁体，待其混凝土达到规定强度后，再在孔道内穿入预应力筋进行张拉并锚固，最后进行孔道压浆并浇筑封端混凝土。

后张法工序较先张法复杂(如需要预留孔道、穿筋、灌浆等)，且构件上耗用的锚具和埋设件等增加了用钢量和制作成本。但是，鉴于此法不需要强大的张拉台座，便于在现场施工，而且又适宜于配置曲线形预应力筋的大型和重型构件制作，因此，目前在桥梁工程上得到了广泛应用。

1)混凝土浇筑

预应力混凝土梁采用低塑性混凝土，坍落度不大于 4 cm，混凝土水泥用量应不多于 500 kg/m^3，混凝土配合比应通过试验确定，但考虑到现场施工条件不同，试配时应按设计强度提高 10%～15%选择配合比。为改善拌和物的和易性，提高混凝土强度，可掺入减水剂，减水剂的掺量应通过试验确定。

预应力混凝土梁的马蹄部分钢筋较密，为保证质量，可先浇完马蹄部分，后浇腹板。腹板浇筑时应分段分层，平行作业。同时，应优先采用底侧模联合振动工艺，振动时间以保证混凝土具有良好的密实度为原则，应注意不使先灌并已初凝的混凝土再受振动。

在浇筑梁体混凝土时，按钢丝束布置预留管道，以便以后穿入钢丝束，管道直径比钢丝束直径应大 10～15 mm。

2)预应力筋孔道成形

孔道成形是后张法梁体施工中的一项重要工序。预留孔道的尺寸与位置应正确，孔道应平顺。端部的预埋垫板应垂直于孔道中心线，并固定在模板上，以防止浇筑混凝土时发生走动。孔道留设的方法有埋置式与抽拔式两种。

埋置式制孔器主要采用薄铁皮套管和铝合金波纹管，可做成各种形状的孔道。将管子按预应力筋的设计位置和形状固定在钢筋骨架中不再抽出，待混凝

土浇筑后，即可形成预应力筋的孔道。此法具有成孔均匀、摩阻力小、连接容易、与混凝土黏结性能好等优点，但管子的加工和安装比较困难，使用后不能回收，因而成本高，钢材耗用量大。

抽拔式制孔器的最大优点是能够重复使用，经济且节省钢材，故目前使用较广。我国常用的抽拔式制孔器有钢管制孔器、金属伸缩管制孔器和橡胶管制孔器。

钢管抽芯法适用于留设直线孔道。混凝土浇筑后，每隔一定时间慢慢转动钢管，防止其与混凝土黏住。选用的钢管要求平直、表面光滑，敷设位置准确。较长的构件可采用两根钢管，中间用套管连接。金属收缩管制孔器是一种用金属丝编织成的可伸缩网套，具有压缩时直径增大而拉伸时直径减小的特性。为了防止漏浆和增强刚度，网套内可衬以普通橡胶衬管和插入圆钢或钢丝束芯棒。

胶管抽芯法可用于留设直线、曲线或折线孔道，有 5 层或 7 层夹布胶管和钢丝网橡皮管两种。为增加胶管的刚度和控制位置的准确性，需在橡胶管内置一根圆钢筋（称芯棒），芯棒直径应较胶管内径小 8～10 mm，长度较胶管长 1～2 m，以便于先抽拔芯棒。对于曲线束的孔道，宜由两段胶管在跨中对接，对接接头处套一段 0.3～0.5 m 的铁皮管。接头要牢固紧密，以防浇筑混凝土时脱节和漏浆，胶管从梁的两端抽拔，铁皮管则留在梁内。

抽拔制孔器的时间是能否顺利抽拔和保证成孔质量的关键，它与水泥品种、环境气温和养护条件有关，必须严格掌握，一般在混凝土初凝后、终凝前进行，以用手指按压混凝土表面不显指纹时为宜。如抽拔过早，则混凝土容易塌陷而堵塞孔道；如抽拔过迟，混凝土与胶管黏结牢固，插管困难，甚至可能拔断胶管或根本拔不出来。抽管可用人工逐根进行，也可用机械（电动卷扬机或手摇绞车）分批进行。抽管时必须速度均匀，边抽边转，并与孔道保持在一条直线上。

制孔器抽拔完毕后，应用比孔径小 4～7 mm 的钢制橄榄形通孔器进行通孔检查，以防以后穿筋困难。如发现孔道堵塞，应及时用钢筋芯棒通捣；若胶管因拉断而残留于孔道中，则应及时标出准确位置，从侧面凿开取出，疏通管道，重设制孔器，修补缺口。

无论采用何种制孔器，都应按设计要求或施工需要预留排气、排水和灌浆用的孔眼。

3）预应力筋的张拉工艺

当梁体混凝土的强度达到设计强度的 70%以上时，才可进行穿束张拉。穿筋工作一般采用直接穿筋，较长的索筋可借助一根 $\phi5$ 的长钢丝作为引线，用卷

扬机进行穿筋。曲线预应力筋和长度大于 24 m 的直线预应力筋，应采用两端张拉。长度小于或等于 24 m 的直线预应力筋，可在一端张拉。预应力筋的张拉应符合设计要求，当设计无要求时，可采用分批、分阶段对称张拉。分批张拉时，应按顺序对称地进行，以防过大偏心压力导致梁体出现较大的侧弯现象，同时应考虑后张拉的预应力筋对先张拉的预应力筋所带来的预应力损失。后张法梁预应力筋的具体张拉程序与所用的预应力筋形式、锚具类型和张拉机具等有关。

采用锥形锚具时，张拉程序为：0→初应力（画线作记号）→105%σ_k→σ_k→顶销→大油缸回油到初应力（测伸长量和回缩量）→0→给油退楔（锚固）。

采用环销锚具时，需要有串动张拉过程，其张拉程序为：0（顶销）→105%σ_k→大小油缸回零→初应力（测原始空隙）→105%σ_k→（测伸长量、插垫）→大小油缸回 0（核算伸长值）→顶销。

采用星形钢锚具，需要进行反复张拉，其张拉程序为：0→初应力（画线作记号）→105%σ_k→初应力→105%σ_k→初应力→105%σ_k小缸顶塞（作记号）→小缸回零→小缸顶塞（检查二次压销长度）→大小油缸回 0。

采用其他锚具时，其张拉程序如下。

张拉钢绞线和钢筋时：0→初应力（画线作记号）→105%σ_k→σ_k（测伸长量、锚固）。

张拉钢丝束时：0→初应力（画线作记号）→105%σ_k→0→σ_k。预应力梁在混凝土强度达到设计强度之前，如达到设计强度 60%以上，可先张拉一部分预应力筋，对梁体施加较低的预压应力，使梁体能承受自重荷载，提前将梁移出生产梁位。因为混凝土强度早期发展快，后期强度增长慢，所以采取早期部分施加预应力，可大大缩短生产台座周期，加快施工进度。预制梁移出生产台座后，继续进行养护，待达到混凝土设计强度后，进行其他预应力筋的张拉工作。

4)孔道压浆

孔道压浆是为了保护预应力筋不锈蚀，并使预应力筋与混凝土梁体黏结成整体，从而减轻锚具的受力，并提高梁的承载能力、抗裂性能和耐久性。孔道压浆用专门的压浆泵进行，压浆时要求密实、饱满，并应在张拉后尽早完成。

孔道压浆应采用强度等级不低于 42.5 级普通硅酸盐水泥或矿渣硅酸盐水泥配制的水泥浆；对空隙大的孔道，可采用砂浆压浆。为了增加孔道压浆的密实性，在水泥浆中可掺入水泥用量万分之一的铝粉、0.25%的木质素磺酸或其他减水剂，但不得掺入氯化物或其他对预应力筋有腐蚀作用的外加剂。

压浆前，应用压力水冲洗孔道，确保孔道畅通，并吹去孔内积水。压浆顺序为先下孔道后上孔道，以免上孔道漏浆堵塞下孔道。直线孔道压浆时，应从构件的一端压到另一端；曲线孔道压浆时，应从孔道最低处开始向两端进行。

压浆工艺有一次压注法和二次压注法两种。

一次压注法适用于不太长的直线形孔道。压浆应缓慢均匀地进行，不得中断，如因故停顿，时间超过 20 min，则应用清水冲洗已压浆的孔道，重新压注。灌满孔道并封闭排气孔后，宜继续加压至 0.5～0.6 MPa，并保持一定时间，以确保孔道压浆的密实性。压浆应力不宜过大，否则易胀裂孔壁。

二次压注法适用于较长的孔道或曲线形孔道，可提高孔道压浆的密实性。二次压浆时，第一次从甲端压入，直至乙端流出浓浆时，将乙端的阀关闭，待灰浆压力达到要求且各部再无漏水现象时再将甲端的阀关闭。待第一次压浆后 30 min，打开甲、乙端的阀，自乙端再进行第二次压浆，重复上述步骤，待第二次压浆完成 30 min 后，卸除压浆管，压浆工作便告完成。

5)封端

孔道压浆后应立即将梁端水泥浆冲洗干净，并将端面混凝土凿毛。在绑扎端部钢筋网和安装封端模板时，要妥善固定，以免在浇筑混凝土时因模板走动而影响梁长。封端混凝土的强度应不低于梁体的强度。浇筑混凝土并静置 1～2h 后，应按一般规定进行养护。

3.3.8 就地浇筑施工

就地浇筑施工就是在支架上就地建造混凝土梁桥，是一种传统的施工方法，包括在支架上安装模板、绑扎与安装钢筋骨架、预留孔道、现场浇筑混凝土和施加预应力等工序，适用于地基条件较好，跨越旱地或浅水河流且桥墩高度较低的简支梁、连续梁、连续刚构梁。

20 世纪 50 年代初期，我国建造的钢筋混凝土简支梁和悬臂梁桥，主要采用这种施工方法。这是由当时的施工设备和施工条件决定的。由于就地浇筑施工工期长，施工质量不易控制，搭设支架影响排洪、通航，且施工时需使用大量模板支架，一般仅在小跨径桥或交通不便的边远地区采用，后来逐渐被其他更为有效的施工方法代替。近年来，桥梁的结构形式有了很大发展，由于地形和构造的要求，需要建造如变宽度桥、斜桥、弯桥等复杂桥梁，同时，由于支架已经大量使用钢制标准杆件，装配式钢模板已经成批使用。为此，在预应力混凝土连续梁和结构复杂的桥梁中也有使用就地浇筑法，它无须预制场地、大型起吊设备、运输设

备等，且施工中无体系转换，桥跨结构整体性好。

1. 支架

在施工过程中，支架承受了桥梁的大部分恒重，因此，必须具有足够的强度和刚度。对河道中的支架应充分考虑洪水和漂流物造成的不利影响，同时在安装时要设置预拱度，使得结构外形尺寸和高程符合设计要求。在确定支座预拱度时，应综合考虑以下因素：卸架后由上部结构自重及活载一半所产生的挠度、施工期间支架结构在恒载及施工荷载（施工人员、机具、设备等）作用下的弹性压缩和非弹性变形、支座基底土在荷载作用下的非弹性沉陷、由混凝土收缩及温度变化引起的挠度等。

按照构造的不同，支架可分为以下 3 种形式。

1）立柱式支架

立柱式支架构造简单，可用于陆地或不通航河道以及桥墩不高的小跨径桥梁施工。支架通常由排架和纵梁等构件组成。排架由枕木或桩、立柱和盖梁组成。一般排架间距 4 m，桩的入土深度按施工要求设置，但不小于 3 m。当水深大于 3 m 时，柱要用拉杆加强。一般需在纵梁下布置卸落设备。

2）梁式支架

梁式支架是在两端设立柱，上方设承重梁，模板直接支撑在承重梁上。梁式支架搭设可采用支墩安装、贝雷桁架安装或型钢梁安装施工。依其跨径可采用工字钢、钢板梁或钢桁架作承重梁，当跨径小于 10 m 时可采用工字钢梁，当跨径大于 20 m 时一般采用钢桁架。梁可支撑在墩旁支柱上，亦可支撑在桥墩上预留的托架或支撑在桥墩处的横梁上。梁式支架可跨越道路、河流施工，满足车辆通行、通航的要求。

3）梁柱式支架

当桥梁较高、跨径较大或必须在支架下设孔通航或排洪时可用梁-柱式支架。梁支撑在桥墩台以及临时支柱或临时墩上，形成多跨的梁-柱式支架。梁-柱式支架适用于大跨径的桥。

支架类型经技术经济比较，选用其结构形式。一般应根据桥长、桥下净空、支架基础类型、通车通航要求及各种定形尺寸及受力性能条件确定，使支架布置经济合理；各部位允许荷载能力满足实际使用荷载要求；减少基底非弹性变形；容易控制模板拼装及其高程；落架方便。支架工程设计主要涵盖基础工程、支架

和纵梁 3 个部分，应进行基底承载力、强度、刚度、挠度和稳定性验算，从而确定基础形式、杆件间距、数量和预留起拱度。

2. 膺架法施工

膺架一般是指有明确支撑点的钢结构临时施工设施，即根据墩身高度、承台形式和地形情况用分别支撑在墩身、承台上的型钢或万能杆件拼制而成的支架。它适用于地基条件较差，采用支架法施工有困难，跨越旱地或浅水河流且桥墩高度较低的简支梁、连续梁和连续钢梁。混凝土桥自重较大，膺架需安装落梁装置。如需跨越深沟或通航河流，可用整孔脚手钢梁代替落地式膺架，或在膺架中设置一部分脚手钢梁。本节以箱梁施工为例，介绍膺架的基本组成和施工工艺。

1)膺架设计和吊装

膺架是简支梁施工的唯一台座，是主要的承重结构，其设计是否合理，强度能否满足施工需要直接影响着施工安全、质量、工期和施工投入。膺架类型常选用贝雷架、军用梁、万能杆件和型钢等结构作为承重结构，其基础多采用钻孔桩、管桩或利用既有结构物。

膺架搭设常用方案如下。

(1) WDJ 碗扣式多功能脚手架。它是一种先进的承插式钢管脚手架，膺架搭设简单，功能多、功效高、承载力大、安全性能好，在安装与拆除中无须大型机械设备配合，利于文明施工。但搭设拆除的施工周期较长，地基需处理。由于各杆件间距较小，不适合地形起伏较大的情况。

(2) 贝雷梁、军用支墩方案。该支架材料投入少、重量轻、施工机械化程度高，但在安装与拆除中吊车使用量大。该方案适用于膺架搭设高度很大且原始地基基础承载力小的情况。当跨度在 20 m 以内时，采用贝雷梁直接跨过，中间不设支墩；当跨度在 20 m 以上时，在跨中位置设临时支墩，采用军用支墩或万能杆件拼装临时支墩。

(3) 工字钢、军用支墩(或密排碗扣件支架)方案。该方案适用于跨越宽度在 8 m 以内的障碍物，一般为配合满堂式碗扣件支架使用。当支墩采用加密的碗扣件支架时，下面满布方木或枕木作基础。当支墩采用军用支墩时，安全性能好，一般在高度较大时采用。

膺架基础应根据膺架结构形式、受力情况和地基承载力等条件确定，严格控制施工，不得出现过大沉降和不均匀沉降，其安全系数须大于 2.0，做好地面排水处理。若地基面处于不同高度，且高差较大，则按支架设计情况，将地面做成

阶梯形状，使同一阶梯内基本在同一平面内。

膺架的拼装和吊装根据施工现场实际情况及各墩的高度情况，可采用不同形式，如整体吊装、双层单片吊装、分段吊装和钓鱼法吊装等。

(1)整体吊装：地面上完成双层4片军用梁的组装连接，用盖梁上设置的专用吊架整体提升到位。

(2)双层单片吊装：在地面上将双层单片拼好，分4次吊装，再进行横向连接。

(3)分段吊装：设临时支墩，接头处用临时支墩支撑，在空中分段拼装好，然后连接支撑处接头，拆除支墩。

(4)钓鱼法吊装：施工时在相邻跨间地面上组拼，利用卷扬机纵向拖移，进行单片吊装就位，最后用专用槽钢连接。此法适宜于地面高差较大、地形复杂、任何施工机械都无法到达的孔跨，并且在无拼装场地的情况下对跨间膺架吊装。

膺架拼装和吊装过程中必须有专人负责，统一指挥。膺架使用前宜采用等载预压消除部分变形，观测沉落量。加载预压时间一般为7d。根据验算的变形量，预留适当的沉落量和施工预拱度，确保梁体线形符合设计要求。预拱度，是为抵消拱结构在荷载作用下产生的挠度，在施工时应预留与位移相反方向的校正量，即此时考虑构件产生的弹性压缩、混凝土收缩和徐变、温度下降和墩台位移及施工支架的变形等因素的校正值。

2)箱梁膺架法施工

箱梁膺架法施工应根据桥梁的净空跨径和施工现场的场地要求，选择WDJ碗扣型多功能脚手架或钢管脚手架施工。其支架主要包括基础、钢排架、支撑模板的横梁等构件。基础根据现场具体情况进行处理。

预压荷载根据施工过程中荷载的增加规律分3级施加，即总荷载(包括梁体自重及施工荷载、混凝土振捣产生的冲击荷载)的60%、100%、125%。加载材料主要为工字钢并配用沙袋，以每单跨为一个分段对支架进行预压。预压及卸载过程中设置测点全过程测控，并绘制支架弹性变形曲线以确定模板预留拱度。经过压重试验后，测出钢排架的弹性变形和地基全部变形。

现浇梁线形控制分4个阶段进行。每跨现浇梁在端部、1/4跨、1/2跨、3/4跨分别设置一个测量断面，控制测量高程。第一阶段为支架地基沉降观测：设置5个点，分别为翼缘板2个点，腹板2个点，底板1个点；对其沉降变形进行记录，为其后支架搭设提供数据。第二阶段为支架预压测量：在箱梁支架搭设完毕、箱梁底模和外侧模铺好后，对支架进行预压，并设置多个观测点。消除支架及地基的非弹性变形，得到支架的弹性变形量作为设置预留拱度的依据，从而保证现浇梁的线形流畅。第三阶段为现浇梁浇筑时测量观测：防止混凝土浇筑过程中出现突发情况，保证现浇梁线形流畅。第四阶段为现浇梁浇筑时线形控制：根据沉降观测实施细则进行沉降观测。

3. 就地浇筑施工注意事项

(1)支架基础必须具有足够承载力，不得出现不均匀沉降。其基础类型、面积和厚度应根据支架结构形式、受力情况、地基承载力等条件确定。同时须做好地面的排水处理，设置排水沟。

(2)支架结构应具有足够的承载力和整体稳定性：对支架的承载力和稳定性必须进行验算。支架设计验算应考虑以下荷载：梁体、模板、支架的重量；施工荷载、风荷载；冬季施工还应考虑雪荷载和保温养护设施荷载；水中施工还应考虑流水侧压力。支架杆件应力安全系数应大于 1.3，稳定性安全系数应大于 1.5。

(3)简支梁采用就地浇筑法施工时，可根据地形条件，选择原位浇筑、高位浇筑或旁位浇筑。当选用高位或旁位浇筑的支架时，应根据梁体在张拉及落梁过程中支架承受荷载的不同，分别对支架结构进行验算。

(4)支架安装结束，经检查符合设计要求后，方可进行模板安装。

(5)落架顺序的确定应根据“从大到小”的原则来确定，即先卸落变形较大的位置，后卸落变形较小的位置，横桥向应同步进行。落架通常分级循环进行，先从变形较大的位置开始，逐渐向变形较小的位置进行，每次卸落量控制在 1～2 cm。

(6)作业前，对机具设备及其拼装状态、防护设施等进行检查，主要机具应经过试运行。施工工艺及技术复杂的工程，对安全技术措施及安全操作细则等，应进行技术交底和培训。采用翻斗汽车或各种吊机提吊翻斗运送混凝土，不得超载、超速，停稳后方可翻转卸料或启斗放料，严禁在未停稳前翻斗或启斗。翻斗车行驶时，斗内不得载人。

(7)施工中，应随时检查支架和模板，发现异常状况，应及时采取措施。

(8)就地浇筑水上的各类上部结构，要按照水上作业的安全规定进行施工、作业。

3.3.9 逐孔施工法

逐孔施工法是中等跨径预应力混凝土连续梁中的一种施工方法，它使用一

套设备从桥梁的一端逐孔施工，直到对岸。其主要特点如下：不需要设置地面支架，不影响通航和桥下交通，施工安全、可靠；施工环境较好，一套模架可多次使用，具有类似预制场生产的优点；机械化、自动化程度高，节省劳动力，降低劳动强度，上下部结构可平行作业，缩短工期；通常每一施工梁段的长度取用一孔梁长，接头位置一般可选在桥梁受力较小的部位；移动模架设备投资大，施工准备和操作都较复杂；宜在桥梁跨径小于 50 m 的多跨长桥上使用。

逐孔施工法从施工技术方面可分为 3 种类型。

(1)移动支架法，即用临时支撑组拼预制节段逐孔施工。将每一桥跨分为若干节段，预制完成后在临时支撑上逐孔组拼施工。

(2)移动模架法，在可移动的模架上完成一孔桥梁的全部工序。由于此法是在桥位上现浇施工，可免去大型运输和吊装设备，桥梁整体性好；同时又具有在桥梁预制厂生产的特点，可提高机械设备的利用率和生产效率。

以上两种方法的使用条件：在桥下地质情况较好的地段，优先采用支架法；在支架法不能满足要求或在河流上采用移动模架法。

(3)采用整孔吊装或分段吊装逐孔施工，此法是早期连续梁桥采用逐孔施工的唯一方法。近年来，起重能力提高，桥梁的预制构件向大型化方向发展，从而更能体现逐孔施工速度快的特点，可用于混凝土连续梁桥和钢连续梁桥施工。

1. 移动支架法

对于中小跨径连续梁桥或建造在陆地上的桥跨结构，当地基具有一定的承载力且桥梁离地面不太高时，可以采用移动支架法施工。移动支架法施工即逐孔架设支架、逐孔浇筑混凝土，当对已浇筑完成的一孔预施应力后，即可将模板连同支架一起落下并移到另一孔。移动支架可采用落地式或梁式移动支架。梁式支架的承重梁支撑在锚固于桥墩的横梁上，亦可支撑在已施工完成的梁体上，现浇施工的接头最好设在弯矩较小的部位。

移动支架由主桁结构、前支腿、中支腿(附牵引主梁前移设备)、后支腿、起重小车、液压系统及电控等部件组成。为配合移动支架悬臂拼装预制节段施工，还需配备提升站(龙门吊机)、运梁台车、临时运输轨道和张拉千斤顶等设备。移动支架的拼装应根据桥位实际地形采用在台后路基上组拼或搭设临时支墩直接组拼。

移动支架法与就地浇筑施工有所不同。移动支架法仅在一跨梁上设置支架，一孔施工完成后，沿桥梁纵向移动支架，进行下一孔的施工；而就地浇筑施工一般是在连续梁的一联桥跨上满布支架连续施工。因此,移动支架法施工所需支架的数量相对要少很多,而且周转次数多,利用效率高,施工速度快,但在施工过程中存在体系的转换问题。

移动支架拼装应根据桥位实际地形采用在台后路基上组拼或搭设临时支墩组拼。一般情况下,导梁拼装宜采用"搭积木"法,先拼下弦杆和下平联,然后依次拼装腹杆、上弦杆和上平联。主梁拼装顺序为下弦杆→腹杆→上弦杆→上平联→下弦大节点外侧牛腿。主梁腹杆采取先在地面上预拼成三角形,然后整体吊装,以避免影响其他部件的拼装。尾梁及起吊设备拼装顺序宜采用下弦杆→下层腹杆→中弦杆→上层腹杆→上弦杆→轨道梁及钢轨→起重设备→上平联。下托梁两端分别与支架主梁下弦点外侧的牛腿用钢销相连。下托梁安装采用造桥机上自带的卷扬机提升安装,安装完成后及时铺设纵梁及连接系。

当梁段强度达到80%设计强度后,即可按现场场地布置选择合适的方法将梁段从存梁场移到运梁小车上,运梁小车将梁段送至尾部桁吊下,再将梁段吊运至移动支架腹内的移梁小车上。移梁小车以支架前端的卷扬机为动力,以支架的纵梁为轨道,将梁段按顺序运至设计位置后,移出移梁小车,梁段支撑在螺旋支撑上。最后一个梁段有桁吊直接就位。梁段吊装前,先对桁吊进行重载模拟试验,确保使用安全。此阶段将梁段按顺序编号布置在造桥机腹内的纵梁上,称为初步就位。待梁段全部初步就位后,对各梁段进行精确就位,包括梁段的纵向、横向和竖向3个方向的调位。

当梁段接缝采用胶接缝时,接缝表面应按设计要求进行处理。当梁段接缝采用湿接缝时,将梁段的湿接端凿毛后,即可进行湿接缝模板安装、钢筋绑扎、预应力孔道连接和钢绞线穿束等工作。待检验合格后方可进行混凝土施工。当湿接缝混凝土达到80%的设计强度后,进行第一阶段张拉;第一阶段张拉完成后,可使箱梁与钢纵梁脱空,箱梁具备承受造桥机在梁面运梁轨道上纵移等多种施工荷载的动力。第一阶段张拉完成后15d进行第二阶段张拉,至此全桥张拉完毕。孔道压浆在钢绞线张拉完毕后48h内进行。孔道压浆工作可在移动支架拖拉到下一孔跨后进行,使压浆工作不占用移动支架时间。压浆完成后封端。

2. 移动模架法

当桥墩较高、桥跨较长或桥下净空受到约束时,可以采用非落地支撑的移动模架逐孔现浇施工,称为移动模架法。移动模架法即将机械化的支架和模板支撑(或悬吊)在长度稍大于两跨、前端作导梁用的承载梁上,然后在桥跨内进行现

浇施工，待混凝土达到一定强度后脱模，并将整孔模架沿导梁前移至下一浇筑桥孔，逐孔推进直至全桥施工完毕。这种施工方法机械化、自动化程度较高，一套模架可多次周转使用，上下部结构可平行作业，可缩短工期，较适用于建造桥长孔多的桥梁，桥梁跨径可达 30～50 m。自从 1959 年在德国克钦卡汉桥使用后，得到了较为广泛的应用，在欧洲及我国已得到推广。

移动模架法制梁适用于现场浇筑预应力混凝土简支或连续箱梁。其外模、底模和支架及导梁可纵向移动，如用于连续梁则可一次浇筑数孔，减少移支架次数，加快制梁进度。其内模则可收缩后从箱室内逐节退出。移动模架从模架构造上可分为移动悬吊模架和支撑式活动模架。

1)移动悬吊模架施工

移动悬吊模架的构造型式很多，但其基本结构均包括承重梁、从承重梁上伸出的肋骨状的横梁、吊杆和承重梁的固定及活动支撑。增加中段移动模架钢箱梁的孔跨数，即可用于连续梁。

承重梁通常采用钢箱梁，长度大于两倍桥梁跨径，是承受施工设备自重、模板系统和现浇混凝土重量的主要构件。承重梁的后端通过移动式支架落在已完成的梁段上，承重梁的前方支撑在桥墩上，导梁部分悬出，工作状态呈单悬臂梁。承重梁除起承重作用外，在一孔梁施工完成后，还作为导梁将悬吊模架纵移到前方施工孔。承重梁的移位以及内部运输由数组千斤顶或起重机完成，并通过中心控制室操作。

从承重梁两侧悬出的许多横梁覆盖桥梁全宽，横梁由承重梁上左右各 2～3 组钢束拉住，以增加其刚度。横梁的两端悬挂吊杆，下端吊住呈水平状态的模板，形成下端开口的框架并将主梁(待浇筑的)包在内部。当模板支架处于浇混凝土的状态时，模板依靠下端的悬臂梁和锚固在横梁上的吊杆定位，并用千斤顶固定模板。当模板需要向前运送时，放松千斤顶和吊杆，模板固定在下端悬臂梁上，并转动该梁，使模架在运送时可顺利地通过桥墩。

2)支撑式活动模架施工

支撑式活动模架就支撑形式可分为地面支撑、桥面下支撑、穿式桁梁支撑和桥面上支撑 4 种。支撑式活动模架的主要构造型式由承重梁、导梁、台车和桥墩托架等组成，采用两根承重梁，分别设置在箱形梁的两侧，承重梁用来支撑模板和承受施工荷载，承重梁的长度要大于桥梁的跨径，浇筑混凝土时承重梁支撑在桥墩托架上。导梁主要用于移动承重梁和活动模板，因此，长度应大于两倍桥梁

跨径。当一孔梁施工完成进行脱模卸架后，由前方台车（在导梁上移动）和后方台车（在已完成的梁上移动），沿纵向将承重梁的活动模架运送到下一孔，承重梁就位后，导梁再向前移动支撑在前方墩上。

支撑式活动模架的另一种构造是采用两根长度大于两倍跨径的承重梁分设在箱梁截面的翼缘板下方，兼有支撑和移运模架的功能，因此，不需要再设导梁。两根承重梁置于墩顶的临时横梁上，两根承重梁间用支撑上部结构模板的钢螺栓框架连接起来，移动时为了使跨越桥墩前进，需先解除连接杆件，承重梁逐根向前移动。

移动模架移位过程中，移动模架横向开启及合龙过程左右两侧模架应基本保持同步，同侧移动模架前后端必须保持同步，不得使主梁弯曲，前后最大不同步偏差不得大于 10 cm。过孔过程中着重观察接头通过支撑托架位置，防止因错台而出现卡滞现象。过孔快结束时，最后 1 m 必须要按点动按钮前进，并在主梁后侧设置安全限位装置，坚决防止纵移越位。

3)施工注意事项

(1)通常每一施工梁段的长度取决于一孔的孔长，接头的位置一般选在桥梁受力较小的地方。预应力筋锚固在浇筑的接缝处，当浇筑下一孔梁段前再用连接器将预应力筋接长。

(2)移动模架需要一整套机械动力设备、自动装置和大量钢材，一次投资金额相当大，为了提高使用效率，必须解决装配化和科学管理的问题。装配化就是设备的主要构件能适用不同的桥梁跨径、不同的桥宽和不同形状的桥梁，扩大设备的使用面，降低施工成本。科学管理的目的在于充分发挥设备的使用能力，注意设备的配套和维修养护。

(3)移动模架法在施工过程中有结构的体系转换问题，必须考虑混凝土徐变对结构产生的次应力。体系转换包括固定支座和活动支座的转换。每个支座安装时所留的预留量按施工时的气温、混凝土的收缩徐变、混凝土的水化热等因素计算，并在施工中加强观测。应用移动模架法逐孔施工时，梁体线性控制尤为重要。

(4)采用移动模架法施工时，由于后支点位于桥梁的悬臂端处，现浇孔施工重量对已完成桥跨将产生较大的施工弯矩。特别是在已完成桥跨的混凝土龄期还很短的情况下，影响会更大，应采取适当的技术措施确保施工安全。

3. 整孔吊装或分段吊装逐孔施工

整孔吊装是先在工厂或现场预制逐孔梁，再进行逐孔架设施工；分段吊装是将整根连续梁按起吊安装设备的能力先分段预制，然后将预制构件吊装到墩、台或轻型的临时支架上，再现浇接头混凝土，最后通过张拉部分预应力筋，使梁体成为连续梁体系。整孔吊装或分段吊装逐孔施工法只需要少量的支架，现浇混凝土的数量亦较少，上部结构的预制工作和下部结构的施工可同时进行，工期较短。

预制梁或预制段较长，需要在预制时先进行第一次预应力索的张拉，拼装就位后进行二次张拉，因此，在施工过程中需要进行体系转换。在实际的施工活动中，常用的分段施工方式有 3 种：简支-连续、单悬臂-连续和双悬臂-连续。

3.3.10　悬臂施工法

悬臂施工法是从钢桥悬臂拼装发展而来的，由于其优越性明显，广泛用于修建预应力 T 形刚构桥、预应力混凝土悬臂梁桥、连续梁桥、斜腿刚构桥、拱桥及斜拉桥等。据资料统计，1952 年以来国内外 100 m 以上大跨径桥梁中，采用悬臂浇筑法施工占 80%左右，采用悬臂拼装法施工占 7%左右。

悬臂施工法是发展最早、应用最广，也最为人熟知的节段施工法。从已建成的桥墩顶部开始立模浇筑一段梁体，待混凝土达到要求的强度后，再从墩的两侧沿桥梁跨径方向对称地逐段施工，每施工一段就施加预应力使其与已建成部分连接成整体，直至跨中合龙。在修建过程中无须在河中搭设支架，不影响桥下通航，梁的跨度也可以做得较大。悬臂施工时梁体的受力状态与桥梁建成后使用荷载下的受力状态基本一致，即施工中所预加的预应力也是使用荷载下所需预应力的一部分，因此，悬臂施工需要设置的临时预应力筋数量很少，既节省了额外开支，又简化了工序。这也是悬臂施工法建造预应力混凝土连续梁桥得以广泛应用的重要原因。

一般来说，悬臂施工法在施工过程中有体系转换问题。如预应力混凝土连续梁桥，在施工过程中可能要经历简支梁、悬臂梁或少跨连续梁，故在设计时应对施工状态进行配束验算。为了最大限度地发挥悬臂施工的优越性，必须将悬伸的梁体与桥墩做成刚性固结，故在施工过程中将墩顶的 0 号块与桥墩临时固结，进行悬臂施工，待到全桥合龙后再恢复梁体与桥墩的铰接性质。采用悬臂施工时，结构的受力状态如同 T 形刚构；一端合龙就位，更换支座后呈单悬臂梁；

浇筑中央段全桥合龙后体系转换为3跨连续梁。

1. 悬臂施工法的分类

悬臂施工法分为悬臂浇筑法和悬臂拼装法两种。

1)悬臂浇筑法

悬臂浇筑法是在桥墩两侧设置工作平台，平衡地逐段向跨中悬臂浇筑混凝土梁体，并逐段施加预应力的施工方法。主要设备是一对能行走的挂篮。挂篮在已经张拉锚固并与墩身连成整体的梁段上移动，绑扎钢筋、立模、浇筑混凝土、施加预应力都在其上进行。完成本段施工后，挂篮对称向前各移动一节段，进行下一对梁段施工，循序前行，直至悬臂梁段浇筑完成。悬臂浇筑每个节段长度一般2～6 m，节段过长，将增加混凝土自重及挂篮结构重力，而且要增加平衡重及挂篮后锚设施；节段过短，影响施工进度。所以施工时应根据施工设备情况及工期，选择合适的节段长度。悬臂浇筑施工方法特别适合于宽深河流和山谷，施工期水位变化频繁、不宜水上作业的河流，以及通航频繁且施工时需留有较大净空等河流上桥梁的施工。但悬臂浇筑法在施工中亦有不足：梁体部分不能与墩柱平行施工，施工周期较长，而且悬臂浇筑的混凝土加载龄期短，混凝土收缩和徐变影响较大。

2)悬臂拼装法

悬臂拼装法是用移动式悬拼吊机将预制块件在桥墩两侧对称起吊、安装就位后，采用环氧树脂及张拉预应力索筋连接成整体，使悬臂不断接长，直至合龙。悬臂拼装的分段，主要取决于悬拼吊机的起重能力，一般节段长2～5 m。节段过长则自重大，需要悬拼吊机起重能力大，节段过短则拼装接缝多，工期亦延长，一般在悬臂根部，因截面面积较大，节段长度较短，以后向端部逐渐增长。

2. 悬臂浇筑法施工

1)悬臂浇筑施工程序

连续梁桥采用悬臂浇筑法施工时，因施工程序不同，有以下3种基本方法：逐跨连续悬臂施工法、T构-单悬臂梁-连续梁施工法、T构-双悬臂梁-连续梁施工法。

(1)逐跨连续悬臂施工法(图3.15)。

①首先从B墩开始将梁墩临时固结，进行悬臂施工。

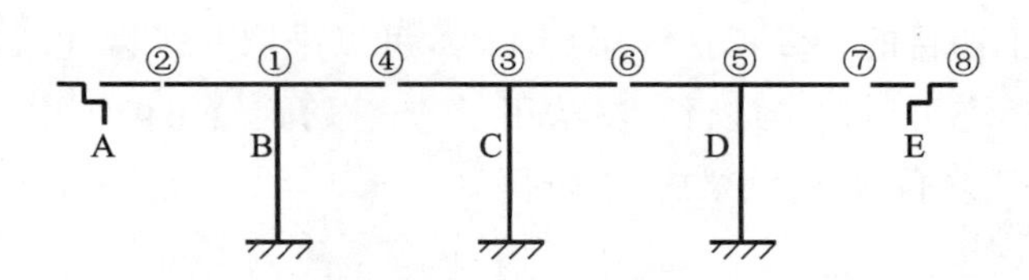

图 3.15　逐跨连续悬臂施工程序

②岸跨边段合龙,B 墩临时固结释放后形成单悬臂梁。

③从 C 墩开始,梁墩临时固结,进行悬臂浇筑施工。

④BC 跨中间合龙,释放 C 墩临时固结,形成带悬臂的两跨连续梁。

⑤从 D 墩开始,梁墩临时固结,进行悬臂浇筑施工。

⑥CD 跨中间合龙,释放 D 墩临时固结,形成带悬臂的 3 跨连续梁。

⑦按上述方法以此类推进行。

⑧最后岸跨边段合龙,完成多跨一联的连续梁施工。

上述逐跨连续悬臂法施工,从一端向另一端逐跨进行,逐跨经历了悬臂施工阶段,施工过程中进行了体系转换。逐跨连续悬臂法施工可以利用已建成的桥面进行机具设备、材料及混凝土的运输,方便了施工。采用该方法,每完成一个新的悬臂并在跨中合龙后,结构稳定性、刚度不断加强,所以逐跨连续悬臂法常用在多跨连续梁及大跨长桥上。

(2)T 构-单悬臂梁-连续梁施工法(图 3.16)。

T 构-单悬臂梁-连续梁施工,多用于施工奇数跨的连续梁。

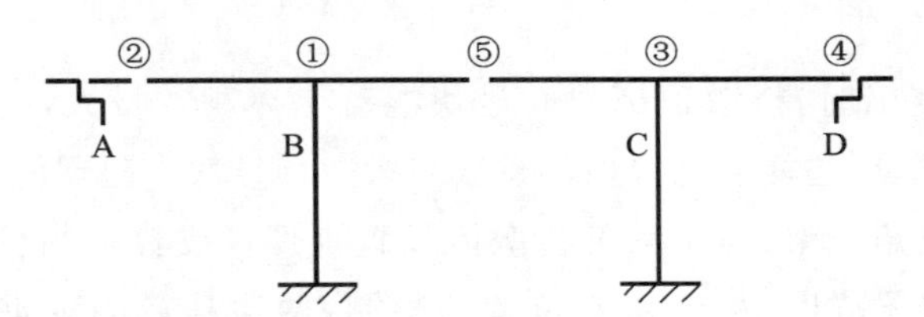

图 3.16　T 构-单悬臂梁-连续梁法施工程序

①首先从 B 墩开始,梁墩固结,进行悬臂施工。

②岸跨边段合龙,释放 B 墩临时固结,形成单悬臂梁。

③C 墩进行施工,梁墩固结,进行悬臂施工。

④岸跨边段合龙,释放 C 墩临时固结,形成单悬臂梁。

⑤BC 跨中段合龙,形成 3 跨连续梁结构。

本法亦可以采用多增设两套挂篮设备,BC 墩同时悬臂浇筑施工,在两岸跨边段合龙,释放 B、C 墩临时固结,最后中间合龙,成 3 跨连续梁,以加快施工进度,达到缩短工期目的。多跨连续梁施工时,可以采取几个合龙段同时施工,以加快施工进度,亦可以逐个进行。本法用于3～5跨连续梁施工中。

(3)T构-双悬臂梁-连续梁施工法(图3.17)

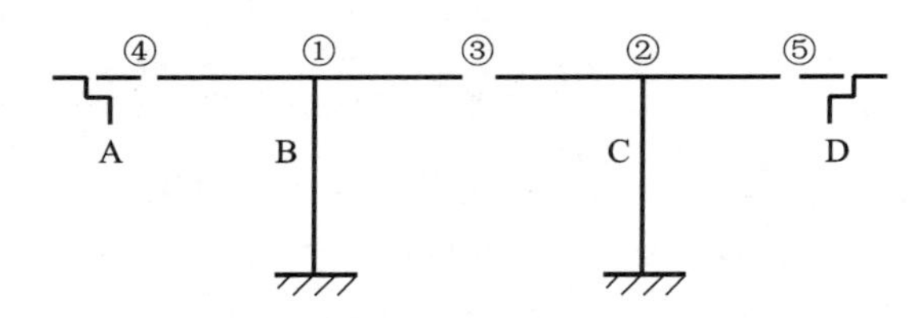

图3.17　T构-双悬臂梁-连续梁法施工程序

①首先从B墩开始,梁墩固结后,进行悬臂施工。

②再从C墩开始,梁墩固结后,进行悬臂施工。

③BC跨中间合龙,释放B、C墩的临时固结,形成双悬臂梁。

④A端岸跨边段合龙。

⑤D端岸跨边段合龙,完成3跨连续梁施工。

本法当结构呈双悬臂状态时,结构稳定性较差,所以一般遇大跨径或多跨连续梁时不采用上述方法。

上述连续梁采用的3种方法是悬臂施工的基本方法,遇到具体桥梁施工时,可选择一种合适的方法,亦可综合各种方法的优点选用合适的施工程序。

2)挂篮浇筑法

(1)0号块施工。

采用悬浇施工时,桥墩顶部的0号块混凝土体积数量大,一般采用现浇方式。为了拼装挂篮,往往对悬臂根部节段与墩上0号块一起现浇,支撑这部分施工重量可采用三角托架,高桥墩可在墩内设置预埋件支撑或吊住托架施工。在悬臂浇筑前几段梁段时,由于桥墩位置的限制,两边挂篮的承重结构可连接起来,待悬臂浇到一定长度后,再将承重梁分开,向两侧逐段推进。

施工托架有扇形、门式等形式,托架可采用万能杆件、贝雷梁、型钢等构件拼装,亦可采用钢筋混凝土构件作临时支撑。托架总长度视拼装挂篮的需要而决定。

考虑到在托架上浇筑梁段0号块混凝土,托架变形对梁体质量影响很大,在作托架设计时,除考虑托架强度要求外,还应考虑托架的刚度和整体性;采用万能杆件、贝雷梁、板梁、型钢等做托架时,可采取预压、抛高或调整等措施。

为了验证挂篮结构的可靠性和消除非弹性变形,保证箱梁施工的安全和质

量，挂篮在墩顶已浇筑1号梁段上拼装完成后及使用前，必须进行静载模拟试压。

对于0号块和1号块，挂篮没有支撑点或支撑长度不够。一般采用扇形托架浇筑。扇形托架可由万能杆件、贝雷片或其他装配式杆件组成，托架可支撑在桥墩基础承台上或墩身上。

(2)梁墩临时固结措施。

预应力混凝土连续梁悬臂浇筑施工前，应将墩顶两梁段(0号块)与桥墩临时固结牢固。

临时固结措施或支撑措施有下列几种形式。

①将0号块梁段与桥墩预埋的钢筋或预应力筋临时固结，待需要解除固结时切断。

②当桥不高、水又不深且易于搭设临时支架时，采用支架式固结措施，在此情况下，悬臂端所引起的不平衡力矩完全由梁段的自重来保持稳定。

③利用临时立柱和预应力筋来锚固上下部结构。预应力筋的下端锚固在基础承台内，上端在箱梁底板上张拉并锚固，借以使立柱在施工过程中始终受压，以维持稳定。

④在桥高水深的情况下，亦可采用围建在墩身上部的三角形撑架作为梁段的临时支撑，并可用砂筒、硫黄水泥砂浆块或混凝土块作为悬臂施工完毕后转换体系时临时支撑的卸落设备。当采用硫黄水泥砂浆块，要采取高温熔化拆除支撑时，必须在支撑块之间设置隔热措施，以免损坏支座部件。

(3)施工挂篮。

挂篮是梁体悬臂专用设施，因为挂篮是施工梁段的承重结构，又是施工梁段的作业现场，随着施工技术的不断进步，挂篮已由过去的压重平衡式发展成现在通用的自锚平衡式。挂篮通常由以下5部分组成：承重结构、悬吊系统、锚固装置、走行系统和工作平台。承重结构是挂篮的主要受力构件，它承受施工设备和新浇筑节段的全部重量，并通过支点和锚固装置将荷载传到已施工完成的梁身上。

挂篮悬臂浇筑施工使用少量施工机具设备，避免大量支架，可方便地建造跨越深谷、流量大的河道和交通量大的立交桥，且施工不受跨度限制，跨度越大，经济效益越高，大跨度连续桥常采用挂篮悬浇施工。

挂篮主要有梁式挂篮、斜拉式挂篮和组合斜拉式挂篮3种。下面介绍施工中常见的梁式挂篮。

梁式挂篮由承重结构、悬吊系统、锚固系统和平衡重、行走系统、工作平台、底模板等组成。

①挂篮承重结构是挂篮的主要受力构件，可以采用万能杆件或贝雷梁拼装的钢桁架，亦可采用钢板梁或大号型钢。承重结构除了要能承受梁段自重和施工荷载，还要求自重轻、刚度大、变形小、稳定性好、行走方便等。

②悬吊系统的作用是将底模板、张拉工作平台的自重及其上面的荷重传递到承重结构上，悬吊系统可由钻有销孔的扁钢或两端有螺纹的圆钢组成。

③设置锚固系统装置的目的是防止挂篮在浇筑混凝土梁段时倾覆失稳，而设置平衡重的目的是防止挂篮在行走状态时倾覆失稳。在进行验算时，稳定系数应不小于1.5。

④挂篮行走系统采用电动卷扬机牵引，挂篮上设上滑道，梁上铺设下滑道，中间可用滚轴，亦可采用聚四氟乙烯板作滑道。目前，现场常采用上滑道覆一层不锈钢薄板，下滑道采用槽钢，槽钢内放聚四氟乙烯板，行走方便、安全，稳定性较好。

⑤工作平台设于挂篮承重结构的前端，用于张拉预应力束、压浆等操作用的脚手架。其下应设置安全网，防止物件坠落，以确保施工安全。

⑥底模板供立模板、绑扎钢筋、浇筑混凝土、养护等工序用。用梁式挂篮对初始几对梁段进行施工时，由于墩顶位置限制，施工中常将两侧挂篮的承重结构临时连接在一起，待梁段浇筑到一定长度后，再将两侧承重结构分开。

梁式挂篮的特点是可以充分利用施工单位既有的万能杆件或贝雷梁作挂篮的承重结构，所以挂篮本身的投资较少，挂篮设计时受力明确，施工时装拆方便。上海金山大桥、吴淞大桥等均采用万能杆件拼装承重桁架的梁式挂篮来施工预应力混凝土3跨连续梁桥。条件具备时，挂篮的拼装应在地面上先进行试拼装，以便在墩顶熟练有序地开展拼装挂篮工作。拼装时应对称进行。挂篮组拼后，挂篮进行试压，以消除结构的非弹性变形。挂篮试压的最大荷载一般可按最大悬浇梁段重量的1.3倍考虑，设法消除其永久变形。试压通常采用水箱加压法、试验台加压法及沙袋法。挂篮应呈全封闭，四周设围护，上下应有专用扶梯，方便施工人员上下挂篮。挂篮就位后，即可在上面进行梁段悬臂浇筑施工的各项作业。挂篮总重量的变化应不超过设计重量的10%。挂篮吊架在浇筑梁段中产生的变形的调整，可采用调整前吊杆高度的方法。

(4)混凝土浇筑。

挂篮测试合格后，进行梁段的底板、腹板钢筋施工。之后，可进行悬浇施工，

采用常规施工方法。根据分析预估立模预拱度，调整加固模板及挂篮各节点，绑扎钢筋，安装预应力管道，进行混凝土浇筑和预应力张拉，然后孔道压浆。待纵向预应力张拉完成后即可前移挂篮，进入下一节段悬浇施工。施工时应特别注意经常对已浇筑各梁段变形进行观测，将观测结果及时反馈至施工控制组。施工控制组据此提供立模高程，以指导悬浇施工有序进行。

箱梁各阶段混凝土在灌注前，必须严格检查挂篮中线，挂篮底模高程，纵、横、竖 3 向预应力束管道，各预埋件的位置，认真核对无误后方可灌注混凝土。箱梁各阶段立模高程需考虑设计高程、预拱度以及挂篮满载后自身变形。后灌注的梁段应在已施工梁段有关实测结果的基础上做适当调整，以逐渐消除误差，保证结构线性匀顺。模板安装应核准中心位置及高程，模板与前一段混凝土应平整密贴。若上一节段施工后出现中线或高程误差需要调整，应在模板安装时予以调整。主梁各部分的长度应充分考虑主梁的形式、跨径、墩宽、挂篮的形式以及施工周期。0 号块梁段长度一般为 5～20 m，悬浇分段长度一般为 3～5 m。

悬臂施工过程中，若梁身与墩身采用非刚性连接，为保证结构稳定性，悬臂梁桥和连续梁桥应实施 0 号块梁段与桥墩间临时固结支撑措施；对于刚性连接的 T 形刚构、连续刚构梁，因结构本身已具有一定的抗弯能力，可根据设计和施工要求在墩旁架设临时托架等方法进行施工。

各阶段预应力束管道在灌注混凝土前，宜在波纹管内插入硬塑管作衬填，以防管道被压扁；管道的定位钢筋应用短钢筋做成井字形，并与箱梁钢筋网固定，定位钢筋网架间距应保持在 0.2～0.8 m。

为提高混凝土早期强度，以加快施工进度，在设计混凝土配合比时，一般加入早强剂或减水剂。混凝土梁段浇筑一般 5～7d 为一个周期。为防止混凝土出现过大的收缩、徐变，应在配合比设计时按规范要求控制水泥用量。其接缝按施工缝要求进行处理，注意混凝土的灌注宜先从挂篮前端开始，以使挂篮的微小变形大部分实现，从而避免新、旧混凝土间产生裂缝。箱梁混凝土灌注完毕后，立即用通孔器检查管道，防止因漏浆等导致堵管现象。分期浇筑混凝土时，新、旧混凝土的结合面应凿毛洗净，还应严格控制相邻两次混凝土浇筑的龄期差，一般情况下不得大于 20d。浇筑时应加强振捣，并应注意对预应力预留管道的保护。浇筑时应加强振捣，并应加强对预应力预留管道的保护。

悬浇梁段分次浇筑混凝土时，如处理不当，后浇筑混凝土的重力影响会引起挂篮变形，导致先浇筑的混凝土开裂，因此，应采取措施消除后浇筑混凝土引起的挂篮变形，一般可采用下列方法。

①按设计提供的梁段浇筑高程立模，在浇筑过程中随着荷重的增加，挂篮和梁段均产生变形，此时要进行高程调整。调整量为挂篮和梁段浇筑完毕之后的下挠量，可以通过试压近似估计变形量。调整方法一般采用提升前吊点的提升法，调整一般分 2～3 次进行，具体次数由下挠量决定。

②水箱法是在梁段浇筑前，在挂篮下面悬挂大型水箱，按梁段的质量，向水箱充入等质量的水，按浇筑高程立模，在浇筑过程中边浇混凝土边放等量的水，使高程保持不变，待混凝土浇完，水亦放完。

③将底模梁支撑在千斤顶上，浇筑混凝土时，随混凝土质量的变化，随时调整底模梁下的千斤顶，抵消挠度变形。

④桥墩两侧梁段悬臂施工进度应对称、平衡。设计无要求时，其两端允许的不平衡质量最大不得超过一个梁段的底板自重。

⑤必要时(如冬期施工)，混凝土可采用蒸汽养护。蒸汽养护罩的设计应与挂篮设计统一考虑。

(5)挂篮走行移位。

悬浇施工中，挂篮走行移位是关键环节。若走行过程中，挂篮的位移量或两挂篮与墩中心的距离差值过大，易造成 T 构两端受力不平衡，使预估立模高程与实际参数出入较大，直接影响到梁体线形控制，同时存在着挂篮稳定和安全问题。挂篮走行和浇筑混凝土时的抗倾覆稳定系数不得小于 2。对此应采取如下措施。

①挂篮行走前要测定已完成节段梁端高程，并定出箱梁中轴线。当解除挂篮的后锚固后，挂篮沿箱梁中轴线对称向两端前进，防止挂篮转角、偏位造成挂篮受扭。

②在挂篮的尾部设置后锚固，一般通过埋在梁肋内的竖向预应力筋实现。当后锚能力不够时，亦可采用尾部压重等设施，保证浇筑混凝土时挂篮有足够的倾覆稳定性。

③利用梁体本身的竖向精轧螺纹钢与走道梁连接固定。

④挂篮主梁走行时，滑槽内应保持清洁，安装的聚四氟乙烯滑板不要脱节，亦不得重复。

⑤挂篮分步走行时，为避免结构受扭变形，速度不宜太快，且应保持一同滑行的各部件尽量同步。同时，在满足界限和设计荷载的条件下，挂篮底板满铺竹胶板及花纹钢板，四周挂设细目钢丝防护网封闭挂篮。

3)结构体系转换

悬臂梁桥及连续梁桥采用悬臂施工法。在结构体系转换时，为保证施工阶段的稳定，一般边跨先合龙，释放梁墩锚固，结构由双悬臂状态变成单悬臂状态，最后跨中合龙，呈连续梁受力状态。在体系转化过程中，如何确保结构内力的调整分配满足设计要求，消除混凝土收缩徐变次内力、合龙段悬臂端的变形协调，如何解决连续梁桥墩梁临时固结和锁定的技术问题，成为体系转换的关键因素。针对以上施工难题，应采取以下措施。

(1)结构由双悬臂状态转换成单悬臂受力状态时，梁体某些部位的弯矩方向发生转换。所以在拆除梁墩锚固前，应按设计要求，张拉一部分或全部布置在梁体下部的正弯矩预应力束。合龙边跨及中跨时，焊接劲性骨架，再利用永久的预应力束临时张拉，以抵抗温差产生的收缩徐变，保证合龙前后结构变形协调。

(2)梁墩临时锚固的放松应均衡对称进行，确保逐渐均匀地释放。在放松前应测量各梁段高程，在放松过程中，注意各梁段的高程变化，如有异常情况，应立即停止作业，找出原因，以确保施工安全。

(3)连续梁墩梁固结的措施。在永久支座四周设置由混凝土与硫黄砂浆制作的临时支座来承受梁体在体系转换前的压力，并在墩内预埋精轧螺纹钢与梁体连接，以承受悬臂施工产生的拉应力。支座反力的调整应以高程控制为主，反力作为校核。因此，应及时调整所施加的预应力以适应这一体系转换，同时还要考虑体系转换及其他因素引起结构的次内力。

4)合龙段施工

合龙段施工通常由两个挂篮向一个挂篮过渡，所以先拆除一个挂篮，用另一个挂篮走行跨过合龙段至另一端悬臂施工梁段上，形成合龙段施工支架。

合龙施工方案及体系转换顺序可逐孔合龙或多孔一次合龙。一般对称进行，其顺序为先边跨，再次中跨，最后中跨；亦可先中跨，后次中跨，最后边跨。边跨合龙段在悬臂端和支架现浇段之间。次中跨和中跨合龙在两个悬臂端之间合龙，一般采用悬臂浇筑的挂篮合龙段或另外设计一套吊架浇筑合龙段。合龙段的施工是悬臂浇筑施工的关键，当悬臂较长时，由于结构的恒载和施工重量将产生较大挠度，这些施工变形除在各节段施工过程中不断调整外，合龙时需做精细调整。

在合龙段施工过程中，因昼夜温差影响，现浇混凝土的早期收缩、水化热影响，已完成梁段混凝土的收缩、徐变影响，结构体系转换及施工荷载等因素影响，必须采取一定措施，以保证合龙段的质量。

(1)合龙段长度选择。合龙段长度在满足施工操作要求的前提下，应尽量缩短，一般采用 2 m 左右为宜。

(2)合龙温度选择。一般宜在低温合龙，遇夏季应在晚上合龙，并用草袋等覆盖，并加强接头混凝土养护，使混凝土早期结硬过程中处于升温受压状态。

(3)合龙段混凝土选择。合龙段宜采用早强、微膨胀混凝土，混凝土中宜加入减水剂、早强剂，以便及早达到设计要求强度，及时张拉预应力筋，防止合龙段混凝土出现裂缝。

(4)合龙口的锁定，应迅速对称地进行，先将体外刚性支撑一段与梁端部预埋件焊接(或拴接)，然后利用体外临时撑杆调节合龙段间距再迅速将外刚性支撑另一端与梁连接，临时预力束应随之快速张拉。在合龙口锁定后，立即释放一侧的箱梁固定约束，使梁一端在合龙口锁定的连接下能自由伸缩。

(5)为保证均衡对称合龙，合龙前清除梁上的不必要施工荷载，避免在合龙施工时造成相对变形，影响合龙精度；为保证合龙段施工时混凝土始终处于稳定状态，在浇筑之前各悬臂端应附加与混凝土质量相等的配重(或称压重)，加配重要沿桥轴线对称加载，按浇筑重量分级卸载，卸载要与混凝土灌注速度相对应。

5)施工控制

悬臂浇筑施工控制是桥梁施工中的一个难点，控制不好，两端悬臂浇筑至合龙时，梁底高程误差会大大超出允许范围，既对结构受力不利，且因梁底曲线产生转折点而影响美观，形成永久性缺陷。因此，对大跨径桥梁悬臂施工必须采取计算机程序逐段控制，以提高施工速度及精度。

应用计算机程序进行跟踪控制的步骤如下。

(1)将施工中实际结构状态信息，如量测的高程、钢束张拉力、温度变化、截面应力，以及设计参数的实测值，如混凝土、钢材的容重和弹性模量，构件几何尺寸，施工荷载，混凝土的徐变系数等输入计算机程序。

(2)通过对各种量测信息的综合处理，得到结构的误差。

(3)对成果进行判断，决定是否要采取有效措施来纠正已偏离目标的结构状态。纠正措施可采用调整浇筑梁段的高程、改变预应力束的张拉次序、改变张拉力等办法。

对上述每个节段反复跟踪控制并调整，使结构与预定目标始终控制在很小误差范围内，最后合龙时，可达到理想目标。

3. 悬臂拼装法施工

悬臂拼装法是利用移动式悬拼吊机将预制梁段起吊至桥位，然后采用环氧树脂胶及钢丝束预施应力连接成整体。采用逐段拼装，一个节段张拉锚固后，再拼装下一节段。

悬臂拼装与悬臂浇筑施工具有相同的优点，不同之处在于悬拼是用吊机将预制的梁段逐段拼装。此外，悬臂拼装的梁体预制可与桥梁下部构造施工同时进行，平行作业，缩短工期；预制梁的混凝土龄期比悬浇法的混凝土龄期长，从而减少悬拼成梁后混凝土的收缩和徐变；预制场或工厂化的梁段预制生产利于整体施工的质量控制。但相对于悬臂现浇，悬臂拼装施工对预制块件的精度要求极高，线形控制技术难度更大。悬臂拼装施工包括块件的预制、运输、拼装及合龙。

主梁的预制在台座上进行，预制台座按计算设置预拱度，各块件依次按串联预制，为保证相邻构件之间接触密贴及斜索与预应力管道的相对尺寸，一般采用配合浇筑法，即必须以前面浇筑块件的端面作为后来浇筑构件的端模，同时必须采用隔离剂（薄膜、废机油、皂类等），使块件出坑时相互容易从接缝处脱离。各块件间应预留接缝宽度，并在块件之间预留钢筋头或预埋铁件，以于利湿接头时钢筋的连接或硬式接缝时钢筋的焊接。块件浇筑工序与一般预制件工序相同。

箱梁块件自预制底座上出坑后，一般先存于存梁场，拼装时块件由存梁场至桥位处一般经历场内运输、块件装船和浮运 3 个阶段。

1）悬拼方法

预制块件的悬臂拼装可根据桥位地形、水文、工程设备和技术条件采用不同的方法。当靠岸边的桥跨不高且可在陆地或便桥上施工时，可采用自行式吊车、门式吊车来拼装。对于河中桥孔，亦可采用水上浮吊进行安装。如果桥墩很高，或水流湍急而不便在陆上、水上施工时，就可利用各种吊机进行高空悬拼施工。

悬臂吊机由纵向主桁架、横向起重桁架、锚固装置、平衡重、起重系、行走系和工作吊篮等部分组成。

纵向主桁架为吊机的主要承重结构，可由贝雷片、万能杆件、大型型钢等拼制。一般由若干桁片构成两组，用横向连接系连成整体，前后用两根横梁支撑。

横向起重桁架是供安装起重卷扬机直接起吊箱梁块件之用的构件。纵向主桁架的外荷载就是通过横向起重桁架传递的。横向起重桁架支撑在轨道平车上，轨道平车搁置于铺设在纵向主桁架上弦的轨道上，起重卷扬机安置在横向起

重桁架下弦。

设置锚固装置和平衡重的目的是防止主桁架在起吊块件时倾覆翻转，保持其稳定状态。

对于拼装墩柱附近块件的双悬臂吊机，可用锚固横梁及吊杆将吊机锚固于0号块上。对称起吊箱梁块件，不需要设置平衡重。单悬臂吊机起吊块件时，亦可不设平衡重，而将吊机锚固在块件吊环上或竖向预应力筋的螺丝端杆上。

起重系一般由50 kN电动卷扬机、吊梁扁担及滑车组等组成。

行走系统中，吊机的整体纵移可采用钢管滚筒在木走板上滚移，由电动卷扬机牵引，牵引绳通过转向滑车系于纵向主桁架前支点的牵引钩上；横向起重桁架的行走采用轨道平车，用倒链滑车牵引。

工作吊篮悬挂于纵向主桁架前端的吊篮横梁上，吊篮横梁由轨道平车支撑以便工作吊篮纵向移动。工作吊篮供预应力钢丝穿束、千斤顶张拉、压注灰浆等操作之用，可设上、下两层，上层供操作顶板钢束用，下层供操作肋板钢束用，也可只设一层，此时，工作吊篮可用倒链滑车调整高度。

这种吊机的结构较简单，使用普遍。当吊装墩柱两侧附近块件时，往往采用双悬臂吊机的形式，当块件拼装至一定长度后，将双悬臂吊机改装成两个独立的单悬臂吊机。

但在桥的跨径不太大、孔数不多的情况下，有的工地就不拆开墩顶桁架而在吊机两端不断接长进行悬拼，以免每拼装一对块件就将对称的两个单悬臂吊机移动和锚固一次。

采用悬臂吊机、缆索、浮吊悬拼安装施工时应注意如下事项。

(1)施工前应按施工荷载进行强度、刚度和稳定性验算，使安全系数符合规定。块件起吊安装前，应对起吊设备进行安全技术检查，并按设计荷载的60%、100%和130%分别进行起吊试验。

(2)吊机重应符合设计要求，应注意吊机的定位和锚固，经检查符合要求后再进行起吊拼装。

(3)桥墩两侧块件宜对称起吊，以保证桥墩两侧平衡受力。

(4)墩侧相邻的1号块提升到设计高程初步定位后，应立即测量、调整1号块的纵轴线，使之与梁顶块件纵轴线的延伸线重合，使其横轴线与梁顶块件的横轴线平行且间距符合设计要求。应检查梁顶块件与1号块间孔道的接头情况，调整并制作接缝间孔道接头后，方可将1号块牢靠固定。其他各个块件连接时，均应按规定测量并调整其位置。

(5)应在施工前绘制主梁安装挠度变化曲线，悬拼过程中应随时观测桥轴线安装挠度曲线的变化情况，并与设计值进行对比，遇有较大偏差时及时处理，以便控制块件安装高程。

2)接缝处理

梁段间可采用湿接缝、干接缝和胶接缝进行连接，也可采用预埋件焊接硬接缝。采用哪一种接缝方式，要根据设计要求处理。

湿接缝是在相邻块件间现浇一段 10～20 cm 宽的高强度等级的砂浆或小石子混凝土，将块件连接成整体。该法有利于调整块件的拼装位置和增强接头的整体性。这种接缝工序复杂，且现浇混凝土需要养护，从而使工期延长，因此，通常只在悬拼的个别地点(如墩柱顶现浇的 0 号块与预制的 1 号块之间)设置，以保证接缝密合，并用以调整拼装误差。悬拼施工时，1 号块(即墩柱两侧的第一块)与墩柱上的 0 号块一般以湿接缝相接，1 号块是 T 形刚构两侧悬臂箱梁的基准块件。T 构悬拼施工时，防止上翘和下挠的关键在于 1 号块定位准确，因此，必须采用各种定位方法确保 1 号块定位的精度。定位后的 1 号块可由吊机悬吊支撑，亦可用下面的临时托架支撑。为便于进行接缝处管道接头操作、接头钢筋的焊接和混凝土振捣作业，湿接缝一般宽 10～20 cm。

干接缝是指相邻块件拼装时，将两端面直接贴合，接缝上的内力通过预施力及肋板上的齿形键传递，调整位置后立即进行张拉。齿形干接缝可简化拼装工作，但这种接缝不易保证接缝密合，易受水汽侵袭而导致钢筋锈蚀且容易产生局部应力集中现象，现已很少使用。半干接缝可用来在拼装过程中调整悬臂的平面和立面位置。

胶接缝是在接缝端面涂一薄层环氧树脂等胶结材料，将相邻块件黏结成整体，通过胶结层来传递内力并提高整体刚度和不透水性。它具有湿接缝的优点，又不影响工期，近来被较多采用。在采用胶接缝时，应注意胶层厚度。悬拼施工时，除 1 号块与 0 号块的连接采用湿接缝外，其他块件应用胶接缝拼装，所涂环氧树脂胶一般厚 1.0 mm 左右。胶接缝主要形式有单阶形、单齿形和平面形。环氧树脂胶的配比通过试验决定。环氧树脂胶由环氧树脂、固化剂、增塑剂、稀释剂、填料等组成。环氧树脂胶随用随配调制。

3)穿束及张拉

胶接块件拼装完毕，经检合格后，即可张拉预应力束进行块件挤压。湿接缝块件应待混凝土强度达到设计强度等级的 70%时，才能张拉预应力束。

(1)穿束。

穿束通常分为明槽穿束和暗管穿束两种。

明槽钢丝束通常等间距排列,锚固在顶板(这种板俗称“锯齿板”)加厚的部分。加厚部分预制时留有管道。穿束时先将钢丝束在明槽内摆放平顺,然后再分别将钢丝束穿入两端管道之内。钢丝束在管道两头伸出长度要相等。

暗管穿束比明槽难度大。经验表明,长度在60 m以内的钢丝束穿束一般均可采用人工推送。较长钢丝束穿入端,可点焊成箭头状缠裹黑胶布推送。60 m以上的长束穿束时可先从孔道中插入一根钢丝与钢丝束引丝连接,然后一端以卷扬机牵引,一端以人工送入。

(2)张拉。

钢丝束张拉前要首先确定合理的张拉次序,以保证箱梁在张拉过程中每批张拉合力的作用点都接近该断面钢丝束的总拉力重心处。

钢丝束张拉次序的确定与箱梁横断面形式、同时工作的千斤顶数量、是否设置临时张拉系统等因素关系很大。一般情况下,纵向预应力钢丝束的张拉次序按以下原则确定。

①对称于箱梁中轴线,钢束两端同时成对张拉。

②先张拉肋束,后张拉板束。

③肋束张拉次序为先张拉边肋,后张拉中肋(若横断面为3根肋,仅有两对千斤顶)。

④同一肋上的钢丝束先张拉下边,后张拉上边。

⑤板束的次序是先张拉顶板中部的,后张拉边部的。

当气温在0℃以下、风力在5级以上时,不宜进行张拉。桥面明槽内已张拉的预应力束应加以保护,禁止上面堆放物件和抛物撞击。每对块件拼装完毕并张拉后,应立即压浆封锚。当块件的预应力束按设计要求张拉完毕后,方准许放松吊钩。有吊梁的T形刚构桥明槽混凝土,应在吊梁安装完毕后立即浇筑,浇筑程序应由悬臂端开始同时向根部推进。

3.3.11 顶推法施工

1.预制场的布置

预制场是预制箱梁和顶推过渡的场地,应设在桥台后面的桥轴线的引道或引桥上,其长度一般为预制梁段长度的3倍以上。预制场地宽度应满足梁段两

侧施工作业的需要，一般为桥梁宽度加 2 m×2.5 m。预制场地上空宜搭设固定或活动的作业棚，其长度应为预制梁段长度的 3 倍以上，使梁段预制作业不受天气变化的影响且便于混凝土的养护。当为多点顶推时，可在桥两端设场地，从两端同时顶推。台座的轴线应与桥梁轴线延长线重合，台座的纵坡应与桥梁纵坡一致，其施工误差应满足规范要求。

预制场主要包括主梁梁段的浇筑平台和模板、钢筋和钢索的加工场地，混凝土搅拌站以及砂、石、水泥的堆放和运输路线用地。制梁平台的位置必须保证梁体在最初的几次顶推过程中总体的稳定性和抗倾覆安全性。必须根据制梁平台、临时墩和导梁的参数，按最初几次顶推步骤进行安全性验算。制梁平台不宜布置在道路上、江边浅水中及其他有障碍的位置，否则不利于平台上的作业。在条件较好的情况下，制梁台宜靠近顶推跨，既节省顶推距离，避免最后一段梁顶推时出现一段较长的悬臂，亦能少占引道，减少施工干扰。台座使用前应进行预压。

2. 梁段的预制

梁段的预制对桥梁施工质量和施工速度起决定作用。

主梁的梁段长度划分主要考虑段间的连接处不要设在连续梁受力最大的支点与跨中截面，同时要考虑制作加工容易，尽量减少分段，缩短工期。因此，一般常取每段长 10～30 m。

顶推预应力主梁一般采用箱梁，可根据现场的实际情况，采用两种方法。一种是全断面整段浇筑法，即梁段一次性浇筑完成，张拉预应力筋后顶推出预制场。另一种是分次浇筑法，即在预制场先完成底板浇筑，张拉部分预应力筋后随即顶推出预制场，而箱梁的腹板、顶板的施工在过渡孔上完成；或底板和腹板第一次预制，顶板部分第二次预制。梁体制造长度应考虑预应力混凝土的弹性压缩、收缩、徐变的影响，并进行调整。

箱梁模板由底模、侧模和内模组成。采用顶推法施工多选用等截面梁，模板可以多次周转使用。预制的块件要求精确的截面尺寸，底面要平整，梁段端部要垂直以利装配，另外还要注意管道的位置准确，因此宜使用钢模板。此外，尽可能采用机械化装拆模板，底模板宜采用升降式，侧模板宜采用旋转式，芯模板宜采用易于拆卸和移动取出的构造方式。预制顺序要先河内后岸边，按其顶进段先后次序确定。

为保证块件的预制质量，且提高施工速度，通常可采取如下施工措施：采用专业化施工队伍，加早强剂并蒸汽养护以提高混凝土的早期强度，采用合理的钢索形式以加快张拉速度，采用大型模板以及组织强大振捣系统。目前，国内外的预制梁段周期为 7～15d。

3. 预应力筋的布置及张拉

连续梁桥在结构重力载和汽车荷载恒、活载等作用下，主梁受弯，跨中截面承受正弯矩，中间支点截面承受负弯矩，通常支点截面负弯矩比跨中截面正弯矩大。而在顶推施工中，由于梁的内力控制截面的位置在不断地变化，梁的每一个截面内力也在不断地变化。虽然施工时的荷载仅为梁的自重和施工荷载，其内力峰值没有桥梁在运营状态时的峰值大，但每一截面的内力为正、负弯矩交叉出现，其中在第一孔出现较大的正、负弯矩峰值，之后各孔的正负弯矩值较稳定，而到顶推的末尾几孔弯矩值较小。由于梁的施工内力与运营状态下的内力有差异，梁的受力筋配置要同时满足施工阶段和运营阶段的需要。

预应力混凝土连续梁桥的纵向受力筋可分为 3 种类型：①从顶推开始到连续梁就位都必需的永久受力筋，兼顾营运与施工两方面要求；②在顶推过程中所必需的，但到连续梁顶推就位后必须拆除的临时力筋，只满足施工阶段要求，占永久受力筋的 15%～20%；③在全梁顶推就位后再按需要补充张拉的补充受力筋，满足营运阶段要求。前两者受力筋需要在施工时张拉，也称前期受力筋，要求其构造简单、便于施工，这样有利于加快施工速度，所以常采用直索，布置在截面的上下缘，对梁施加一个近于中心受压的预应力。顶推阶段所需要的受力筋数量可由截面的上、下边缘不出现拉应力及不超过正截面的抗弯强度作为控制条件来确定。这 3 种预应力筋都必须按设计规定进行穿束张拉或拆除，不得随意增减或漏掉。按照顶推需要每预制接长一段梁，必须在顶板、底板张拉设计规定的预应力筋后，才可以继续顶推。对通长的永久受力筋，应在两梁段间留出适当空间用特制的预应力筋连接器予以连接，张拉以后，再用混凝土填塞。对于施工需要而临时配置的受力筋，一般选用短索，布置在梁的跨中部位的上缘及支点部位的下缘，在施工完成后拆除。至于顶推完成后增配的后期力筋，可采用直索与弯索，锚在箱梁内的齿板上。

梁段连接处的接头，应将前段梁段接触面凿毛并清洗干净，并按设计连接纵向钢筋。接头处成孔橡胶管伸入前段梁段内的长度不小于 30 cm，波纹管伸入前段梁内的长度不小于 5 cm，并采取措施固定定位网。

在布索和张拉施工中，应注意以下几个问题。

(1)在同一截面上,钢索的布置要对称、均匀,不要过于集中。

(2)弯索的布置应尽量避免平弯,弯索的锚固设在横梁后的竖向齿板上。

(3)纵向力筋在同一截面上不能断索过多,以免应力集中;但也不能过于分散,使齿板过密,一般宜采用相对集中设齿板,以减少箱梁的预制规格,使张拉施工方便,缩短预制周期。

(4)为重复利用临时钢索材料,在后期力筋中可设计一些比临时索较短的直索。

(5)为加强箱梁与导梁叠合部位的连接,同时为抵抗箱梁前端经常处于悬臂状态时的应力,在导梁附近的箱梁应配有一定数量的受力筋。

(6)受力筋张拉的顺序宜采用先临时索后永久索、先长索后短索、先直索后弯索,上下交替、左右对称地进行;张拉均应严格按设计规定进行张拉和拆除,不得随意增加或漏拆预应力索。

(7)根据结构受力需要,桥梁上还可设置横向和竖向的力筋,形成双向或三向预应力。

4. 梁段顶推

顶推施工前,应根据主梁长度、设计顶推跨度、桥墩能承受的水平推力、顶推设备和滑动装置等条件,选择适当的顶推方式。

顶推施工主要装置为顶推装置及滑移装置。顶推装置主要由水平布置的液压千斤顶和油泵等组成,需要满足一定的技术要求:顶推起重能力要比设计的大25%～30%;构造应平稳,使用时无跳动和扭曲,速度应控制在能更换和安装整个装置、滑道和其他零件的水平上;要有保险装置;要有一定的操作场地或工作室。

滑移装置可分为普通的滑移装置、起循环作用的滑移装置、起连续作用的滑移装置、导向装置及其他附属装置。

1)单点顶推

单点顶推法有两种方式。一种是拉杆式顶推法,即水平千斤顶通过拉杆带动梁体前移,滑道为固定的不锈钢板,滑块在滑道上支撑梁体,在滑道前后设置垂直千斤顶用来起落梁体使滑块能从前向后移动,这是早期做法。后来把滑道前后作为斜坡,滑块可以手工推进,可不必用垂直千斤顶顶起梁体后移滑块。单点顶推适用于桥台刚度较大、梁体较轻的施工条件。另一种是水平-竖直千斤顶法,即顶推动力装置集中设置在靠近梁场的桥台或桥墩上,支撑在纵向滑道上的垂直千斤顶和支撑在墩(台)背墙的水平千斤顶联动,使梁体以垂直千斤顶为支撑向前移动。当水平千斤顶达到最大行程时,降下竖直千斤顶活塞,使梁体落在临时支撑上,收回水平千斤顶活塞,带动竖直千斤顶后移,回到原来位置,如此反复将梁体顶推到设计位置。

2)多点顶推

多点顶推是在每个墩台上设置一对小吨位(400～800 kN)的水平千斤顶,将集中的顶推力分散到各墩上,并在各墩上及临时墩上设置滑移支撑。所有顶推千斤顶通过控制室统一控制其出力等级,同步前进。

利用水平千斤顶传给墩台的反力来平衡梁体滑移时在桥墩上产生摩阻力,从而使桥墩在顶推过程中承受较小的水平力,因此,可以在柔性墩上采用多点顶推施工。

除了用拉杆式顶推系统,多点顶推法亦可用水平千斤顶与竖向千斤顶联合作业。对于柔性墩,为尽量减小对它的水平推力,千斤顶的推力按摩阻力的变化幅度分为几个级别,通过计算确定各千斤顶的推力等级,在控制室随时调整顶力的级数,控制千斤顶的推力大小。与单点顶推比较,多点顶推可避免使用大规模的顶推设备,并能有效地控制顶推梁的偏移,顶推时桥墩承受的水平推力小,便于结构采用柔性墩。在顶推弯桥时,由于各墩均匀施加顶推力,能顺利施工。在顶推时如遇桥墩发生不均匀沉降,只要局部调整滑板高度即可正常施工。采用拉杆式顶推系统,免去了在每一循环顶推中用竖直千斤顶将梁顶起和使水平千斤顶复位的操作,简化了工艺流程,加快了顶梁速度。所以我国近年来用顶推法施工的预应力混凝土连续梁桥较多地采用了多点顶推法。但多点顶推所需顶推设备较多,操作要求比较高。

多点顶推的顶推设备,国内一般较多采用拉杆式顶推系统。与采用水平-竖直千斤顶相比,简化了工艺流程,加快了顶推速度。拉杆式顶推工艺如下:水平千斤顶通过传力架固定在桥墩顶部靠主梁的外侧,装配式的拉杆用连接器接长后与锚固在箱梁腹板上的锚固器连接,驱动水平千斤顶后活塞杆拉动拉杆,使梁借助梁底滑板装置向前滑移,水平顶每走完一个行程后,就卸下一节拉杆,然后水平顶回油使活塞杆退回,再连接拉杆并进行下一顶推循环。

采用多点顶推时,可按主顶和助顶相结合的形式顶推,助顶的顶推力保持恒定,不足的顶推力由主顶补充。多点顶推的关键在于同步,即通过中心控制室控制分散在各桥墩上的各千斤顶的推力等级,保证它们同时启动、同步前进、同时停止和同时换向。由于千斤顶有传力时间差,将不可避免地引起桥墩沿着桥纵

向摆动，同时箱梁的悬出部分可能上下振动，这些因素对施工极其不利，要尽量减少其影响，宜采用一套液压与电路相结合的控制系统，做到分级调压、集中控制、差值限定。做好意外急停措施，如各机组和观测点上，触发任一急停按钮，全部机组能同时停止工作。

顶推接近到位时，如前方已有先架设的梁，应及时拆除导梁，或将导梁移到梁顶，在先架设的梁顶设置接引千斤顶和滑动支座。全桥顶推就位时，逐节拆除钢导梁，然后使箱梁纵、横向准确就位。张拉后期预应力束，拆除顶推临时束，起顶箱梁，拆除顶推滑道，安装正式支座，然后落梁，调整支反力，复核梁底高程，锁定支座。全桥顶推作业完毕。

3)顶推施工辅助设施

连续梁采用顶推施工时，由于梁的施工内力与营运状态下的内力有较大差异，为了减小施工中的内力，扩大顶推法施工的使用范围，同时从安全施工和方便施工角度出发，在施工过程中使用了一些临时设施，如导梁、临时墩、托架及斜拉索等结构。

(1)导梁。

导梁设置在主梁的前端，为等截面或变截面的钢桁梁或钢板梁，主梁前端装有预埋件与钢导梁拴接。在分联顶推时，根据设计设置后导梁，其与顶推梁的连接方式应符合设计规定。导梁长度一般为顶推跨径的 60%～80%，刚度为主梁刚度的 1/15～1/9，过大或过小都将增大主梁顶推时的内力。较长的导梁可以减小主梁悬臂负弯矩，但过长的导梁将会导致导梁与箱梁接头处负弯矩与支反力的相应增大；导梁过短，则要增大主梁的负弯矩值。导梁的结构需要进行受力状态分析和内力计算，导梁的控制内力是位于导梁与箱梁连接处的最大正、负弯矩和下缘承受的最大支点反力。导梁最好采用从根部至前端为变刚度或分段变刚度的，在外形上底缘与箱梁底应在同一平面上，前端底缘呈向上圆弧形，以便于顶推时顺利通过桥墩。当用连接件连接时，应先将导梁全部拼装并与连接件相连接后，再浇筑混凝土；当用预应力筋连接时，预应力筋的张拉应按有关规定进行。导梁的底面应平顺，无棱角和毛刺。中心线、平面、高程的偏差均不大于 1 mm。

导梁与箱梁内的预埋件应严格按设计要求进行焊接。另外，为防止主梁端部接头混凝土在承受最大正、负弯矩时产生过大拉应力而开裂，必须在接头处增加有黏结预应力筋。导梁间横向设联系构件，保证横向稳定性。前、后导梁均采用军用梁组拼。

(2)导向装置。

梁段顶推时,为纠正梁体偏移,通常在梁体两旁隔一定距离设置导向装置。根据具体情况,可采取如下导向装置。

①楔形导向滑板:其构造与滑板基本相同,但导向板系楔形,横向设在梁段两侧的反力架间,梁段通过时,利用楔形的横向分布力来纠偏。

②千斤顶:适用于梁体偏移较大时,横向装置于桥墩两侧的钢支架上,当需要纠偏时,开动一侧的千斤顶使梁横移。

导向装置应具有足够的承载力,防止纠偏产生意想不到的破坏后果。采用楔块法为主、千斤顶横顶法为辅的纠偏方法。

(3)临时墩。

对于跨径大于 50 m 的梁桥,宜设置临时支墩,以减小主梁的顶推跨径,从而减小顶推时最大正负弯矩和所产生的主梁截面应力。临时墩需有足够的刚度,能承受顶推过程中最大的竖直荷载,不应发生沉陷;在顶推时不得因纵向摩阻力发生偏斜。

在连续梁的跨度大于顶推跨度时,宜考虑设置中间临时墩,在不设中间临时墩的顶推桥梁施工中,为满足安装钢导梁和连续梁前期顶推抗倾覆的要求,在制梁台座前和连续梁第一跨内设临时墩,作为顶推施工的过渡段,保证梁体线形与已经顶推出去的梁体完全一致,避免大梁从制梁台座上顶推出去以后,与接灌的下一梁段出现大的转角。

临时墩一般只设置滑道而不设顶推装置,若必须加设顶推装置,应经过计算确定。主航道中临时墩的设计应考虑拆除、清理航道的方案。

(4)托架。

托架用以减小顶推跨径和主梁的受力。但必须注意导梁的前端滑移到托架时,将增大桥墩的偏心受荷弯矩。临时托架多用于水上施工,施工完毕,构件大多全部拆除,但某些桥梁在施工后把托架和主梁连成整体,形成连续托架桥。

(5)斜拉索。

在主梁前端设临时塔架,以斜拉索系于梁上加固,以减小悬臂弯矩。

4)施工注意事项

(1)梁的顶推坡度应与桥梁设计坡度一致。随梁体前移,水平穿心式千斤顶相应移动。

(2)顶推力的确定,根据各工况墩顶的最大支点反力及试验顶推节段确定的摩擦系数(考虑竖曲线影响)来确定各墩千斤顶水平顶力的大小。顶推过程中,

在保证总顶推力大于总阻力的前提下，预先调整好油泵，一次上足。需增减调整总顶推力时，根据现场测量监控结果并采用有较大富余顶力的墩位来补足顶力。根据总阻力来确定所需千斤顶的数量及型号，再根据各支点反力来确定每台千斤顶所需施加牵引力的大小及具体型号，并由配套油表反映。

(3)每次顶推时，必须测量顶推梁段的中线和各滑道顶的高程，并将其控制在允许范围以内。

(4)顶推时应及时对导梁、桥墩、临时墩、滑道、梁体位置等进行观测。当出现梁段偏离较大、牵引拉杆变形、滑道有移动、未压浆的预应力筋锚具松动等异常现象时，应暂停顶推。

3.4　隧道工程施工

3.4.1　洞口施工

1. 洞口工程的安排

洞口工程是指根据洞口地段的特点而安排的与隧道施工关系密切或为洞内施工服务的工程，它主要包括洞口排水系统、洞口桥涵系统、洞口路堑土石方和洞口挡护工程。

1)洞口排水系统

边坡和仰坡外的排水系统应在洞口土石方开挖前完成。洞口排水状况对洞口地层的稳定和施工环境的影响很大。因此，洞口开挖前应做好排水工程。洞口排水系统一般包括如下内容。

(1)开挖洞顶天沟：在洞口仰坡上方开挖排水沟，其断面尺寸的大小应能容纳最大暴雨时地表汇流的水量，不宜过小。天沟的走向应能将堵截的地表水引入路堑侧沟或洞口以外的天然沟谷。

(2)整平洞顶地面：对洞顶地表的陷穴、深坑加以填平夯实，对裂缝进行堵塞，严重者加以砌筑，使洞顶地表无积水。

(3)铺砌和改移天然沟槽：天然沟槽常因岩层风化破碎严重，极易使地表水下渗，应在隧道开工前，根据地形、地质条件对天然沟槽进行妥善处理，使山洪宣泄畅通。

2)洞口桥涵系统

(1)在洞口应设置横向运输道,把隧道出渣弃在桥址下游,以防堵塞河道。

(2)有条件时,尽量将桥梁和隧道交给同一个单位施工,以便统筹安排。

(3)在桥隧相连的洞口,原则上应先做隧道,待洞门做好以后再做洞口桥台。

3)洞口路堑土石方

洞口地段地层一般较破碎,很容易造成山体失稳,产生滑动和坍塌,这给洞口的开挖造成很大的困难,必须严格按照设计边坡进行边坡施工,不得使用临时边坡。一般包括如下内容。

(1)准备施工前,先清理洞口上方及侧方可能滑塌的表土、灌木及山坡危石。

(2)当洞口路堑土石方数量很大又要求及早进洞时,可采用侧面进洞超前施工。

4)洞口挡护工程

一般来说,需要设置挡护工程的隧道洞口,洞口地段的地质条件较差或地势较为陡峻,在施工时必须做好挡护工程后方可进洞。软土地层开挖边坡、仰坡时,随挖随支护,加强防护,随时监测、检查山坡稳定情况。

2. 隧道进洞的方式

隧道进洞的方式,是关系到隧道洞口围岩稳定和能否顺利进洞施工的重要环节,应针对洞口地段特点结合工期的要求进行多方案比选,择优而定。目前常用的进洞方式有 3 种,即导坑进洞、辅助坑道进洞和拉槽进洞。

1)导坑进洞

导坑是整个隧道施工的先导。导坑掘进速度的快慢直接影响整个隧道的工程进展,因此,必须重视这一关键工序。导坑的主要作用如下。

(1)导坑能为后续开挖工序创造临空面,以提高爆破效果。

(2)导坑能作为扩大工作面的基地。

(3)在导坑的开挖过程中能够查明实际的地质情况。

(4)导坑能用来排除地下水使坑道保持干燥。

(5)导坑能用来敷设管道、电缆线和运输轨道。

(6)导坑能显著地改善施工通风条件。

导坑的尺寸较小,只有一个临空面,超前进入山体深处,运输距离远,而且地质情况还有待探明,可能遇到地质条件突然变化而影响前进的情况。同时,相对

于后续开挖工序来说，导坑的开挖、出渣运输、通风、排水、测量以及敷设管路等工作都是比较困难的。导坑的掘进是全隧道施工过程的关键环节，因此，有效地组织导坑快速掘进，使导坑掘进领先于其他工序，才能为加快整个隧道的施工进度创造良好的条件。

导坑的形状要随围岩压力及支撑形式而定，通常为矩形、梯形和弧形。在没有侧压力的坚硬岩层中一般采用矩形导坑。在较破碎的地层或者在可能产生不对称压力的岩层中一般采用梯形导坑，两侧斜度约为 10 ∶ 1，上窄下宽，比较稳定；同时上部窄小也缩短了顶部横梁的跨度，更有利于承受竖向的围岩压力，下部宽大便于安装隧道辅助设备，这样的支撑对于承受侧向围岩压力来说比较稳定。在Ⅰ～Ⅲ类无塌方或只有局部小塌方的围岩中，可采用弧形导坑，因其开挖呈弧形，相当于拱圈外缘轮廓，比较符合围岩自然拱形状，并能减少开挖工序，加快施工速度。

导坑的最小尺寸首先要符合围岩的条件以确保施工安全，其次要使打眼放炮、出渣运输等工序在操作上有足够的工作空间，还要同时结合地质条件、支撑形式和管路布置等情况而定，以保证正常施工的需要。例如：为了架设漏斗棚架，下导坑通常要求加高到 3.2～3.4 m。

下导坑中心线一般与隧道中心线一致，其底面高程应与隧道底面高程齐平。掘进时一定要注意，不要使导坑底面高程升起，以免以后“检底”。

2)辅助坑道进洞

为了满足施工对出渣、运输、通风、排水的需要，或工程规模较大，而工期要求紧迫。需另开作业面时，还可在洞室的开挖断面外增设辅助坑道进洞。设置辅助坑道应尽量考虑到一洞多用、长度短以及工程投产后加以利用的可能性。辅助坑道一般有横洞、斜井、竖井及平行导坑等，辅助导坑的类型如图 3.18 所示。

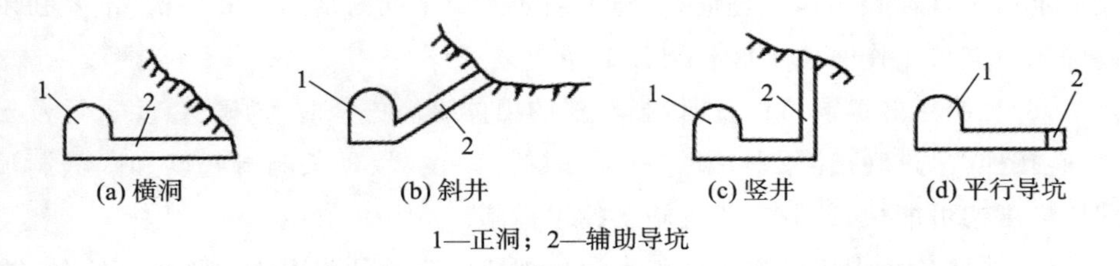

1—正洞；2—辅助导坑

图 3.18　辅助导坑的类型

3)拉槽进洞

若洞外路堑较长,土石方数量很大,不能很快将路堑挖到洞门,而工期又较紧必须及早进洞,可采用拉槽进洞。但是,这种方法施工容易发生事故,洞内外干扰也较大,故应尽量避免使用。

当洞口地层很薄时,开挖暗洞后,往往不可能形成天然拱,洞顶岩层容易坍塌,则应采用明洞方式进洞。在明洞的掩护下,再进行洞内开挖。

洞口的施工,无论采用何种方式进洞,大都由导坑引进,当导坑进去 10～20 m 后,再返回来由里向外进行扩大和修筑衬砌。洞身衬砌修筑后,立即砌筑洞门。

4)大断面隧道的进洞方法

高速铁路隧道常采用斜切式洞口结构或其他缓冲结构的洞口形式,加上洞口段地质复杂、隧道开挖断面大等特点,给进洞施工带来新问题。大断面隧道进洞方法有大管棚超前进洞、接长明洞进洞、小导坑反向扩大隧道进洞、加固地层(反压法)进洞等。

3.洞口段施工注意事项

隧道洞口段施工的基本原则是施工中应少扰动围岩,尽快施作初期支护,及时量测和反馈,并使断面及早封闭。正确合理地组织洞口施工,是保证隧道施工质量和按施工工期交付结构的重要措施。在洞口段施工时,应注意以下几点,才能很好地保证隧道施工的顺利进行。

(1)施工人员在施工前,必须对设计文件所定的洞口位置,针对实际的地形、地质条件进行复核,如有不合理之处,应会同设计人员修改设计,变动洞口位置。

(2)要重视洞口地段施工。洞口工程施工前,应先检查边坡、仰坡以上的山坡稳定情况,清除悬石,处理危石,施工期间实施不间断地监测和防护,不要在未做好洞口支护工作时急于展开洞身工序。

(3)在决定隧道洞口位置时,当开挖的山体可能失稳时,为确保施工、运营安全,宜按照“早进晚出”原则,研究有无改移洞门位置、延长洞身长度和降低洞顶仰坡高度的可能性,并制定相应施工技术措施。

(4)严格禁止大爆破方法施工。洞口地段施工必须尽可能少地破坏山体,当不得已采用爆破方法开挖土石方时,必须严格控制一次起爆的炸药数量,避免将仰坡坡面之下的岩体炸碎振松,引起岩石坍塌。

(5)洞口施工中的关键工序是进洞开挖。洞口段洞身施工时,应根据地质条件,地表沉陷控制以及保障施工安全等因素选择开挖方法和支护方式,开挖时应随时注意观察边坡、仰坡地层的变化,认真做好开挖中的防塌和支撑工作。

(6)刷好仰坡后,必须立即架好洞口支撑,并且应尽早做好洞口段的衬砌和洞门。其衬砌应根据地质、水文、地形条件,至少设置不小于6 m的模筑混凝土加强段,以提高圬工整体性。洞门完成后,洞门以上仰坡脚受破坏处,应及时处理。

(7)避免在雨季施工,认真做好地表防、排水工作,减少地表水对洞口地段施工的影响。平整地表,排除积水,整理隧道周围流水沟渠并施作边坡、仰坡顶处的天沟。

(8)各洞口工程的施工顺序,应视地形、地质条件和对隧道施工影响的大小而定。在开挖洞口之前,必须做好洞口排水系统,在做好排水系统和洞口运土的通道后,然后才能进行路堑土石方的开挖。

3.4.2　洞身开挖

1.开挖方法

根据不同的地质条件,隧道开挖方法可分为全断面一次开挖法、台阶开挖法和分部开挖法3种。

1)全断面一次开挖法

全断面一次开挖法是指按设计轮廓线一次开挖成形的施工方法。在高速铁路隧道施工中,全断面法适合于Ⅰ～Ⅲ级围岩的单线隧道,同时应配备相应的钻孔台车及大型装运机械设备;在Ⅳ～Ⅵ级围岩采用全断面法施工时,必须采用辅助工法。

全断面法施工工序:用钻孔台车钻眼,装药,连接导火线;退出钻孔台车,引爆炸药,开挖出整个隧道台面;排除危石;喷射拱圈混凝土,必要时安设拱部锚杆;用装渣机将石渣装入运输车辆,运出洞外;喷射边墙混凝土,必要时安设边墙锚杆;根据需要可喷第二层混凝土和隧道底部混凝土;开始下一轮循环;通过测量判断围岩和初期支护的变形程度,待基本稳定后,施作二次模筑混凝土衬砌。全断面一次开挖法施工示意图如图3.19所示。

2)台阶开挖法

高速铁路隧道施工中,台阶开挖法已成为大断面隧道施工的主流施工方法。

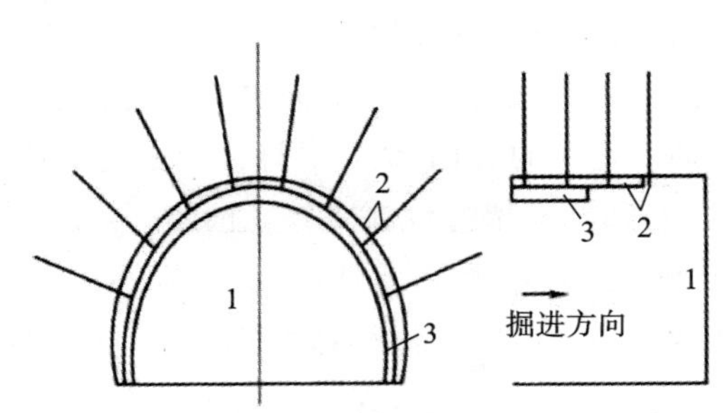

1—全断面开挖；2—锚喷支护；3—模筑混凝土

图 3.19　全断面一次开挖法施工示意图

台阶开挖法是为了控制围岩变形而采用的纵向分部开挖法，将结构断面分成两步或多步开挖，具有上、下两个工作面或多台阶时多个工作面以供开挖。其优点是灵活多变、适用性强。台阶开挖法按台阶长短可分为长台阶法、短台阶法和超台阶法 3 种。由于高速铁路多为大断面设计，逐渐发展出三台阶临时仰拱开挖法和多台阶开挖法。施工中采用何种台阶开挖法，由以下两个条件决定。

(1)初期支护形成闭合断面的时间要求。围岩稳定性越差，闭合时间要求越短。

(2)上断面施工所用的开挖、支护、出渣等机械设备及施工场地大小的要求。当地质条件适用全断面一次开挖法施工，但缺少全断面钻孔台车时，可采用台阶开挖法。

台阶开挖法可以说是全断面一次开挖法的变化方案，即在开挖面上分 1～2 个台阶，分部开挖、支护及浇筑衬砌，在装渣运输、衬砌修筑等方面则与全断面一次开挖法基本相同。多适用于Ⅱ～Ⅳ类围岩，开挖后不需要支撑或可采用喷锚支护的隧道，并有小型钻孔台车和高效率大型扒渣及装运机械。台阶开挖法施工示意图如图 3.20 所示。

3)分部开挖法

分部开挖法一般分为台阶分部开挖法、单侧壁导坑法、双侧壁导坑法。随着高速铁路的发展，大断面隧道不断出现，大跨施工难度加大，变大跨为小跨对施工技术提出了新的要求。因此，在以上三种施工技术的基础上，又增加了中壁法、中洞法、侧洞法和柱洞法等。下面主要介绍这 7 种方法。

(1)台阶分部开挖法。

台阶分部开挖法又称环形开挖预留核心土法，一般将断面分成环形拱部、上部核心土、下部台阶 3 部分。根据断面大小，环形拱部又可分成几块交替开挖。

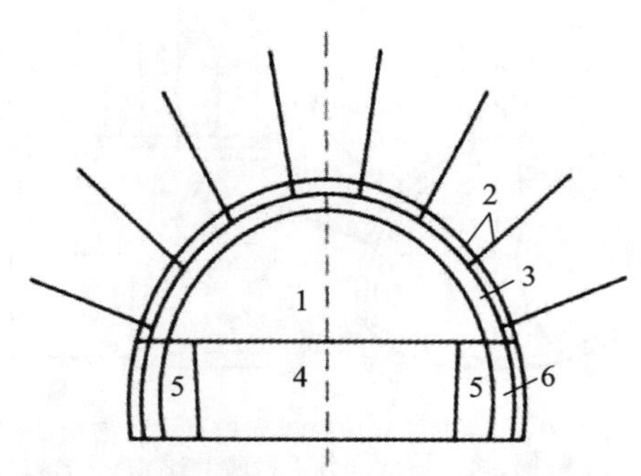

1—上半部开挖；2—拱部喷锚支护；3—拱部衬砌；4—下半部中央部开挖；
5—边墙部开挖；6—边墙部喷锚支护及衬砌

图 3.20　台阶开挖法施工示意图

开挖进尺为 0.5～1.0 m，不宜过长。台阶长度一般以控制在 1D 内（D 指隧道跨度）为宜，如图 3.21 所示。

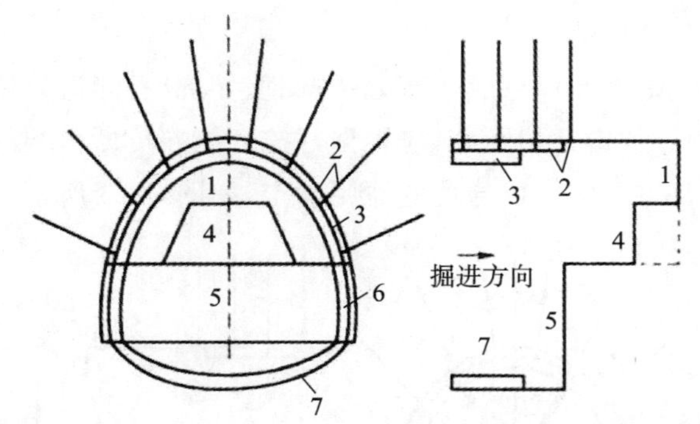

1—上弧形导坑开挖；2—拱部喷锚支护；3—拱部衬砌；4—中核开挖；
5—下部开挖；6—边墙部喷锚支护及衬砌；7—灌注仰拱

图 3.21　台阶分部开挖法施工示意图

（2）单侧壁导坑法。

单侧壁导坑法一般是将断面分成侧壁导坑、上台阶、下台阶 3 部分。侧壁导坑尺寸应充分利用台阶的支撑作用，并考虑机械设备和施工条件。一般侧壁导坑宽度不宜超过 50％洞宽，高度以到起拱线为宜，这样导坑可分二次开挖和支护，不需要架设工作平台，人工架立钢支撑也较方便。导坑与台阶的距离没有硬性规定，但一般应以导坑施工和台阶施工不发生干扰为原则。上、下台阶的距离则视围岩情况参照短台阶法或超短台阶法拟定。单侧壁导坑法施工示意图如图 3.22 所示。

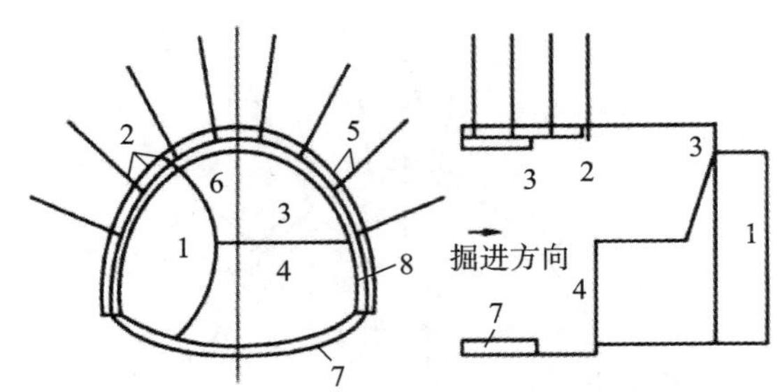

1—侧壁导坑开挖；2—侧壁导坑喷锚支护及设置中壁墙临时支撑；
3—后行部分上台阶开挖；4—后行部分下台阶开挖；5—后行部分喷锚支护；
6—拆除中壁墙；7—灌注仰拱；8—灌注洞周衬砌

图 3.22 单侧壁导坑法施工示意图

(3)双侧壁导坑法。

当隧道跨度很大，地表沉陷要求严格，围岩条件特别差，单侧壁导坑法难以控制围岩变形时，可采用双侧壁导坑法。现场实测表明，双侧壁导坑法所引起的地表沉陷仅为短台阶法的 1/2。

这种方法一般是将断面分成 4 部分：左侧壁导坑、右侧壁导坑、上部核心土、下台阶。左、右侧导坑错开的距离，应根据开挖一侧导坑所引起的围岩应力重分布的影响不致波及另一侧已成导坑的原则确定，如图 3.23 所示。

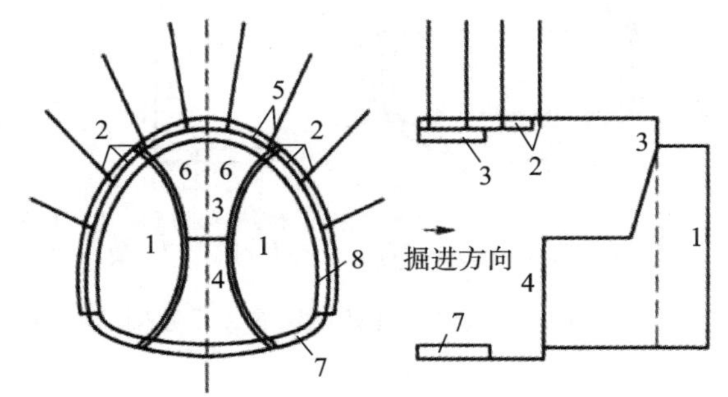

1—侧壁导坑开挖；2—侧壁导坑错喷支护及设置中壁墙临时支撑；
3—后行部分上台阶开挖；4—后行部分下台阶开挖；
5—后行部分喷锚支护；6—拆除中壁墙；7—灌注仰拱；8—灌注洞周衬砌

图 3.23 双侧壁导坑法施工示意图

(4)中壁法。

中壁法是分部开挖施工方法中的常用工法，根据开挖顺序和支护方式不同，分为中隔壁法和交叉中壁法。中隔壁法也称 CD(center diaphragm)工法，主要适用于地层较差和不稳定岩体，且地面沉降要求严格的地下工程施工。当 CD

工法不能满足要求时，可在 CD 工法基础上加设临时仰拱，故发展为交叉中隔壁法。交叉中隔壁法又称 CRD(cross diaphragm)工法。CD 工法和 CRD 工法在大跨度隧道中应用普遍，在施工中应严格遵守台阶开挖法的施工要点，尤其要考虑时空效应，每一步开挖必须快速，必须及时步步成环，工作面留核心土或用喷混凝土封闭，消除由于工作面应力松弛而增大沉降值的现象。CD 施工工序示意图如图 3.24 所示。

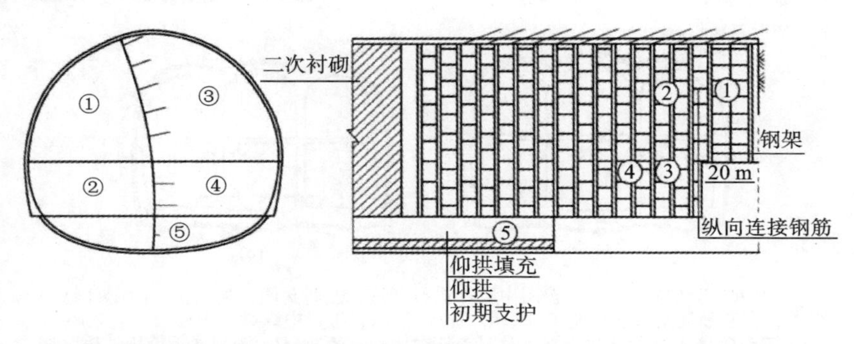

左侧①都开挖20 m停止施工，开始开挖左侧②部。左侧②部开挖10 m后停止施工，开始开挖右侧③部。右侧③部开挖10 m后停止施工，开挖左侧①部。左侧①部再开挖10 m停止施工，开挖左侧②部。左侧②部再开挖10 m后停止施工，开始开挖右侧③部。右侧③部再开挖10 m停止施工，开始开挖右侧④部。右侧④部10 m后停止施工，开始开挖⑤部5 m，自此①～⑤每5 m一个循环进行施工

图 3.24　CD 施工工序示意图

(5)中洞法。

中洞法施工就是先开挖中间部分(中洞)，在中洞内施作梁、柱结构，然后再开挖两侧部分(侧洞)，并逐渐将侧洞顶部荷载通过中洞初期支护转移到梁、柱结构上。由于中洞的跨度较大，一般采用 CD 工法、CRD 工法或眼镜法等施工。中洞法施工工序复杂，但两侧洞对称施工，比较容易解决侧压力从中洞初期支护转移到梁、柱上时产生的不平衡侧压力问题，施工引起的地表下沉较易控制。具体施工工序示意图见图 3.25。该方法在无水、地层相对较好时应用。因该法施工空间大，施工方便，混凝土施工质量也能保证，当施工队伍水平较高时，多利用该方法。地表沉降均匀，两侧洞的沉降曲线不会在中洞施工的沉降曲线最大点叠加，此法应为优选方案。

(6)侧洞法。

侧洞法施工工序示意图如图 3.26 所示。

侧洞法施工就是先开挖两侧部分，在侧洞内做梁、柱结构，然后再开挖中间部分，并逐渐将中洞顶部荷载通过初期支护转移到梁、柱结构上。在处理中洞顶

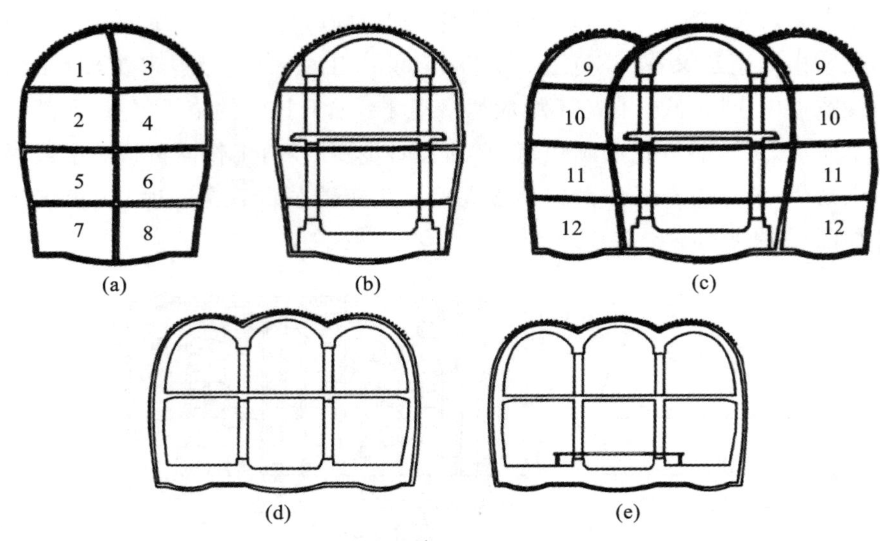

(a)CRD工法施作中洞，按图中顺序进行开挖，及时封闭初期支护；(b)施工底纵梁，安装灌注钢管柱，施工顶纵梁、拱部结构，进行中纵梁、中层板、底板施工；(c)按图中顺序对称开挖两侧洞，及时施作封闭初期支护；(d)侧洞底板施工，拆除中间临时支护，施作侧洞边墙及中层板，拆除剩余临时支护，施作侧洞拱部；(e)施作完成全部主体结构

图 3.25　中洞法施工步序图

部荷载转移时，这种施工方法比中洞法要困难些。

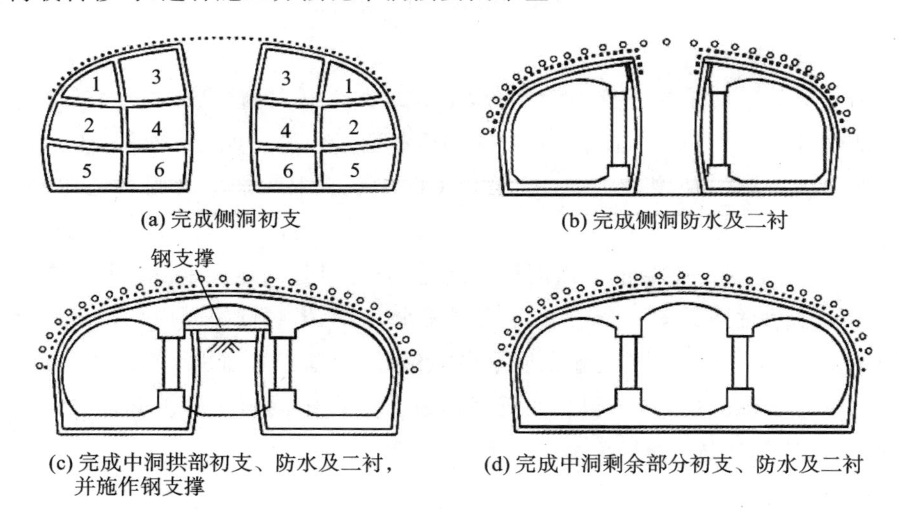

图 3.26　侧洞法施工工序示意图

(7)柱洞法。

柱洞法施工工序示意图如图 3.27 所示。

柱洞法施工顺序大体上与中洞法相同,也是先中洞后侧洞,区别在于柱洞法施工时,首先开挖四个彼此互不连接的导洞,然后施作中洞永久支护结构。在中洞衬砌的支撑下,开挖侧洞并完成隧道衬砌。柱洞法施工步序图见图 3.27。

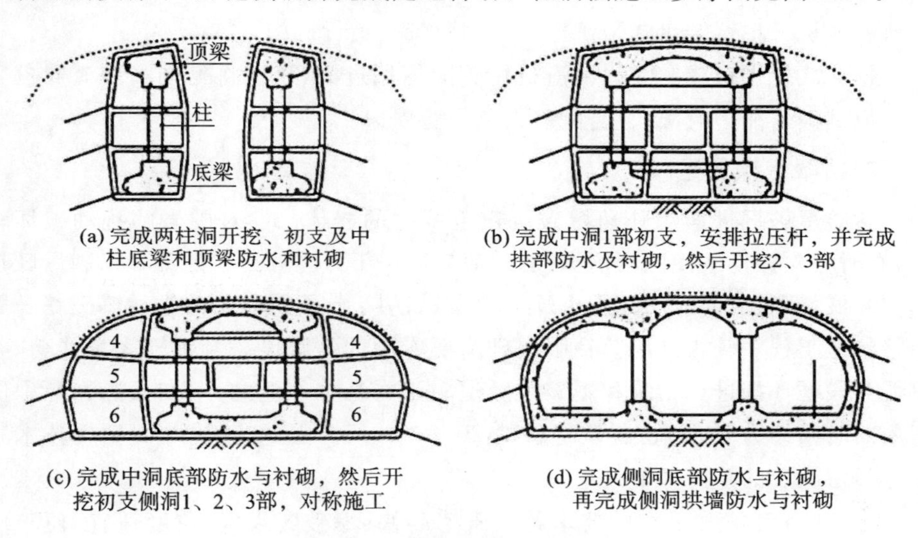

图 3.27 柱洞法施工工序示意图

2. 掘进方式

隧道施工的掘进方式是指对坑道范围内破碎的岩体的挖除方式。常用的掘进方式有人工掘进、单臂掘进机掘进及钻眼爆破掘进。一般,山岭隧道常用的是钻眼爆破掘进。

1)人工掘进及单臂掘进机掘进

人工掘进及单臂掘进机掘进均采用机械方式切削破碎岩石并挖除坑道范围内的岩体的方法。人工掘进和单臂掘进机掘进对围岩的扰动破坏小,故一般适用于围岩稳定性较差的软岩隧道及土质隧道中。

在不能采用爆破掘进的软弱破碎围岩和土质隧道中,若隧道工程量不大,工期要求不太紧,则可以采用人工掘进。人工掘进采用十字镐、风镐等简易工具来挖除岩体,并采用铁锹、斗箕等装渣。人工掘进速度较慢,劳动强度大。施工中应做好安全防护措施,并安排专人负责工作面的安全观察。

在软质岩石及土质隧道中,为减少对围岩的扰动,避免爆破振动对围岩的破坏,可以采用单臂掘进机掘进。单臂掘进机的适应能力较强,可以挖掘任意形状和大小的隧道,可连续掘进。常用的单臂掘进机是铣盘式采矿机。挖斗式挖掘机及铲斗式装渣机亦可以用于隧道掘进。铣盘式采矿机装有可以在水平方向和垂直方向旋转操作的切削头。切削头是安装在液压伸缩臂上的柱状或圆锥状切削刀,可以挖掘各种土及中硬度以下的岩石。它随机配备的装渣机多为蟹爪式扒渣装渣机。单臂铣盘式采矿机多采用履带式走行机构。

挖斗式挖掘机或铲斗式装渣机用于隧道掘进时,可以将挖掘和装渣同机完成。但其破岩能力有限,且需配以人工修凿周边。

2)钻眼爆破掘进

钻眼爆破掘进即用炸药爆破坑道范围内的岩体。它对围岩的扰动破坏较大,有时爆破振动致使围岩坍塌,故一般只适用于石质隧道。但随着控制爆破技术的发展,爆破法的应用范围也逐渐加大,如用于软石及硬土的松动爆破在一般山岭隧道工程中较为常用。钻眼爆破需要专用的钻眼设备及消耗大量炸药,并只能分段循环掘进。钻眼和爆破是隧道施工的基本作业之一,在掘进循环中所占用的时间约为50%,占隧道造价的20%~40%。因此,正确掌握钻爆技术是做好隧道施工的重要环节。

施工时,对钻爆工作的要求是钻眼速度快、爆破效果好、块度适宜、便于装渣、经济合理、优质安全。

目前,在隧道开挖爆破中,广泛采用的钻眼机具为凿岩机和凿岩台车。凿岩机的种类较多,按照动力来源可分为风动、电动、液压及内燃凿岩机。其工作原理都是利用镶嵌在钻头体前端的凿刃反复冲击并转动破碎岩石而成孔,有的可通过调节冲击功大小和转动速度以适应不同硬度的石质,达到最佳成孔效果。

隧道工程中常用的凿岩机有风动凿岩机和液压凿岩机。内燃凿岩机由于排出的废气是有害气体,且是干式凿岩,因而不宜用于隧道工程。电动凿岩机虽然操作方便,但在卡钻时易使电动机超负荷,因此,在隧道工程中的使用受到一定的限制。

(1)风动凿岩机。

风动凿岩机又称风钻,它以压缩空气为动力,优点如下:结构简单,制造容易,操作方便,作业安全,不怕超负荷和反复启动,在多水、多尘等不良环境中仍能正常工作等。但其压缩空气供应设备复杂,能量利用率低,成本高,噪声大。

根据支撑和向前推进方式的不同,风动凿岩机又分为手持式、伸缩式和导轨式(重型式)3 种。

①手持式凿岩机一般支撑在气腿上凿岩。气腿的作用除支承凿岩机外，还可以对凿岩机产生向前的推力。这种凿岩机的机体质量较轻，在工作面上就位和转移都很方便，适宜于在导坑和扩大处使用。

②伸缩式凿岩机是把气腿与凿岩机机体在同一条纵轴线上连成一体。气腿伸长时，凿岩机向上推进，它是专门用来朝上打竖向炮眼的。

③导轨式凿岩机的质量多在 45kg 以上，需要安装在特设的导轨上，由自动推进器向前推进，随导轨转向，可以在各个方向上钻炮眼，适用于安装在台车上使用。

风动凿岩机钻眼的基本工作原理是冲击旋转式凿岩。开机后，气缸内向前运动的活塞锤击钻杆末端，将钻头打入岩石；活塞后退时，活塞能旋转一个角度，同时带动钻杆旋转一个角度，这就保证了钻头每次锤击在炮眼截面的不同部位，使炮眼凿成圆形。

(2)液压凿岩机。

液压凿岩机是由液压马达驱动凿岩元件进行冲击、回转运动，通过压力补偿泵，根据岩石坚硬程度调节油量、压力和冲击频率进行凿岩的，具有广泛的适用性。

液压凿岩机与风动凿岩机相比有以下优点。

①动力消耗少，能量利用率高。液压凿岩机动力消耗一般仅为风动凿岩机的 1/3～1/2，其能量利用率可高出风动凿岩机一倍以上。

②凿岩速度快。凿岩速度比风动凿岩机高 50%～150%。

③适应能力强。能针对不同硬度岩石，自动调节在高频低能或低能高频状态下工作，以提高凿岩功效。

④环境保护好。排气畅通，噪声小，改善了工作面的工作环境。

液压凿岩机也有不足之处：构造比较复杂，质量大，附属装置较多，目前大多安装在凿岩台车上使用；需要有专门设施的车间由具有专业技术的人员进行维修保养；对液压油选择和密封管理要求严格；制造精度高，造价高。

3.4.3 隧道装渣、运渣

1. 装渣

1)装渣方式

装渣的方式可采用人力装渣或机械装渣。人力装渣，劳动强度大，速度慢，仅在短隧道缺乏机械或断面小而无法使用机械装渣时，才考虑采用。机械装渣速度快，可缩短作业时间，目前隧道施工中常用，但仍需配少数人工辅助。

2)装渣机械

装渣机的种类很多，按动力分有电动装渣机、风动装渣机；按装渣方式分有间歇式装渣机和连续式装渣机；按扒渣机构型式可分为铲斗式装渣机、蟹爪式装渣机、立爪式装渣机、挖斗式装渣机。铲斗式装渣机为间歇式装渣机，有翻斗后卸前卸和侧卸式 3 种卸渣方式；蟹爪式、立爪式和挖斗式装渣机为连续式装渣机，均配备刮板(或链板)转载后卸机构。

装渣机的走行方式主要有轨道走行和轮胎走行两种，也有配备履带走行和轨道走行两套走行机构的。轨道走行式装渣机必须铺设走行轨道，因此，其工作范围受到限制；轮胎走行式装渣机移动灵活，工作范围不受限制，但在有水土质围岩的隧道中，有可能打滑和下陷。

3)影响装渣的因素

影响装渣的因素很多，其中以石渣粒径及调车时间的影响程度最大。由于石渣粒径过大影响装渣机的铲斗装满系数，因此，石渣粒径增大，降低调车时间变长，装渣机的等待时间相应延长，则装渣机的利用率和生产率就降低。同时，装同样数量的石渣时，用大容积的斗车可以减少调车次数，所以装渣生产率将随着斗车容积的增大而提高。

此外，影响装渣的因素还有装渣机手的操作技术水平、渣堆情况、装渣机本身的性能等。

2. 运输

隧道施工的洞内运输可以分为有轨运输和无轨运输 2 种。运输方式的选择应充分考虑与装渣机的匹配和运输组织，还应考虑与开挖速度和运量的匹配，以尽量缩短运输和卸渣时间。必要时应做技术经济合理性分析，以求方案最佳。

1)有轨运输

有轨运输是指铺设小型轨道，用轨道式运输车出渣和进料。有轨运输基本上不排出气体，对空气污染较小，设备构造简单，容易制作；占用空间小而且固定等。不足之处在于轨道铺设较复杂，维修工作量大；调车作业复杂；开挖面延伸轨道影响正常装渣作业等。

2)无轨运输

无轨运输主要是指汽车运输。其特点是运输速度快,管理工作简单,配套设备少。缺点是由于汽车多采用内燃机,作业时会排放大量废气,对洞内空气污染较大,尤其在长大隧道中使用,需要有强大的通风设施。随着大型装载机械及重载自卸汽车的研制和生产,近年来无轨运输在隧道掘进中得到了越来越广泛的应用。

3.4.4　支护工程

1.初期支护施工

1)喷射混凝土支护

喷射混凝土是以压缩空气为动力,将掺有速凝剂的混凝土直接喷射到岩面上,迅速凝结硬化而成的。喷射混凝土早期强度高,能及时支护,节省大量钢木材料,提高施工效率,为快速掘进创造有利条件。由于喷射混凝土颗粒在高速度(约 76～125 m/s)的猛烈冲击下,混凝土被连续地捣固和压实,同时混凝土在管道内的摩擦和喷射的撞击,能使混凝土具有紧密的结构和较好的物理力学性能。

2)锚杆支护

锚杆支护是通过锚杆插入岩体来加固围岩的承载能力而起支护作用的。它具有支护能力强、使用简便、节省材料、少占空间、机械施工、抗弯与支护结合紧密及施工干扰小等特点,其有悬吊作用、组合梁作用、挤压加固作用等,在隧道施工中使用较为广泛。特别是当围岩比较差时,仅仅喷射混凝土是不够的,常采用喷射混凝土与各种锚杆结合形成联合支护。施工完成后,在一定程度上,锚杆支护可作为永久支护结构的一部分发挥作用。因此,在高速铁路隧道施工中,如何保证锚杆施工质量极为重要。

3)喷锚支护

喷锚支护是指喷射混凝土与各种锚杆或喷射混凝土与锚杆及钢筋网的联合支护。由于喷锚支护是一种符合岩体力学原理的支护方法,具有良好的物理力学性能,并有与围岩密贴、支护及时、柔性好、糙率大等特点,喷锚支护技术先进,质量可靠,能有效节约“三材”,降低造价,减轻劳动强度,缩短工期。实践证明:采用喷锚支护可降低成本 40%,提高工效 1～2 倍,因此,应用范围越来越广泛。

岩体中开挖洞室破坏了原有岩层的平衡状态，洞室附近应力开始重新分配，当围岩应力不超过弹性极限时，岩体是稳定的；当围岩应力超过极限强度时，区域内的岩体将呈塑性状态，形成塑性区（松弛区）。由于塑性影响，在洞壁处应力减小而在深处应力增大，并在该塑性区内形成一个承重圈，喷锚支护能封闭围岩的张性裂隙和节理，使支护与围岩结合成一个统一体系而共同工作，有一定承受周围岩石的能力（即自承作用）。

采用喷锚支护时，开挖应采用光面爆破或预裂爆破等控制爆破技术，以减轻炮振对围岩的破坏，使断面轮廓平整准确，这不仅维护了围岩强度和自承能力，而且减少了出渣量，对减小通风阻力也有利。

4)钢支撑

喷射混凝土支护、锚杆支护和喷锚支护均属于柔性和韧性加固方式，对支护的整体刚度提高不多。对围岩条件较好的地下洞室来说，支护效果尚可。但对于高速铁路双线隧道的Ⅲ级偏压和Ⅳ～Ⅵ级围岩段，由于其自稳性差，为防止开挖后围岩的过度变形并承受部分松弛荷载，要求改用支护能力更强的钢拱架作为初期支护。

钢拱架可以分为型钢钢架和格栅钢架两种类型。型钢钢架是采用型钢加工成所需形状的刚性较大的支护构件，而格栅钢架则是由钢筋焊接而成的支护构件。

2. 二次衬砌施工

隧道开挖好后，为防止围岩暴露时间过久而引起风化、松动和坍塌，应及时修筑衬砌。衬砌是隧道工程的一个重要组成部分，其施工质量直接关系到隧道的使用状况和寿命，故必须严格按照设计要求和有关技术规则进行施工。采用新奥法施工的永久性隧道，通常采用复合式衬砌，即初期支护加二次支护，两层衬砌之间根据实际情况加设防水层，其材料可用塑料防水板或其他隔水材料。初期支护通常采用柔性喷锚支护，是为了解决隧道在施工期间的稳定和安全问题的工程措施；二次支护多采用模筑混凝土作为内层衬砌，是为了保证隧道永久稳定和安全、作为安全储备或承受后期围岩压力的工程措施。因此，初期支护应按主要承载结构设计；二次支护在Ⅳ类及以上围岩时按安全储备设计，应在围岩和初期支护稳定后施作，而在Ⅲ类及以下围岩时按承受后期围岩压力结构设计，应及时施作。二次支护多采用顺作法施工，即按由下到上、先墙后拱顺序连续浇筑。在隧道纵向则需分段进行，分段长度一般为 9～12 m。

3.4.5　开挖面稳定辅助措施

1. 超前锚杆

超前锚杆是沿开挖轮廓线以稍大的外插角，向开挖面前方安装锚杆，形成对前方围岩的预锚固，在提前形成的围岩锚固圈的保护下进行开挖等作业。这类超前支护的柔性较大，整体刚度较小，主要适用于应力不太大、地下水较少的软弱破碎围岩的隧道工程中，如土砂质地层、弱膨胀性地层、流变性较小的地层、裂隙发育的岩体、断层破碎带等浅埋无显著偏压的隧道。其设计、施工要点主要如下。

(1)此类超前锚杆的超前量、环向间距、外插角等参数，应视围岩地质条件、施工断面、开挖循环进尺和施工条件而定。一般超前长度为循环进尺的3～5倍，宜为3～5 m；环向间距宜采用0.3～1.0 m；外插角宜为10°～30°；搭接长度宜为超前长度的40%～60%，即大致形成双层或双排锚杆。

(2)超前锚杆宜用早强砂浆全黏结式锚杆，锚杆材料可用直径不小于ϕ22 mm的螺纹钢筋。

(3)超前锚杆的安装误差，一般要求孔位偏差不超过10 cm，外插角不超过1°～2°，锚入长度不小于设计长度的96%。

(4)开挖时应注意保留前方有一定长度的锚固区，以使超前锚杆的前端有一个稳定的支点。其尾端应尽可能多地与系统锚杆及钢筋网焊连。若掌子面出现滑坍现象，则应及时喷射混凝土封闭开挖面，并尽快打入下一排超前锚杆，然后才能继续开挖。

(5)开挖后应及时喷射混凝土，并尽快封闭环形初期支护。

(6)开挖过程中应密切注意观察锚杆变形及喷射混凝土层的开裂、起鼓等情况，以掌握围岩动态，及时调整开挖及支护参数，如遇地下水，则可钻孔引排。

2. 管棚

管棚是将钢管(导管)安插在已钻好的孔中，沿隧道开挖轮廓外排列形成钢管棚，管内注浆，有时还可加钢筋笼，并与强有力的型钢钢架组合成预支护系统，以支撑和加固自稳能力极低的围岩，对防止软弱围岩的下沉、松弛和坍塌等有显著的效果。

管棚因采用钢管作为纵向预支撑，又采用钢拱架作为环向支撑，其整体刚度加大，对围岩变形的限制能力较强，且能提前承受早期围岩压力。因此，管棚主要适用于围岩压力来得快、来得大，对围岩变形及地表下沉有较严格限制要求的软弱破碎围岩隧道工程中。

长度小于 10 m 的小钢管称为短管棚；长度为 10～45 m 且较粗的钢管称为大管棚；长度小于 10 m 的钢插板称为板棚。短管棚一次超前量少，基本上与开挖作业交替进行，占用循环时间较多，但钻孔安装或顶入安装较容易。大管棚一次超前量大，虽增加了单次钻孔或打入长钢管的作业时间，但减少了安装钢管的次数，减少了与开挖作业之间的干扰。目前，大管棚施工在高速铁路隧道中的应用较多，更适合于采用大中型机械进行大断面开挖。进行大管棚施工需要配备的主要机具有钻机、注浆泵、灰浆搅拌机等。

3. 超前小导管注浆

注浆法主要是通过注浆设备向地层中注入凝结剂固结地层，降低地层的渗透性，提高地层的稳定性和强度。注浆机理主要分为两种。一种是渗透性注浆，即在注浆过程中，采用中低压力使浆液充填地层中被排出的空气和水的空隙，将地层胶凝成固结体，这主要适用于破碎岩层，砂卵石层，中、细、粉砂层等有一定渗透性的地层；另一种是劈裂性注浆，即在注浆压力的作用下，浆液作用的周围土体被劈裂并形成裂缝，通过土体中形成的浆液脉状固结作用来增强土体内的总压力，它主要适用于颗粒更细的黏土质不透水(浆)地层。目前，在隧道工程中根据注浆机理而采用预注浆加固地层的方法有很多，常用的是超前小导管注浆。超前小导管注浆是在开挖前，先用喷射混凝土将开挖面和 5 m 范围内的坑道封闭，然后沿坑道周边向前方围岩处打入带孔小导管，并通过小导管向围岩压注起胶结作用的浆液，待浆液硬化后，在坑道周围岩体就形成了有一定厚度的加固圈。在此加固圈的保护下即可安全地进行开挖等作业。若小导管前端焊一个简易钻头，则可钻孔、插管一次完成，称为自进式注浆锚杆。

浆液被压注到岩体裂隙中并硬化后，不仅将岩块或颗粒胶结为整体，起到了加固作用，而且填塞了裂隙，阻隔了地下水向坑道渗流的通道，起到了堵水作用。因此，超前小导管注浆不仅适用于一般软弱破碎围岩，也适用于地下水丰富的软弱破碎围岩。

4. 超前深孔帷幕注浆

超前小导管注浆对围岩加固的范围和加固处理的程度是有限的，而深孔预

注浆加固围岩则可在注浆后形成有相当厚度的和较长区段的筒状封闭加固区，因此，又称为帷幕注浆。深孔预注浆一般可超前开挖面 30～50 m，堵水效果更好，注浆作业的次数也可减少，适用于有压力地下水及地下水丰富的地层中，也更适用于采用大中型机械化施工。施工工艺流程：加固处理掌子面围岩、注浆孔测量放线、钻孔、清孔、验孔、注浆、检查、闭浆封孔、隧道开挖。

3.4.6　辅助坑道

1. 横洞

横洞是在隧道侧面修筑的与之相交的坑道。它具有施工简单、不需要特殊的机具设备、出渣运输方便、造价低等优点。

横洞内的运输方式可采用无轨运输或有轨运输。但应注意，横洞纵坡因考虑到便于排水及重车下坡运输方便，有轨运输应向外设不小于 3‰的下坡，无轨运输时可视车辆情况而定。

横洞与隧道的交角一般不小于 60°，地形限制时宜不小于 40°，交角太小则锐角段围岩较易坍塌，通常以 90°为宜。横洞与正洞的连接形式有单联式和双联式，相交处用半径不小于 12 m 的曲线连接。一般情况下，横洞不长，其长度不超过隧道长度的 1/10，因此，较为经济。在地形允许（隧道傍山沿河、侧向覆盖层较薄）时，宜优先考虑采用横洞来增辟工作面。

在考虑把横洞作为运营时的通风口的情况下，横洞断面大小应按通风要求及施工需要一并考虑，且至少在两端适当长度范围内修筑永久衬砌。有时在隧道洞口处桥隧相连影响施工，或地质条件差、地形条件不利、路堑开挖量大尚未完工而需进洞等情况下，若有条件在洞口附近设置横洞，则可利用横洞进入正洞以避免施工干扰和提前进洞加快进度。

2. 平行导坑

平行导坑是修建在隧道一侧与隧道走向平行、掘进面总是超前于隧道正洞开挖工作面的导坑。平行导坑的开挖导致隧道工程的造价提高（约 15%～25%），因此，只有长度超过 3000 m 的隧道在无其他辅助坑道可设时才能采用平行导坑方案。

平行导坑在隧道施工中的主要作用：超前掘进可对前方地质情况尽早勘察；通过横通道与隧道正洞多处连接，每个横通道进入正洞可增加两个新的工作面，加快了施工速度，且构成巷道式通风系统；将洞内作业分区分段进行，减少相互干扰。

平行导坑应设在地下水流向隧道的上游一侧，以利平行导坑排水，若规划中有二线隧道，亦可设在二线隧道位置，供将来作为二线施工的导坑用。平行导坑与隧道正洞之间的最小净距离约为 20 m(视地质条件、施工方法、导洞跨度等因素确定，并考虑由于导洞开挖而形成的两个“自然拱”不相接触为好，否则容易造成坍方)。平行导坑的底面高程应低于隧道正洞底面高程 0.2～0.6 m，以利于正洞排水和运输。平行导坑的纵向坡度，原则上应与隧道正洞纵坡相一致或设为出洞 3‰的下坡。

平行导坑初进洞时可在适当长度(500 m 左右)不设横通道，以后每隔 120～180 m 设一个横通道。为方便运输调车作业，每隔 3～4 个横通道应设置一个反向横通道。横通道与隧道中线交角一般以 40°～45°为宜。夹角过小，则夹角中围岩易坍塌，并且增加了横通道的长度；夹角过大，则运输线路的运行条件差。横通道的坡度则由正洞与平行导坑的高差而定。

平行导坑除个别地质松软地段需要做局部衬砌外，一般均不做衬砌或仅作简单的喷锚支护。

在平行导坑中，一般采用单道有轨运输。为满足运输调车的需要，可每隔 2～3 个横通道铺设一个双股道的会车站，其有效长度一般为 50～60 m。

平行导坑的开挖面应超前正洞导坑两个横通道间距的距离，以充分发挥平行导坑的作用。为此，平行导坑应以小断面掘进，并尽量配备良好的机具设备，做好掘进施工的各种保障工作。

3. 斜井

斜井是从隧道侧上方，以倾斜井筒通向隧道正洞的辅助坑道。斜井适用于隧道埋深较浅、地质条件较好、隧道侧面有沟谷等低洼地形和隧道长度在 1000 m 以上的情况。斜井长度一般不超过 200 m。斜井运输需要有较强的牵引动力，其施工及使用都比横洞、平行导坑复杂，但比竖井简单。

为方便斜井井口场地布置及卸料出渣，井口场地宽度应不小于 20 m。井口场地还应设置向外 3‰左右的下坡，以防车辆溜向洞内造成事故，且有利于排水。井身应避免穿越含水率大及不良地质区段，井身仰角以不大于 25°为宜，且不设变坡段。斜井与隧道中线的夹角不宜小于 40°，并在与隧道连接处用 15～25 m 的水平道相连，以便于运输作业和保证运输安全。

斜井多采用单道或三轨双道运输，运输机械一般是卷扬机牵引斗车。其断面尺寸单道时底宽为2.6 m，三轨双道时底宽为3.4 m，高度通常为2.6 m。为解决错车问题，通常在斜井中部铺设一段长度为20～30 m、底宽为4.1 m的四轨双道。

斜井施工时必须准确控制掘进方向，使其与斜井坡度方向相一致。常用控制斜井掘进方向的方法有激光照准法和坡度尺放线法。激光照准法是在斜井井口附近的某一高度上安装激光器，使激光器发出光束的方向与斜井坡度一致，用量测光束高度来控制开挖面的底部高程。

坡度尺放线法则是利用根据斜井设计坡角制作的两个直角边为2 m长的三角尺来进行检查。

为防止钢丝绳中断或斗车脱钩事故的发生，除应严格控制牵引速度（斜井长小于200 m时，车速不大于3.5 m/s；斜井长超过200 m时，车速可适当提高），还应采取下列安全措施。

(1)井口阻车装置。为防止洞外车辆意外溜入井内，通常在井口外约2 m处安设阻车装置。常用的阻车装置是安全闸，又称手提式木挡。正常运输车辆通过时，提起木挡开闸放行，其他时间均上闸，以防失控车辆溜入井内。另一种阻车装置是井口阻车器，它是用8～15kg/m钢轨弯制而成，形状为“L”形。拐角设有转动轴，一端配置重使另一端竖立高出轨面阻车。当井下牵引车辆上来时，由轮轴碰倒阻车器上端而通过，当有车下入井内时，则必须由摘挂人员踩下脚踏方可通过，故此装置亦可防止意外溜车。

(2)设置阻车安全索。在井身适当位置的两侧岩壁上凿孔，埋设铁环，将ϕ25 mm钢丝绳横挂在铁环上，派专人看守，随时摘挂，亦可阻挡意外溜下来的车辆。

(3)断绳脱钩保险器。用ϕ25圆钢两根，一端弯成环状套在邻近牵引钢丝绳的车辆轮轴上，另一端弯成抓钩并吊在钢丝绳上。当意外断绳或脱钩时，则抓钩自动下落钩住轨枕，拉住斗车不使其下溜。

4. 竖井

覆盖层较薄的长隧道或在中间适当位置覆盖层不厚、具备提升设备、施工中又需增加工作面，则可采用竖井来增辟工作面。竖井是在隧道上方开挖的与隧道相连的竖向坑道，其深度一般不超过150 m。

竖井的位置可设在隧道一侧，一般情况下与隧道的距离为15～25 m，其间用通道连接,也可设置在正上方。竖井设置在隧道一侧时,施工安全,干扰少,但通风效果不太好。竖井设在隧道正上方时,通风效果好、运输方便、提升较快、造价低,但施工中干扰大,也不安全。

竖井通常采用圆形断面,虽然其断面利用率较低,但施工较为方便,受力条件好,并可留作隧道永久通风道。其断面大小应根据所使用的提升、通风、排水等设备的尺寸来确定,一般直径为 4.5～6.0 m。当隧道设两个以上竖井时,其间距不宜小于 300 m,竖井井筒长度不宜超过 150 m,否则施工复杂,效率低,必要时应做技术经济比较,防止造价过高。

竖井常使用挂圈支撑井壁。挂圈采用 16#或 18#槽钢制作,间距通常为 1 m。下一挂圈通过挂钩挂在上一挂圈上,挂圈周围插上背板以支撑井壁。竖井均需做永久性衬砌。

施工中,在井口、井底应有必要的安全措施,以防施工时发生事故。井口要注意防洪,加强排水、防洪设施。井口与井底间应设置联系用的通信信号设备。

隧道施工完毕后,竖井均留作通风孔道,井口处应做好防水处理。

3.4.7 铁路隧道机械化施工

1. 铁路隧道机械化施工中机械配套原则

简单来说,铁路隧道机械化施工中的配套原则是指满足生产线的综合生产能力。因此,对于铁路隧道机械化施工设备,应在整体综合方面的基础上充分考虑机械配套。也就是说单机的机械设备要与机械的整体性能吻合,这样才能实现生产与经济的协调效应。另外,铁路隧道机械化施工中要求每一个单机在运行时,一定要具备良好稳定的技术可靠性,并且一定要在规定时间以及进度条件下完成工期时间之内的额定功率。铁路隧道机械化施工中机械配套原则需要注重以下 5 个方面。

(1)机械设备本身要具有良好的安全操作运行功能,这样才能确保相关工作人员在运用机械设备过程中的安全。

(2)应建立在机械设备规范要求的基础上,配备与机械设备相符合的防护措施,使得机械设备持久性得到保障。

(3)每一个单机都要具有良好的耐用性能,以此保证机械正常使用。

(4)在运用机械设备施工过程中,一定要定期检查机械设备,不定期抽查机械设备,同时加强养护以及维修工作,使得机械设备能够充分发挥作用价值。

(5)在铁路隧道机械化施工过程中选择配套设备时,应注意根据不同地质条件选择设备。

2. 铁路隧道机械化施工中主要机械设备

1)全断面硬岩掘进机

(1)开敞式硬岩掘进机。其主要是在地层相对稳定以及岩石不容易发生坍塌的铁路隧道工程施工过程中运用。如果铁路隧道需要在地层较为破碎的施工条件下进行掘进施工,则需要在后盾之后及时开展喷锚支护施工。在此基础上,最终铁路隧道施工过程中运用的支护施工方式是混凝土衬砌施工。

(2)单护盾式硬岩掘进机。不同于开敞式硬岩掘进机,单护盾式硬岩掘进机配置完整的圆形护盾。其推进方式是凭借推进缸支撑,然后在完成安装的管片上或者整体衬砌上获得支反力,但是因为单护盾式硬岩掘进机的管片安装工作以及掘进工作不能够共同进行。因此,运用单护盾式硬岩掘进机进行施工,其施工进度相对较为缓慢。故单护盾式硬岩掘进机在铁路隧道工程施工过程中的运用相对来说较少。

(3)双护盾式硬岩掘进机。双护盾式硬岩掘进机掘进原理和单护盾式硬岩掘进机完全相同,不同之处是双护盾式硬岩掘进机配置有前、后护盾,并且在前、后护盾之间设置伸缩护盾。如果铁路隧道工程施工地质条件相对恶劣,双护盾式硬岩掘进机可以运用单护盾方式进行。在铁路隧道工程施工地质条件允许情况下,可采用双护盾式硬岩掘进机。

2)液压凿岩台车

液压凿岩台车从结构上可以分为门架式液压凿岩台车和实腹式液压凿岩台车。以行走方式划分,液压凿岩台车分为轮胎式行走方式、履带式行走方式以及轨道式行走方式。正常通行的运渣车辆能够通过门架式液压凿岩台车的车腹部位,则说明可以利用铁路隧道施工中有限的横断空间,使得铁路隧道施工过程中,各种机械设备都能够在运行期间实现互不干扰。液压凿岩台车通常情况下出现在单线铁路隧道工程施工中,可以在铁路隧道挖钻孔过程中运用液压凿岩台车进行施工。液压凿岩台车具有工作效率较高以及劳动强度较低的特点,并且劳动环境条件也较为良好。但是液压凿岩台车也有不足,一次性投入比例过大、成本较高。值得注意的是,液压凿岩台车是运用在铁路隧道工程施工中的开挖施工环节。

3)多功能开挖台架

多功能开挖台架也是运用在铁路隧道工程施工中的开挖施工环节。简单说,多功能开挖台架就是开挖台架具有多种功能。首先,在铁路隧道机械化施工过程中采用风钻多功能开挖台架的配套法。采用风钻多功能开挖台架配套法具有以下优势:制作成本较低,制作过程方便容易,在施工操作方面也较为灵活,适用范围较广,获得普遍运用。多功能开挖台架使用成本较低,因此,在施工过程中,在需要运用全断面大楔形斜眼掏槽爆破施工技术的环节,可以借助多功能开挖台架进行辅助施工。这样不仅爆破效果良好,还能加快铁路隧道工程施工进度。多功能开挖台架也存在一些缺点,例如,科技含量不高,劳动强度相较来说更大,劳动环境较为恶劣等。所以,多功能开挖台架已经逐渐被科技水平更高的机械设备取代。

3.铁路隧道机械化施工现状及对策

1)铁路隧道机械化施工现状

(1)快速施工技术体系存在不足。铁路隧道机械化快速施工体系是以钻爆破施工技术为基础,其主要表现在施工安全、机械化作业设备配套技术、风险控制以及环境控制、变形控制和岩溶高压水等方面。目前,快速施工技术体系许多关键性的技术难题以及设备配套难题还有待解决。施工进度这方面还存在一定程度的差异,在施工过程中常常会发生施工事故,并且在工程建设后也会对环境造成不良影响。

(2)机械化设备配套不够完善。建立在硬岩以及围堰稳定性较好的基础上,机械化设备配套才能够开展快速的机械化施工。

但是在此过程中,作业线上的国产机械设备程度较低,导致机械设备的使用寿命以及维修、养护等方面受到严重影响,施工进度受到一定程度影响。较难实现先进的机械化作业,最终严重制约我国铁路隧道机械化施工的全面发展以及进步。

(3)机械化程度不高。在开展软弱围岩或者土质围岩的铁路隧道施工过程中,通常情况下只能够采用人工施工方式。人工施工方式存在施工时间长、施工进程慢、工序复杂和围岩搅动大等不利因素。这些问题不仅导致施工过程中的安全系数较低,同时施工质量不能够得到保障。这些问题产生的原因就是机械化程度不高。

2)铁路隧道机械化施工对策

(1)针对钻爆破施工技术进行强化。强化钻爆破施工技术是铁路隧道机械化发展的重点问题,在此过程中可以运用液压凿岩台车进行施工,能够收获良好的施工效果。另外,实现铁路隧道钻爆破施工机械化的关键在于推广创新。因此,在开展铁路隧道机械化施工过程中一定要注重爆破技术的创新,严格把握控制这一方面。

(2)加强铁路隧道机械化施工的自动化以及科技化。机械化施工的自动化以及科技化一定程度上能够呈现一个国家的多媒体科学技术以及综合科学技术水平。目前,开展铁路隧道机械化施工过程中,办公室计算机能够直接呈现远距离施工现场的画面以及相关参数,并且还能够远程控制机械设备。这种能够在很大程度上减轻劳动程度,提高工作效率,保证施工质量。实时监督施工情况,及时发现和解决问题,保证施工进度。因此,在进行铁路隧道机械化施工过程中,应重视加强铁路隧道机械化施工的自动化以及科技化。

(3)完善机械设备管理以及保养体系。在开展铁路隧道机械化施工过程中,一定要重视完善机械管理以及保养。首先,要建立一支专业的维修保养团队,由机械设备操作人员负责初级的机械设备保养维修工作,再由专业维修保养人员负责高级的维修保养工作。其次,一定要定期进行维修以及保养工作,有效降低机械故障概率,这样不仅能够保障施工质量,还能够减少维修成本。在处理机械设备故障过程中,一定要分析探究机械设备故障原因,避免同样的故障再发。最后,在机械设备保养过程中,一定要重视优化装配工艺以及修复工艺,做到防患于未然,使得机械设备能够在质量符合保证的基础上施工。

第4章　铁路站房工程

4.1　站房工程技术特点与管理

4.1.1　铁路站房施工项目技术特点与关键技术

1. 铁路站房施工项目技术特点

铁路站房施工项目技术特点如下。

(1)铁路站房施工内容较广。候车室、进展厅、高架天桥等,都是常见的铁路站房施工内容。不同的施工内容,其施工技术有较大差异,这无疑使铁路站房施工项目管理难度大增。

(2)铁路站房施工技术要求高。铁路站房实际施工时,不同施工地点的施工环境存在差异,综合看来建设环境较为复杂,再加上铁路站房施工内容较广,在实际建设时,往往要求施工方必须拥有加高超的施工技术。

(3)铁路站房施工质量要求高。铁路站房在投入使用后,需服务大量、集中的铁路乘客,所以在施工阶段必须要保证铁路站房的质量,以免存在安全隐患,影响正常使用,甚至威胁站房内工作人员及乘客安全。

(4)铁路站房施工工期紧张。结合实际情况来看,大部分铁路站房施工项目都有工程量大、工期紧张的特点,若项目管理不到位,未做到"技术先行",即前期准备不够充分,就很可能导致工期愈发紧迫,这对提高铁路站房施工质量、确保施工安全较为不利。

(5)对铁路站房施工项目进行技术创新。在开展铁路站房施工项目时,为提高项目整体质量、使项目顺利推进,很多时候需因地制宜结合施工环境合理运用各种新技术、新材料,即需要对铁路站房施工项目技术进行创新。

2. 铁路站房施工项目关键技术

了解铁路站房施工项目关键技术,对施工方掌握技术特点、落实管理工作较

为有利。铁路站房施工项目的几种关键技术总结如下。

(1)铁路站房主体施工技术。目前,铁路站房主体施工多选用钢结构技术,相较于其他结构而言,钢结构主体有施工简便、性价比较高、结构相对稳定等优势,能有效提高铁路站房的综合性能。

(2)消防安全技术。为保证铁路站房安全、可靠,在开展铁路站房施工项目时,必须关注消防安全技术,此时,施工方可通过仿真模拟技术,对铁路站房消防安全系统进行测试与设计调整,使得消防安全设计更加科学、合理。

(3)节能环保技术。该技术的运用关系着铁路站台后续使用及维护成本,影响着项目整体效益,施工方可通过合理规划铁路站房布局、加强自然光源利用与太阳能利用等做法,使铁路站房更加节能、经济与环保。除上述几种技术外,在开展铁路站房施工项目时还涉及电气照明技术、给排水技术、混凝土技术等。

4.1.2　铁路站房施工项目中常见技术难点与管理难点

铁路站房施工项目本身较为复杂,所以在实际施工时难免会遇到技术与管理难点。为抓住铁路站房施工项目技术特点并为管理工作开展提供参考,下面对常见技术与管理难点进行简要分析。

1. 铁路站房施工管理难点

铁路站房施工项目总体工程量较大,且可能面临施工地点分散等情况,这导致在实际施工时,施工方难以落实全面监督工作,难以精准把握一道工序。比如在对施工技术应用过程进行监督、在对施工技术应用成果进行检验时,由于工程量很大,在很多时候项目管理人员只能采取抽样监督、抽样检验等管理方式,这就可能出现技术应用问题、铁路站房质量问题未被发现的情况。

2. 铁路站房施工工序难点

铁路站房施工工序并非固定不变,在很多时候,施工方需要结合实际施工环境、施工需求等对施工工序进行适应性调整。比如,在应用混凝土技术时,在寒冷天气与炎热天气下,混凝土养护工序有所不同,若不能灵活调整混凝土养护工序,就可能导致混凝土出现裂缝、钢筋外露等问题。正是因为在实际施工时需要结合实际情况调整铁路站房施工工序,所以在应用各种施工技术、开展项目管理工作时,施工方往往会觉得难度较大。

3. 铁路站房项目施工材料与设备管理难点

在铁路站房施工项目中，每一项施工技术的运用都可能涉及多种材料与设备，因此在落实项目管理的同时还要重视材料与设备管理。材料与设备管理难点，主要与以下因素有关。

(1)铁路站房施工项目涉及多个领域、多项专业技术，在实际施工时所用材料与设备往往数量多、种类多、型号多，这使得材料与设备管理本身就带有复杂性。

(2)在实际施工时，施工方无法准确估计项目究竟需要多少材料、多少设备，导致预算与实际不符，使材料与设备管理难度上升。

(3)不同材料与设备的使用、保管、维护方式往往有所不同，若采取粗放管理，势必会导致材料与设备折损，使铁路站房施工项目成本上升。

4. 铁路站房项目施工人员管理难点

施工人员会直接影响施工技术的应用成效，所以为保障铁路站房施工项目质量与安全，在将施工技术应用与铁路站房项目时，施工方必须需要重视施工人员管理。导致铁路站房项目施工人员管理较难的原因大致如下：铁路站房施工项目的实际施工地点可能分散在几个地区，这无疑提高了统一管理施工人员的难度；参与铁路站房施工项目的工作人员中，有部分人员未接受过专业技术培训或缺乏安全施工、规范操作的意识，这对落实施工人员管理工作较为不利。

4.1.3　铁路站房施工项目管理方式探讨

提高项目管理水平，对控制铁路站房施工项目成本、保障铁路站台建设质量较为有利。为提高项目管理水平，下面联系项目管理团队建设、分阶段管理方式，对铁路站房施工项目管理方式展开探讨。

1. 科学组建铁路站房施工项目管理团队

要采取科学管理方式来落实铁路站房施工项目管理工作，首先要组建一支强大的项目管理团队。在组建项目管理团队时需注意：管理团队的组建必须结合铁路站房施工项目管理需要；管理团队内各人员必须分工明确，且彼此之间能形成较好协作。在实际组建铁路站房施工项目管理团队时，项目管理团队中往往需要设置项目经理，由项目经理来总领铁路站房施工项目的全部事务；除项目

经理外，为进一步抓住铁路站房施工项目技术特点，保证施工顺利推进，往往还会设有专家顾问组，由专家顾问组为铁路站房施工项目的开展提供专业支持；在项目经理之下，会设置项目总工、项目副经理或质量总监等岗位，设置人数不定，根据铁路站房施工项目需要具体决定；还会设置技术管理部、工程管理部、综合办公室、中心实验室等，各部门人数不定，同样根据铁路站房施工项目需要具体决定。在完成铁路站房施工项目管理团队组建后，团队投入运营，此时，要充分调动技术管理部、中心实验室，并借助专家顾问组力量，使各项施工技术准确应用至铁路站房的各个层面，促进铁路站房质量与安全提升，并帮助施工方实现成本控制。

2. 采用分阶段管理方式加强铁路站房施工项目管理

采用分阶段管理方式，可使铁路站房施工项目技术得到更好的管理，使铁路站房施工项目整体管理水平大幅度提升。分阶段管理，其实就是将铁路站房施工项目管理分为设计准备阶段管理、施工阶段管理和验收阶段管理，具体如下。

1)设计准备阶段管理

该阶段管理主要内容如下。

(1)铁路站房施工项目勘察管理，即在进入施工阶段之前施工方需对项目进行仔细勘察，充分了解铁路站房施工项目的开展环境，以此为后续施工方把握施工技术提供数据参考，同时为施工方落实施工进度管理与成本控制工作提供参考信息。

(2)铁路站房施工项目配套资金管理，包括合同管理、财务管理等内容。在配套资金管理之下，施工技术的选择与应用得到了一定限制，可在一定程度上避免投资浪费，降低铁路站房施工项目成本。

(3)铁路站房施工项目组织管理，即在科学组件管理组织的基础上，对组织内各岗位职责、权利及利益进行明确划分，通过建立工作问责制度等方式来促进具体工作落实，保障各项施工技术的运用，同时提高施工效率。

(4)制定标准化方案，即结合国家标准及行业标准制定铁路站房施工项目作业标准、管理标准、建设技术标准、安全标准等，通过统一化标准来落实铁路站房施工项目统一管理，在一定程度上改善因项目施工地点分散在同一铁路线路不同地点、项目施工量大导致的管理问题；在制定标准化方案时，为抓住项目技术特点、准确落实每一项施工技术的应用，需格外注重管理制度、现场管理与过程控制的标准化。

除上述管理内容外，设计准备阶段管理内容还包括材料与设备选择与审核、设计图审核、预算编制等内容。

2)施工阶段管理

施工阶段管理包括以下内容。

(1)施工技术管理。在落实施工技术管理工作时，首先要有学习、创新意识，要积极学习新的施工技术并将其用于铁路站房施工项目建设当中；其次要实行技术交底制度，对铁路站房施工项目技术要求等进行明确，要实行施工图核对优化制度，使施工图更加贴合铁路站房实际施工环境，更加科学、合理。

(2)施工工序管理。在落实该项管理工作时，首先要进行数据收集，比如要收集施工现场环境数据、材料及设备数据，以此来把握施工地理环境、气候环境、材料特性等，为后续施工技术的具体应用、施工工序的具体调整提供数据参考；其次要关注铁路站房实际施工问题，通过分析问题深层原因来制定对策并调整施工工序。

(3)施工材料与设备管理。在落实该项管理工作时，首先需要设置专业的物资供应组，由物资供应组来总领施工材料与设备管理工作；其次要持续推进材料与设备统筹管理，通过集中招标采购、结合材料与设备特性细化管理等方式，来控制施工方在材料与设备方面的投入，降低铁路站房施工项目整体成本。

(4)施工人员管理。在落实该项管理工作时必须重视施工人员培训，培训内容包括安全意识与知识培训、技术和工艺水平培训等，通过对施工人员进行有效培训，能确保施工过程安全，保障每一道施工工序的质量，对提高铁路站房施工项目施工效率、保障质量与安全有较大意义。

3)项目验收阶段管理

项目验收阶段管理包括内部验收与交付验收两大部分内容。落实项目验收阶段管理工作，一是可检验铁路站房施工项目技术运用结果，二是可促进铁路站房施工项目质量提升。在验收阶段，施工方需结合国家与行业标准，联系合同要求，对铁路站房各项施工内容进行逐一验收，判断施工内容是否符合相应技术标准、是否存在技术及质量方面的问题，确认各项施工内容均达到相应技术标准、无质量问题后完成并核实验收报告，再报当地质量监督部门验收，若经质量监督部门验收后铁路站房施工项目有待整改，则需进入整改流程，直至铁路站房施工项目完全符合相应技术及建设标准、通过当地质量监督部门验收为止，然后再进入交付验收阶段。

在铁路站房施工项目本身较为复杂，可能面临多个施工地点，难以实现统一管理的情况下，对铁路站房施工项目技术特点及管理展开探讨，可促进项目管理水平提升，进一步实现铁路站房项目成本控制，在提高施工效率的同时保障铁路站房质量与安全。开展项目管理工作时，除采取科学的管理方式，组建一支优秀、专业的铁路站房施工项目管理团队外，施工方还可从项目设计准备阶段、施工阶段、验收阶段入手，通过分阶段管理方式将铁路站房施工项目的各项管理工作融合，达到全过程、全面管理的目的。此外，还可通过引入 BIM 技术等新兴技术来不断优化铁路站房施工项目管理方式，促成铁路站房施工项目效益最大化。

4.2　站房施工技术发展与展望

4.2.1　铁路站房发展历程

1949 年中华人民共和国成立后，建设了北京站、广州站、长沙站、南京站等客运站房，建成我国第一代铁路站房。这些站房具有规模不大、功能简单、流线布局比较程式化的特点，在建筑造型方面，强调树立城市大门形象的要求。

1979 年以后，我国先后建成了上海、天津、北京西、深圳、成都、郑州、徐州、沈阳北、西安等一批第一代新站房。这一时期的站房主要是以高架候车室与综合服务建筑前后相连、紧密结合的商业综合体。

在新时期大型铁路站房建设中，客流组织实现了以上进下出为主、平进平出为辅的管理模式，出租车等可通过高架桥直接到达站房进出站口，实现了便捷换乘，由此铁路站房开始从平面综合交通体系向综合立体交通体系转换。随之相继出现了以北京南站为代表的大型现代化综合交通枢纽。它形成了具有鲜明时代特征和中国特色的第一代铁路站房。

在国家“八纵八横”路网实施过程中和现代化服务发展中，衍生了大型铁路客运综合交通枢纽。它以铁路站房为依托，将铁路、城市轨道交通、城市公交、长途客站、出租车以及私家车等多种交通方式相互衔接，甚至与航站楼相结合。铁路站房是旅客通过、到发、换乘、旅客运输中转的集散中心，也是城市重要的标志性建筑。目前已建成的大型铁路客运综合交通枢纽有上海虹桥站、成都东站、广州南站、郑州东站、兰州西站等。

4.2.2 铁路站房总体布局及结构形式

目前铁路站房总体布局按站房和铁路站场的位置关系，分为线上式、线侧式站房、地下站、桥上站等。其中大中型站房多采用线上式站房布局方式，站房位于站台及线路之上，一般为高架式站房。这种站房形式最大的特点是高架候车厅位于轨道正上方，多应用于大型、特大型站房，例如，北京南站、成都东站、郑州东站等的站房。同时地下式站房布局方式也有采用。地下式站房是指车站站房位于地下的车站，轨道层在地面，而候车大厅在地下。天津于家堡站、深圳福田站采用了这种地下车站设计。随着复杂的综合型车站的出现，上述几种站房形式也可能互相组合，同时还可能与车站广场共同组合产生新型的复合式站房。如新广州站是线上式和线下式站房的复合体，它采用框架桥形式的高架站场，将站房、站场、站台雨棚融合为有机的整体，为车站布局带来了极大的灵活性。

为了适应站台轨道层跨越地下地铁层，同时又支承候车层及屋顶的功能需要，“桥建合一”结构体系应运而生，它是将桥梁与房屋建筑结构组合为一体的综合结构体。这种结构形式既有效地利用了轨道上下空间，又营造出宽敞的候车、换乘环境，同时也解决了铁路站房及轨道阻碍城市交通的问题，是站房集成化布置的必然选择。新时期的站房建筑，特别是采用“桥建合一”的站房建筑，自下向上主要由以下几部分组成。

(1)地铁层：地铁与上部结构可以共用支承构件，也可以在结构上完全独立。

(2)地下一层：一般设置为换乘大厅和出站口，旅客可以在此零距离换乘其他交通工具或直接出站。

(3)地面层(承轨层)：也称站台层，列车在此层穿过站房。

(4)高架层(候车大厅)：旅客集散的主要区域，进站口也设在此层。通过高架车道，旅客可直达此层。另外，许多站房在高架层上另设局部高架夹层，用于生产和商业。

(5)屋面层：多为钢桁架结构或钢网架结构，上部为金属屋面或采光屋面。北京南站站房采用的就是典型的“桥建合一”形式。

4.2.3 铁路站房施工技术发展

1. 站房主体结构施工技术

1)“桥建合一”结构施工技术

“桥建合一”站房结构是指用建筑构件取代桥梁构件来直接承受列车动荷

载，突破了“列车动荷载由桥涵结构承受”的传统观念，从而实现了真正意义上的“建筑里面跑火车”的一种纯框架结构。站房结构承轨层为“下建上桥”的结构形式，即下部为建筑框架结构与上部桥梁结构结合构成的承轨结构和站台面结构；列车在承轨结构上运行，而承轨结构将列车运行的动荷载通过盆式橡胶支座作用在框架梁上，在平面上与框架梁可以产生水平方向的滑动，从而大大减少了列车运行产生的动载对站房结构的影响，具有代表性的工程有成都东站、郑州东站等。

“桥建合一”结构承轨层预应力施工技术是结构施工的关键所在。因钢筋密集，在施工前运用 BIM 技术对该部位进行节点优化及施工模拟，解决了复杂梁柱节点钢骨、预应力筋、非预应力筋密集交叉布置的难题；同时轨道层钢筋连接也是技术难点，承轨层钢筋多为直径 32 mm、36 mm、40 mm 的 HRB400 钢筋，接头采取滚轧直螺纹套筒机械连接的方式。

考虑到承轨体系要经常承受动荷载，根据《钢筋机械连接技术规程》(JGJ 107—2016)的规定，对承轨体系中拟采用的机械连接接头进行了 200 万次抗疲劳试验和型式检验，满足要求后再进行施工；轨道层预应力钢筋张拉前采用施工模拟仿真及应力状态计算分析，确定双向预应力张拉次序及张拉应力应变控制值后，再根据混凝土龄期实施张拉，从而保证了预应力张拉质量及安全。

为了及时掌握轨道梁结构的变形情况，及时消除安全隐患，在运营期间，对结构采取适宜的变形监测是非常必要的。在施工完的承轨层上采用光纤光栅传感技术对轨道桥在列车运行荷载及温度作用下监测，通过数据分析，保证铁路运营安全。

2)站房主体结构逆作法施工技术

大型铁路站房按照正常的施工工序，往往多是由下向上，先完成基础，然后完成混凝土结构，最后完成屋面钢结构的施工方法。施工遵循“先土建后安装、先围护后装修、先粗装修后精装修、装修与设备安装配合交叉、各专业按分区组织流水作业”的基本建设规律。大型站房多采用大跨度钢结构屋盖体系，且体量巨大，单根构件重量大，采用一般的施工方法难以完成屋顶钢结构的吊装，或者成本巨大，因此逆作托换施工应运而生。逆作托换施工过程：首先在地下室底板施工、竖向钢柱及外侧混凝土柱施工完成后，开始进行高架层和屋面层大跨度钢结构的吊装，中间采用临时钢柱支撑；然后施工承轨层结构；全部结构完成后进行托换，并拆除临时支撑钢柱。该法在施工顺序上改变了常规的顺作施工顺序，在空间上保证了屋盖层、高架层、站台承轨层的同步施工；与顺作施工相比，大大缩短了施工工期，节约了顺作施工吊装中临时工装支撑费用。但是逆作托换技术在铁路站房施工中尚属创新应用，施工时需对方案可行性、整体结构稳定性、施工质量控制进行详细研究。

以成都东站为例，对逆作托换技术进行介绍。成都东站站房主体结构采用逆作托换法施工，先行吊装钢结构屋盖，最后进行地铁上方轨道层及高架层合龙施工。

施工顺序的改变，导致钢结构屋盖系统在施工过程中受力状态发生改变，结构体系必须确保稳定，因此，结构体系的稳定性研究就显得尤为重要。通过建立计算模型，采用有限元分析设计软件 MIDAS 对卸载后自重荷载下的屋盖位移和杆件、钢管混凝土柱强度进行计算分析。通过临时支撑的安装及卸载工况分析，确定临时支撑的形式及设置要求；屋盖主体结构吊装需设置临时支撑塔架，通过合理设置临时支撑，以便节点和构件就位；制定合理的卸载方案，保证屋盖内力和位移的变化幅值控制在合理的范围内，使其不发生强度破坏或失稳。

逆作托换法施工特点是先施工竖向受力支撑构件，再施工上面结构，最后施工下部结构。站房钢结构施工利用柱和临时支撑能独立施工至顶，利用高架层结构标架连接稳定，再托起屋面结构，形成整体空间的稳定结构，后进行高架层楼层板及承轨层施工。

钢结构在分段吊装时，采用临时支撑和定位支架支撑作为结构的主体承重受力体，支撑为平面结构体系，当安装全部完成后，必须进行结构体系的转换；托换方法是通过设置在支架或支撑顶部的可调节支撑装置（螺旋式千斤顶），按多次循环、微量下降的原则，实现荷载的平稳转移。

2. 站房钢结构屋盖施工技术

1）钢结构屋盖施工

大型铁路站房的钢结构屋盖施工一般可采取分块吊装、整体或局部整体提升、顶升、整体滑移或分段累积滑移等方案进行。

设计采用平面或单曲网架结构形式的钢屋盖，或者广义上的单曲面屋盖，首选累积滑移方案。钢结构滑移施工技术是十分成熟的工艺，利用结构柱或临时立柱设置滑移轨道实现滑移，经过转换将受力体系从轨道转移到结构柱，然后卸下轨道、临时柱等。特别是对大型起重机械使用场地限制苛刻的项目，累积滑移方案优点明显。钢结构屋盖的拼装没有嵌补杆件，焊接一次到位，而且作用区域小，拼装设备少，对钢结构拼装、安装质量、安全和成本控制非常有利。改建的大

中型站房工程，涉及既有铁路线正常运营和转线问题，采用滑移方案，对钢结构施工的安全更有保障，近年来施工的铁路站房屋盖钢结构多采用滑移施工技术，如福州南站、南京南站、西宁站、珠海站、厦门西站等。

采用滑移施工方案需要注意：①轨道及支撑体系的稳定性必须经过验算满足要求；②多点滑移驱动的同步控制和调节；③钢结构受力工况在拼装、滑移、转换的过程中要与设计的受力工况一致；④至少具备 1 个滑移单元的拼装场地。

设计采用大断面结构、空间桁架结构，结构柱呈现非直线布置时，或者网架传力体系非常复杂时，一般采用整体或分单元吊装施工。吊装法是钢结构常采用的施工方案，其特点是将钢屋盖结构划分成较大的施工段，利用大吨位起重设备在轨道层上行走来满足屋盖及柱、梁等其他钢结构构件的安装需要。采用大吨位机械设备的目的是尽量减少结构分段、减少现场高空拼装焊接作业量。北京南站、武汉站、西安北站、太原南站钢屋盖施工都采用了该方案。北京南站屋盖结构为椭圆形，武汉站为大曲面网壳，太原南站设计为放射伞状支撑柱，厦门站则采用大跨度空间钢管桁架结构，这些结构的特殊性决定了施工方案的不同。

采用吊装施工方案需要解决以下问题：①大型设备的吊装路线要清晰；②具备二次拼装的场地条件；③临时支撑柱提前设计施工；④吊装工况、卸载工况要经过验算符合要求；⑤确定大型起重设备的行走路线和结构加固措施等。

不论网架结构还是桁架结构理论上都可以采用提升的方案，一般分为整体提升或分块提升、高空拼装的方案。需要考虑的要点：①提升承力构件尽量利用结构柱；②提升单元能够形成稳定的单元体，并且结构的变形满足设计要求；③提升工况与设计工况的受力需基本吻合，如有偏差必须采取加固措施处理；④具备拼装、提升场地。提升作业时要控制同步提升、监测结构变形等。天津西站设计为采用箱形构件的拱形结构，施工采用分段提升方案。厦门站设计为大跨度空间钢管桁架，施工采用桁架整体提升方案。于家堡站为不规则贝壳形，中部架空大堂部分钢结构采用地下拼装、整体提升、高空合龙的施工方式。网架结构采用分块提升或整体提升的比较多，如天津滨海站、南宁站、沈阳站等。

2)钢结构现场拼装技术

铁路站房钢结构工程现场作业量非常大，焊接变形量的控制取决于理论加经验以及变形调整的技术措施。钢结构拼装不仅仅是构件连接为一个整体或单元的过程，更重要的是把加工制作的误差和土建施工的误差能够做零和调整，并尽量避免累积误差的出现。利用 BIM 技术和扫描视像处理技术能够将现场施工误差直接反馈到钢结构加工厂，是提前进行的做零和误差调整手段。杆件拼装、单元体拼装和焊接的顺序也是质量控制的关键，后补段、后焊接缝的设置对变形控制是必要的，需要时间数据的支持来确定。钢结构对温度的敏感性是施工方案必须考虑的，长细比大的构件尤其明显，施工过程中钢结构构件、单元体、整体的温度变形都要采取预控措施；并且对钢结构、混凝土复合板结构要在年累积温差较大的地区重点考虑温度变形对装饰装修层的影响，合理设置变形缝。

天津于家堡站屋盖设计采用螺旋状贝壳结构，坐落在椭圆形环形钢箱梁上。贝壳中部采用提升工艺，外围区域采用单元吊装散拼方案，提升区和散拼区最后由嵌补杆件连接。施工过程跨越夏、秋季，钢结构温度变形非常明显，通过分隔缝留置、拼装时间控制、焊接顺序等措施尽量释放和控制温度变形。

提升区与散拼区之间的嵌补杆件有 121 个，其中 1 类杆件 35 根，2 类杆件 86 根，天窗环梁内部提升塔架群位置有 2 个嵌补分块。1 类杆件构件两端分别与提升区构件和散拼区牛腿连接，安装方法同散拼区嵌补杆件一致，采用高空定位马板固定的方法安装。2 类杆件空间位置与提升架体相碰，需要采用“托拆吊”的安装方法进行嵌补。

3. 站房装饰装修施工技术

高速铁路站房具有现代化程度高、空间大、跨度大，非常规造型多等特点，站房内外装修是对站房建筑空间的再塑造，可以大大提升旅客的舒适感与客站的综合品质。总体上，站房装修风格应简洁、通透、明快，装饰材料大量采用铝板、玻璃、块材等工业化产品，便于统一加工和装配施工；大量利用站房结构线条来加强装修效果，比如站台雨棚、高架平台等。重视站房建筑细部做法，如楼梯、扶手等，实行标准化设计和工厂化制造，确保细部装修效果和品质，同时降低造价。坚持方案先行、样板引路的方针，严格执行样板制作和验收的程序和方法，统一关键施工工艺和标准。

1)站房外幕墙施工技术

建筑幕墙在新一代铁路站房工程中也得到了广泛应用，它不仅实现了建筑外围护结构中墙体与门窗的合二为一，而且把建筑围护结构的使用功能与装饰功能巧妙地融为一体，使建筑更具现代感和装饰艺术性，提高了现代铁路站房的建筑表现力。铁路站房外幕墙多具有大空间和大跨度的特点，因此在幕墙的选择上应考虑幕墙结构的稳定性及抗震性能，多采用钢桁架体系、预应力钢拉索体系等，幕墙结构体系应与站房自身结构体系相适应，同时幕墙应考虑节能要求，采用 Low-E 玻璃、节能铝型材或双层幕墙等；结构柱或结构剪力墙部位的幕墙

多采用石材幕墙或铝板幕墙。

以成都东站为例，站房外幕墙结构形式为单层索网点式玻璃幕墙、石材幕墙及铝板编制幕墙。其中单层索网式幕墙主受力体系为钢结构桁架体系，左、右两侧采用三角形空间桁架，顶部采用矩形空间桁架；索结构玻璃幕墙所使用钢索的工作状态是处于持续永久受力状态，为保证钢索稳定的工作性能，在使用前对每条钢索都必须进行预张拉，同时为了保证大面积幕墙的稳定性，还必须采取水平、竖向阻尼器等措施。

2）站房室内装修施工技术

站房内装施工要根据站房使用功能和设计意图，着重进行站房内部装修整体排版和细部节点的细化设计，对各部位、各工序的施工方案和细部节点处理方案进行完善，以满足使用功能需求，体现设计意图，实现“质量工艺精细化、细部节点亮点化”。策划的主要内容包括外立面和室内空间的墙顶、地排版对缝，顶棚的综合排布，材料色彩的搭配选择，各系统管线设备的综合排布，门洞口、消火栓、设备末端的精确定位，细部节点做法等。

施工前应重视装饰样板的施工，针对室内天花吊顶、卫生间单元、室内墙地面、玻璃隔断、设备末端进行单元综合样板的施工，从而确定装饰材料规格尺寸、色彩、材质、施工工艺、接口做法，最终确定效果最佳的材料。材料加工阶段，根据不同的使用部位和需求，积极推行工厂化加工，有效保证材料加工质量和精度。对异形的复杂构件，通过 BIM 技术辅助下料，并派员驻厂进行加工质量控制。施工安装时对室内高空天花吊顶采用地面分单元现场拼装，反吊顶施工技术，避免搭设满堂脚手架的施工方案；墙面及地面施工应采用 BIM 技术进行精准下料加工、工厂预制、现场拼装，从而保证施工质量，避免返工。

3）绿色施工

大型铁路站房为集多种交通方式于一体、功能用房配套齐全的综合性巨型交通枢纽，能耗、水耗巨大，因此采用绿色施工技术是站房施工的必然选择。站房施工中贯彻“绿色建筑”“生态建筑”和“四节一环保”理念，从节地与室外环境、节能与能源利用、节水与水资源利用、室内环境质量控制等方面采用多项环保节能的绿色建筑技术措施。施工中考虑了使用材料的可再循环利用，同时采用本地材料（混凝土、砂、石）及绿色施工组织方案，有计划地回收建筑废弃物，加强环保措施，避免了施工对周围环境产生破坏。同时站房施工还采取了地源热泵技术、污水源热泵技术、屋面光伏发电技术、生态湿地污水处理技术等。

4. 站房"一体化"施工组织

现代大型铁路站房多为综合交通枢纽，在站区规划、建筑造型、功能布局、关键技术、交通流线布置、服务设施等方面与以往相比都有重大突破或创新，与多种城市公共基础设施功能紧密连接；工程项目交叉多，建设管理界面多，投资主体多。对作为大型铁路综合交通枢纽核心体的现代化站房工程，需以系统理论指导枢纽及站房建设和建设管理，坚持系统的"同步设计、同步施工、同步验收、同步开通"的四同步原则，才能达成建设目标。在制定枢纽施工组织方案时应统筹考虑枢纽内各个独立项目的建设特征，一般以铁路站房为核心，铁路交通线路、配套广场、市政道路、地铁、长途公交站、商业广告等多个工程项目在独立完成自己工作内容的同时，必须统筹安排，适时穿插，最大限度地减少因工程界面交叉造成的项目相互制约、施工效率降低的问题。综合研究重难点、交叉、控制工程，分析安全、质量、进度、投资的管理风险源及影响项目建设的其他因素，模拟施工总体过程和关键技术的应用，制定具有针对性的措施和技术方案。以重难点工程为中心，控制工程为主，科学评估项目建设的优先权，寻求同步开展其他项目的建设，全面实行标准化管理、科学化组织、专业化施工。减少施工交叉作业面和立体交叉作业面，全面降低安全风险和影响，确保实现预期目标。

4.2.4 铁路站房施工技术展望

1. 基于 BIM 技术的站房施工新技术

大型铁路站房建设中涵盖了多种专业集成，包含了土建、装修、机电安装等多个专业，而每个专业又包含了钢筋、模板、混凝土、给排水、送排风、防排烟、空调风、空调水、消防、强电、信息、客服等内容。这些复杂多样的专业内容形成了一张包罗万象的网络系统，而网络系统中每一个因素都直接影响着整个工程的施工质量。

BIM 技术在施工中能够进行多专业协调、多专业集成、多功能整合，在施工组织设计、重大施工方案动态模拟、施工技术方案的确定、"四新"技术的应用、施工现场动态调整，施工进度的模拟，工程安全、质量、文明施工管理、现场数据的采集、储存、后台处理，图纸及文档电子化管理、全过程造价成本管控等方面应用 BIM 技术，基本可以实现项目施工的全过程管理。

首先，BIM 模型通过附加各个专业不同形式的数据，形成完整的施工 BIM

模型。通过 BIM 模型进行碰撞测试，对碰撞部位及时进行系统优化达到最终优化方案。减少错漏碰缺对施工设计和成本的影响。其次，施工 BIM 模型将 BIM 设计模型与建筑信息结合，直观地体现施工的界面、顺序，使总承包与各专业施工之间的施工协调变得清晰明了，同时利用 BIM 技术进行施工平面布局优化，使设备材料进场、劳动力配置、机械配备等各项工作的安排变得更为经济。重大施工方案，特别是危险性较大的施工方案，可以采用施工模拟来降低施工风险；在施工安全质量与进度控制中，BIM 技术与移动终端相结合，将现场实际数据上传至 BIM 模型，实现数字化的现场管理模式，更有效地进行施工安全、质量、进度跟踪及预警，使现场管理人员可以把更多的精力用在现场实际情况的预控和对重要部位、关键产品的严格把关等工作上，不仅提高了工作效率，还可以帮助管理人员尽早发现并减少施工管理风险。

2. 基于预制装配化的站房施工技术

通过应用 BIM 技术对站房结构构件、装饰装修进行深化设计，将站房部分构件和装饰装修设计的深度提升至构件工厂化加工的精度。对站房装饰装修材料进行数字化、定型化、预制化加工，形成装配式施工的铁路站房新工艺。通过数字化施工策划，生成高精度的电子文档直接交付厂家下单，取代现场测量或制作模板等传统下单方式，实现下单过程数字化，不仅可以大大缩短装饰装修工期、降低工程成本，还能实现真正意义上的绿色施工。

4.3　BIM 技术在铁路站房中的应用

4.3.1　铁路站场中 BIM 技术的分析

1. 应用的现状分析

BIM 于 20 世纪 70 年代在美国诞生，最早是在建筑业提出来的，随后逐渐扩展至建筑工程领域。BIM 是一项新型技术，对建筑工程进一步发展起到极大促进作用，而且应用的范围也由美国扩大至欧洲和日本，与建筑等相关的行业对此技术提出了要求，并且制定了有关标准和要求。伴随我国经济发展，建筑领域也逐渐引进了 BIM 技术。虽然我国应用 BIM 较晚，却通过多年的努力探究和分析，BIM技术在建筑等不同行业中应用也日渐成熟。然而BIM技术在铁路站场中的应用还并不是很完善，大多还是用于设计环节。铁路的站场包含了电力、道岔、信号、各种机车与正线、货物线、到发线及机务段、到发场、工务段、调车场等多项设施，其结构较复杂，且种类较多，所以仅在部分站房BIM技术应用，而把BIM技术应用到整个铁路站场中还仍然存在不少困难。此外，对比设计的方案，需凭借图纸来对站场加以优化和改进，这导致整个过程较庞大且复杂，这就需要我们进一步对BIM在铁路站房当中的应用加以探究和分析，使其发挥出更大的作用。

2. 在铁路站场中运用BIM技术的优势

在铁路的站场中应用BIM技术，可创建一个包括站场工程全部的几何尺寸、空间参数化与结构的功能等的三维模型，在项目规划和设计与施工及运营维护的环节，不同的参与方可按照自身的需求把有关的信息提取出来，并且在同一个三维信息模型的基础上实现协同作业。

1)模型的信息较完全

包括了站场中各对象在空间与几何方面的信息及结构的关系，比如站房与线路及股道等空间的位置，道岔与钢轨及轨枕等材料的信息与工程的性能，信号预防供电的设施类型，工程造价的统计信息与对象之间逻辑的关联等。

2)模型的信息相同

在站场建设的不同环节，能保持站场的模型储存的信息相同，根据不同环节差异的需要，仅需基于原有的模型信息便可加以修改，可不用再重新进行建模，防止因不同环节的信息不相同而导致出现严重的后果。

3)模型信息相关联

模型中的各对象间互相关联和辨识，模型中某一个对象改变的时候，与其有关联的对象会做出相应调整，并保证持续及时更新。

4.3.2 BIM技术在铁路站房中的应用分析

1. BIM技术在铁路站房设计当中的应用

BIM技术把建筑、结构、给排水、装修、暖通与通信、消防、信号、FAS&BAS及电力等专业各自的二维图纸转变成三维的模型，与此同时，把各专业模型一起

建立，进而建立出车站完整的模型。经 BIM 能够对原有的二维图起到审查和优化等作用。

1)在建模中发现本专业图纸当中所存在的问题

发现图纸中存在设计错误、专业图纸存在缺漏等问题。发现本专业的图纸设计当中能够加以优化的问题与人为能够看到碰撞问题及本专业的图当中空间的不足等问题。

2)建模当中发现和其他类专业的问题

其他类专业和本专业出现碰撞：其他类专业对本专业的图纸造成影响而无法正常进行施工；其他类专业和本专业的公共空间与共用空间的不足；其他类专业和本专业的设计意图存在着差异。这些因素都有可能会在以后造成站房的部分功能得不到实现等问题。

3)完成模型以后加以碰撞的检查

专业自身的管线或者是结构的碰撞，专业间的管线与结构或者是附属设备的碰撞，专业间的不协同使得管线出现外露情况，专业的管线其空间不足引起碰撞，专业的图纸和建筑结构存在差异引起管线的碰撞。

2. BIM 技术在站房土建中的应用

1)在模型碰撞中的应用

虽然在设计环节中会对存在的碰撞问题加以处理，但在施工环节还能遇到新的和未预见性的碰撞问题。比如对个别的专业图纸加以调整使其和其他类专业发生碰撞，在现场的实际施工当中出现不可预知的碰撞问题。在这一环节可以按照现场的实际状况，由设计、施工和业主方等在三维 BIM 的模型当中重新加以调整。

2)确定和优化净空间

BIM 模型把各专业在一个三维模型中集成，如此不但能精准直观观察各专业的构件布置和摆放情况，而且还能将各专业间的部件及其相关的位置关系观察出来。进而于在 BIM 三维协同的环境当中精准、高效地与设计、施工、机电安装等作业相互协调，与此同时能进一步对管线的布置加以改善、提升空间使用率。

3)审查施工的图纸和确认构件的信息

经 BIM 模型不但能够全专业一起来审查，而且还能于 3D 可视化的环境下精准地发现各个专业所存在的问题，同时对多专业之间配合的困难加以解决。经录入各构件信息，进而于土建的施工中使相关的施工者对构建精准地浇筑和安设等。

4)深化施工的设计和组织施工的方案

针对较复杂的构件与复杂区域的主要节点等内容，能经BIM模型对其360°全方位地加以观察和实施，进而预防出现耽误工期和错误等。施工企业根据BIM模型来组织施工方案并把进度的计划和BIM模型加以关联，建立出周单位4D(3D的模型加时间)施工的组织进度，进而可以使用可视化模型与时间把建设的全过程生动形象呈现出来。甲方和监理方及设计方等可以按照BIM 4D模型进行施工模拟，定期对工程的进度加以核查，而且还能够对施工的进度加以评价。

5)安排设备和材料的进场时间和存放的场所

因为机械、设备、人力物资及材料等不断进场，场地的空间变得越来越紧张，各作业面相互间发生冲突，应用BIM 4D化的模拟施工能有效处理这部分问题。按照BIM 4D对施工的进度加以模拟，相关的工作人员能直观清楚地对所需要的材料、设备与人员的配置加以判定，与此同时，还能按照模型将所需要的场地精确测算出来，进而能够帮助相关的管理者合理地对生产的计划加以安排，提早预防出现工作面的冲突等相关的问题。

6)施工放样和精确地计算工程量

在施工以前，相关的技术工作者可应用BIM模型精确开展模拟放样的作业，如此便能提前对各类设施等摆放位置加以规划，能在一定的程度上提升工作的效率，提前发现施工中存在的问题且对施工的工艺加以优化。应用BIM模型能自动将项目工程量计算出来。BIM模型能计算出工程量与提取工程清单，如此便能使相关的技术工作者快速了解工程实际的数量，还能对生产的成本加以精准管控。

7)施工安全方面的管理

在地下工程的施工中，比如开挖深基坑、支护的体系等，应用BIM模型进行施工，能更好地辨识风险因素并加以规避。施工中的坠落事件是常见的安全类隐患，而建立BIM模型能提早发现坠落潜在危险源，比如楼梯、电梯井及天窗等。经BIM模型把危险源辨识出来后，相关的技术工作者能建立防止坠落的防护栏等有关构件的模型，同时提供安装与拆除的地点和日期等，可以有效地降低出现坠落事故的概率。

3. BIM 在站房机电管线当中的应用

1)创建模型具体的要求

一般用 Revit 软件来创建机电管线的模型,因综合管线施工会涉及诸多专业,所以,在创建模型时,相关的工作者应根据各专业施工的图纸分系统来创建模型,并把各系统的模型设置不同颜色。创建模型需根据由大管至小管和由上至下依次来进行,使后期的避让调整困难程度有所下降。

2)创建模型当中碰撞的检测

在铁路站房的工程中,各个设备的管线间及管线和结构的构件间经常会出现碰撞的问题,不但提高了施工的难度,而且还对室内净高造成影响。相关的技术工作者可按照 BIM 模型在施工之前对碰撞加以检测与分析,以便提前发现碰撞的问题,比如管线间出现的碰撞与重叠、管线和主体的结构出现的碰撞,以及未合理地设置管线对其他的专业需要造成影响等。

3)对机电管线路径加以优化

站房综合的是管线可应用 BIM 的模型进对其设计路径加以优化。比如对通风、电力、通信、信号、给排水、消防及照明等综合布置,从而达到美观以及各专业有关的标准和要求。

在铁路站房设计与施工当中,各个专业相互间协调与交流非常关键,应用 BIM 可给多方人员创建出实时交流与信息共享平台,还能创建四维的模型对施工加以模拟,及时发现设计和施工中存在的问题并解决,节省成本,提升工作的效率。但当前 BIM 技术在车站站房中的应用还不是很成熟,这需要铁路的各个专业共同努力,对 BIM 技术进一步加以探究和分析,使其在车站站房中得到更好的应用。

第 5 章　铁路“四电”工程

铁路“四电”系统主要包括通信、信号、电力、电气化四个专业系统。铁路“四电”系统是“四电”自身发展及铁路建设的必然结果，其必要性主要体现在“四电”协同、标准统一、资源整合、接口管理、造价降低、管理有效等方面。

5.1　铁路“四电”工程建设标准化管理

5.1.1　管理制度标准化

管理制度标准化的核心是建立管理规划，构建标准化管理制度和管理体系，不应局限于制度的建立，而忽视了整体的体系规划。

构建制度保证体系，细化各项管理工作流程。

结合标准化管理要求，制定规章制度、管理办法、控制措施、应急预案、操作规程、作业指导书。构建结构清晰、职责分明、内容具体的项目管理制度保障体系，做到实施有规范、操作有程序、过程有控制、结果有考核，体现质量、安全、工期、投资、环保、稳定的建设目标。

5.1.2　人员配备标准化

人员配备标准化的核心是人力资源的配置，不忽视人员培训和绩效考核。

坚持按工程实际需求及合同约定，优化资源配置，详细制定部门和岗位职责，使上岗有标准，工作有职责，满足投标承诺及施工需求。人员配备必须要按规定持证方能上岗，通过营业线施工安全员、现场防护员、驻站联络员培训。

按照需求制定项目管理人员、现场技术人员、作业人员、劳务人员培训计划。开展质量、安全、环保培训，技术、管理、业务培训，职业技能培训、岗位操作培训，特定岗位培训。通过培训，提高安全质量意识，提升管理能力和专项操作技能，为工程项目实施提供可靠保证。

5.1.3　现场管理标准化

现场管理标准化核心是资源管理中的基础设施和工作环境建设。

工地选址坚持因地制宜、合理布局、有利管控的原则。按承担工程的范围及建设单位各指挥部、监理单位管辖范围，设立工程指挥部和施工项目部。根据设计文件和现场定测结果，编制物资申请计划，按有关规定进行采购。强化现场物资设备管理，分区存放，码放整齐；采取防雨、防寒、防尘措施；配齐灭火设施，易燃、易爆物品单独存放；根据物资设备的不同类型、不同状态设置标识。严格领用手续，满足可追溯性。

根据建设工期、工程安全质量目标精心编制实施性施工组织设计，满足节点工期要求。针对危险性较大、技术复杂的分部分项工程，编制铁塔基础施工、铁塔安装、起重吊装、电气性能试验、营业线施工、长大桥梁、隧道施工及冬季施工等专项施工方案；对各专业、各系统编制接口方案。对有较大影响的分项工程、关键工序进行首件定标，起到样板引路的作用。建立室外设备安装试验基地，为统一全线施工工艺奠定基础，加强参建员工技能培训，提高操作水平。全面推行各工序施工作业要点卡片，进一步规范施工生产活动，提高效率。制作作业指导书，并通过施工工艺手册，使作业交底直观生动。

成立质量管理及工程创优领导小组，健全质量保证体系，制定创优规划，明确质量保证措施，落实岗位质量责任制。积极开展质量检查小组活动，推广质优效高的工艺工法。实名制管理，落实“三检”制，使各道工序得到有效控制，实现工程质量可追溯。制定质量检查计划，建立“质量问题库”，进行分级管理，对检查发现的问题，从技术、管理两个方面分析原因，制定措施，实施整改。

成立安全生产领导小组，建立健全安全保证体系，制定安全生产责任制，实行安全一票否决制。明确安全目标，并进行分解和细化，使安全责任逐级传递，做到横向到边、纵向到底。制定安全检查计划，对检查发现的问题进行分析，制定整改措施，实施整改，做到闭环管理。按规定配备安全防护用品和个人防护用品，保证安全费用足额投入，防止职业病发生。针对潜在的事故及紧急情况，编制应急预案，并进行演练和评价，提高施工项目部有效处置突发事件及事故的能力。根据施工工艺流程辨识危险源，进行风险评价，制定控制措施，实施动态管理。

利用企业办公自动化、信息编码平台，SAP 软件等信息化手段进行项目管理，使信息沟通快捷顺畅，项目流程管理更加科学有序。

5.1.4 过程控制标准化

过程控制标准化的核心是依靠管理方法和手段进行“产品实现”的过程管理。

严格执行施工图纸核对制度，结合现场调查，进行图纸、设计文件核对，对存在的问题及时沟通，优化设计，以确保工程质量及工程的顺利推进。做好接口调查，细化接口方案。主动与住房和城乡建设单位落实设备机房接口问题，与建设和监理单位联合调查室外槽道管线手井问题；与设计单位沟通，及早解决图纸与设备选型等问题。

通过采取经济、技术、组织等动态调整措施，确保工程按期进行静态验收和联调联试。建设预配基地，提前进行中继站线把预制；提前进行轨道、信号机、道岔等线把预配，克服站前工程滞后带来的影响。

加强与设计单位的沟通，收集相关变更资料，及时签认，为设计变更、概算清理提供基础资料。电缆定长订货。施工项目部通过组织现场定测、复测，收集准确数据，采用定长订货，按规定预留电缆长度和接头数量，避免电缆浪费，减少接头数量，降低工程成本。

实践证明，工程建设标准化管理是提升项目管理水平的重要手段，对强化项目施工组织管理、控制项目成本管理、规范安全质量管理等具有重要指导作用。通过扎实推进工程标准化管理，真正把标准化管理落到实处，全面提升企业工程管理水平和持续盈利能力。

5.2 铁路“四电”工程智慧工地的探索

5.2.1 “四电”项目信息化建设的必要性、可行性

1. 项目建设必要性

1）智慧工地建设将成为各级管理者最重要的监管手段

据相关数据预测，2018 年全国重点铁路项目数量 22 个，中小型铁路项目不计其数，而每个项目生命周期内，都会产生海量的数据。铁路电气化行业所处环境恶劣，人员十分复杂，项目管理难度极大。对于管理人员来说，使用一套有效的智慧工地监管系统是非常有必要的。使用智慧工地的试点项目比未试点的项

目具有更大程度的风险防护,安全事故的发生率也大大降低。

2)智慧工地的建设极大地促进了经济、社会和工业的发展

信息化为传统的施工转型注入了新的活力,推动了经济形式向更加创新和科学的新数字化方向发展;信息化产业已经成为新兴的战略产业,它能不断提高产业的经济发展水平。并且,在管理方面,信息化为改善项目管理,确保当前施工建设的安全,优化资源配置和促进机制转换提供了新的手段。

3)智慧工地建设可以有效促进企业经济发展

智慧工地基于项目服务,将互联网大数据信息处理技术与铁路项目管理无缝连接,以解决项目管理问题;为铁路项目的整个周期提供专业和智能的解决方案,并促进铁路行业的现代化,从而极大地提升整个铁路行业的发展水平。

综上所述,智慧工地的研究与建设是非常紧迫和必要的。

2. 项目建设可行性

根据需求分析,“智慧工地”围绕施工现场作业管理,实现对“人机料法环”各生产要素数据的有效采集,在数据采集的同时,解决一线作业层工作需求,打破传统管理系统通过填报实现管理要求,减少一线人员大量的重复劳动,提升数据采集真实性,通过碎片化业务系统的应用,产生作业数据,利用底层数据库和智慧工地平台实现业务数据之间的有效互联互通,深度挖掘数据价值,进而推进项目管理智慧化、数据化,形成一个以项目为载体、以成本为核心、以进度为主线,以质量安全为目标的生产经营智慧工地系统。

5.2.2　“四电”智慧工地平台的研究

基于蒙华铁路“四电”建设,研究智慧工地系统,实现工地管理可视化,通过在施工作业现场安装各类传感装置,构建智能监控系统,可以有效弥补传统监控方法和技术的不足,实现对人员、机器、材料、方法和环境的全方位实时监控,变被动“监督”为主动“监控”;同时,还将引入安全生产监督管理的新理念,真正体现“安全第一、预防为主、综合治理”的安全生产方针。

1. 系统功能介绍

智慧工地一体化平台功能图如图 5.1 所示。

2. 技术架构

智慧工地平台紧跟时代步伐,有效结合目前市场上先进的技术,比如物联

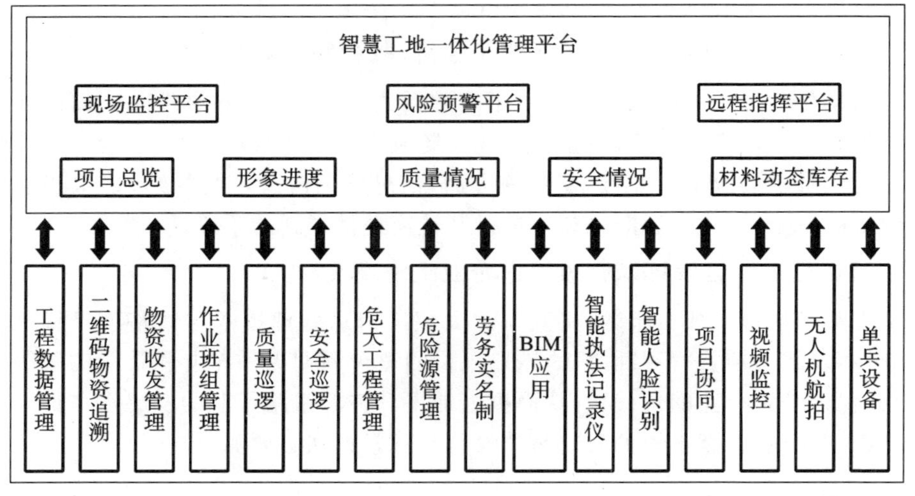

图 5.1 智慧工地一体化平台功能图

网、AI 等，作为平台底层技术架构（智慧工地一体化平台技术架构图如图 5.2 所示）；先进的技术真正用于日常项目管理中，如质量和安全检查、技术交底、物料跟踪等；在业务应用场景之后，可以生成海量数据，并且该平台支持数据仓库的建立，用于数据存储、清理和分析；把有效数据筛选出来支撑领导决策，制定战略规划。

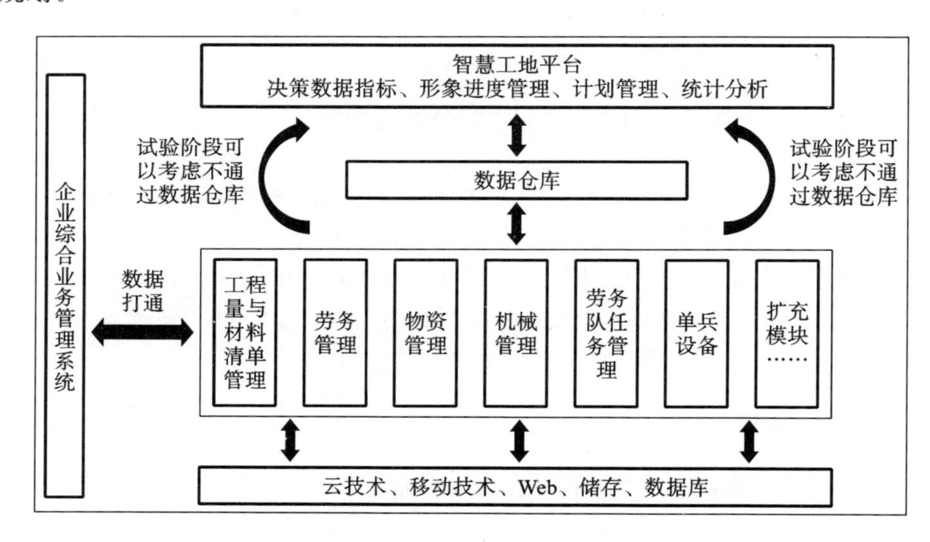

图 5.2 智慧工地一体化平台技术架构图

5.2.3　智慧工地平台的子系统功能介绍

智慧工地一体化平台包含 7 个子系统功能，涵盖了项目施工全部流程。

1. 劳务现场管理系统

劳务现场管理系统是指利用物联网技术，集成各种类型的智能终端设备以实现对建设项目现场劳动者有效管理的综合信息系统，实现基于管理、业务的分类和统计分析等，以提高项目的现场劳动管理能力，协助提高政府对劳动就业的监管效率，并确保劳动者和企业的利益。

2. 工程数据管理系统

工程数据管理系统是一个综合利用互联网、云技术、大数据及移动互联等先进技术对工程施工材料计算、全过程动态跟踪与管控的业务系统。将设计文件数据化，自动将工程数据加工形成工、料、机需求计划，指导后续施工安排。其中包括审图定测、数据导入、数据汇总、变更管理、材料汇总、需用管理、限额管理等，简化项目部工作流程，过程留痕可追溯，实现项目管理的精细化和数据化。

3. 物资管控系统

物资管控技术作用：现场物料追踪（物料掌中宝）实现现场物资成本、质量的全流程管控；运用移动互联网技术实现给供应商发送订单、供应商供货、收料、发料、库房盘点环节的业务，在提升现场效率的基础上实现了业务数据精确、实时的采集；运用互联网技术对数据进行智能分析，实现供应商对账环节、现场库房的管控；二维码作为载体，一次打印数据自动、实时更新，实现了材料质量全流程的追溯。

4. 作业班组管理系统

作业班组在施工安装过程中通过对材料等设备的现场扫码确认等操作，将作业人员、材料设备等信息及施工安装过程信息与相应的工程实体进行匹配，实现以工程实体为架构的工程各项组成要素数据信息及施工过程数据信息的采集、关联和结构化存储，为项目工程建设质量全过程管理提供了作业人员、材料设备及施工安装过程均可系统追溯的数据基础。

5. 安全管理系统

智慧工地安全管理系统为企业建立风险管理和隐患控制双系统安全管理控制平台。采用“云大物移智”的先进技术，从用户角度设计系统，使系统易学、易用、易推广。巩固企业的管控流程，实现流程可以预警，可以对结果进行分析，以确保管理体系落实实施，最终达到安全零事故的目标。

6. 质量管理系统

质检员利用手机 App 内的质量巡检系统快速记录现场问题，软件自动将信息推送至责任人进行整改、回复，形成问题闭环。后期随时可以查看问题，一键生成整改单等，提升效率。质量检查过程中留存的影像自动存储于数据仓库，将为公司积累数据资产，为下一步机器学习、视频智能判别打下基础。

7. 可视化监控系统

智慧工地一体化平台集成了多个可视化监控平台，利用现场安装的摄像头实现实时监控的功能。

5.2.4 “四电”工程智慧工地平台的应用

1.“四电”现场实现可视化管理

智慧工地系统在劳务驻地和中心料库安装了人脸识别智能摄像头，防止陌生人非法闯入，能实时看到现场情况，同时实现人脸考勤，更加精准记录劳务人员的出勤情况；现场安全人员佩戴执法记录仪，实时回传工作画面到平台，平台展现人员实时定位和监控画面，对现场安全情况进行监控，避免风险，同时可通过作业班组系统扫码采集现场的任务完成情况，分专业、分站和区间展示，形成各专业完成情况对比分析图，清晰直观，实现了真正的现场可视化管理。

2.“四电”物资提报实现信息化管理

“四电”工程物资提报工程量大、耗时长、工作量大、易出错。在以往项目中，物资提报需从施工蓝图上进行初步统计，然而施工蓝图没有给出全部的物资量，配套的物资须在通用图查询。这样的物资提报工作耗时长、易出错，智慧工地数据库中包含了相关的通用图数据，在物资提报页面，我们只需输入图号及数量，

即可直接得到所需配套物资数量并可直接导出Word格式文件用于打印，极大地节省了物资提报人员反复查看通用图、制作表格的时间；同时只需在智慧工地App中输入物资名称，即可快速查询并掌握库房库存量情况，及时提报需用计划，采购物资，保证项目进度按计划开展。

3.“四电”施工中BIM建模的应用

工程量的统计：在蒙华铁路“四电”施工中，使用BIM建模指导施工，模型创建完成后，通过解读，能够详细分析出各施工阶段各材料的工程量，如“四电”电缆、支柱等的工程量，避免了技术人员重复地统计、提报物资的工作。

碰撞检查：“四电”施工配电所电缆间电缆众多，多时达到500余根，合理设置电缆敷设路径可有效避免电缆浪费以及保证成品的美观。施工前确认完电缆敷设方案及走线架的尺寸，利用BIM建模提前完成效果模型图，在模拟图中标识各种电缆型号、走向及长度，利用其漫游功能，可以直观地体现支架及电缆敷设的具体情况，施工时按照模型既定的电缆敷设路径次序，仔细核对现场电缆走向，确定高低压电缆敷设顺序，以避免电缆交叉。

4.“四电”现场精准定位

“四电”施工尤其牵引供电专业施工中，铁路DK(distance kilometre，施工设计时采用的里程的简写)里程尤为重要，智慧工地系统带有GIS(geographic informmation system，地理信息系统)地图，标注蒙华铁路各站点名称和DK值，标注项目部位置，标注重点隧道或者桥梁位置，标注变电所等位置，而智能安全帽、执法记录仪、单兵设备均携带摄像头，可以实现实时定位，在GIS地图上所处位置、DK里程一目了然。

信息化技术的推广应用，不仅提高了企业的整体形象，提高了工作效率、技术水平和安全水平，而且提高了企业的整体竞争力。同时，信息化也降低了企业的生产成本和工作强度，从而保证工程质量。

5.3　高速铁路“四电”工程BIM技术应用

5.3.1　“四电”工程BIM技术施工应用路线

按照我国智能高铁2018—2035年走向创新示范、加速突破、全面提升的三阶段目标。智能建造以BIM+GIS技术为核心，综合应用物联网、云计算、移动互联网、大数据等信息技术与“四电”专业工程技术融合，通过自动感知、协同互动、主动学习和智能决策进行智能诊断，开展通信、电力、信号和电气化工程设计移交模型的深化工作，利用BIM三维数字化技术成果，做到项目协同、阶段协同、任务协同、专业协同，以支持或完成施工模拟、工程量计算统计、仿真检测、成本预算、运维管理等业务工作。“四电”工程在施工阶段的BIM技术应用范围可归类为以下九项内容。

(1)深化设计。交付以深化设计模型为代表的设计成果。在考虑现场实际并满足功能需求的前提下，利用BIM技术对“四电”工程施工图设计文件进行验证并深化设计，完成对“四电”工程各专业设计图纸三维模型的搭建，过程中应确保与施工时使用的二维成果内容、深度一致。深化模型将用于施工阶段的模型综合、碰撞检查、进度模拟、方案模拟、辅助工程量统计等各项BIM执行内容。在BIM模型审核过程中，利用BIM技术的可视化优势，发现图纸中存在的问题，及时在图纸会审中反馈。

(2)综合协调。基于各专业BIM模型，对管线进行统一的空间排布，确保管线可以满足自身系统以及其他系统的整体要求，以解决空间碰撞问题，同时对协调图和深化图出图以及施工作业进行指导、协调。

(3)施工工艺模拟。利用BIM技术施工模型，对施工工艺进行三维可视化模拟展示或探讨验证，展示重要施工区域或部位施工方案的合理性及不足，协助施工人员充分理解和执行方案的要求。模拟的内容包括但不限于平面布置可视化、作业工艺、施工顺序等。模拟中的工艺要素由施工工艺标准或技术交底提供。

(4)视频动画。利用模型的三维可视化特点，对模型进行操作或演示，并制作成一定时长的视频格式文件。

(5)施工进度模拟。利用BIM技术施工模型，对施工进度进行三维可视化的模拟展示或探讨验证。模拟中的时间要素由施工进度计划提供。实现智能高铁的进度数据互相校验，简化管理层级，提供决策效率，使管理者直面现场，让作业者专注作业要点。确保施工阶段的BIM技术工作成果及时准确传递到施工现场。在施工过程中，利用综合模型和施工方案/工艺辅助模型指导现场施工，对比并及时发现现场施工及工艺的错误，提高工作效率。

(6)施工工序模拟。利用BIM技术施工模型，对施工工艺进行三维可视化的模拟展示或探讨验证。模拟中的工序要素来自施工作业流程。

(7)场布协调管理。建立各阶段场地规划布置模型，通过 BIM 技术的三维可视化、漫游等功能，真实反映设备与现场的状况，为管理者沟通和决策提供依据。

(8)安全管理。基于 BIM 技术的安全管理功能，通过 BIM+VR 技术直观察看防护设施模型布置情况，反映现场安全设施布置状况及危险源，为管理者沟通和决策提供依据。

(9)VR 应用。利用 BIM+VR 体验未建成项目实际实施后的效果，让很多质量、安全问题得以提前考虑、提前修改，有效地避免资源浪费，保证项目在各个阶段高效、高质量地完成。

5.3.2　高铁“四电”工程建造阶段的 BIM 技术应用

1. 应用效果

1)可视化施工指导

BIM 技术的可视化优势能够使项目管理人员在动工前预测建筑的性能，获得更直观的三维协调效果图，经过整合的项目数据可提高时间和空间的协调利用率，并可在施工前确定设计中存在的问题与冲突并解决。

2)数字化施工

BIM 技术能够支持项目从设计到制造的整个过程，在 BIM 模型的基础上，利用 4D 模拟技术及施工工艺模拟技术，把传统的二维图纸和文字转换为三维的建造过程进行模拟，可以在施工前作出合理安排，优化施工进度，找出问题并提前协调，提高了施工安全管理水平和专业间的协调水平。

3)专业协同建造

专业协同模型通过信息模型进行传递，在模型上附加有效信息，整合工艺工法、施工专业的信息和流程，完成建造成本、进度、质量、安全等的管理。

2. 应用要素

1)BIM 技术实施工作流程

施工准备、施工阶段、竣工交验应结合业主的相关要求及相关方职责，以施工阶段为例，BIM 技术实施工作流程见图 5.3。

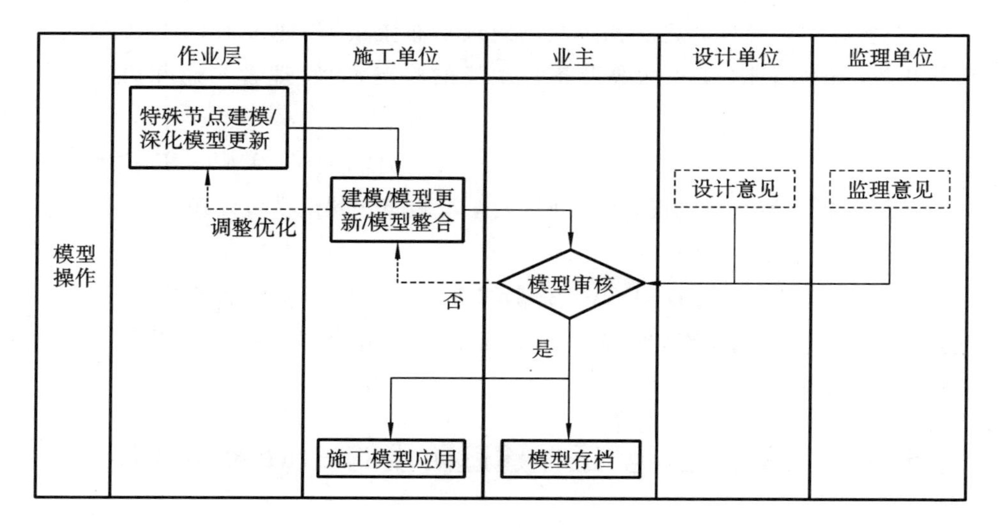

图 5.3　施工阶段实施工作流程

2)BIM 建模采用的标准

根据铁路 BIM 联盟颁布的现行标准进行模型搭建并开展 BIM 技术应用与管理工作，标准主要包括《铁路工程信息模型统一标准》(TB/T 10183—2021)、《铁路工程信息模型交付精度标准(1.0 版)》(T/CRBIM 007—2017)、《面向铁路工程信息模型应用的地理信息交付标准(1.0 版)》(CRBIM 1005—2017)、《基于信息模型的铁路工程施工图设计文件编制办法(1.0 版)》(T/CRBIM 006—2017)、《铁路工程 WBS 工项分解指南(1.0 版)》(T/CRBIM 009-2017)、《铁路工程数量标准格式编制指南(试行)》(T/CRBIM 010-2017)、《铁路工程信息交换模板编制指南(试行)》(T/CRBIM 011-2017)、《铁路四电工程信息模型数据存储标准(1.0 版)》(T/CRBIM 004—2016)。

3)项目基点设置

Revit 模型项目基点用于定义建设项目局部坐标系原点(0,0,0)的绝对坐标，用于在场地中确定建筑的位置与其他建筑间的相对关系。

项目定位基点可选择正负零平面上某 2 条轴网的交点，各拆分单体均以此点作为项目基点。

4)坐标系统

坐标系统与规划设计总图保持一致。

5)标高系统

BIM 模型的标高系统中高程均采用绝对标高,与规划设计总图保持一致,应以设计图纸和地形图为准,与各工点 Revit 模型标高系统中的±0.000 相同。设计图纸中标注的相对标高应在标高的命名中体现,便于设计人员识别。标高系统的设置方法见图 5.4。

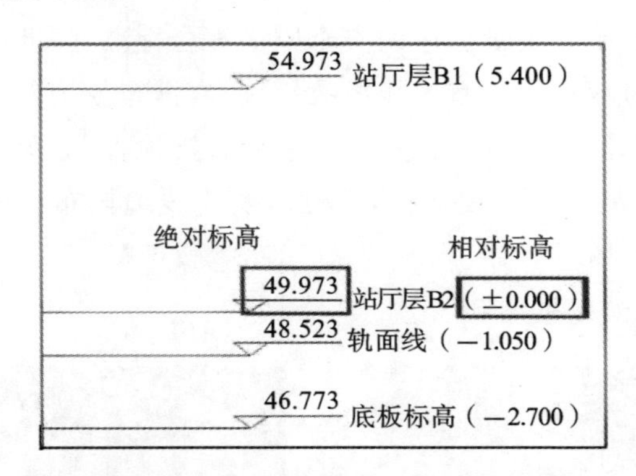

图 5.4　标高系统设置方法(单位:m)

6)项目单位

所有模型均使用毫米(mm)作为项目单位,有效位数为 3 位。

7)模型拆分原则

区间隧道模型按照里程进行划分,在模型文件命名中注明起止里程以便区别,单个文件大小不超过 200 mB,单个工程项目中的多个模型文件应有统一的基准点并基于模型汇总,保持信息统一。

8)重要及复杂节点的施工预演与分析

利用 BIM 施工方案模拟功能,对施工建造过程、施工顺序进行重要及复杂节点的施工过程预演与分析,辅助检查施工方案的可行性并进行方案优化,实现施工方案的可视化交底。提供重要及复杂节点的施工预演三维模拟动画视频。

实施流程:①收集数据,包括各工点关键节点专业施工方案、施工图纸等;②收集 BIM 模型(场地模型、车站建筑结构模型、区间结构模型、主要机械设备模型、局部地质模型等);③检查可编辑模型的准确性、完整性;④利用附加施工建造过程、施工顺序的 BIM 模型制作工序模拟视频,展示施工重要及复杂节点的施工方案。

交付成果:提供重要及复杂节点的施工预演三维模拟视频,能清晰表达施工复杂、关键节点的技术措施和施工工序。

9)施工过程预演与分析

(1)基础施工过程模拟。在基础等重大施工方案编制前,通过 BIM 技术对施工的各个环节进行模拟仿真,以时间轴的形式,展现基础的施工步骤,对关键工序的风险控制点进行分析,确定相应的卡控措施,通过对作业人员进行形象直观的施工技术交底,确保关键工序的安全质量符合标准,降低施工风险。

(2)线缆施工过程模拟。室内线缆数量较多,排布较为复杂,利用 BIM 技术可合理规划室内线缆排布层次与顺序,并进行碰撞检查,避免了线缆交叉。通过对现场施工作业人员进行可视化技术交底,实现线缆排布,符合相关标准要求,且可做到工艺美观、质量可靠。

设备安装过程模拟见图 5-5。

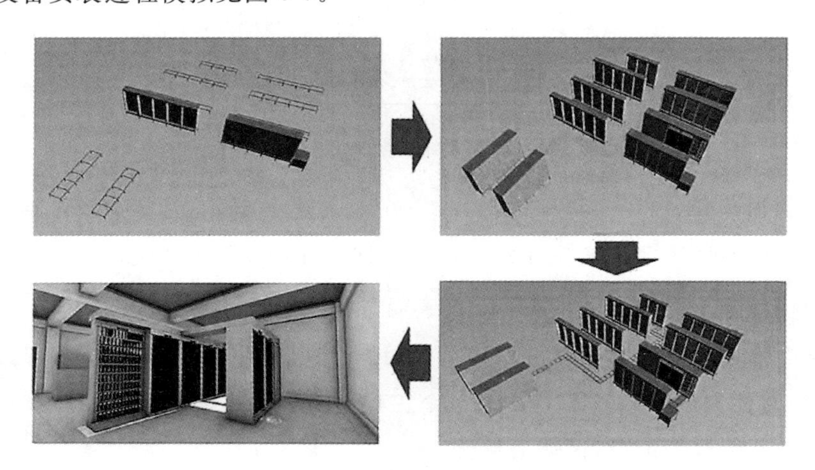

图 5-5 设备安装过程模拟

10)应用 BIM 技术进行可视化交底

依托 BIM 技术可视化特点,通过动画模拟、虚拟现实等手段,逐步建立关键工序施工技术交底库,细化作业流程及施工工艺;通过 BIM 技术的运用,指导编制专项施工方案,直观地对复杂工序进行分析;通过三维视图功能,向全体管理人员、作业人员交底,以达到统一工艺标准、统一作业方法的目的。

5.3.3 典型部位 BIM 技术集中应用

根据设计情况及业主的相关要求,推进 BIM 技术在智能高铁“四电”系统集

成建造中的应用和推广工作，按建筑、结构、变电、配电、通信、信号等专业建模，为建设智能高铁提供先进的技术保障。

1. 建模范围

结合高铁“四电”工程建造范围及任务，可以按建筑、结构、变电、配电、通信、信号等专业进行 BIM 建模及应用工作。

2. 建筑、结构专业 BIM 应用

对信号楼、牵引变电所、通信基站的土建结构进行模型搭建。

(1)施工准备阶段的现状地形三维测绘。根据测绘精度要求，运用无人机对施工现场采集不同清晰度的影像照片，然后高精度还原现场树木、建筑物，实现三维地形与 BIM 软件对接，并进行规划施工、土方测算等工作。树木、建筑实现高还原度，三维地形与 BIM 软件对接，并进行规划施工、土方测算等工作。

(2)全三维化工程预演。应用 BIM 技术，在三维环境下设计场地，布置临时设施。

(3)施工阶段的三维设计审查。三维建模可更直观地展现建筑的空间关系，更容易发现复杂空间内的一些设计问题，发现问题便记录为问题报告，以问题报告的方式提交设计院，作为日后设计变更的依据和参考。

(4)施工阶段的管线预留洞口检查。开展建筑、结构专业与通信、信号、电力、变电等专业预留预埋的建模工作，确保预留预埋孔洞与管线路由完全对应，以模型作为最终成果，在此基础上出具预留洞口图纸，以指导现场进行一、二次结构的孔洞预留施工。

3. 其他专业 BIM 技术应用

其他专业 BIM 技术的主要应用：在通信专业，对通信基站内设备及电缆径路进行模型搭建；在信号专业，对信号楼内设备及电缆径路建模；在电力专业，对信号楼、通信基站相关电力设备进行建模；在变电专业，对牵引变电所所内设备及电缆径路进行建模。具体表现如下。

(1)施工准备的管线路由调整。利用三维管线综合解决电缆排布问题，同时，通过修改管线路由的方式解决电缆交叉问题。

(2)模型信息管理。项目施工准备阶段，利用 BIM 技术相关软件，录入模型所需要的信息清单。

(3)施工阶段 BIM 技术深化设计。对各专业中的防雷接地、电缆布置、电缆接续进行深化设计,并最终形成以三维模型为准的数据归档文件,用来指导施工安装。完善电力与通信、信号,通信与接触网,通信、信号、电力与房建等专业间的接口深化工作。

(4)施工阶段沉浸式游览体验。向业主提供方便快捷的演示与汇报服务,通过简便的操作,设计成果成为甲方实时游览的场地,便于甲方对全过程的进展进行掌握和监控。

(5)施工阶段全专业三维协同。专业协同模型通过信息模型进行传递,在模型上附加有效信息,整合工艺工法和施工专业的信息和流程,完成建造成本、进度、质量、安全管理。

智能高铁需要人工智能、大数据、云计算等技术的支撑。BIM 技术在高铁"四电"工程建造过程中的实际应用,集成项目各阶段产生的各项数据信息,实现对"四电"工程现场施工安全状态的实时监控,有效跟踪、控制关键进度节点;利用可视化、数字化仿真建造,减少碰撞与返工,提高"四电"工程质量、保证施工安全、优化施工进度、辅助施工现场的精细化管理,实现智能高铁的建造。

BIM 技术中的标准、规范,需进一步完善标准体系,确保信息数据有效传递。促进工程数据信息在各软件平台、各设计环节的流动。需推行统一的国家、行业强制标准,加强软件供应商对 BIM 技术标准的支持,确保 BIM 全生命周期的信息数据有效传递。

BIM 技术在京张、京雄高铁等"四电"工程的陆续成功应用,使基于 BIM 技术的"四电"工程建造打通了智能建造领域的信息传递系统,奠定了智能高铁专业的基础,实现智能物理高铁与信息数据高铁的融合。

第6章　高速铁路施工组织设计

6.1　施工组织设计基本概述

6.1.1　施工组织设计的概念

施工组织设计是针对施工过程的复杂性，运用系统工程的思想并遵循技术经济规律，对拟建工程的各阶段、各环节以及所需的各种资源进行统筹组织和安排的计划行为，是对施工项目的总体规划。它的基本任务是根据设计文件、上级单位要求以及主客观条件，确定经济合理的规划方案，对拟建工程项目施工的全过程在人力和物力、时间和空间、技术和组织上做出全面而合理的筹划和安排。从本质上讲，施工组织设计属于施工阶段的工程计划文件。

6.1.2　施工组织设计的分类及相互关系

随着国家在建筑市场推行项目法人责任制、工程招投标制、合同管理制和工程监理制，施工组织设计的类型进一步拓展为多种类型。高速铁路施工组织设计分类如图6.1所示。

1. 按编制的主体分类

1)设计单位编制的施工组织设计

《铁路工程施工组织调查与设计办法》规定，在预可行性研究阶段，设计单位要提出概略施工组织方案意见，作为编制投资预估算的依据：在可行性研究阶段，编制施工组织方案意见，经审批后，作为制订基本建设计划以及编制投资估算的依据；在初步设计阶段，编制施工组织设计，经审批后，作为修订基本建设计划、指导建设项目施工组织安排、编制初步设计概算、控制分年度投资以及安排施工力量的依据。对深水复杂桥、特长隧道及5000 m以上的长隧道等工程(工点)，初步设计阶段应编制个别工程施工组织设计。

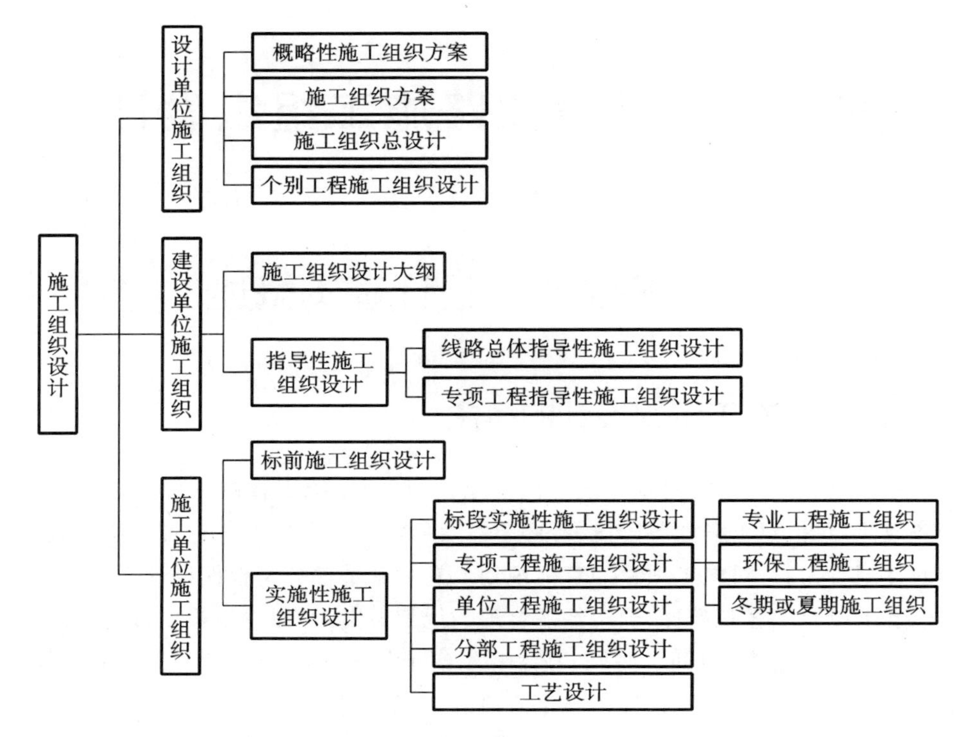

图 6.1 高速铁路施工组织设计分类

2)建设单位编制的施工组织设计

建设单位作为建设项目的实施单位，为实现项目质量、安全、工期、投资效益、环境保护等控制目标，需要根据项目的建设工期和项目运营时间目标的要求，通过施工组织设计文件的编制，确定各主要工程的施工方案、资源及进度安排，明确施工的展开顺序和总体部署，进而确定工程的投资使用计划，确定建设施工前期的全线施工准备工作内容。

3)施工单位编制的施工组织设计

施工单位编制的施工组织设计是规划和指导拟建工程从投标、签订合同、施工准备到竣工验收全过程的技术经济文件。施工单位编制施工组织设计的目的是对所承建工程项目的施工进行全面规划。它必须依据合同和指导性施工组织设计要求，对所承建项目的施工期限、施工顺序、主要施工方法及关键工艺，确保质量、安全、进度与投资控制的技术组织措施，对劳动组织与物资、设备的供应作出规定或要求。施工单位编制的施工组织设计强调技术上的可操作性、施工组

织上的针对性和经济上的可控性。

根据所处编制阶段的不同，施工单位编制的施工组织设计可划分为两类：一类是标前施工组织设计；另一类是签订工程承包合同后编制的施工组织设计，一般称为实施性施工组织设计。

2. 按编制的对象和编制深度分类

施工组织设计按编制的对象分类，主要是指根据建设项目的分解结构，分别编制不同层次、不同范围、不同对象、不同深度的施工组织设计，主要包括建设项目施工组织总设计、标段总体施工组织设计、单位工程施工组织设计、特殊工程专项施工组织设计、施工工艺设计。

1)建设项目施工组织总设计

项目施工组织总设计由建设单位以整个建设项目为对象进行编制，对整个项目作出统筹规划、分步实施、有序展开的战略性规划。铁路全线指导性施工组织设计就属于建设项目施工组织总设计。

2)标段总体施工组织设计

标段总体施工组织设计是施工单位以所承包的铁路工程整个标段为对象，以设计图纸、建设单位的指导性施工组织设计及标段实际情况为依据编制的，目的是要对整个标段的施工进行通盘考虑，全面规划，用以指导全场性的施工准备和有计划地运用施工力量，开展施工活动。标段总体施工组织设计的作用是确定各拟建单位工程的施工期限、施工顺序、主要施工方法、各种临时设施的需要量及现场总的布置方案等，并提出各种技术、物资资源的需要量，为全面展开施工创造条件。

3)单位工程施工组织设计

单位工程施工组织设计是指在标段总体内以独立的分项目工程或单位工程(如一段线路、一座桥梁、一座隧道等)为对象编制的具体施工组织设计。主要是依据国家的技术政策和建设要求，从工程实施的目标出发，结合客观的施工条件，拟定工程施工方案，确定施工顺序，制定各分部分项工程的施工工艺技术和施工方法，提出质量保证和安全生产的措施，安排施工进度、组织劳动力、机具、材料、构件、半成品和成品的供应，对生产和生活设施做出规划和布置，从而实现优质、按期、低耗的施工目标而编制的技术经济文件。

4)特殊工程专项施工组织设计

特殊工程专项施工组织设计一般是对某些施工时间较长,或特别重要和复杂,或新的技术和工艺,或特殊条件下施工的工程项目进行的施工组织设计,如高危隧道、特大桥等。

5)施工工艺设计

施工工艺设计是指把施工图、技术规范、组织和技术措施转换为作业层可执行的技术文件的过程,是为科学高效地组织、协调和控制现场施工,确保实现安全、质量、进度、环保、成本、劳动保护等各方面建设和施工管理目标,而对施工工艺过程、工序质量控制的步骤、方法,施工的生产组织和劳动方式,作业时间和空间进行的系统、细致的设计。

施工工艺设计是施工组织设计的重要内容,是工点开工的必备条件,是现场施工作业和过程控制的基础文件,是施工质量验收的基本依据。《高速铁路工程施工质量验收标准》明确提出了施工工艺设计要求,并将其作为施工质量验收的依据,进行施工过程控制和工程验收检查。

6.1.3 高速铁路的工程特点和施工组织特点

1. 高速铁路的工程特点

(1)路基强度、沉降和纵向刚度的控制,桥梁结构的沉降和变形的控制是施工的关键问题。

(2)隧道有效断面积加大到100 m以上,防水标准高,对施工工艺要求高,施工安全问题突出。

(3)高性能混凝土对粗、细集料,水泥,掺和料,外加剂等都有严格要求,混凝土结构裂纹控制难度大。

(4)电感应、电传递和电绝缘的要求,使得结构物施工工序增加,工艺复杂。

(5)无缝线路铺设对环境温度的要求,使作业时间受到了限制。

(6)特级道砟的料源少,加工备料应予关注。

(7)接触网平顺性要求高,综合调试难度大。

2. 高速铁路的施工组织特点

(1)施工装备,特别是专用设备投入大。桥梁制运架和轨道施工设备是施工

组织的关键资源。

(2)大型临时设施布局及规模直接影响工期和投入,且优化难度大。

(3)路基应作为土工构筑物施工,填料应作为工程材料控制,混凝土结构耐久性及结构工后沉降等有高质量标准,各项工程应进行施工工艺设计,并进行工艺试验。

(4)隧道断面大,桥梁架设和现灌施工均为高处作业,应进行危险源判断,采取系统的、有针对性的施工安全措施。

(5)专业种类多,工程量大,工期紧张,加大了施工组织的难度。

(6)各专业及各项工序间联系紧密,应采用系统工程理论和数学模型,运用网络技术,进行工期、资源、成本最优化分析。

(7)对施工期间粉尘、废水、噪声等应采取环境保护措施。

6.1.4　施工组织设计的编制理念与编制原则

1. 高速铁路施工组织设计的编制理念

高速铁路施工组织设计编制的理念:以系统理论为指导,以安全生产为生命,以工程质量为根本,以控制工程为重点,以经济比选为手段,均衡生产、有序组织、高效快速。

以系统理论为指导:统筹安排,合理分配各专业、各工序作业时间和资源配置,处理好专业间施工接口。

以安全生产为生命:建立安全体系,进行风险辨识,严格控制重大风险。

以工程质量为根本:进行施工工艺设计和过程控制,保证关键工艺的设备配置,加强试验和检测,实施精密测量和变形观测,抓好路堤填料、填筑和混凝土原材料、配合比及其温度控制。

以控制工程为重点:系统分析关键线路各工序,在工期一定、成本基本不增加的条件下,优化资源配置,控制节点工期。

以经济比选为手段:在保证安全、质量和工期前提下,以成本最低为目标,多方案比选。尽量放宽专用设备使用时间,减少其用量,降低投入。

2. 施工组织设计的编制原则

高速铁路施工组织设计编制时应遵守如下原则。

(1)节约资源和可持续发展的原则。贯彻“十分珍惜、合理利用土地和切实保护耕地”的基本国策，依法用地、合理规划、科学设计，少占土地，保护农田；做好环境保护、水土保持和地质灾害防治工作；支持矿藏保护、文物保护、景点保护；维持既有交通秩序；节约木材。

(2)符合性原则。必须满足建设工期和工程质量标准，符合施工安全要求。

(3)科学、经济、合理的原则。树立系统工程的理念，统筹分配专业工程的工期，做好专业衔接工作；合理安排施工顺序，组织均衡、连续生产：以关键线路为中心，建立数学模型进行工期、资源优化；管理目标明确，指标量化、措施具体、针对性强。

(4)引进、创新、发展的原则。积极采用、鼓励研发旨在提高工程技术和施工装备水平、保证施工安全和工程质量、加快施工进度、降低工程成本的新技术、新材料、新工艺、新设备。

6.1.5 施工组织设计的编制依据及主要内容

1.标段总体施工组织设计编制依据及主要内容

1)标段总体施工组织设计的编制依据

(1)建设单位对工期、进度的要求和投资安排。

(2)施工招标文件、工程承包合同及其有效文件。

(3)本项目采用的现行设计规范、施工质量验收标准。

(4)建设单位审核采用的施工图。

(5)建设单位的指导性施工组织设计及单项工程施工组织设计。

(6)企业技术标准及生产定额，拟采用的工艺、工法。

(7)劳动力、施工机械的配置情况。

(8)施工调查报告及有关资料。

(9)本单位的技术水平、管理水平和施工装备水平。

2)总体施工组织设计的主要内容

总体施工组织设计的内容应包括编制依据、编制范围、编制原则，工程概况，施工组织部署，施工进度计划，主要工程项目的施工方案、施工方法(重、难点工程的施工方案、施工方法)，工程材料采购及供应，临时设施安排，主要技术组织措施(工期、质量、安全、环保等)，工程概况(工程项目及主要工程数量、建设目标要求)、主要技术标准、自然地理及地质特征、工程施工条件、工程主要特点等内容。施工进度应同时使用横道图和网络图表示。

3)施工方案的基本内容

施工方案的基本内容包括施工方法的确定、施工机械的选择、施工顺序的安排、流水施工的组织,它是施工技术和施工组织的有机结合。前两项以施工技术为主,后两项以施工组织为主。施工技术是施工组织的基础,应满足施工组织的可能性要求,两者必须协调一致。

主要施工方案应如下。

(1)施工测量方案。

(2)路基、桥涵、隧道、轨道等工程施工方案。

(3)制梁场、铺轨基地、混凝土拌和站设置方案。

(4)材料厂设置方案。

(5)新技术、新工艺、新设备的采用方案。

(6)运输道路、临时通信、用电方案。

(7)临时附属工程的修建、生活设施的配置方案。

(8)冬期、夏期、雨期施工方案。

(9)特殊情况的紧急处理预案。

4)主要技术组织措施

主要技术组织措施:工程质量(包括质量问题预防及处理)、施工安全、施工进度、冬期和夏期施工、成本控制、提高劳动生产率、节能降耗、卫生及环境保护、人本管理等措施,应对各项突发事件的预案。

5)技术经济指标

技术经济指标:工期指标(实际工期与相应定额工期比较),劳动生产率指标(全员劳动生产率,每工日完成工程量或单位工程量消耗工日),工程质量、安全指标,成本降低率,综合机械化程度,工程机械装备率、完好率、利用率等,工厂化施工程度,临时工程费用比,主要材料节约指标,单位工程量成本。

2. 单位工程施工组织设计

1)单位工程施工组织设计的编制依据

(1)已批准的总体施工组织设计和上级管理部门的要求。

(2)本工程采用的标准、规范、施工图和工法。

(3)工程地质资料,地形地貌资料,当地气象资料。

(4)测量控制网(点),施工复测成果。

(5)图纸审核就现场核对情况,设计单位及上级管理部门技术交底文件。

(6)建设单位对本工程工期、质量、特殊施工技术的要求和新技术、新材料的提供情况,以及其他可提供的条件等。

(7)工程预算及其所采用的定额及预算编制办法。

(8)有关技术成果和类似工程的经验资料。

2)单位工程施工组织设计内容

单位工程施工组织设计的内容与总体施工组织设计基本相同,但是比总体施工组织设计更详细、更具体、更突出。工程专业的特点:施工方案和工期安排应细化到分部和分项工程,要有详细的施工工序安排和施工工艺设计,细化到作业班组,有网络计划图、测量放样图、各种工艺图(包括工艺过程图、大样图、加工图、组装图等),控制测量及施工放样测量方案。

技术组织措施要有具体的实施步骤:进度安排、设备调配、材料消耗和采购应分解到月(旬)。

3)轨道工程施工组织设计特殊要求

铺轨前应编制实施性施工组织设计,对施工过程的质量控制及进度计划提出明确的要求,编制详细的施工工艺,并制定作业指导书。编制轨道工程施工组织设计时应对以下问题进行重点说明。

(1)临时工程规划(铺轨基地、道岔组装场、过渡工程,水、电、道路、通信,临时房屋)。

(2)工程运输组织(行车及调度)及机车车辆配置计划。

(3)选择适宜的无缝线路锁定时段。

(4)轨道工程施工前,应对路基、桥梁、隧道等结构沉降变形稳定情况进行评估,未达到设计要求时,严禁进入轨道工程施工工序。

(5)环保及文明施工:施工现场宜保持整洁,各种材料的存放必须规范、有序;铺轨基地应有良好的排水系统,生活污水排放和垃圾处理等应符合当地政府相关规定;合理安排施工时间,减少噪声扰民:道砟装卸宜采取降尘措施,防止污染环境。

4)路基工程施工组织设计特殊要求

(1)路基工程作为土工结构物,将地基处理、路基填筑、基床表层、边坡防护、支挡结构、路基排水及沉降观测等作为系统工程施工,严格按照工程质量标准进行管理，加强施工过程控制及质量检测工作，确保路基工程质量。

(2)电缆槽、接触网支柱基础、声屏障基础、预埋管线沟槽、综合接地基础等工程应与路基工程同步施工。

(3)路基工程施工应实行机械化施工，推广采用新技术、新工艺、新机具、新测试方法。

(4)路基工程施工中采用的大型机械设备、测试设备、爆破器材以及各种原材料必须符合国家和中国国家铁路集团有限公司有关标准及规定。

(5)路基工程填料作为结构物材料宜优先采用集中供应。

(6)开工前应对全线路基工程的地质情况进行核查。

(7)路基工程施工全面开工前，应选择一定长度的试验区段进行试验。确定机械设备组合、施工工艺、摊铺厚度、压实遍数、改良土配合比、级配料配合比等施工参数及试验、检测的方法。

5)桥梁工程施工组织设计特殊要求

编制桥梁工程施工组织设计时要特别重视桥梁施工辅助工程的建设。

(1)桥梁施工辅助工程主要包括存梁场、场内运梁线、大型龙门吊机走行线、供应制梁用砂石料的砂石场、修建临时承托结构、钢构件、架桥机的走行道路。应考虑辅助工程特点及施工工期，做到统筹规划、合理布局，提出设计文件。

(2)当桥梁工程施工采用预制架设施工方案时，运梁便线及桥上临时轨道应按不同运梁车的要求具有足够的承载能力，并平整、顺直，以便箱梁的顺利移运。

6)隧道工程施工组织设计特殊要求

(1)隧道施工应根据隧道的长度、水文地质、工程地质情况制定地质预测、预报和监控量测计划，并纳入施工工序。

(2)积极改善隧道工程施工条件，加强通风、防尘、照明、防有害气体、防辐射措施，降低作业人员的劳动强度，遵守国家有关劳动保护法规，确保作业人员身体健康。

(3)隧道工程施工从进场建点到竣工收尾，都应把保护环境、文明施工贯穿施工的每一环节。

7)混凝土工程施工组织设计特殊要求

(1)施工组织设计应包括针对施工环境条件的施工工艺，完善的施工质量保证体系和健全的施工质量检验制度，明确保证混凝土耐久性的具体措施和施工质量检验方法，保证混凝土配合比的具体措施，混凝土搅拌、运输、灌注、振捣、养护等工序质量控制措施。

(2)特别注意混凝土的温度控制。可采取以下措施,并通过热力计算和拌和灌注试验:

①棚室储存砂石料、水泥控制原材料的温度;

②混凝土拌和用水,冬期加温,夏期加冰;

③采用低水化热水泥,使用添加剂减缓水化速度;

④对新灌注混凝土覆盖隔热、保温、保湿;

⑤在墩台结构等大体积混凝土中安装散热管道等。

6.1.6 施工组织设计的编制程序

高速铁路实施施工组织设计主要编制步骤如图 6.2 所示。

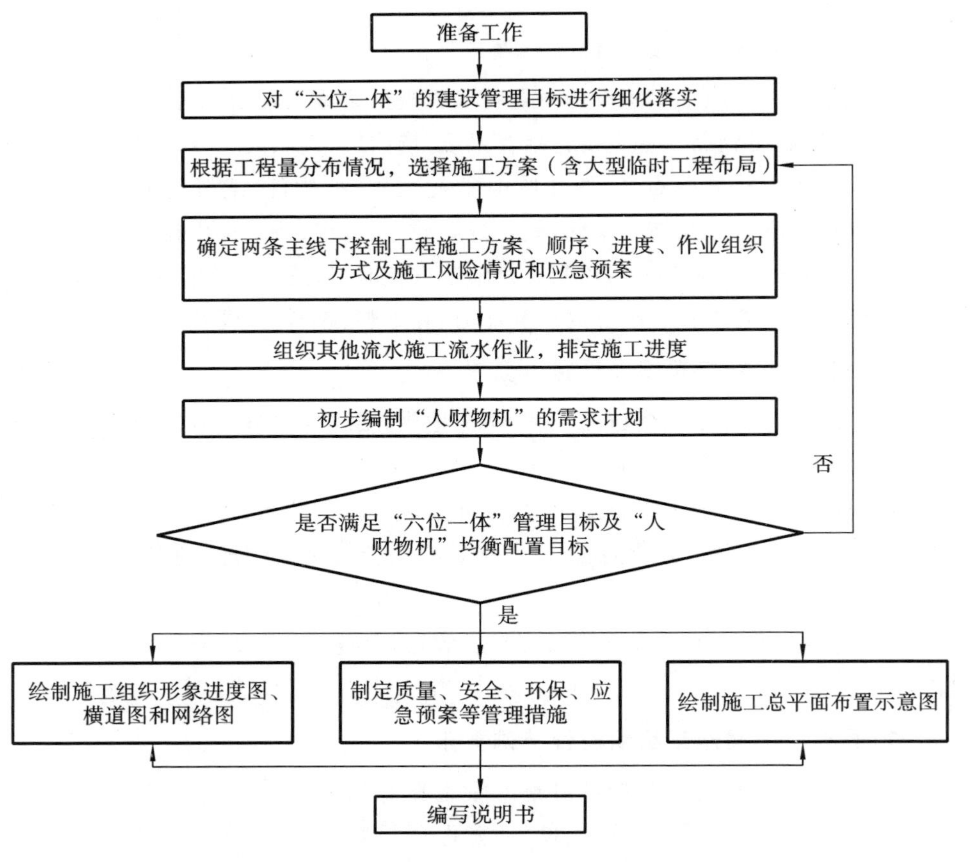

图 6.2 高速铁路实施施工组织设计主要编制步骤

6.2　高速铁路总体施工组织安排

6.2.1　高速铁路施工管理目标的确定

施工管理目标，一般包括安全、质量、工期、投资、环保等方面的管理目标。高速铁路工程在编制施工组织设计时，应根据招标文件和上级部门的要求，制定明确的施工管理目标。

1. 质量目标

(1)按照验收标准，各检验批、分项、分部工程施工质量检验合格率达到100%。

(2)单位工程一次验收合格率达到100%，全管段工程一次成优，确保部优，争创国优。

(3)实现主体工程质量零缺陷，工后沉降满足设计及验标要求。

(4)杜绝工程质量事故，努力克服质量通病，减少一般质量问题。

(5)竣工文件真实可靠，齐全整洁，符合有关要求，实现一次交接合格。

2. 安全生产目标

(1)无重大施工安全事故。

(2)无重大道路交通责任事故。

(3)无重大火灾事故。

(4)无铁路既有线行车危险及以上事故。

3. 工期目标

工期目标包括主要阶段工期目标，确保批准的总工期目标。

4. 成本控制目标

成本控制目标是要将项目成本控制在报价范围内，完成公司确定的成本控制目标。

5. 环境保护目标

环境保护目标主要应包括无集体投诉事件、环境监控达标。努力把工程设计和施工对环境的不利影响降至最低限度，确保铁路沿线景观不受破坏，地表水和地下水水质不受污染，植被有效保护；坚持做到“少破坏、多保护，少扰动、多防护，少污染、多防治”，使环境保护监控项目与监控结果达到设计文件及有关规定，做到环保设施与工程建设“三同时”(同时设计、同时施工、同时投产)。

6.2.2 施工区段的划分

施工单位中标后，应根据建设单位指导性施工组织设计安排的铺轨进度，结合工期要求和自身的施工力量、技术水平和设备能力，考虑施工工区的划分。施工区段划分时应坚持以下原则。

(1)考虑企业的管理水平和机械化程度以及沿线工程量分布情况，按规模适中的原则设置。

(2)施工区段的划分要考虑施工组织设计的工期安排、大型临时工程和过渡工程的设置情况及铺架范围等因素。

(3)考虑行政区划、设计分界、工程量分布、土石方调配、材料运输组织、控制工程的位置等因素。

(4)考虑大型站房、特长隧道、特大桥梁、“四电”集成等专业化施工的因素。

(5)考虑分段施工、分段投产的可能性。

(6)施工区段的划分要有利于工程质量、施工安全和进度控制。

(7)有利于资源的合理配置和均衡利用，有利于大临设施、过渡工程的合理配置。

6.2.3 现场施工组织机构的设置

现场施工组织机构是为完成某工程项目而组建的专门管理组织，有工作目标和工作制度的组织体系，组织机构内既有分工又相互协作，对所承担的工程项目具有独立的责、权、利。高速铁路工程施工中一般称作项目经理部或指挥部。

1. 设置原则

现场施工组织机构的设置应根据所承担的工程内容、规模来设置，满足现场

对工期、安全、质量、成本控制的要求。现场施工组织机构各部门应有明确的工作分工和职责。

2. 项目管理层次的设置

高速铁路施工现场组织机构一般设置为局集团指挥部（项目经理部）管理层、工区项目经理部管理层、施工（架子）队 3 个层次。当工程任务较小时，工区管理层的设置要简单，甚至可以不设置。实施性施工组织设计要对施工队伍的工班组成做进一步的设置。

3. 关键管理、技术岗位设置

施工组织设计中应该根据工程规模和工程内容特点为施工项目配备足够的关键人员，配备形式一般采用表格，内容应该包括岗位及人员配备等。

高速铁路工程施工中的关键管理、技术岗位主要有项目经理、副经理、总工程师、部门（计划合同部、工程技术部、安全质量部、物资设备部、财务部、试验室、测量队、办公室）负责人、测量工程师、试验工程师、安全工程师、质量工程师、线路工程师、地质工程师、隧道工程师、桥梁工程师、无砟轨道工程师、机械工程师、爆破工程师、施工队队长。各专业工程师、施工队队长的人数应根据工程的规模需要而具体确定。

4. 组织机构职责、权力

施工组织设计中对组织机构内的部门、关键岗位的工作分工、职责、权力应做明确的说明，复杂的工程项目还必须绘制组织机构工作程序图。

6.2.4　施工总体部署

施工总体部署应在全面领会设计文件，并进行详细的现场踏勘调查和分析研究的基础上，按照“以联调联试线为控制线、以铺轨线为主线，以箱梁制安划区段，控制沉降为关键，控制工程为重点，科技攻关为手段，实施区段紧密流水作业，强化组织与管理，确保高速铁路高质量高速度地修建”的指导思想，制订并优化施工组织方案，强化管理科学施工。

1. 编制总体部署的思路

编制施工组织和科学管理高速铁路总体部署的思路可分三步进行。

第一步：以联调联试线为最终控制线，以轨道结构物施工为主线，以最迟铺轨工期要求确定轨道结构物施工起始与终止日期，从而初步确定各区段轨道道床最迟的施工起始与终止日期，进而初步确定路基、桥涵和隧道等最迟施工起始和终止日期，计算其相关的技术经济参数和指标。

第二步：以控制工期的重点工程和区段内控制工程的工期为依据，初步确定各区段轨道结构物最有可能的最早施工起始与终止日期，从而初步确定铺轨最早施工起始与终止日期，计算其相关技术、经济参数和指标。

第三步：在最早和最迟轨道工程施工的起始与终止日期基础上，依据工程具体情况和技术经济参数和指标，以“少投入，多产出，高效率”的原则，调整和优化施工组织和总体部署，明确轨道工程和各区段架梁作业起始和终止日期的合理工期，从而确定铺轨基地和铺轨联络线、预制梁场和轨道板（或轨枕）预制厂的施工和准备时间，最终确定各区段路基、桥涵和隧道等工程的作业时间。

2. 编制总体部署的注意事项

（1）无砟轨道结构物底层混凝土必须达到100％强度后方能进行轨道板或轨枕的铺设施工（一般计划28d）；轨道板或轨枕施工的CA砂浆等达到设计强度方能铺设轨道（一般可按14d安排）。

（2）各区段部署轨道结构物施工必须同时满足下列条件方能进行施工。

①路堤和基床换填的路堑地段的工后沉降和沉降差必须满足设计要求，一般要求应有6～18个月的预留沉降期：桥梁工程一般应在架梁完成后，安排3个月的预留变形期（在岩石地基等沉降量很小的桥梁架设后安排30d的预留变形期或终张拉完成后30d的预留变形期）；隧道工程工后沉降应满足设计要求，如无设计要求，可比照桥梁工程安排预留沉降期，方可安排轨道结构物的施工；在实施过程中应由业主、设计、监理和施工方共同对各区段路基、桥梁、隧道等基础设施进行变形、工后沉降评估，共同确定轨道结构物的具体施工日期。

②轨道结构物施工范围内，路基、隧道和桥梁主体已基本竣工，不再有架桥机作业，路基的附属设施，如电缆槽的铺设、接触网支架和音屏障的基础等已施工完成，不再有其他作业项目施工。

③区段内和相邻区段的线路贯通测量等级和闭合差均能满足高速铁路测量规范所规定的精度，并按有关规定埋设好控制桩和线路路基基桩。

（3）区段施工部署的思路如下。

区段施工组织和科学管理部署的思路是在轨道结构物工期确定的情况下，

以箱梁架设为龙头，路基沉降为关键，箱梁制作为基础，狠抓影响作业顺序的路桥隧，确保轨道结构物施工如期进行。在制定施工组织和实施过程中应注意下列事项。

①路基工程施工一般应采取集中力量打歼灭战的形式，尽早对路堤进行地基处理或基底处理以及小桥涵的施工；继而快速进行路堑开挖和路堤填筑施工，并将基床底层作业完成，开始箱梁架设作业；待无架桥机作业后，填筑基床表层和必要的路堑基床换填，并按照设计要求进行沉降观测。

②按照箱梁架设作业的顺序和方向，抓住影响架梁作业的路基、桥梁、墩台和隧道的施工，尽量减少架桥机掉头转向作业。

③按照架梁顺序和箱梁类型、数量合理部署和安排箱梁预制场的施工准备和预制工作。

④在桥隧相连地段，箱梁架设端不具备 90 m 线路，若为箱梁预制架设方案时，应在 90 m 范围事先灌注现浇梁，以满足架桥机作业长度要求。

(4)主要的过渡段施工安排。

路基、桥涵、隧道等基础设施相互关联又相互制约的工程项目，应贯彻“合理组织、科学管理、精心施工”的精神，施工中应以保证工程质量为前提，以沉降控制为关键，确保施工工期为目的，进行经济合理的组织施工。其主要项目如下。

①路桥(涵)过渡段主要是指软弱地基路堤和桥台(涵洞)的过渡段，以及此种过渡段与相邻路堤填筑之间的相互制约项目。其施工顺序如下：首先，路桥过渡段(包括锥体)的地基处理与相邻路堤的地基处理应同时进行施工，必要时应先进行过渡段的地基处理，后进行相邻路基的地基处理，而后进行桥台(涵洞)主体施工，待主体及基坑回填完成后，路桥过渡段(包括锥体)一般应与相邻路堤同时填筑。

②路隧过渡段主要是指路堤与隧道(包括路堑)之间的过渡段。它一般分两种情况。第一种情况，路面下深度 $H=2.5$ m 范围内或 $H=0.6$ m 范围的地基满足设计要求，可以按照正常顺序施工。第二种情况，上述范围不能满足设计要求，需变更设计进行基床换填。施工顺序：首先进行施工过渡段和相邻路堤的地基处理，隧道洞外土石方(或路堑土石方)可施工，但不能直接利用，应按照设计要求弃于弃土场或集中堆放在另一个位置，待地基处理完后，将隧道石方分层填筑于路堤基床下部，进行施工，再按照上述两种情况，分别按不处理和基床换填的设计要求进行填筑路堤基床。

③桥隧相连的情况有两种情况。第一种是桥台紧靠临隧道口，甚至延伸入

隧道进出口内。第二种情况是桥台与隧道出入口有一定的距离。第一种情况一般应先施工隧道、后施工桥台,但若此隧道口为箱梁架设端,应以不影响架梁作业为原则,及时进行施工,同时要安排好箱梁灌注时间。第二种情况一般应先施工桥台或桥台与隧道同步施工。

6.2.5 总体施工顺序的规划

1. 规划总体施工顺序的原则

(1)按照"路基—桥梁下部及现浇梁—隧道—架梁—轨道—站后工程"的总顺序,突出重点、兼顾一般、平行流水、均衡生产。

(2)应充分考虑路基、桥涵、隧道等结构的沉降变形稳定时间。

(3)综合考虑站前、站后工程间及各专业间的接口,统筹安排,紧密衔接。

2. 规划总体施工顺序应重点考虑的因素

(1)有堆载预压的路基应优先安排施工,在运梁车通过前完成路基预压,且预测能满足工后沉降要求。

(2)桥梁施工优先考虑桥台及主跨的施工,水中墩不宜安排在雨季施工。

(3)路基、桥涵、隧道主体工程完成后,变形观测期满,经评估变形和工后沉降满足要求后方可开始无砟道床施工。

(4)隧道工程的洞口段应在雨季、寒冷季节到来前完成。

(5)综合接地预埋件和路基上接触网立柱基础、电缆槽、声屏障基础、预埋管线等工程应与线下主体工程同时施工。

(6)征地拆迁实施的难易程度及推进计划。

3. 明确各专业间的接口与配合关系及条件

(1)高速铁路工程技术接口的概念。在高速铁路建设中,站前、站后各专业以及与运营维修系统之间均存在复杂的接口关系,如路基工程需要考虑路基面宽度、路基沉降控制、路基变形观测系统设置要求、无砟轨道路基面排水要求、路基边坡防护与环保要求、机电设备电缆槽设置、综合接地系统、过轨管线、接触网支柱、声屏障设置等接口要素,从设计到施工阶段均应考虑好各接口要素的技术要求、接口要求的方向,施工工艺及施工组织均应满足上述接口要素及各要素间接口方向的要求。

(2)高速铁路各专业间的接口与配合关系。在编制高速铁路指导性施工组织设计过程中,应充分识别站后与站前工程各专业间的接口与配合关系,组织做好接口管理工作。

6.2.6　施工总体平面布置

施工总体平面布置是体现施工组织设计总体规划的一个重要方面,是施工组织设计中的一项主要工作。

1. 布置原则

(1)尽量减少施工用地,少占农田,平面布置紧凑合理。

(2)合理组织运输,减少运输费用,保证运输方便畅通。

(3)施工区域划分和场地的确定,应符合施工流程的要求,尽量减少专业工种和各工程之间干扰。

(4)充分利用各种永久性建筑物和原有设施为施工服务,降低临时设施的费用。

(5)各种生产生活设施应便于工人的生产和生活。

(6)满足安全防火和劳动保护的要求。

2. 标段施工总平面图布置的内容

(1)线路平面缩图及主要城市、县城、村镇、河流位置、省界。

(2)重点桥隧等工程的位置及中心里程,长度、跨径,重点取弃土场位置。

(3)车站位置及其中心里程。

(4)施工区段的划分,最好增加工区(分工区)划分一览表。

(5)砂、石、砟场位置(包括既有及新建位置)。

(6)大型临时设施位置(梁场、铺轨基地等)。

(7)既有公路(区分高速、国道、一般道路)和拟建或改建的运输便道的位置。

(8)既有线路的位置。

(9)施工队伍部署,标出施工队伍的驻地、生活区及项目部的位置。

(10)图例、附注。

3. 总平面图的布置方法

一般可在一定比例的线路平面图(或地形图)上进行各种临时设施、场地的布置。

施工组织设计总平面图的布置步骤:标明场外道路的引入(场外道路指已建的公路或乡村道路);确定施工场地、生活场地;场内主干道路;临时房屋;水、电、动力、通信管线及其他动力设施;任务划分区域;绘制施工场地总平面图。

临时设施及新建工程、既有工程所使用图例、符号,一般按铁路施工企业习惯的通用符号、图标进行标注。

施工场地平面布置图的文字、图表说明:对图上采用的标注符号、图示分别加以说明;施工场地平面布置的重点要加以说明。

4. 重点单位工程施工平面图的布置

重点单位工程施工平面图的布置要求更加细致,将直接指导施工。其布置步骤如下:确定高空作业的起重吊装机械的位置;确定搅拌站、楼的位置及仓库、料棚、预制构件厂、构件成品、材料露天堆放位置;运输主干道和支道的位置;第四,水、电、通信管线;场内排水系统。

6.2.7 铁路总体施工组织案例——以兰合铁路为例

1. 工程概况

新建兰州至合作铁路全线位于甘肃省境内,行经兰州市、临夏回族自治州和甘南藏族自治州,地处甘肃南部黄土高原与青藏高原的过渡地带,沿途多为藏、回等少数民族聚居地,自古是汉、藏文化交流的交通要道,地理位置非常重要。线路总体呈南北走向,自兰新铁路西固城站西端设柳泉线路引出,向南穿越草坪山、雾宿山至永靖县;一跨洮河通过刘家峡水库库区,至东乡族自治县河滩镇转入大夏河宽谷区;溯河谷南行经临夏市至土门关,进入甘南藏族自治州大夏河峡谷区;沿河谷绕行至夏河县唐尕昂乡引入西宁至成都铁路唐尕昂站,与西宁至成都铁路共线至合作。线路全长 183.7 km,其中:利用兰新线兰州西至柳泉 16.5 km,利用西宁至成都铁路唐尕昂至合作 19.8 km,新建柳泉至唐尕昂正线长度 147.4 km。另修建兰州至中川机场铁路与本线联络线工程,正线长度 8.1 km。正线桥隧比 78%。正线桥梁长 34.5 km,长 42 座;正线隧道长 80.4 km,共 21 座。

2. 施工建设总体目标

坚持以习近平新时代中国特色社会主义思想为指导,按照铁路建设新理念,以标准化管理为主线，以打造精品工程、安全工程为目标，全面落实国铁集团安全、质量、工期、投资、环保水保、信息化管理等方面的要求，把兰合铁路打造成“优质、绿色、智能、人文”精品工程。

1)质量目标

落实质量方针，创建精品工程，工程质量满足国家和国铁集团有关标准、规范、规定及设计文件要求，其施工过程和实体工程质量满足如下要求。①检验批、分项、分部工程质量检验合格率达到100%；单位工程一次验收合格率达到100%。②试验检测速度最高达到设计速度110%，开通速度达到设计速度目标值。在合理使用和正常维护条件下，路基、桥梁、隧道等工程主体结构使用寿命不低于100年，并满足正常运营要求。③杜绝较大及以上工程质量事故，工程实体质量零缺陷。

2)安全生产目标

以人为本，坚持人民至上、生命至上，把保护人民生命安全摆在首位，树牢安全发展理念，坚持安全第一、预防为主、综合治理的方针，强化风险意识和底线思维，加强安全风险管理，将安全生产贯穿工程建设各方面、全过程，杜绝生产安全重大、特别重大事故，遏制生产安全较大事故，统筹建设运营一体化应急救援体系，提高现场应对能力，确保工程安全可靠。

3)工期目标

全线开工日期为2021年12月16日，竣工日期为2027年12月15日，共72个月。

4)投资控制目标

(1)在确保工程安全、质量、工期、环保、科技创新目标前提下，严格控制总投资在初步设计批准的概算内，实现最佳社会效益和投资效益。

(2)确保变更设计依法合规，确保投资控制目标实现。

5)环保、水保目标

严格按照新建兰州至合作铁路项目《环境影响评价报告》(或《补充环评报告》)、《水土保持方案》(或《补充水保方案)及其批复和设计要求，施工过程中严格控制和落实各项措施，开通前达到水利部验收咨询标准，确保开通前完成项目环水保验收。

(1)生态环境控制目标：节约土地，尽量减少占用耕地资源，对工程弃渣优先

综合利用，落实节能、水保措施，按环评要求减少工程对自然保护区、鱼类种质资源保护区、水源地、野生动植物、基本农田和水利水保设施的影响和破坏，防止水土流失，工程绿化一次达标。

(2)振动、噪声和电磁影响控制目标：按照国家、国铁集团和地方政府的要求，以上影响全部控制在标准范围内。

(3)水、大气环境控制目标：严格按照《环境影响评价报告》及其批复要求，落实施工期生产生活污水排放、大气污染防治措施，对大气的影响降到最低，水环境影响严格执行环评标准。

(4)固体废物控制目标：对拆迁建筑垃圾、施工营地生活垃圾实行定点投放、集中处置，严格按照《水土保持方案》及其批复确定的位置进行取土、弃土(渣)行为，减少其对环境的影响。

6)维护社会稳定目标

(1)工资按合约逐月发放，无群体讨薪、上访、恶性治安事件。

(2)及时处理与地方政府、村民的各类纠纷，无群体上访、恶性治安事件。

3.建设组织机构和任务划分

1)管理模式

采用董事会领导下的公司负责制、委托建设管理制、勘察设计总承包制、设计咨询制、施工总承包制、工程施工监理制。工程建设管理模式见表6.1。

表6.1 工程建设管理模式

<table>
<tr><th>序号</th><th>管理项目</th><th>管理模式</th><th>主管单位</th><th>承办单位</th><th>备注</th></tr>
<tr><td>1</td><td>建设管理</td><td>委托建设管理制</td><td>建设单位</td><td>建设单位</td><td></td></tr>
<tr><td>2</td><td>工程勘察设计</td><td>勘察设计总承包制</td><td rowspan="5">代建设单位</td><td>设计单位</td><td></td></tr>
<tr><td>3</td><td>施工图审核</td><td>设计咨询制</td><td>施工图审核单位</td><td></td></tr>
<tr><td>4</td><td>工程施工</td><td>施工总承包制</td><td>施工单位</td><td></td></tr>
<tr><td>5</td><td>工程施工监理</td><td>工程施工监理制</td><td>监理单位</td><td></td></tr>
<tr><td>6</td><td rowspan="2">主要材料物资设备</td><td>甲供制</td><td>代建设单位</td><td></td></tr>
<tr><td>7</td><td>自购制</td><td>施工单位</td><td>施工单位</td><td></td></tr>
</table>

2)建设组织机构

项目法人为中川公司,委托甘青公司进行项目建设管理。兰州枢纽范围由兰新铁路甘青公司委托兰州局代建,独立招标。兰新铁路甘青公司内设综合部、计财部、工程部、安质部、征拆部、物资部、运安部,现场设临夏指挥部。建设单位组织机构结构图见图 6.3。

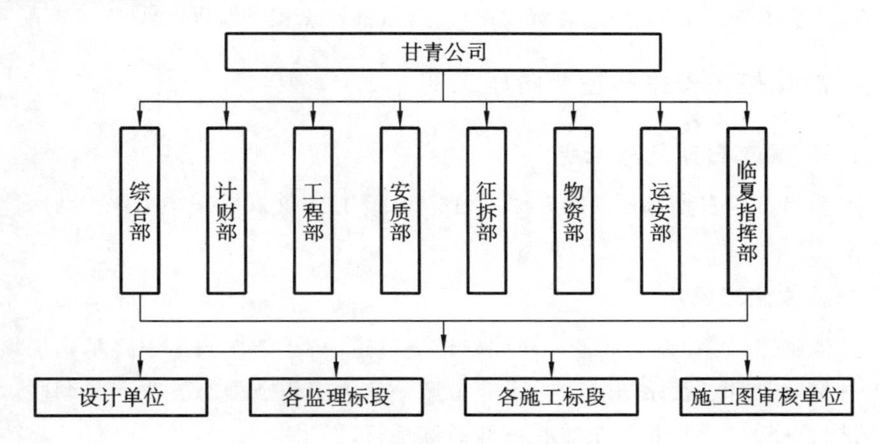

图 6.3　建设单位组织机构结构图

3)设计、施工图审核、监理、施工单位组织机构

(1)临夏、刘家峡车站站房由中信建筑设计研究总院有限公司设计,其他由中铁第一勘察设计院集团有限公司勘察设计。

(2)中铁二院工程有限责任公司为施工图审核单位。

(3)监理、施工单位招标后成立现场组织机构。

4)设计、施工图审核、监理及施工标段划分

(1)设计区段划分。

临夏、刘家峡车站站房由中信建筑设计研究总院有限公司设计,其他由中铁第一勘察设计院集团有限公司勘察设计。

(2)施工图审核标段划分。

全线划分一个审核标段,中铁二院工程有限责任公司负责施工图审核。

(3)施工标段划分。

施工标段共划分为 8 个,其中 6 个土建标段,1 个站后四电及临电标,1 个站房标。

(4)监理标段划分。

监理标段共划分3个，标段号分别为LHJL1标、LHJL2标、LHJL3标。其中，监理LHJL1标负责土建1、2标起讫里程范围内站前工程、站后“四电”系统集成工程、信息客服及站房工程、铺轨工程监理工作；监理LHJL2标负责土建3、4标起讫里程范围内站前工程监理工作、站后“四电”系统集成工程、信息客服及站房工程、铺轨工程监理工作；监理LHJL3标负责土建5、6标起讫里程范围内站前工程、站后“四电”系统集成工程、信息客服及站房工程、铺轨工程等监理工作。

4. 总体施工安排和主要阶段工期

1)开、竣工日期及总工期

本项目开工日期为2021年12月16日，竣工日期2027年12月15日，建设总工期72个月。

2)总体施工顺序

总体施工顺序：施工准备→西固隧道→隧道、桥梁依次施工→路基站场填筑施工→站后“四电”及站房施工→无砟道床→轨道工程→静态验收→联调联试及运行试验→初步验收及安全验收→开通试运行。

6.3 施工组织设计动态管理研究

6.3.1 施工组织设计动态管理的必要性

建设管理环境的复杂多变性决定了工程建设实施与计划的偏离，施工组织设计需要在既定的管理目标下不断进行优化调整，使施工活动不断靠近甚至超越既定的管理目标。

(1)由于建设条件不具备导致的施工组织设计调整。由于征地拆迁和施工图供应不能按时完成，导致铁路工程开工时间延期，而联调联试线、铺轨线、架梁线不变，即“后门关死”的情况，原施工组织设计安排的开工顺序、劳动力和关键施工设备上场数量和顺序、施工进度安排都要根据现场实际情况进行调整，这样才能使施工组织设计更接近实际情况以指导施工。

(2)地质、水文、气候条件的影响引起施工组织设计的动态调整。地质资料是通过地质钻探取得的，而地质钻探是通过抽样对地质进行勘探的，抽样地点难免不能全面反映地质现状，这样客观上决定了地下工程的地质设计与实际情况

有出入的可能性。为此，在施工过程中必须根据地质的实际情况，提出变更设计、改换施工方法，这样才能保证施工安全、质量和工期，因此，必须根据实际情况修改施工方案。

由于线型工程和露天作业的特点，一条铁路线要经过温度、雨量分布不同的地区，必须根据项目所经过地区的气候变化修改原施工组织设计的施工方案，特别是冬期、雨期和夏期施工方案，使得执行的施工方案更符合实际。

(3)国家或中国国家铁路集团有限公司对建设方案、建设标准、建设规模和建设工期的重大调整和不可抗力造成的自然及地质灾害发生变化导致施工组织设计的调整。

这些因素对工程建设目标有重大影响，往往会有重大的变更设计发生，而变更设计大多会增加工程量，改变施工方法。原施工组织设计投入的资源需要增加，施工方案不适应，选择机械设备改变，施工组织相应地也要变。只有修改原施工组织设计，修改后的新的施工组织设计才真正指导施工准备和施工。

(4)高速铁路技术和管理的复杂性导致的变化。即使没有大的外部干扰因素，由于高速铁路技术标准高、工期紧、工作流程和接口复杂，计划与实际不可能完全吻合，施工过程中的日常进度检查、分析和调整也是非常必要的。

通过施工调度和施工活动反馈，及时发现施工组织设计的施工方案不周、施工进度偏差等问题并分析原因，才能改进和完善施工计划，使施工进展回归施工组织设计。

(5)部分工程的工期提前导致剩余工程的施工组织需要调整。工程参建单位的努力和科学管理，施工技术与技能由不熟练到熟练，使得工作效率提升，工程进展可能快于原定目标要求。在这种情况下，业主方可能会要求工期相应提前，这就需要对剩余工程的施工组织设计进行优化调整。

从上述分析得出的结论是，在工程施工全过程中，施工组织设计的变是绝对的，不变是相对的。

6.3.2　施工组织设计动态管理的工作步骤

第一步，施工组织设计动态管理的准备工作：将建设项目的目标进行分解，以确定用于目标控制的计划值。

第二步，在建设项目实施过程中对建设项目目标进行动态跟踪控制。

(1)收集建设项目目标的实际值。

(2)定期进行建设项目目标的计划值和实际值的比较，对实施过程进行监控、偏差分析，进而实现对剩余工程进展的预测。

(3)如有偏差，则采取纠偏措施进行纠偏，主要根据偏差分析和预测的结果对施工组织设计进行符合实际情况的调整，包括施工进度、施工方法、施工顺序、作业组织、资源配置和平面布置的调整。

(4)调整后施工组织设计的实施：调整后的施工组织设计指导下一步施工，使工程施工始终科学、有序地进行。

第三步，如有必要(即原定的项目目标不合理，或原定的项目目标无法实现)，进行建设项目目标的调整，目标调整后控制过程再回到第一步。

动态控制中的三大要素是目标计划值、目标实际值和纠偏措施。目标计划值是目标控制的依据和目的，目标实际值是进行目标控制的基础，纠偏措施是实现目标的途径。在建设项目管理过程中，应根据管理目标的性质、特点和重要性，运用风险管理技术等进行分析评估，将主动控制和动态控制结合起来。

施工组织设计动态管理过程中关键一环是目标计划值和实际值的比较分析。这种比较是动态的、多层次的，同时，目标的计划值与实际值是相对的。

施工组织设计动态管理过程示意图如图 6.4 所示。

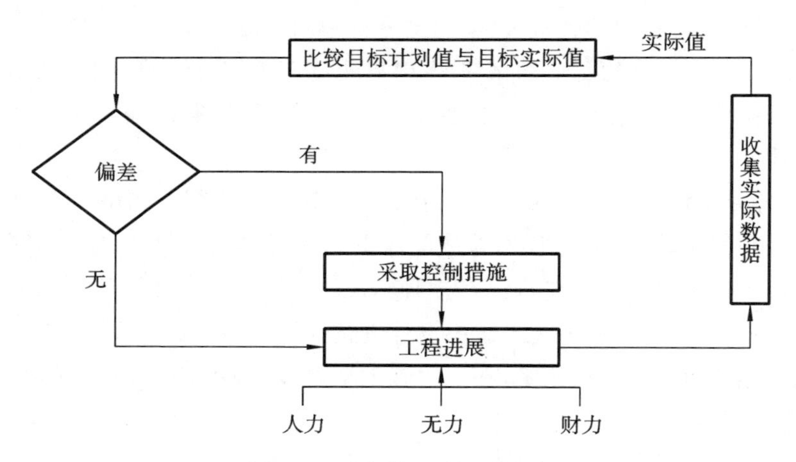

图 6.4 动态管理过程示意图

6.3.3 不同施工阶段施工组织设计动态管理的工作主线

1. 施工准备阶段

施工组织思路：以征地拆迁、“三电”迁改对外协调为工作重点，为施工方向和特殊结构全面开工创造条件，确保完成梁场建设并进行制梁。其中，“三电”迁改包括新(改)建铁路引起的路内外电力线路迁改；路内外通信、信号、有线广播、电视线路等迁改及有关设施(含邮电系统的通信机、线设备)的电磁防护；无线设备的电磁防护改造；油、气管道、油库等设施的电磁防护；上述迁改引起的相关改造和为保证施工工期而发生的上述设施的临时过渡和永久迁改。

2. 线下工程施工阶段

线下工程施工阶段应以架梁为主线，促进线下工程包括预制梁、现浇梁、路基填筑以及征地拆迁、“三电”迁改工作有序展开；以站房建设为龙头，抓好站后工程各项准备，为后续的“四电”工程打好基础；以板场建设为关键点，抓好设备到场调试和轨道板的预制和铺设工作，为铺轨工作打下基础。

3. 轨道工程施工阶段

应铺轨线要求，全面完成轨道板铺设和铺轨工程施工，既要保证铺设的进度要求，又要保证铺设的精度要求。

4. 站后工程施工阶段

应考虑站后工程与站前工程的有机衔接，快速、全面地完成站后工程施工，完成联调联试和试运行。

6.3.4　施工组织设计动态调整的方法

不断优化调整施工组织设计的总体思路：在确保质量、安全的前提下，打通架梁通道，提高制架梁能力和效率，优化施工方案，调配施工资源，推进站房建设，加快“四电”集成进程，前移联调联试任务，落实现场管理责任制，确保控制节点工期和总工期。动态调整的具体方法如下。

1. 准确掌握现场施工环境

全线踏勘，绘制“三电”迁改和征地拆迁手册。科学选址，确定取、弃土场，梁场，板场等大型和小型临时设施规模和位置，同时从项目开始之初搜集沿线气温、雨水、冬雪等情况，为动态管理提供比较充足的依据。

2. 测定进度指标

编制施工组织设计时，是以同行业平均或偏上水平来确定各项指标，并计算工期的。但实际操作中，施工组织设计编制人员应综合考虑进场单位实际工效，从而在优化工期时灵活应用。一般在工序实施后1个月进入常态化时测定。

3. 分析现场进度趋势

根据施工环境和施工单位的进度指标，结合现场形象进度情况，分析每道工序的进度趋势，尤其是关键线路的进度趋势，以备出现滞后预警时，提前准备，及时调整方案，确保进度回归指导性施工组织设计控制范围。

4. 工期优化

工期优化主要是指根据对计划进度的要求，缩短工程的完成时间。工程的工期是由网络的关键路线的长度所决定的，所以要缩短工程的工期，就必须从关键工序着手。

①技术措施：采取技术措施，缩短关键工序的作业时间。

②管理措施：采取合理的组织措施，充分利用非关键工序的总时差，合理调配技术力量及人力、财力、物力等资源，缩短关键工序的作业时间。

需注意的是，这两种方式依赖于工程实施单位的技术力量与管理水平。

6.3.5 工程进度的动态管理的方法

1. 紧抓关键线路，制定相应制度，解决主要矛盾

1)建立关键线路监控制度

采取措施有调度报表日报、周报和月报制度。

具体操作流程：施工单位上报→调度汇总→专业工程师分析数据真实度→施工组织人员比照施工组织分析超前或滞后情况→领导决策采取措施→滞后进度单位执行。

例如，某高速铁路施工项目部为控制桥梁工程施工进度，建立了如下施工调度主要报表。

(1)制架梁调度日报。

制定目的：掌握现场实时进度；对梁场的进度进行监控；比照梁场生产能力

对梁场实施情况进行分析，及时发现问题并督促解决问题，从而促进施工进度回归施工组织安排。

(2)制架梁动态月度报表。

制定目的：根据制架梁考核实施细则对施工单位进行月度考核和兑现。

(3)连续梁施工进度分析表。

制定目的：掌握现场控制点实时进度；为分析其进度趋势和超前预警提供基础数据。

(4)工程项目完成比例汇总表。

制定目的：围绕架梁主线，对桥梁桩基础施工、承台施工、墩台身施工、制梁、连续梁、路基填筑等工序的任务完成比例进行数据分析，确保全线以及各标段的桩基础施工、承台施工、墩台身施工三道主要工序形象进度合理，要求承台施工工序的累计完成比例必须大于桩基础施工工序 10%，承台施工的累计完成比例必须大于墩台身施工累计完成比例 10%，以上一道工序保下一道工序为原则，优化桥梁下部、路基以及连续梁的资源。对于各工序形象梁进度不协调的单位，项目部及时督促提醒施工单位进行资源优化调整。

2)健全检查核对制度

采取措施：专业工程师定期针对性地检查，对施工难点、重点进度情况进行现场核对，确保进度科学合理，质量安全过关。

制架梁调度日报中应重点反映每天制架梁的进展情况，同时应建立架梁影响因素排查表和架梁动态图对架梁通道上的各种影响因素进行排查和动态管理。

3)推出考核奖罚制度

采取措施：根据施工组织制定关键线路上主要工序的奖罚实施细则，提高施工单位积极性，确保关键线路回归施工组织。例如，实施客运专线架梁进度考核管理，对各架梁单位进行月度、年度、架梁区间贯通等分项进行考核。考核排名并不以传统的工程或投资完成量多少进行，而是以施工组织为依据编制各梁场或架梁区间的月度和年度计划，然后以每月(和年末)完成量超出计划量的比例进行排名，确保现场施工最大限度地回归施工组织。

2. 实施监控现场动态，及时调整施工方案

1)抓好基础，图示现场

采取措施：绘制架梁分析图和架梁形象进度图，定期更新。

2)分析情况,提前预警

采取措施:调度报表、架梁分析图和架梁形象进度图。调度报表提供现场进度数据;架梁分析图提供现场施工环境情况,主要是征地拆迁、“三电”迁改等问题;架梁形象进度图显示潜在进度趋势,主要是架梁通道上主体施工的警示。

3)研究措施,及时调整

加大技术人员和设备配备或者提前做好架梁调头方案等。

4)提前研究工序转换,紧盯下道工序

应在全线强化战略管理意识,紧贴施工组织主线,在抓当前工序推进落实的同时,超前预想下一道、两道甚至三道工序,通过建立试验段、进行实战模拟演练等方式,超前发现和解决下道工序中图纸供应、技术储备、物资采购、机械和模具配备、劳力组织等生产要素上的问题,把问题暴露在事前,把准备工作做在前面,以保证工序转换的紧凑和顺畅。

3. 掌握高速铁路重点工程施工组织动态控制要点

1)制架梁

制架梁是线下工程进展的控制线路,除制架梁本身的因素,如机械设备、人员、工效、材料组织等,外部因素,如征地、“三电”迁改、特殊结构、预压路基、外部认证等重点工程的进展程度对制架梁影响很大。应重点抓梁场用地的征用、机械设备的到场、外部认证以及架梁通道上挡道的特殊结构、“三电”迁改等工作。

2)特殊结构

特殊结构是制架梁通道上的重要影响因素,前期工作应重点抓好跨河、跨路和跨既有线施工的方案审查和手续办理工作,在施工期间重点抓施工方案的优化、设备人员的组织。同时,通过信息系统平台重点监控特殊结构的工作进度。

3)预压路基和过渡段

预压路基和过渡段也是制架梁通道上的重要影响因素,应反复优化预压方案,对影响架梁通道的预压路基主要采取增加设备以加快施工进度、二次预压措施或者采取技术措施处理的方案保证路基填筑质量。

4)制、铺板

影响无砟轨道板厂建设和预制的主要因素有两方面:设备方面和技术方面。设备资源的专用性和稀缺性与大规模铁路建设工期紧张的矛盾较为突出,需要

引起高度重视。应充分发挥建设单位的组织协调作用，创新设备采购模式，组织施工单位对制、铺板设备进行了集中采购，既降低了成本，又避免了施工单位之间的恶意竞争。同时应按照施工组织设计的安排对各板场的设备进场的时间进行统一安排。另外，不断研发先进的施工材料，提高制、铺板施工技术和施工工艺，并在施工实践中不断改进和创新。

4. 建立强大、健全的数据采集网络

以施工单位进度管理人员为依托，根据施工管理各报表和图示的针对性、目的性，逐级确定专职人员采集数据，确保了数据来源和传达的准确性，并具备明确的可追溯性。

5. 利用管理信息系统对施工组织进行动态管理

适合项目本身、有适用性的管理信息系统对施工组织的动态管理有重要的支持作用。系统不需要有复杂的分析工具，如难懂的网络计划，只需要有适合管理者需要的简单工具，能用来了解信息指导施工即可。只有这样，才能使管理信息系统真正实用。

6. 改进施工组织优化的措施

(1)施工组织的动态管理是根据不同的施工阶段有针对性地对关键工程进行控制。

(2)施工组织设计动态管理应实践中国国家铁路集团有限公司“六位一体”管理要求，不能把施工组织优化等同为工期优化和工期目标提前。

(3)应建立“回归施工组织设计”的管理理念，维护科学施工组织的权威性和稳定性，尽可能不轻易调整项目管理目标。

(4)施工组织设计优化管理必须借助于管理信息系统等先进的技术手段，适合项目本身、有使用性的管理信息系统对施工组织的动态管理有重要的支持作用。

第7章 铁路高风险隧道施工管理——以新高坡隧道C5煤层为例

7.1 新高坡隧道工程概况

7.1.1 工程概况

新高坡隧道位于云贵高原北部扬子准台地滇东台褶皱，地质构造复杂，为标段控制性工程，本标段施工从新高坡隧道进口起 DK300＋099，至 DK304＋059，全长3960 m。隧道洞身最大埋深约 445 m；隧道进口 DK300＋099～DK300＋807 段为兰家沟车站段，其中 DK300＋099～DK300＋110 段为三线双耳墙明洞，D3K300＋100～DK300＋725 段为三线车站段，DK300＋725～DK300＋807 段为双线车站段，其余段为单线隧道。隧道为单面上坡，线路纵坡为 6‰、10.4‰、11‰(见图 7.1)。

隧道范围内出露地层为第四系人工弃土($Q_4{}^1$)、全新统坡洪积层($Q_4{}^{dl+pl}$)、坡崩积层($Q_4{}^{dl+col}$)、坡残积层($Q_4{}^{dl+el}$)；下伏地层分别为三叠系系统茅草铺组(T_{1m})，三叠系下统飞仙关组(T_1f)，二叠系上统长兴组(P_2c)、龙潭组(P_21)、下统茅口组灰岩(P_{1m})、断层角砾岩(Fb_r)。

7.1.2 煤层情况

新高坡隧道洞身 DK303＋000～DK304＋400 段穿过煤系地层(P_2c、P_21)。其中 DK303＋000～DK304＋400 段 1400 m 洞身穿越二叠系龙潭组(P_21)、长兴组(P_2c)含煤地层，主要岩性为砂岩、泥岩、炭质泥岩、铝土岩夹煤，为煤层与瓦斯突出地段，穿越范围可能遇 11～31 层煤，煤层总厚度最大为 3.03 m，其中含可采煤层 1 层。根据附近煤矿资料，可开采煤为 C5。隧道布置勘探探孔 3 个，其中 DZ-GPS 深-03 号探孔揭示 1 层煤，该层在深 246.6249.6 m，厚度约为 3.03 m(C5 煤层)；DZ-GPS 深-04 号探孔揭示 8 层煤，可采煤层编号为 C5，共计 3 层，第一层在深 108.7～109.5 m，厚度 0.8 m(C5 煤层)；第二层在深 110.5111.4 m，厚度 0.9 m(C5 煤

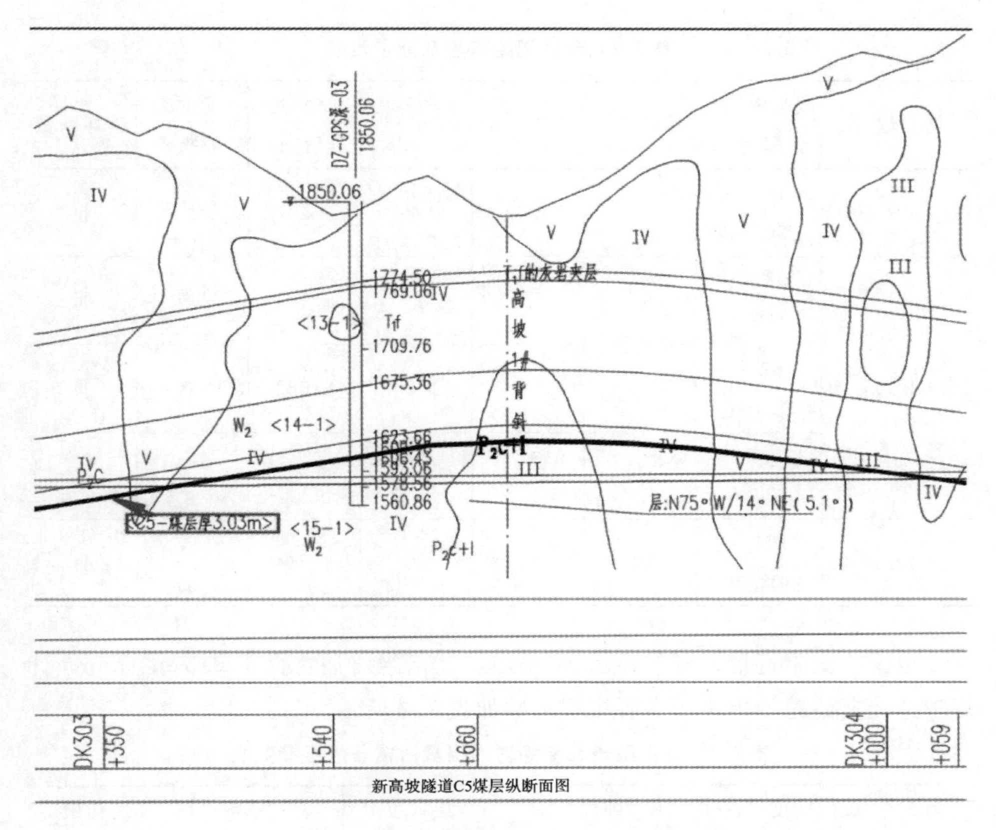

图 7.1　新高坡隧道 C5 煤层纵断面图

层)；第三层在深 119.73120.6 m，厚度 0.8 m(C6 煤层)；DZ-GPS 深-05 号孔揭示一层煤，在深 301～302.36 m，厚度 0.14 m(C5 煤层)。详见表 7.1、表 7.2。

表 7.1　深孔揭露煤层概况表

钻孔编号	揭露煤层数	煤层总厚度/m	单层煤层最大厚度/m	隧道洞身揭露煤层数
DZ-GPS 深-03	1	3.03	3.03	由于大多数深孔并未揭穿 P21 煤系地层，而隧道在该段穿越整个煤系地层，根据区域报告及煤矿勘测报告描述，隧道穿越 P21 地层含煤系地层可能遇到 11～31 层煤及煤线
DZ-GPS 深-04	8	4.15	0.9	
DZ-GPS 深-05	1	2.4	2.4	

表 7.2 深孔揭露煤层瓦斯参数表

钻孔编号	试验煤层起止深度/m	煤层编号	厚度/m	瓦斯压力/MPa	放散初速度 ΔP	坚固系数 f	破坏系数
DZ-GPS 深-03	248.6~249.6	C5	3.03	0.84	12.5	1	Ⅲ
DZ-GPS 深-04	108.7~109.5	C5	0.8	1.1	7.604	1.7	Ⅲ
	110.5~111.4	C5	0.9	1.04	8.062	1.6	Ⅲ
	119.73~120.6	C6	0.8	11.04	10.412	1.1	Ⅲ
DZ-GPS 深-05	301~302.36	C5	0.14	1.09	8.714	1.5	Ⅲ

根据收集附近煤矿资料显示,可采煤层瓦斯绝对涌量大于 0.5 m^3/min。计算隧道瓦斯绝对涌出量所需各煤层参数如表 7.3 所示。

表 7.3 计算隧道瓦斯绝对涌出量所需各煤层参数表

煤层编号	煤的密度/(t/m^3)(相对真密度)	吨煤瓦斯含量/(m^3/t)	煤层挥发分/(%)	衰减系数(d-1)	瓦斯初始压力/MPa
C5	1.63	7.79	8.8	0.023	1.1

据收集的成贵铁路高坡隧道地质资料及其附近煤矿资料和结合深孔测试资料显示,该含煤地层中煤尘无爆炸性、煤的自燃倾向性为Ⅱ类(自燃)。

7.1.3 设计煤层与隧道位置关系

根据设计断面图显示,煤层与隧身斜交。施工掘进穿过煤层过程中,煤层从隧底先入隧道,再下台阶,最后至拱顶。这种揭煤方式属于反向揭煤。隧道掘进过程中,穿越 C5 煤层两次,预计起始里程分别为 DK303+390~DK303+460、DK303+970~DK304+045(实际里程以现场钻探推测里程为准),揭煤段预计长度分别为 70m、100 m(实际长度以现场钻探推测为准),C5 煤层倾角为 10°~12°(实际角度以现场钻探推测为准)。

7.1.4　预测煤层情况

1. 物探情况

由中铁西南院采用地震波反射法进行地质预报，预测掌子面里程 DK303＋430。

测试结果：DK303＋325～DK303＋445 段，软弱夹层（或煤层）、破碎带较发育，地下水发育，围岩稳定性差。结合设计煤层位置，初步推测煤层于 DK303＋390 仰拱与下台阶处揭示。掌子面前方纵波速度图如图 7.2 所示。

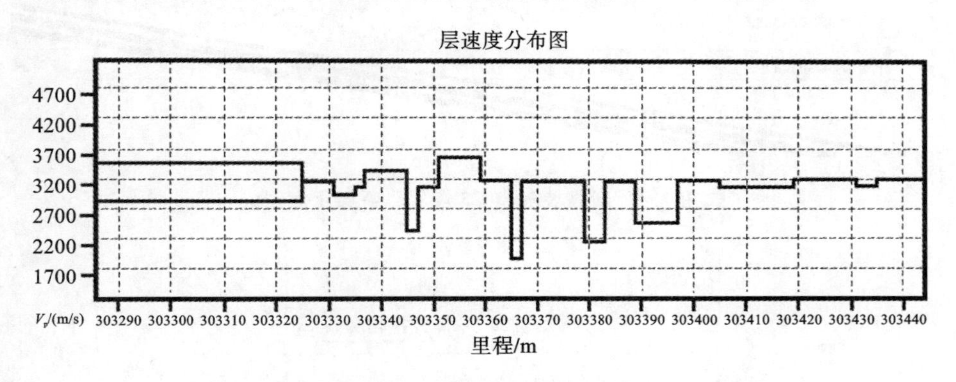

图 7.2　掌子面前方纵波速度图

2. 超前地质钻孔

钻孔＋加深炮孔，相较于施工图对超前钻孔进行了调整，于 DK303＋399～DK303＋520 段拉通设置了超前钻孔。考虑现场施工机具配置及施工效率，超前钻孔采用 Φ108 钻孔，钻孔间距约 80 m/循环，超前钻孔长度为 80～100 m。考虑本段煤层可能存在突出危险，且煤层分布复杂，施工过程中根据钻孔揭示地质情况，局部还进行了补充钻孔及加深炮孔，以探明掌子面前方煤层赋存情况。

超前地质预报揭示 C5 煤层总共有 3 层，厚度 1.1 m～3.2 m。且根据推算，C5 煤层在掌子面拱脚的揭露里程为 DK303＋443，并于 DK303＋423.8 于隧底开始揭露。煤层倾角约为 8°～12°，煤层方位角与隧道线路方向夹角为 37°～41°，与隧道轴线基本垂直，如图 7.3～7.5 所示。煤层顶底板十分破碎，节理裂隙较发育。

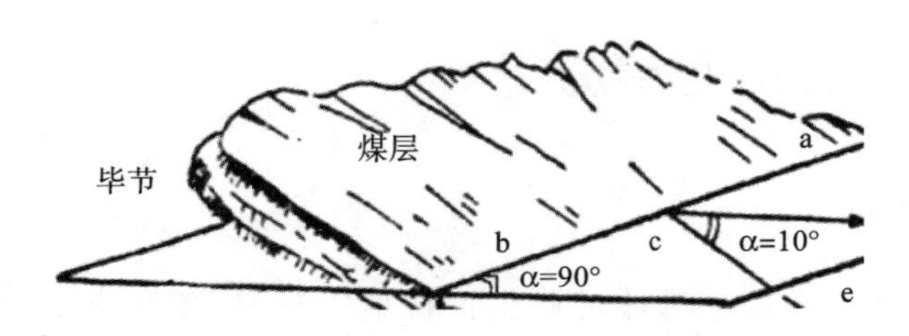

图 7.3　新高坡隧道 C5 煤层产状与隧道线位关系示意图

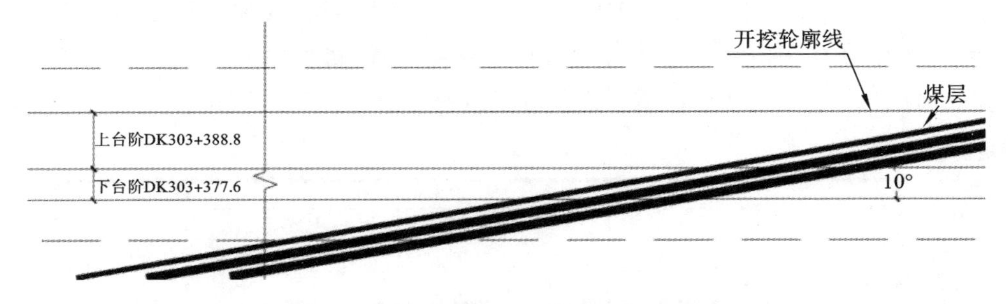

图 7.4　新高坡隧道 C5 煤层纵断面示意图

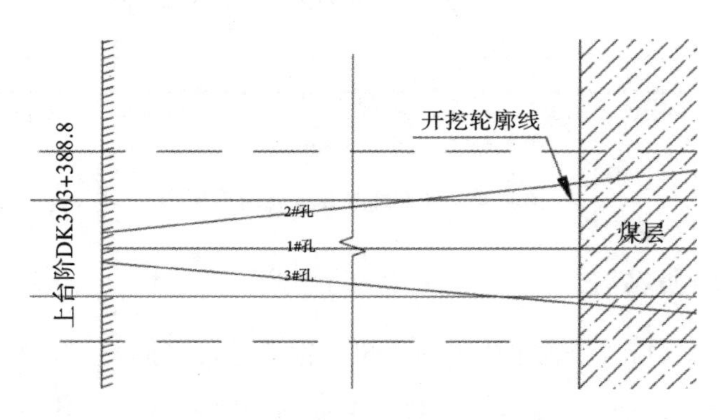

图 7.5　新高坡隧道 C5 煤层平面示意图

7.2　煤与瓦斯突出的征兆及危害

7.2.1　煤与瓦斯突出的一般规律

(1)煤与瓦斯突出与地质构造的关系。突出多发生在地质构造带内，如断层、褶曲和火成岩侵入区附近。

(2)突出与瓦斯的关系。煤层中的瓦斯压力与含量是突出的重要因素之一。

一般说来，瓦斯压力和瓦斯含量越大，突出的危险性越大。

(3)突出与地压的关系。地压越大，突出的危险性越大。当深度增加时，突出的次数和强度都可能增加；在集中压力区内突出的危险性增加。

(4)突出与煤层构造的关系。煤层构造主要指煤的破坏类型和煤的强度。一般情况下煤的破坏类型越高、强度越小，突出的危险性越大，故突出多发生在软煤层或软分层中。

(5)突出与围岩性质的关系。若煤层顶底板为坚硬而致密的岩层且厚度较大，其集中应力较大，瓦斯不易排放，故突出危险性越大。若顶底板中具有容易风化和遇水变软的岩层，将减少突出危险性。

(6)突出与水文地质的关系。实践表明，煤层比较湿润，涌水量较大，则突出危险性较小；反之则大。这是由于地下水流动，可带走瓦斯，溶解某些矿物，给瓦斯流动创造了条件。

(7)突出具有延期性变化。震动放炮后没有诱导突出而相隔一段时间后才发生突出，其延迟时间从几分钟到几小时不等。

7.2.2　煤与瓦斯突出的征兆

煤与瓦斯突出的预兆分为无声预兆和有声预兆两类。

(1)无声预兆：①煤层结构变化，层理紊乱，煤层由硬变软、由薄变厚，倾角由小变大，煤由湿变干，光泽暗淡，煤层顶、底板出现断裂，煤岩严重破坏等；②工作面煤体和支架压力增大，煤壁外鼓、掉碴、煤块迸出等；③瓦斯增大或忽小忽大，煤尘增多。

(2)有声预兆：煤爆声、闷雷声、深部岩石或煤层的破裂声等。

7.2.3　煤与瓦斯突出的危害

煤与瓦斯突出是一种极其复杂的动力现象，它在短时间内向采掘空间抛出大量煤(岩)并涌出大量的瓦斯，给施工安全生产造成严重威胁。

造成的灾害主要如下：

(1)突出煤流充塞巷道，摧毁巷道设施，机电设备，破坏通风系统；

(2)突出煤流埋人造成死亡，高浓度瓦斯造成人员窒息死亡；

(3)遇火源引发瓦斯燃烧和爆炸等。

7.3 瓦斯突出隧道施工组织

7.3.1 组织保障

1. 成立瓦斯施工管理组织机构

成立新高坡隧道横洞正洞瓦斯安全施工工作组，明确各岗位职责，负责瓦斯隧道揭煤期间的领导组织、实施与应急处理等工作，揭煤期间临时指挥所设在洞口调度室。

成立新高坡隧道瓦斯安全施工工作组，明确各岗位职责，负责瓦斯隧道揭煤和施工期间的领导组织、实施与应急处理等所有工作，同时建立并完善瓦斯监测和报告、通风、防火及瓦斯隧道人员、设备、安全用电、瓦斯隧道施工安全奖惩等专项管理管理制度。

对于厚度大于 0.3 m 的煤层，委托有相应资质单位严格按《防治煤与瓦斯突出规定》的要求进行突出性鉴定，鉴定为瓦斯突出煤层时，委托有相应资质单位专家及专业队伍指导实施，对瓦斯进行预抽处理，按照区域与工作面“预测、防突措施、效果检验、安全防护”两个四位一体的综合防突措施揭煤。

为确保揭煤工作有条不紊安全地进行，项目部成立揭煤领导小组，负责组织进行揭煤工作。

2. 瓦斯施工管理组织机构职责分工

瓦斯隧道施工工作组负责领导天坪隧道范围内的瓦斯段施工、应急救援、科研等与瓦斯突出相关的所有工作。

(1)组长职责：在项目部的领导下，全面负责新高坡隧道横洞的瓦斯防突与揭煤施工领导工作，协调组织各部门，通力协作；合理投入资源，确保工作组高效运行，最终安全顺利地完成瓦斯突出段的各项施工任务。

(2)副组长职责：协助组长开展工作。

(3)工程技术组职责：负责施工方案的编制，根据实际情况进行优化调整；负责督导方案的现场落实情况，及时纠偏；负责各项保证措施、制度的编制；负责应急预案的编制以及在出现突发事件时提供技术指导；负责瓦斯隧道施工的科研

工作;职责范围内的培训教育工作。

(4)施工管理组职责:严格按照施工方案和施工组织设计进行各项施工,严格遵守规范和各项规章制度;职责范围内的培训教育工作。

(5)安全质量组职责:严格按照施工方案、施工组织设计、相关规范和规章制度,进行日常检查及不定期的专项检查,确保施工生产安全、工程质量合格;职责范围内的培训教育工作。

(6)通风防爆组职责:严格按照施工方案进行通风施工及管理,确保通风质量;严格按照规范进行瓦斯等有害气体监控工作,及时发现隐患,确保施工安全;负责职责范围内的培训教育工作。

(7)机电设备组职责:负责所需机械、电气设备的采购、防爆改装、性能检验、日常使用、维护保养等管理工作;负责通风设备的使用和保养工作;职责范围内的培训教育工作。

(8)材料物资组职责:负责施工所需防爆材料的采购、验收、保管、发放等工作,并监督材料的使用情况;职责范围内的培训教育工作。

(9)协调保障组职责:负责组织员工的培训、宣传工作;负责对外(地方相关职能部门)联络;负责医疗、交通、通信、人员监控系统等保障工作;突发事件的应急、善后等工作。

各部门切实履行职责,加强沟通协调,凝智聚力,确保工程顺利推进。

各专业组在出现突发事件时,必须履行应急预案中规定的职责和任务。

除履行自身职责外,必须完成工作组交办的其他任务。

7.3.2　揭煤前准备工作

1. 严格门禁系统管理(责任人:当班检身员)

检身员工作内容:首先严格进洞人员检身制度,检身后监督进洞人员执行登记和翻牌工作(包括进洞车辆必须进行登记),进洞人员按规定佩戴安全防护用品,否则不予放行。必须准确动态掌握进洞人员、车辆信息。应急时封闭洞口。

2. 供电、通风系统(责任人:通风组组长;洞外值班电工:当班电工)

揭煤时,确保主风机运转正常,备用主风机及二路电源应保持启动状态,值班电工及通风司机全程值班。若主风机因电源停电或出现故障停风,必须立即启动投入备用电源,并在 10 min 内启动备用风机。

3. 六大系统检查(责任人:机电总工)

六大系统包括压风自救系统、压水自救系统、人员定位系统、广播系统、通信系统、避险硐室。揭煤开挖前由机电总工组织人员进行检查,确保六大系统运转正常。

4. 成立应急救援领导小组

1)应急领导小组

应急领导小组组长为工区主任,副组长为生产经理,负责向当地政府部门、建设单位、集团公司应急领导小组报告,并及时向外界公布应急救援进展情况。

2)施工技术组

组长为工区总工,副组长为工区副总工,成员为工程部长,根据现场情况及应急领导小组指示,制定并指导抢险救援具体方案,制定事故后的技术处置方案。

3)警戒救援组

组长为安全总监,副组长为质安部长,成员为安全员,负责根据预案对事故现场划定警戒区域并进行封锁警戒以及对无关人员的撤离疏散工作,维持现场秩序。参与制定抢险救援的具体方案,并负责具体救援行动的实施及事故的处理。

4)机电设备组

组长为机电总工,副组长为机电班长,成员为当班电工、机修工,负责应急救援行动所需电气设备、机械设备的抢修、维护工作,确保应急救援的需要。

5)后勤保障组

组长为项目书记,副组长为办公室主任,成员为总务主任、财务主管,联系准备和保证应急救援车辆、物资、资金、人员等所需应急资源的供应,并确保供应渠道畅通、便捷。

6)通风防爆组

组长为通风瓦斯检测组组长,负责应急救援期间的瓦斯监控,为处置方案提供准确基础参数;加强通风,为应急救援提供基础保障。

7)医疗善后组

组长为医务主任,副组长为总务主任,任务是联系县、市人民医院,负责现场的医疗救护。

8)矿山救护队

组长为矿山救护队队长,发生灾害时,能迅速赶赴现场抢救人员和处理灾害。组长为第一责任人,主持本小组工作。组长因特殊原因不能到位时,小组的相关工作由副组长负责。

9)应急物资设备

组长为材料室主任,按照现场应急物资存放在相应的库房,设备在停车场随时待命。

7.3.3　技术保障

1. 总体要求

针对瓦斯揭煤段施工可能出现的瓦斯燃烧、爆炸和隧道坍塌等危险源,聘请各方面具有丰富煤矿施工经验的专家驻现场进行技术指导,从煤矿聘请专业施工人员进行揭煤段现场施工,成立第三方技术监督组织,检查、指导、监督现场揭煤及瓦斯抽排施工,揭煤及瓦斯抽排施工时安排协议专业矿山救护队现场值班。

2. 现场技术保障程序

(1)测量放样责任人:测量主管,首先进行测量放样,确定准确里程。

(2)施作加深炮孔责任人:开挖班班长、值班技术员,现场操作人员严格按照施工技术交底要求施作加深炮孔,技术、安检值班人员全过程旁站并准确记录。

(3)计算开挖进尺,单独形成交底,责任人为工区总工,现场值班技术员第一时间把加深炮孔数据反馈给施工技术组,由组长、副组长根据实际数据研究分析确定开挖进尺,并交现场技术员下发交底。

(4)交底下发和接收,责任人为现场技术员,技术员接到交底后,立即将交底下发给现场开挖作业队长,现场监督落实,发现异常情况及时反馈。

7.3.4　现场施工安排

(1)开挖作业队长接到交底后严格按照交底要求进行钻孔施工,钻孔严格按

照钻爆技术交底打眼，技术员现场指导(责任人：开挖作业队长)

(2)装药前由瓦检员检测瓦斯浓度，技术人员检测炮孔深度并记录(责任人：当班瓦检员、技术员)

(3)炮工连线检测电雷管的导通性，开挖作业队长及现场管理人员协助。爆破工在检查连线工作无误后，将警戒牌交给当班工班长(责任人：炮工)

(4)工班长接到警戒牌后，在检查爆破准备工作无误、达到爆破要求条件后，负责设置警戒，组织撤出人员，清点人数，然后工班长把瓦斯检测牌交给瓦检员(责任人：工班长)。

(5)瓦检员检查确认瓦斯浓度小于0.5%后，现场管理人员组织人员撤离至洞外，将自己携带的爆破命令牌交给炮工(责任人：瓦检员)。

(6)检身员清点进出洞人员人数，确保与进洞人员人数相符。

(7)值班调度接到指令后命令值班电工切断洞内施工电源，安全员组织全部人员撤离至安全地点(正洞口20 m外)(责任人：安质部长)。

(8)爆破工在接到安全员发出的人员全部撤离至安全地点的指令后，报告当班项目领导，经确认后起爆爆破网络，完成揭煤开挖程序(责任人：爆破工)。

7.4 揭煤段施工作业

7.4.1 揭煤施工流程

新高坡隧道C5煤层突出危险性较低，为确保安全，参照突出煤层揭煤的标准，严格执行两个“四位一体”综合防突措施揭煤流程(图7.6)。

两个“四位一体”内容如下。

(1)区域综合防突措施：区域预测、区域防突措施、区域防突措施效果检验、区域验证。

(2)局部综合防突措施：工作面突出危险性预测、工作面瓦斯预抽、工作面防突措施效果检验、安全防护措施。

7.4.2 揭煤前施工准备

1. 超前地质预报

隧道超前地质预报以地质调查法为基础，采用超前钻探、物探相结合的综合

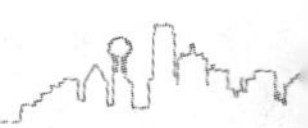

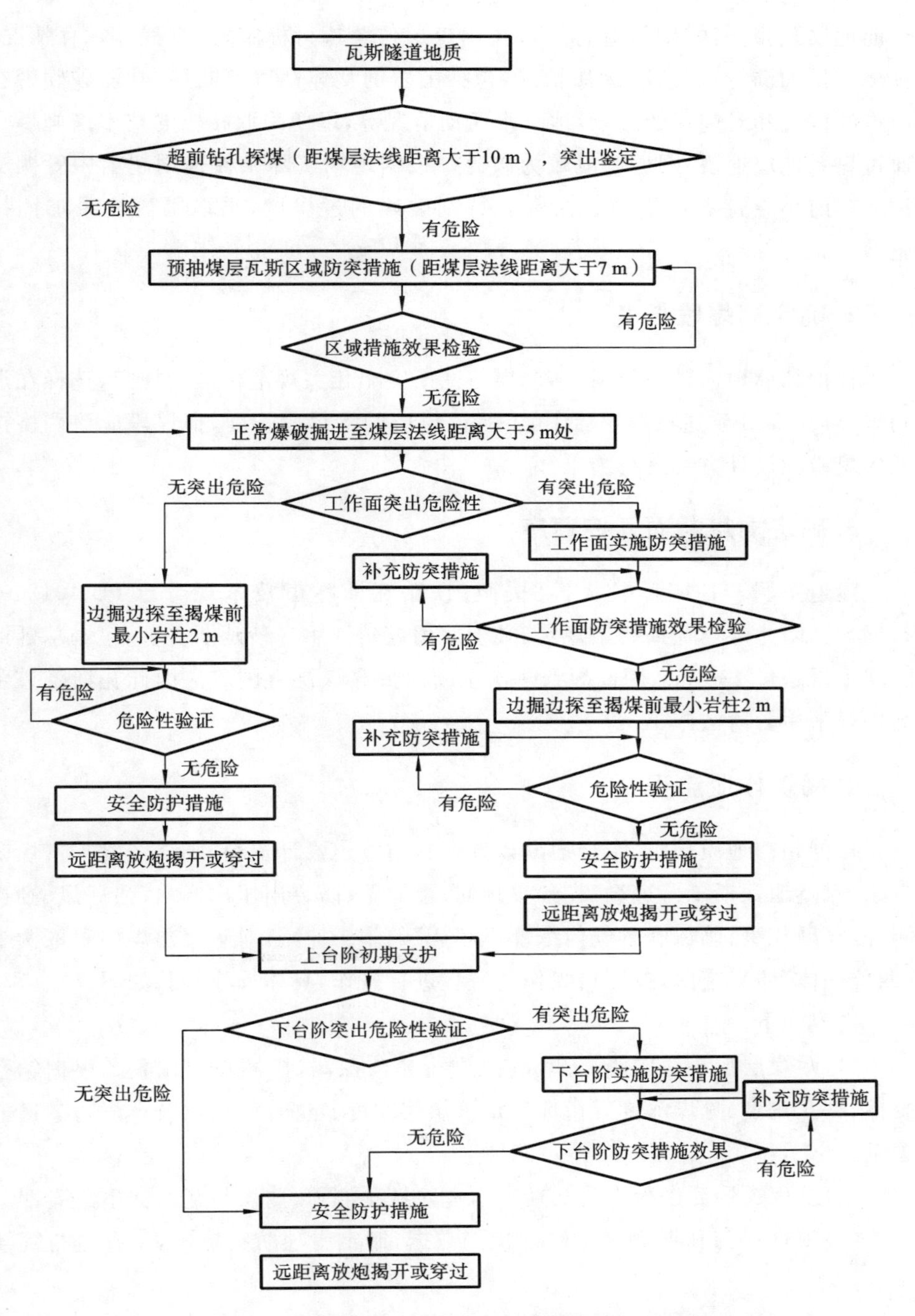

图 7.6　两个“四位一体”综合防突措施揭煤流程图

超前地质预报方法，对设计标示的突出煤层位置进行标定，并掌握其赋存情况，预测开挖面前方的瓦斯、地质情况，包括围岩的整体性以及断层、软弱破碎带在前方的位置和对施工的影响，地下水活动情况等，以便采取相应的技术措施。在通过煤系地层地段，围岩一般较为破碎。根据现场实际条件选用超前中管棚支护或超前小导管支护措施。在围岩特别破碎的过煤段，采取围岩注浆加固措施等。

2. 确定揭煤段长度

根据超前地质预报资料，结合煤与瓦斯突出相关规范标准的规定，选择在遇到煤层前 20 m 到通过煤层后 10 m 为该煤层的揭煤段长度，揭煤段应该严格按照揭煤专项设计方案进行施工。

3. 确定揭煤断面开挖顺序

隧道主洞开挖断面较大，且按照《铁路瓦斯隧道技术规范》（TB 10120—2019）与《防止煤与瓦斯突出规定》必须使用煤矿许用毫秒延期雷管，起爆总延期时间不得超过 130 ms，因此导致一次全断面揭穿煤层有困难。因此瓦斯隧道主洞揭煤采用台阶法施工。

4. 揭煤作业流程

根据超前地质预报，结合地勘设计资料与隧道设计资料，聘请经验丰富煤矿专家，对隧道瓦斯工区遵循“先预报预测、再探明、防突出压出倾出；强通风、勤检测、防瓦斯积聚；确保有害气体浓度不超标”的施工原则，对于突出煤层采取两个“四位一体”防突措施，按照揭煤作业流程进行操作，具体操作步骤如下。

内容如下。

（1）距煤层最小法向距离 20 m 时进行超前探测，探测煤层位置。根据钻孔坐标、钻孔角度、见煤深度等指标确定该煤层厚度、走向、倾角以及煤层与隧道的关系。

（2）发现煤层后进行煤与瓦斯突出危险性预测，预测煤与瓦斯突出危险性。

（3）根据煤与瓦斯突出危险性预测数据，制定专项防突措施，钻孔进行瓦斯排放。

（4）瓦斯排放结束后，进行瓦斯排放措施效果检验，主要采用钻孔瓦斯涌出初速度法进行验证。如验证瓦斯排放措施无效，应采取其他补救措施。

(5)正常掘进至距煤层最小法向距离5 m。

第二步:距煤层最小法向距离5 m时,进行瓦斯突出预测验证。有突出危险,采取钻孔排放措施;无突出危险,则正常掘进至距煤层最小法向距离2 m。

第三步:距煤层最小法向距离2 m时,进行瓦斯突出预测验证。如有突出危险,采取钻孔排放措施或其他补救措施。

第四步:确认无煤与瓦斯突出危险后,首先采用超前支护措施,然后采用爆破揭煤。施作超前钻孔,揭开煤层前开挖工作面至煤层之间留一定厚度的岩墙,倾斜煤层留2 m,缓倾斜煤层留1.5 m。对瓦斯压力进行测定,压力小于1 MPa时可爆破,大于lMPa时先排降压,再爆破揭煤。

第五步:进入煤层后,注意边验证边掘进,保证施工安全,过煤段支护施工应该采用以“先注浆、后开挖、快封闭、勤量测”来封闭瓦斯,同时经常观测隧道围岩位移变形,防止出现过煤后突出。

5.确定煤层产状

(1)定性预测方法采用地貌、地质调查与地质推理相结合的方法,进行定性预测。收集区域地形、地质、水文地质资料以及铁路地质资料,通过这些资料分析区域煤层及岩溶地貌特征。对隧道所处地区地质构造和岩性的调查,调查分析隧道所在地区的煤层开采情况等。

(2)超前地质探孔在超前地质综合预报前方有煤层时,斜井掌子面在距推测煤层10 m垂距处,施作探测孔。探孔必须穿透煤层全厚且进入顶(底)板煤层部大于0.5 m,详细记录岩芯资料,以掌握煤层位置、走向、倾向、倾角,煤层厚度、瓦斯赋存情况。

DK303+000～DK305+900短洞身为$P_2 1$及$P_2 c$含煤地层,为高瓦斯地段;DK301+400～DK303+000段及DK305+900～DK308+196段洞身Tif地层下伏煤系地层。并于正洞距推测煤层(斜井探测孔推测、正洞上台阶超前钻孔预测)10 m垂距处,施作探测孔,探孔施作要求同斜井探孔。

超前探孔布置应当合理,根据钻孔坐标、钻孔深度、见煤情况等推算煤层倾向、倾角以及和隧道的关系。

6.煤与瓦斯突出危险性预测

根据瓦斯隧道中煤层具体赋存条件,选择煤与瓦斯突出的预测方法。煤与瓦斯突出危险性预测采用瓦斯压力法和综合指标法两种方法作为主要预测指标。

1)瓦斯压力测定

瓦斯压力是标志煤层瓦斯赋存状态的一个重要参数。在研究矿井煤与瓦斯突出、瓦斯涌出、瓦斯抽采时,它是一个关键性的基础参数。瓦斯以游离和吸附状态赋存于煤的微孔隙和裂隙中。一般情况下,瓦斯压力越大,煤层瓦斯含量就越大,瓦斯压力与埋藏深度和局部构造应力等因素有关,与成煤年代、煤的变质程度无关;浅部瓦斯压力较小,随着开采深度的增加,瓦斯压力一般近似线性增加,在地质构造带,强大的构造应力作用可使煤体中的孔隙和裂隙变小,甚至闭合,瓦斯流通性大大减弱,瓦斯占据孔隙减小,出现局部瓦斯压力增高带;在一些开放性构造带,瓦斯运移使瓦斯压力减小。因而瓦斯压力在煤层中将呈现与采深的线性相关性和局部的非均匀性。测压工作按如下步骤开展。

(1)准备测压器材。

①压力表:根据地质勘探测定的瓦斯压力值约为 1 MPa,选用量程为其 1.5 倍以上的压力表,本次用的压力表量程 2.5 MPa,精确到 0.01 MPa。

②测压管:本次测压管为 φ8 mm×2 mm 的紫铜管。

③注浆管:施工现场配备,选用 φ16 mm×2 mm 的无缝钢管。

④封孔材料:采用水泥、膨胀剂、速凝剂混合封孔,水灰比为 2∶1,水泥∶膨胀剂∶速凝剂=8∶1∶1,封孔深度现场确定。

⑤生胶带:密封各测压管接头用。

⑥三通:连接测压管、氮气罐与压力表。

⑦氮气罐:施工现场配备,压力 0.5 MPa。

(2)布置测压钻孔。

根据现场实际情况,布置测压孔,孔位布置可参考超前探孔布置图,布置不少于 4 个测试孔。

(3)封孔与补气。

①封孔:孔口 2 m 左右采用锚固剂、木屑加速凝剂进行封孔,成型后进行注浆。注浆采用手持式注浆泵,待控浆管流出水泥浆液停止注浆,控浆管采用 2 m 一根的无缝钢管连接。封孔长度根据现场条件确定,钻孔穿过煤层 0.5 m 左右。

②补气:采用 N2 罐补气,补气压力 0.5 MPa,每个测压钻孔补气时间为 1h。

(4)测定瓦斯压力。

补气结束后,进行瓦斯测定,每天读取两次测压表压力,按照《煤矿井下煤层瓦斯压力的直接测定方法》(AQ 1047—2007)规定,采用主动测压法。当煤层瓦

斯压力小于4 MPa时,其观测时间为510d;煤层瓦斯压力大于4 MPa时,其观测时间为10~20d。瓦斯压力在开始测定的一周内变化较大时应该减小观测间隔。

瓦斯压力变化在3d内小于0.015 MPa时,可以结束测压工作,并整理数据,得出测定结果。

2)放散初速度测定

根据瓦斯压力测试孔或超前探孔中取出的煤芯,送实验室测定瓦斯放散初速度。

3)计算综合指标

根据上述测定结果,按照《铁路瓦斯隧道技术规范》(TB 10120—2019)与《防止煤与瓦斯突出规定》计算D、K值,按下式计算确定。

$$D = (0.0075H/f - 3)(p - 0.74)$$

$$K = \triangle P/f$$

式中,D为煤层的突出危险性综合指标;K为煤层的突出危险性综合指标;H为开采深度(m);p为煤层瓦斯压力(MPa);ΔP为软分层煤的瓦斯放散初速度指标;f为软分层煤的平均坚固性系数。

7.结果判定

以上所测的煤层瓦斯压力、瓦斯含量任何一项大于临界指标,该煤层即为突出煤层,需采取区域防突措施进行处理。如所测数据均小于临界指标,则可直接掘进至距煤层垂距5 m处再进行工作面突出危险性预测。

8.区域防突措施

当预测揭煤工作面瓦斯压力P(MPa)、瓦斯含量W(m^3/t)任何一样超过临界指标,有突出危险时,均应采取防突措施。同时,可采用瓦斯抽放措施进行区域消突处理。

1)瓦斯抽放泵选型

根据隧道断面面积情况及相关经验数据采用两台2BEA-303型水环式真空泵进行瓦斯抽放。2BEA-303型水环式真空泵最大抽放量48 m^3/min,电机功率75kW。

2)抽放瓦斯管路选择及敷设

主管内径选取 D(主)=200 mm,支管内径选取 D(支)=150 mm,材质选用矿用 PE 管或无缝钢管。瓦斯抽放管路沿隧道边墙进行敷设。

3)抽放钻孔布置

穿层钻孔预抽石门揭煤区域煤层瓦斯,在揭煤工作面距煤层的最小法向距离 7 m 以前实施钻孔,钻孔控制范围:上帮控制轮廓线在 12 m,下帮轮廓控制线在 6 m,开孔间距 0.4 m,终孔间距 2 m,深度按穿过煤层 2 m 控制。

4)瓦斯抽放

为防止巷道瓦斯超限和发生瓦斯事故,钻孔施工完毕后,立即进行封孔,接上抽放泵进行抽放。瓦斯抽放系统运行前,必须对瓦斯抽放泵及管路系统进行全面检查维修。检查内容:瓦斯抽放泵电器设备的完好性,正负压侧管路的密封性,管路内的锈垢等情况,确认无问题方可正常运行。抽放过程中严格保护好瓦斯抽放管路(为方便识别,抽放管路涂红色防腐漆),严禁砸撞管路,一旦撞坏,应立即通知泵站司机停泵,及时汇报,进行处理。

5)排放孔措施效果检验

根据《铁路瓦斯隧道技术规范》(TB 10120—2019)、《防治煤与瓦斯突出细则》等相关规范,采用瓦斯涌出初速度法与钻屑指标法进行排放孔措施效果检验。经检验,确定排放孔措施有效,煤层已经不具备煤与瓦斯突出危险后,可开挖至距煤层最小距离 2 m 位置。

6)距煤层 2 m 煤与瓦斯突出危险性验证

距煤层 2 m 位置,再次进行煤与瓦斯突出危险性验证,采用瓦斯涌出初速度法与钻屑指标法进行排放孔措施效果检验。经检验,煤层已经不具备煤与瓦斯突出危险后,采取安全技术措施,进行揭煤施工,揭煤施工严格按照该煤层揭煤专项施工方案进行。

7.4.3 揭煤施工

1. 揭煤爆破

经过煤与瓦斯突出危险性预测确定该煤层有突出危险,采用瓦斯排放孔防突措施后,经过两次效果检验已经确定该煤层不具有煤与瓦斯突出危险性,但为

确保安全,仍需按照突出威胁煤层对待。揭煤采用微震浅孔爆破,采用“快掘进、放小炮、弱爆破”的原则进行爆破施工。施工采用湿钻、水压爆破技术,控制循环进尺,爆破在洞外起爆,洞内停电,停止一切作业,人员撤离至洞外。每次揭煤后,检验工作面 10 m 上、中、下、左、右范围内煤与瓦斯突出的危险性。

2. 揭煤段通风技术

按照专家论证通过的通风方案予以实施。

3. 揭煤段施工方案

1)揭开石门段

采用台阶法加临时仰拱的开挖方法进行掘进,揭开石门时,炮眼按一次揭开石门 2～5 m 确定,只在岩石段装药,装药系数同普通爆破作业,采用矿用安全炸药与安全雷管。爆破采用震动弱爆破,且爆破须一次揭开石门或进入煤层不小于 1.3 m。开挖时考虑该段岩层比较大的沉降,因此预留 30～50 cm 的沉降量。采取强支护,并及时封闭。

2)半煤半岩段

采用台阶法加临时仰拱的开挖方法掘进,并做到“勤检测、短进尺、弱爆破、强支护、快喷锚、早封闭”。开挖时考虑该段岩层比较大的沉降,因此预留 30～50 cm 的沉降量。

3)全煤层段

全煤层围岩较软弱破碎,因此在掘进前要做好超前支护,根据现场围岩具体情况选择超前支护方式,包括超前长管棚、超前小导管、超前锚杆。做好超前支护后再掘进,采用台阶法加临时仰拱开挖。台阶长短及开挖进尺根据煤层的倾角、厚度决定。

揭煤段围岩软弱破碎,揭煤施工过程中应当及时施作拱架支护,以防止冒顶事故的发生。先初喷 4 cm 厚混凝土封闭岩面,再施工系统锚杆、钢筋网片,安装钢架喷射混凝土至设计厚度。

4. 揭煤施工段瓦斯监控

揭煤施工段加强瓦斯监测监控,瓦斯检测采取人工与自动相结合的方式,相互验证。

1)安全自动监测

安全监控系统主要监测隧道洞内风速、瓦斯、一氧化碳等参数。安全监控系统通过隧道洞内安设分站、中分站、小分站、传感器及控制器对瓦斯、一氧化碳、风速、二氧化碳等进行遥控监测及控制;在距掌子面 5.0 m 内、距掌子面 50 m 处、二衬前、二衬后和洞口里 10 m 处顶板悬挂甲烷传感器,距顶板 200～300 mm。每个管理人员和特种作业人员应配备便携式瓦斯检测报警仪。

2)人工检测

瓦斯检查人员携带光学瓦斯检测仪及便携式瓦斯检测仪在洞内对各类死角、盲区进行瓦斯巡查、检测,并且将检测数据与安全监控系统相互核对。在揭煤施工工程中,瓦检员必须全程跟班作业:当瓦斯浓度在 0.5%以下时,瓦检员每 2h 检查一次;瓦斯浓度在 0.5%以上时,瓦检员每 1h 检查一次,检查作业不得离开该工作面。瓦检员必须保证"一炮三检制"和并执行"三人连锁放炮制"。

3)特殊地点的瓦斯检测

特殊地点如下:隧道内各工作面(掌子面开挖、初期支护、仰拱开挖、仰拱混凝土施工、防水板挂设、二次衬砌立模、二次衬砌混凝土灌注、隧道散水治理);瓦斯可能产生积聚的地点(二衬台车部位、隧道内避车洞室和综合洞室的上部、隧道内冒高处及隧道内具有明显凹陷的地点);隧道内可能产生火源的地点(电机附近、电气开关附近、电缆接头的地点);瓦斯可能渗出的地点(地质破碎地带、地质变化地带、煤线地带、裂隙发育的砂岩、泥岩及页岩地带);在隧道进行超前钻孔前,必须在超前钻孔附近进行瓦斯检测。

隧道施工过程中,加强重点部位的瓦斯监测,特别是瓦斯容易积聚的部位、风流无法到达的部位,如隧道超挖部位,隧道冒高处、拱顶裂隙部位等。

4)瓦斯监控注意事项

(1)人工检测瓦斯时,报警点定为 0.5%;自动瓦斯监控系统报警点定为 0.5%,断电点设置为 0.75%。

(2)当瓦斯自动监控系统报警时,瓦检员通知通风人员将风机转速提高,加大风机供风量;同时,瓦斯检测员加强对报警点及附近 20 m 的瓦斯浓度检测。当瓦斯浓度继续增大并不大于 0.75%时,瓦检员通知施工负责人组织该工作面工作人员将洞内施工机具整理好,有秩序地撤出洞外,并报告项目技术负责人,查明原因,进行处理。当瓦斯浓度上升较快并迅速超过 0.75%时,瓦检员立即通知工作面施工负责人,洞内所有作业人员立即撤出,并报告项目技术负责人。

(3)当瓦检员携带的便携式瓦斯检测仪报警时,则立即通知工作面施工负责人,立即停工,加强通风,并报告项目技术负责人,查明原因,进行处理。

5)过煤后围岩变形监测

由于煤系地层围岩较为破碎,隧道过煤段需加强支护,并且应定期进行隧道围岩变形监测,防止围压变形过大造成事故。变形监测可以采用隧道围岩变形监控常用的方法,定期测量隧道断面的变形,主要监测周边收敛变形与拱顶下沉。监测点位的布置可参考设计资料中煤系软岩大变形段监测量测设计图。

6)石门揭煤

煤矿部门要求,必须用震动性放炮一次揭开石门(薄煤层)或进入煤层不小于 1.3 m,目的是人为地诱发可能发生的突出。但铁路隧道施工中,应谨慎用震动爆破,以防引起塌方。

石门揭煤段及煤层掘进段预留 30 cm 沉降量,有时需要预留 50 cm 左右,以防止大变形、隧道侵线而导致的施工二次处理。

石门坎的掘进,揭开石门前的半煤半石岩巷,应勤检测、短进尺、弱爆破、强支护、快喷锚、早封闭。

7.5　揭煤安全技术措施

7.5.1　预测预报监测措施

按照瓦斯监测方案安装瓦斯自动检测仪及便携式瓦斯检测报警仪,对施工坑道内瓦斯浓度进行监测报警。在该煤与瓦斯突出工作面揭煤施工过程中,瓦斯检查人员在打钻前、装药前、放炮前、放炮后以及其他任何时间必须跟班作业,对掘进工作面、超挖空间、总回风流、机电设备及开关附近、溶洞与溶隙、裂隙和采空区、大小断面交汇处的上部、衬砌台车内部、各类洞室和通道、局部通风不良地段等易积聚瓦斯的地方进行定期检测,发现异常现象及时处理和报告,并根据施工实际情况,对风量、O_2、CO_2、CO、NO_2、H_2S 等进行检测。

7.5.2　揭煤施工安全技术措施

爆破施工过程中必须采用严格的安全技术措施,以防止煤与瓦斯突出,保证

隧道施工安全。

(1)确定隧道施工项目部第一领导人为安全生产第一责任人,总工程师对安全生产负技术责任。

(2)建立专门的瓦斯安全检查机构,负责瓦斯监测工作,瓦斯检查人员应当具备必需的专业知识与资格证书。

(3)从事该瓦斯隧道施工的所有相关人员应当强制进行瓦斯隧道安全施工技术培训,并通过考核方可上岗。

(4)专职瓦斯检查人员、爆破技术人员、电工以及洞内各种机械设备的司机,必须经过专门的安全技术培训,并经过考试合格后方可上岗。

(5)该瓦斯工区的机电设备必须采用防爆型,并定期检查对机电设备的防爆性能进行检查,防止因维修保养不良造成施工安全隐患。

(6)炮眼施工采用湿式凿岩机械钻孔,在瓦斯地段电力起爆使用防爆型起爆器作为起爆电源,一个工作面不得使用两台或两台以上的起爆器进行起爆。

(7)爆破揭煤按照相关规范,炸药采用矿用安全炸药,安全等级不低于三级的煤矿许用炸药。爆破选用雷管采用煤矿许用电雷管,且必须是同一厂家、同一生产批次的电雷管,并进行导通测试,一次爆破所用电雷管的电阻值相差不超过0.3Ω。

(8)实施揭煤爆破作业前必须对隧道通风安全设施、电气设备进行检查,并将工作面清理干净,装药地点20 m范围内不得有电气设备,确保安全可靠。

(9)揭煤前,工作面与煤层之间要留足安全岩柱,安全岩柱距煤层最小垂直距离为2 m。

(10)揭煤前,工作面装药的炮眼以及前期排放孔必须进行封堵,宜采用黄泥封堵,保证揭煤爆破施工的安全。

(11)揭煤爆破必须严格执行“一炮三检”(装药前、放炮前、放炮后检查瓦斯)和“三人连锁爆破”(班长、放炮员、瓦检员)制度,一旦发生异常情况应当及时处理,并做到在现场进行交接班,不得漏检。

(12)放炮前在洞外设置安全警戒区,在揭煤期间,制定专门人员通知所有洞内施工人员撤离至洞外安全区域,揭煤爆破并确定安全后方可恢复洞内作业。

(13)该煤层揭煤施工时,新高坡隧道进口必须停止作业,并撤出所有作业人员。揭煤完成后才能恢复施工;严禁同一工区两个或以上工作面同时揭煤。

(14)爆破起爆时,救护队员或瓦检员进入检查时,至少三人同行,并佩戴好氧气呼吸器,小心行动,注意观察。

（15）揭开煤层后，工作面浮煤应洒水且及时清理，以防自燃引起瓦斯爆炸。

（16）揭煤段施工必须采用短进尺、弱爆破，防止围岩大规模垮塌，造成支护困难。

7.5.3　通风安全技术措施

通风采用独立供电系统，且有备用电源。加强通风主要是合理选择风机的功率大小及通风方式，加强通风管理，保证有足够的风量及风速，以便稀释及加速瓦斯的排出，使洞内瓦斯含量不超限。

（1）该煤层揭煤施工期间，必须实施连续通风。若因检修、停电停风时，必须撤出人员，切断电源。恢复通风前，按相关规范、规定的要求检查瓦斯浓度，并采取相应的措施，确保安全。

（2）对于瓦斯易于积聚的空间和衬砌模板台车附近区域，采用空气引射器、气动风机、局部通风机等设备，实施局部通风，消除瓦斯积聚。冲散积聚瓦斯的风速不低于 1 m/s。

（3）当测定和分析具有瓦斯突出的危险时，正洞仰拱填充面以上断面内净空最小风速达到 0.25 m/s 以上。

（4）通风设备必须由专人负责，并建立严格的管理制度，加强维护，防止漏风，保证风机的正常运转。

（5）临时停止施工段落不得停风，否则必须事先切断电源，设置栅栏与警告牌，严禁人员进入。恢复通风时应制定排放瓦斯的措施，由专业人员排放瓦斯，达到安全浓度后人员才能进洞，并恢复洞内供电。

（6）主风机发生故障而停止通风时，立即通知全隧道停工，洞内所有人员均撤至洞外，切断洞内电源，设置栅栏与警告牌，严禁人员进入。

（7）局部通风机停风时，其通风范围内的人员，必须全部撤至主风机供风范围以内。

（8）局部通风机和开挖面中的电气设备，必须有风电闭锁装置，当局部通风机停止运转时，该闭锁装置能自动切断局部通风机供风范围内的一切非本质安全型电源。

（9）为防止隧道局部坍塌部位的空间内聚集瓦斯，结合隧道施工的特殊情况，可备用一定数量的高压风管，以备冲散空洞中的瓦斯。

（10）加强通风管理。隧道开挖工作面供风量必须满足或大于按瓦斯隧道有关各项通风量计算的最大值，确保工作面风流中瓦斯浓度不大于 0.5%，距工作面后方 50 m 回风流中的瓦斯浓度不大于 0.5%,整个隧道中无瓦斯积聚。

7.5.4 电气防爆设备管理

(1)各种设备必须配备负责司机及值班司机,其他任何人不得开动或停止机械运转。

(2)禁止由洞外中性点接地的变压器和发电机向洞内送电,洞内电器设备必须进行局部接地和接零的双接地。

(3)向洞内送电的母线上应设有自动切断漏电母线的检漏装置。

(4)洞内不准带电检修及迁移任何电气设备。如在洞内进行检修或迁移电气设备时,必须首先切断电源,拉开设备开关,并将设备接地。

(5)洞内电气设备的运行、维修工作,必须符合防爆性能的各项技术要求。对于防爆性能遭到破坏的电气设备,立即处理或更换,不得继续使用。

(6)采取措施防止隧道落石打击金属机具,特别是铅制机具设备。

(7)电缆互接或分路时,必须在洞外进行锡焊和绝缘包扎,并硫化热补。如在洞内互接或分路时,应增设特制的防爆接线盒进行连接。

(8)电缆必须悬挂在隧道的一侧,悬挂支点距离不得超过 3.0 m,两根电缆的间距应大于 30 cm。

(9)洞内供电做到“三无、四有、二齐、三全”。“三无”即无“鸡爪子”、无“羊尾巴”、无明接头;“四有”即有过电流和漏电保护、有螺钉和弹簧垫、有密封圈和挡板、有接地装置;“二齐”即电缆悬挂整齐、设备洞室清洁整齐;“三全”即防护装置全、绝缘用具全、图纸资料全。

(10)使用的机电设备,在使用期间,除日常检查外,必须按规定的周期进行检查。

(11)凡容易碰到的、裸露的电气设备及其带动机械外露的传动和转动部分,都必须加装护罩或遮拦。

(12)电气设备不得大于额定值运行。

(13)低压电气设备,严禁使用油断路器、带油的起动器和一次线圈为低压的油浸变压器。

(14)该瓦斯工区必须采用防爆设备,电气设备必须有专人负责检查、维护,揭煤施工前必须全面检查所有机电设备的防爆性能,严禁使用防爆性能不合格的电气设备。

(15)该煤与瓦斯突出工区内各级配电电压和各种机电设备的额定电压等级

必须符合下列要求。

①照明、手持式电气设备的额定电压和电话、信号装置的额定供电电压在该揭煤施工段不得大于127V,照明不得大于36V。

②远距离控制线路的额定电压不得大于36V。

7.5.5 通风管理

1. 通风管路管理

(1)风管吊挂牢固,接头连接紧密,拉链拉好后,把外反边翻好到位。

(2)安装好的管路要保证平直、顺畅,转弯自然。

(3)风管安装时间尽量避免在工作面需要供风之时。

(4)在延长通风线路时,新风带接在中间,末端风带向前移动。

(5)为减少风筒接头漏风和通风阻力,应使用30～50 m一节的风筒。在易遭破坏地段,安装的新接风带一律采用接长为10 m的风带。

(6)经常对通风线路进行巡检,检查风带破损情况、接头拉链是否损坏以及吊挂是否牢固等,并及时维护或更换。

(7)向掌子面供风的局部通风机必须同时安装一台同型号的备用风机,并能自动切换。

2. 通风机管理

(1)随着作业面向前推进,需要安装和移动风机。该工作由技术人员、安拆组和风机维修工共同完成。首先由技术人员根据设计选定风机的位置,安拆组在安装风机的地方加固处理;其次由风机维修工对所安风机进行检测,确定正常后,用吊装设备移动至指定位置,再由安拆组对风机进行加固;最后由技术人员和风机维修工负责连接线路,调试运行。

(2)风机的开关和运行由风机司机负责,对风机运行状况做好记录,以备查询,有特殊情况时及时汇报。

(3)风机维修工对风机运行情况经常了解,定期对风机进行保养、检修,损坏的风机及时修理。

(4)运行中的所有风机必须实行双电源双回路供电,当一回路停止运行时,另一回路能及时启动。

3. 通风监测管理

(1)监测员执行巡回检查和现场交接班制度。

(2)监测员做好监测记录并填写报表,及时向项目负责人报告监测结果。

(3)重点监测开挖工作面附近、放炮地点附近、局部塌方冒顶处、电动机与开关附近等的瓦斯浓度、风筒破损、漏风情况。

(4)通风监测不得空班漏检,不得虚报、假报数据。

4. 通风应急处理

(1)当风机烧坏时,首先通知作业面工人,并根据洞内环境监测结果决定是否停工,同时尽快查明原因,启动备用风机,并对烧坏风机进行维修。

(2)在通风状态下,发生风带爆裂或被划破现象时,首先通知作业面工人,并根据洞内环境监测结果决定是否停工,同时通知风机司机把风机变为低速运转或停止运转,用细铁丝对爆裂风带进行快速缝合,尽快恢复正常通风,待允许停风时,再将爆裂或被划破风带更换为新风管。在停风状态下,发生风带被划破现象时,可直接将被划破风带更换为新风带。

(3)当发生风带掉落现象时,首先通知作业面工人,并根据洞内环境监测结果决定是否停工,同时通知风机司机把风机变为低速运转或停止运转,车辆暂停通行,并尽快将掉落牵线吊起,固定牢靠。

7.5.6 组织管理

1. 施工培训

(1)对隧道所有参建人员进行瓦斯的安全技术培训,熟悉突出的预兆和防治突出的相关知识,并经考试合格后发“安全工作合格证”。未经培训、未取得合格证的人员不允许指挥生产,不准上岗作业。

(2)电工、爆破工、瓦斯检测人员,电气设备防爆检查员及仪器、仪表校正人员和突出措施效果检查人员等特别作业人员,必须经有资质的部门培训,取得特种作业操作合格证后,持证上岗。

(3)调换工种人员重新进行安全技术培训。瓦斯检测人员必须专门固定。

(4)揭煤前,必须组织相关人员进行揭煤防突防爆学习,分析事故案例及事故发生原因,制定预防措施,提高预防事故的能力。经考试合格后并留下相关记

录，以便查验，相关人员才能进行工作。

2. 人员管理

(1)制定“进洞须知”，人人必须遵守，严禁任何人穿化纤衣服或携带火柴、香烟、打火机、手电筒、易燃物品等进洞。

(2)在每个洞口都设专人检查，凡进洞的人员都要接受洞口检查人员的检查。对于拒绝接受检查，或有意隐瞒而将严禁带入洞内的物品带入，情节严重者，以违反安全纪律论处。

(3)每班组进洞工作前必须向洞口值班室报告进洞人数，不准未经培训的工人进入瓦斯隧道工作。

(4)在洞口建立干部值班室(含调度、瓦斯遥测、监控和广播)，由队干部、技术人员、调度员、瓦斯监测员值班，24h 集中指挥。

(5)对所有进洞人员进行防突专业知识及自救器的使用培训，所有进洞人员必须佩带 AZY-45 型隔离式自救器、防尘口罩，并会正确使用；同时应携带毛巾一条，以备发生火灾或瓦斯爆炸时使用。

(6)在工作面所有作业过程中，每个人都有责任和义务随时观察突出预兆。

①有声预兆：顶板来压，不断发生掉碴和支架断裂声；煤层产生震动、手扶煤壁感到震动和冲击；迎面墙如有积水，在水面全部咕嘟水泡或在巷道上帮柱窝处严重咕嘟水泡；听到煤炮声一般是先远后近、先小后大，先单后连。

②无声预兆：工作面遇到地质变化，煤层尤其是煤层中的软分层增厚；煤层层理紊乱，硬度降低，光泽暗淡；打钻时严重顶钻、夹钻或喷孔；炮眼打完后在孔口能感到有明显向外的气流，装药有时会被气流顶出。

若出现以上现象，立即通知其他人员撤到新鲜风流中，并向洞口调度室汇报，听候处理。情况危急时，应立即撤到洞外。

7.5.7　其他安全技术措施

(1)揭煤过程中，揭煤领导小组成员轮流现场值班，瓦检员、安全员必须跟班作业。

(2)加强瓦斯管理。工作面及隧道中各作业点及其工作范围内，配备专职和兼职瓦检员，负责工作环境瓦斯的检测工作。若瓦斯浓度超限，应立即停止工作，向调度室汇报，及时采取措施。

(3)加强隧道揭煤地段(从隧道工作面距煤层前 20 m 开始，至过煤 10 m)的

隧道放炮管理，特别是揭煤爆破作业应有专门设计，采用洞内全部撤人，远距离起爆。

(4)揭煤前保留岩柱 2 m，应准确无误地按照设计炮眼布置深度及装药量，以防误穿或提前揭煤，放炮时洞内必须停电。

(5)放炮前工作面不装药的钻眼应用黄泥堵塞全孔。

(6)做到“一炮三检制”(即在装药前、放炮前和放炮后均应进行瓦斯浓度检测)及巡回检查隧道风流中瓦斯浓度，是否有瓦斯局部积聚，观察有无瓦斯突出预兆，一旦发生异常情况应及时处理，并做到现场交接班，不得漏检。

(7)在揭煤地段，要求进入隧道的工作人员必须佩带自救器，并事先应掌握其使用方法，以便突出事故发生时自救。

(8)加强揭煤地段特别是隧道岩层与煤层相交处的支护工作。

(9)隧道内电气设备应安装瓦电闭锁设施。

(10)通风与瓦斯连锁，根据瓦斯含量决定起动风机台数。

(11)隧道揭煤时，当地矿山救护大队的一个中队必须在隧道洞外的指定位置值班，协助揭煤总指挥完成揭煤的全部工作。

(12)若未起爆成功，现场揭煤指挥长应立即责令将连接发爆器的放炮母线摘下，并扭接短路，同时指派专人在隧道口执行值班守护，禁止无关人员进入放炮警戒区域，并派架子队爆破员查找原因，救护队员带机监护。架子队爆破员到工作面检查时，先由救护队佩戴呼吸器进入检查瓦斯、氧气浓度，在存在缺氧或瓦斯浓度超过 0.5%时，必须立即向揭煤指挥组长汇报，请示恢复供隧道局部通风机电，待工作面瓦斯排放完毕后，方能进入工作面检查母线及连线情况。在查出原因并处理好后，必须向揭煤指挥组长汇报，重新进行停电工作和爆破作业。

(13)爆破后必须立即将爆破母线摘下，并扭接短路，至少等待 30 min 后，由值班的救护队员佩戴氧气呼吸器沿隧道检查瓦斯及顶板情况，并及时将现场情况向指挥小组汇报，确认安全后，其余人员方可进入作业面进行其他作业。

(14)工作面 2 m 石门揭煤爆破作业时，协议救护队现场带机值班。

(15)其他未尽事宜，严格按《煤矿安全规程》《防治煤与瓦斯突出规定》及《铁路瓦斯隧道技术规范》(TB 10120—2019)等相关规范、规程办理。

第8章 铁路变更设计工程施工管理

8.1 铁路变更设计的原则、分类及程序

8.1.1 铁路变更设计的原则

铁路工程变更设计是指对已经审定铁路项目的设计文件进行变更、增减等活动。

一般情况下，铁路的任何项目，当其工程设计文件一旦鉴定批准成立，任何单位和个人不得擅自变更，确实需要变更的，须办理相关的变更设计手续。办理铁路工程变更设计时应遵守以下原则。

(1)原设计不合理，包括水文、地形、地质情况与设计文件有较大的差异，或因为施工条件所限，或材料的规格、品种、质量与设计要求不相符合的。

(2)不降低原技术标准而能节省材料，或少占用耕地便利施工，或缩短工期而导致节省投资的。

(3)能提高技术标准，减少工程病害，能提高工程使用年限，或提高服务等级而不增加投资的。

(4)坚持“先批准后变更，先设计后施工”的原则。

8.1.2 铁路变更设计的分类

根据《铁路建设项目变更设计管理办法》(铁建设〔2012〕253号)文件规定，通常情况下，铁路变更设计可分为Ⅰ类和Ⅱ类两大类。

(1)对初步设计审批内容进行变更且符合下列条件之一者为Ⅰ类变更设计。

①变更批准的建设规模、主要技术标准、重大方案、重大工程措施。

a. 建设规模是指工程范围，车站(段、所)规模。

b. 主要技术标准是指铁路等级、正线数目、设计行车速度、线间距、最小曲线半径、限制坡度或最大坡度、牵引种类、机车类型或机车组类型、牵引质量、到发

线有效长度、闭塞类型或行车指挥方式与旅客列车运行控制方式、建筑限界。

c.重大方案及重大工程措施是指批复的线路、站位、重点桥渡、站房建筑方案、重要环水保措施等。

②变更初步设计批复主要专业设计原则。

③调整初步设计批准总工期。

④建设项目投资超出初步设计批准总概算。

⑤国家、行业主管部门对相关规范、规定进行重大调整。

(2)除Ⅰ类变更设计外的其他变更设计为Ⅱ类变更设计。为便于管理,将Ⅱ类变更设计细分为Ⅱa类和Ⅱb类变更设计。

Ⅱa类变更设计:已签订合同的工程增减费用在200万元及以上的Ⅱ1类变更设计;新签订合同的工程增减费用在合同约定额度以上的Ⅱ类变更设计。

Ⅱb类变更设计:已签订合同的工程增减费用在200万元以内的Ⅱ类变更设计;新签订合同的工程增减费用在合同约定额度以内的Ⅱ类变更设计。

8.1.3 铁路工程变更设计项目划分的原则

(1)同一工点或同一病害引起的不可分割的一次性变更,为一项变更设计。

(2)同一工点中的不同变更内容、同一病害类型的不同工点、同一变更内容的不同段落应划分为不同的变更设计项目(初步设计批准单位批准者除外)。

特别值得注意的是,变更设计必须按照以上原则来执行,严禁将变更设计项目进行合并或拆分。

8.1.4 铁路工程变更设计的程序

(1)Ⅰ类变更设计,由提议单位提出变更理由和技术经济比较资料报建设单位,建设单位组织有关单位进行分析、研究,提出处理意见,勘测设计单位按照处理意见完成变更设计

(2)Ⅱ类变更设计,由提议单位提出变更理由和技术经济比较资料报建设单位,建设单位组织勘测设计、监理、施工单位及有关方面分析、研究,确定变更设计原因、责任单位、技术方案、费用及费用处理,由勘测设计单位进行变更设计。

8.2　铁路工程变更设计的原因及审计重点

8.2.1　铁路建设项目变更设计的原因

铁路工程建设具有工期长、技术复杂、涉及征地拆迁面广等特点，在施工过程中，发生变更设计是正常现象，但是会对项目的投资、进度、质量等建设目标的控制带来一定的影响。变更设计既有建设单位、施工单位的原因，又有监理方和设计方的原因，还有不可抗力的原因等。具体分析如下。

(1)建设单位为提高工程质量标准、加快建设进度、节约造价等因素综合考虑而主动提出的变更设计。如建设单位根据工程规模、使用功能、工艺流程、质量标准的变化，以及工期改变等合同内容调整工程范围、车站规模、变更铁路等级等。

(2)完善设计引起的变更设计。这类变更主要是对设计文件缺陷、错误、遗漏的修改、补充完善或优化。由于近年来部分铁路建设项目勘察设计周期短，设计深度不够，如原设计确定的取(弃)土场“量”无法满足现场施工要求，变更取(弃)土场引起临时用地数量、土石类别、土石方运距、购土费及取(弃)土场防护等的概算费用变化；又如受地质勘察技术和手段的限制，设计院在设计阶段很难完全准确判定铁路隧道工程地质条件和围岩特性，施工单位在施工过程中发现设计与施工现场的地形、地貌、地质结构等情况不一致而提出的隧道围岩类别及支护措施的变更设计等。

(3)工程质量事故引起的变更设计。这类变更主要是指按《铁路建设工程质量事故处理规定》的要求，由于建设责任导致工程质量达不到规定标准，须作返工、加固处理引起的变更设计；监理工程师根据现场实际情况提出的工程项目变更、新增工程变更设计等。

(4)国家相关行业新技术标准和新规范引起的变更设计。如《铁路工程抗震设计规范》(GB 50111-2006)内容的修订，引起的桥梁桩基础的变更，铁路生产生活设施建设标准的变化引起的生产生活房屋变更，桩基检测标准的变化引起预埋声测管的变更，箱梁桥面防水层采用新标准引起的变更设计等。

(5)不可预见的气候和自然灾害等引起的变更设计。如施工过程中发生地质灾害如突泥、突水、塌方、溶洞等引发的变更设计等。

(6)地方政府相关部门和当地居民要求的变更设计。如地方政府城镇规划，道路、河流规划变化引起的铁路路桥变更设计；当地居民出于生产、生活便利考虑，要求发生的改移道路、水管网、桥梁和涵洞等变更设计；跨重要公路和铁路(如高速公路、国道、国铁)立交桥引起的变更设计；“三电”迁改或征地拆迁受阻引起的变更设计等。

8.2.2　铁路建设项目变更设计审计应关注的重点

铁路建设项目变更设计审计的目的是审查工程建设过程中变更设计的真实性、完整性和合规性，促使建设单位进一步规范工程建设管理，控制投资，减少损失浪费。审计人员应重点关注以下几个方面内容。

(1)审查建设单位工程变更设计内部控制的有效性。铁路建设项目投资主体日益多元化，建设单位股东会、董事会、经理层如何实现对铁路建设过程中的变更设计的有效控制将直接影响到对工程总投资的控制。审计人员应对建设单位是否建立工程变更设计的内部控制制度，有无工程变更设计的责任追究制度以及制度的执行情况进行审查。

(2)审查铁路建设项目变更设计的必要性。因为建设、施工、监理以及勘察设计单位均可就设计文件中符合变更设计条件的内容提出变更设计建议，所以审计人员应通过查阅变更设计建议书、变更设计会审纪要、施工图等文件，审查建设单位是否组织勘察设计、施工、监理等单位进行现场勘察、研究初审，并确定变更设计类型，分析变更原因，认定责任，提出费用处理方案。

(3)审查建设单位变更设计程序的合规性。因铁路建设项目变更设计中如变更建设规模、调整总工期、调整初设投资概算等需要履行股东会、董事会等公司内部决策程序，审计人员应对建设单位变更设计的决策文件进行审阅，检查其是否坚持“先批准后实施，先设计后施工”的原则；检查初步设计审查部门是否按规定对变更设计文件进行审批；检查重大变更设计涉及新增土地使用、水资源利用、环境保护等，批复手续是否完备；检查建设单位是否组织对勘察设计单位按照确定的变更设计方案编制的施工图进行审核，并将审核合格后的施工图下发给施工及监理单位，是否就非施工单位责任部分与施工单位签订补充协议。

(4)审查变更设计内容的真实性。部分施工单位通过计增不计减、虚增工程量或虚报变更项目来增加结算额，审计人员应到工程现场采取查验、勘测、走访、计算分析等方法取得相关证据验证变更设计是否真实，对桩基、地基处理、涵洞及隧道砌厚层等隐蔽工程应检查是否照相或摄影，变更设计档案中是否有影像

资料；审查变更设计文件是否齐全，文件内容是否规范完整，变更设计文件应包括变更设计原因、变更设计方案、工程数量和概算，有关原设计文件、变更设计图纸、经济技术比较资料和分析说明等；审查是否存在将不同工点或同一工点不同内容的变更合并成Ⅰ类变更设计而提高工程造价的情况。当施工过程中出现如地质条件的变化、材料的代换、工程量增减等变更设计，审计人员应该充分深入施工现场，查证相关的时间、空间、人、财、物、机械、水文气象等相关证据，确定设计变更发生的真实程度。

(5)审查变更设计时间的合理性。重点对变更提出者对需要变更的单项工程提出方案、履行审批程序的时间限制以及对每项变更的提出、批准时间进行核查；审查是否存在先施工后办理设计变更手续的程序倒置情况；审查是否存在"边勘探、边设计、边施工"的工程变更设计项目。

(6)审查有无以变更设计的名义变相提高投资标准、扩大建设规模的情况。审计人员应查阅施工合同、施工图、工程进度表和资金支付凭证等资料，跟踪资金流向，核查变更工程量、计价量和资金流是否一致，关注是否存在因变更设计造成损失浪费和转移资金等情况。

8.3　工程总承包模式下铁路设计变更分析

DBB(design-bid-build)模式即设计-招标-建造模式，这种模式是铁路建设领域一种传统惯用的建设模式。DBB 模式的优点：项目业主可以自由选择设计单位，便于控制设计要求，管理方法成熟，相关程序清晰，且参与各方可采用熟悉的标准合同文本，有利于合同管理和风险控制。但 DBB 模式管理技术基础是线性顺序法，造成项目设计、招标、建造周期较长，工期不易控制；管理和协调工作复杂，建设单位投入精力、资源较多：在项目实施过程中，一旦出现安全质量问题，施工单位与设计单位容易互相推透扯皮；设计施工融合深度不够，实施过程中容易产生变更，不利于工程总投资的控制。

EPC(engineer-procure-construct)模式是业主将工程设计、采购、施工作为一个整体进行发包，工程总承包单位通过对项目设计、施工、采购进行合理交叉、动态连续后有利于缩短建设周期；通过对项目的设计与施工进行深度融合，从源头对项目进行设计优化，有利于控制项目总投资，降低工程总造价。EPC 工程总承包项目一般规模较大，建设周期较长，制约因素多，施工现场情况复杂多变，设计变更通常难以避免，做好设计变更的控制与管理对控制整个项目的进度、安全、质量和造价至关重要。两种建设模式内涵不同,项目建设阶段对设计变更的管理上也存在诸多不同。

8.3.1 两种模式下设计变更管理不同的原因

新建杭州经绍兴至台州高速铁路是铁路建设领域首条民营资本控股的EPC工程总承包项目,也是国家推行的投融资改革示范项目。高速铁路建设领域推行EPC工程总承包模式仍处于探索阶段,新模式下必然会面临新的问题,其中设计变更管理就是重要的一方面。EPC模式下设计变更管理不同于传统DBB模式的根本原因就在于发包的对象不同,发包给承包人的预算基础不同。传统DBB模式是由建设单位直接发包给施工总承包单位,发包预算基础是设计单位编制的通过审核的施工图预算,该设计单位同时也是初步设计单位,由建设单位独立招标。EPC模式是由建设单位依据初步设计单位编制的初步设计概算扣除征地拆迁以及由建设单位实施部分并发包给工程总承包单位,工程总承包单位自行完成施工图设计后,根据审核通过的施工图预算降造后再发包给施工总承包单位,因此导致两种模式下不同的管理边界,使两种模式下设计变更管理必然存在诸多不同之处。

8.3.2 EPC模式下设计变更管理

1)设计变更分类

EPC模式下设计变更管理思路、操作流程和管理制度基本上遵循原铁道部《铁路建设项目变更设计管理办法》(铁建设〔2012〕253号文)。铁路建设项目设计变更从变更事项原因可以分为Ⅰ类变更和Ⅱ类变更两种。其中Ⅰ类设计变更发生的原因主要如下:建设规模发生变化,主要技术标准发生变化,重大方案重大工程措施发生变化,初步设计批复主要专业设计原则发生变化,建设总工期发生变化;国家、铁路总公司相关政策、规范发生变化等。除Ⅰ类设计变更以外的其他变更为Ⅱ类设计变更,Ⅰ变更根据变更费用额度大小分为Ⅱa类变更和Ⅱb类变更。Ⅱa类变更通过相关变更程序后由项目业主承担,Ⅱb类变更费用包含在合同内,使用总承包风险费进行处理。从变更发起方又可以分为业主方发起变更、EPC总承包方发起变更和其他方引起的变更等。

2)设计变更管理流程

在建设项目实施阶段由于部分工点设计深度不够、存在进一步优化设计的可能和外界条件变化等通常会导致设计变更的发生。做好变更设计管理对于保证工程建设工期、工程质量、施工安全、合理控制工程投资具有重要意义。做好变更设计管理需要配套相应的管理制度、管理办法，在此基础上形成一套完善的变更设计处理流程。设计变更要按照“先批准后实施，先设计后施工”的原则，严格依法按程序进行设计变更相关工作。设计变更管理的基本流程：由设计变更发起单位提出设计变更建议书，建设管理单位对设计变更方案进行会审，设计单位编制设计变更文件，会审设计变更文件，上报设计变更文件，审核下发设计变更施工图等。设计变更流程图如图 8.1 所示。

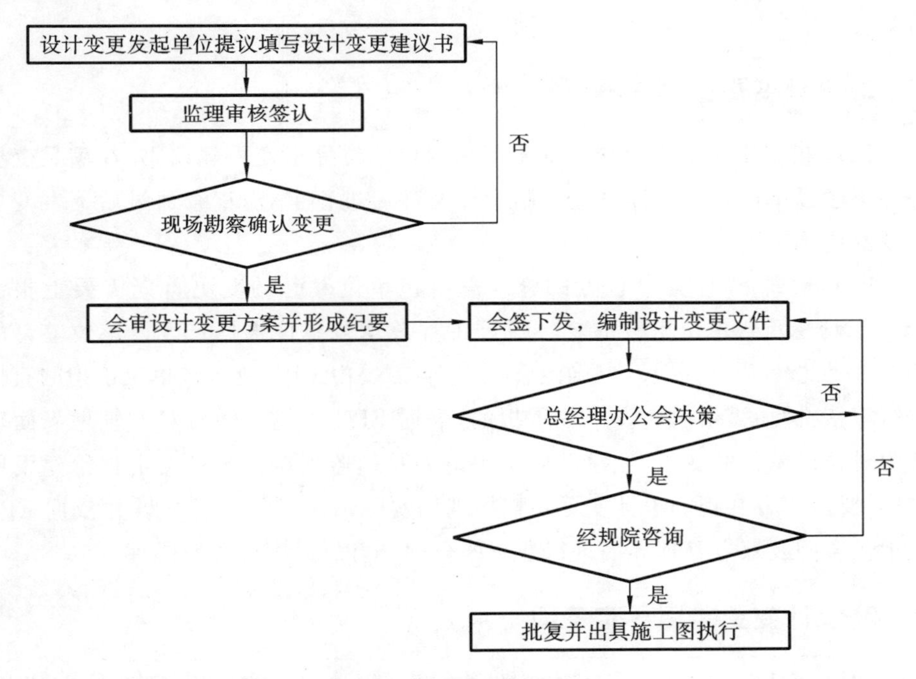

图 8.1　设计变更流程图

8.3.3　DBB 模式与 EPC 模式设计变更管理的不同

1. 设计变更编制单位不同

DBB 模式下施工现场发生的Ⅰ类和Ⅱ类变更均由建设单位单独招标的设计单位来完成，并按照如图 8.1 所示的设计变更处理流程进行上报和审批。

EPC 模式下，通常情况下根据签订的《EPC 工程总承包合同》和建设单位发布的《工程管理办法》，Ⅰ类变更是由初步设计单位进行变更预算的编制，编制原则为初步设计概算批复原则，设计深度为初步设计深度，在此基础上对工程数量和费用情况进行增减对照；Ⅱa类变更由工程总承包单位牵头对变更设计方案进行会审后，以施工图深度进行变更预算的编制并按照设计变更处理流程进行上报，建设单位聘请第三方造价咨询机构进行全过程审价并提交独立的审价报告，审价单位审价完成后，建设单位与工程总承包单位签订补充合同。不调整合同总价的Ⅱb类变更由工程总承包单位根据现场实际情况进行处理，依据设计变更数量及合同工程量清单计算变更费用计入总承包风险费并报建设单位备案。

2. 设计变更处理流程不同

DBB模式下一般由分包方的施工总承包单位提出变更建议书，在满足变更条件下建设单位委托设计单位编制设计文件后进行审查，审查通过后下发变更令及变更施工图。

EPC模式下，作为分包方的施工总承包单位发起的变更首先需要上报给EPC工程总承包单位审核批复。EPC工程总承包单位根据与建设单位签订的EPC工程总承包合同及双方确定管理界面：需要由EPC总承包单位承担的直接进行审核批复；需要由建设单位承担的，根据EPC总包合同及双方管理界面转换为对建设单位的变更，经建设单位聘请的总体监理单位审核后上报给建设单位；需要由双方共担的设计变更要根据现场实际情况进行责任分劈并依据EPC总承包合同及双方管理界面进行费用的合理分劈。

3. 设计变更范围界定不同

DBB模式下施工现场发生的变更，建设单位与分包单位均基于同一个发包基础“施工图预算”签订的施工合同，故双方对变更范围的界定基本上不存在分歧，通常按照常规的设计变更流程进行处理。

由于EPC模式下发包依据的预算基础不同，存在建设单位和EPC总承包单位对施工现场同一个变更范围的界定存在较大分歧的可能，建设单位更倾向于以批复的初步设计方案为基础，工程总承包单位更倾向于以施工图设计方案为基础。比如杭绍台铁路某隧道因工期原因而增设斜井的设计变更。示意图如图8.2所示，初步设计批复方案没有斜井，仅有AA隧道进口和DD隧道出口两个开挖工作面，增加斜井后可以形成AA、BB、CC和DD四个开挖工作面，其中

斜井承担的范围为工作面 BB 到 CC 之间的开挖范围。对于此变更，EPC 总承包单位认为应该基于施工图设计，以该斜井承担的对应开挖正洞范围为变更设计范围（如图 8.2 所示 BB 到 CC 工作面之间的范围）；建设单位认为要综合考虑初步设计和施工图设计差异情况，更倾向于基于初步设计方案以整座隧道为变更设计范围（如图 8.2 所示 AA 到 DD 工作面之间的范围）。

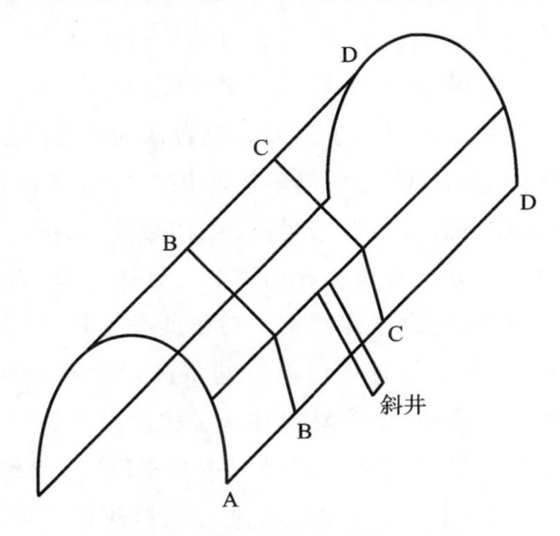

图 8.2　某隧道增设斜井示意图

施工图设计阶段 EPC 总承包单位对该隧道初步设计批复方案的纵断面进行了调整优化，因此对应两种变更范围计算出的变更费用相差较大，造成双方对此变更产生较大分歧。对于此类问题，既有的设计变更管理办法没有明确规定，也无先例可以参考。笔者认为应该基于现场实际，尊重客观现实，以该斜井承担的对应开挖正洞范围为设计变更范围进行处理。双方对此变更处理意见产生分歧是在缺少具体的针对性的法律依据和相关实施细则的前提下，立场不同导致的。为此，一方面铁路行业亟须完善 EPC 工程总承包模式下的相关法律法规及实施细则，为铁路建设领域推行 EPC 工程总承包模式提供法律依据和良好的市场环境；另一方面工程总承包单位应及时与业主沟通，充分说明变更设计的必要性，如果变更设计优化可以减少工程造价，设计优化带来的利益应由双方共享且利益分配方式应该在工程总承包合同内进行约定。

4. 新增设计变更的认定

DBB 模式下，因地方要求变化、运营部门要求、标准规范调整引起增加的超范围、超标准的工程内容，通常情况下均应按新增工程类变更设计进行处理。

EPC模式下，建设单位对新增工程类变更设计范围和事项的认定更倾向于从严控制。比如杭绍台铁路某隧道进口分布危岩落石，运营部门提前介入期间，书面提出需延长棚洞、隧道仰坡须放坡开挖并加强防护的要求。EPC总承包单位认为初步设计方案仅考虑设置主动和被动防护网，并未考虑边坡开挖及防护，认为运营部门要求事项应该按照新增变更设计进行处理；建设单位认为正式施工图审核前应该已经征求过运营部门意见，实施时须执行运营部门意见，认为此事项属于完善施工图设计的范畴，不应该按照新增变更进行处理。这也是EPC工程总承包模式下双方存在分歧的另一个方面。笔者认为此变更事项属于因运营部门要求而增加的工程内容，EPC总承包单位应该与建设单位进行深入沟通，告知其对于运营安全的重要性，变更费用可以由双方共同承担。

项目建设期间由于地方已有相关规划需要与铁路建设项目同步实施的代建工程，工程投资由地方项目建设主体承担。对于此类工程，建设单位在与地方单位进行充分沟通以后，委托工程总承包单位同步进行设计并在满足施工条件后充分利用现场已有的施工队伍、生产材料和施工机械进行施工作业，从而大大提高资源利用效率和项目的推进速度。建设单位和EPC总承包管理单位通常意见一致，认定为新增代建工程，建设单位与地方项目建设主体签订代建协议后，委托工程总承包单位实施并签订代建补充合同。

8.4 铁路工程设计变更管理的进一步加强

近年来，随着铁路建设市场的逐步规范和国家对工程建设的高质量要求，工程设计已成为建设工程中的一个重要阶段和关键环节。要保证建设工程质量，首先要保证设计阶段的设计质量，其次要保证施工阶段的服务质量。也就是说，优良的施工设计文件不仅能大大减少设计变更，而且还有利于控制施工阶段的工程质量和造价。所以，完善设计管理办法，加强设计变更管理，不仅能有效控制工程投资，还能降低建设单位在施工阶段的管理工作量。

8.4.1 加强设计管理，减少设计变更

在工程设计阶段，设计单位完成的施工设计图和配套文件质量，直接影响到施工阶段的施工进度计划的实施，施工质量、工期和投资的控制。如果将存在错、漏、碰的施工设计文件提交给施工单位进行施工，因设计文件与现场实际情

况不符,施工单位就会提出工程变更或进行设计变更。这样不仅增加了建设单位、监理单位的管理工作量,而且给投资控制和质量控制带来难度。较大的设计失误甚至还会导致建设工程质量事故。所以,设计单位应加强设计管理,减少设计变更数量,应重点做好以下几个方面的工作。

1. 建立和完善设计质量保障制度,组建核心设计团队

建立和完善设计质量管理和保障制度,是保证设计质量的前提。在这个前提下,根据承揽的工程设计项目的规模和特点,组建项目设计团队。根据建设单位的有关要求,通过现场勘察和调查,提出几种设计方案,通过方案论证和技术经济条件的比较,提出推荐方案。为保证推荐方案的可行性,可就所关心的设计方案的技术先进性、合理性及其投资效益,组织有关专家进行论证和评估。根据评估意见进一步优化推荐方案,达到设计方案最优的目的。

2. 强化施工设计图的审校

工程设计阶段是建设工程的重要阶段,其中的施工设计阶段更是设计阶段的重中之重。因此,强化对施工设计图的审校,对减少设计变更或工程变更将起到重要作用。施工设计一般实行三级审校制度。

(1)校对人。对所校对的每份设计报告、野外勘察记录、土工试验、计算书等,进行全面仔细校对,并做好校对记录,保证不错不漏。经校对的现场勘察记录和编制的文件应符合设计规程规范和有关技术措施的要求。按审校规定,所有校对过的内容都应标注校对记号,同时认真填写审校记录卡,并签名。

(2)审核人。应由注册的技术人员(非注册的技术人员应为工程师及以上职称)担任,负责对勘察依据、勘察方案、勘察深度、勘察结果和勘察报告质量进行全面审核,并填写审校记录卡。其职责:审核勘察依据是否齐全、合理,编写的勘察报告内容是否满足勘察合同和设计的要求;勘察报告深度是否符合要求,报告提供的主要数据是否符合安全、经济性要求,所提建议是否合理等。另外,负责外业勘察的部门总工程师,应进行质量抽查。

(3)审定人。应由代替总工程师的副总工程师担任,审定人应对勘察工作的方针政策进行审查。

对完成的施工设计图同样需要进行三级审校制度。审核按照预先制定的各专业设计审核注意事项和实施细则进行,并结合以往相关工程曾出现的有关问题,进行各专业之间的对图,提高图纸审校通过率,以减少或避免施工设计图可

能出现的各种问题。

3. 加强学习和培训，提高业务水平，减少设计变更

我国地域辽阔，在不同的区域修建铁路，设计中会遇到不同的技术难题，要解决这些技术难题，就得学习和研究，提高业务水平，解决设计中存在的问题，减少设计变更。另外，为提高设计质量，可针对不同的区域情况制定一些通用的标准设计和技术规定，或针对以往工程设计中存在的“通病”和比较容易发生的错误，制定各专业及专业间的预防措施，这对减少设计变更将起到保障作用，对提高设计质量和水平将发挥指导作用，对提高创新能力将起到促进作用。

4. 加大创新力度，努力掌握新技术，减少设计变更

近几年，高速铁路和客运专线发展迅速，涌现出多项新的设计技术和施工技术，如桥梁深水基础技术、大跨度预应力混凝土箱梁技术、无砟轨道施工技术等。新技术的需要提前进行试验和研究，取得成果后才能在建设工程中应用。所以，应加大创新力度，努力掌握新技术，并不断补充和完善设计规程规范及标准设计，减少因采用新技术而造成设计变更的情况。

5. 合理安排设计周期，减少设计变更

在建设工程中，发生设计变更是不可避免的，特别是采用初步设计文件进行施工招标的项目，所以，除加强设计管理外，建设单位应合理确定设计周期。在合理的设计周期内，设计单位应加强勘察设计前的准备工作，加深勘察设计深度，确保勘察质量，满足设计要求，避免因勘察资料与实际情况不符而造成设计变更。另外，建设单位不要为了赶工期而压缩设计周期，对设计质量造成影响。同时应以合同方式约定各自承担的责任，减少变更设计。

6. 深入现场、了解实际、减少工程变更

在施工图设计阶段，承担项目施工的单位，对项目成本、工程造价、工程质量、施工工期要求较高，凡因施工设计图影响到项目成本、工程造价和工期的，或施工设计图与现场实际情况有差别的，施工单位都要求设计人员出具设计变更签证，或设计人员认可的工程变更签证。所以，在施工设计阶段。设计人员应深入现场，了解和掌握实际情况，使设计的施工图满足施工的要求。对随着环境条件的变化，完成的施工设计图与实际有差别的，在满足工程质量和施工安全的条

件下,可按现场实际情况调整设计,从而减少工程变更。

8.4.2　加强设计变更管理的工程实例

1. 某铁路路基工程的优化设计变更

(1)优化路基基底处理方案。某铁路隧道工程的进口段路基基底原设计为强夯处理,施工设计阶段经现场勘探发现部分地层有淤泥,若按强夯处理,有的地方达不到设计要求,经进一步论证和优化后,将强夯处理变更为清淤换填处理方案。经建设单位测算后,也同意将强夯处理方案变更为清淤换填处理方案。

(2)复测现场地形,优化回填方案。在勘察设计中,因对部分路段的测量不够准确,导致施工设计出现误差。施工单位进场后,又对原地面及地形进行了复测,并编写了详细的实测资料。

施工过程中经判断确认了土石分界线,经过与设计对比,确认了需要回填的土石方总量。

2. 某铁路桥梁工程的优化设计变更

(1)桩基钻孔桩改为挖孔桩施工。由于受场地作业面限制,并为在第二年雨季前完成墩台施工,根据地质条件,经对方案的进一步优化,在不影响施工质量和安全的前提下,将大部分桩基的钻孔桩改为挖孔桩施工,不但保证了工期,而且大大降低了施工成本。

(2)加大桩基孔径的尺寸。为方便人工挖孔作业,在保持总亏工量变化不大的前提下,将原设计的 1.25 m 桩径优化变更为 1.5 m 桩径,不仅加快了挖孔作业进度,还减少了用桩数量,节约了造价。

(3)优化设计支撑体系。采用大直径钢管桩支撑代替满堂支架,减少了用钢量、临时支墩、满堂基础混凝土号工量,并节省了费用。

(4)制梁方案的优化设计变更。某桥梁为 10 m×32 m 双线箱梁,原设计采用移动模架制梁方案。在施工设计阶段,根据现场实际条件,经优化变更为满堂支架现浇,节省了移动模架设备购置费;某货场大桥采用 5 m×32 m+1 m×24 m 的 T 梁,原设计价外购梁,后优化变更为磨架法施工,采用原位制梁单向张拉、侧位制梁横移落梁施工方法,减少了外购梁远途运输和调运架桥机的困难,保证了工期,降低了成本。

参考文献

[1] 国家铁路局. 铁路工程基本术语标准 GB/T 50262—2013[S]. 北京：中国计划出版社，2013.

[2] 陈峰，高亮，白雁，等. 铁道工程设计、施工及养护新技术[M]. 北京：中国铁道出版社，2011.

[3] 崔波，王华强. 铁路轨道工程施工安全交底[M]. 北京：中国铁道出版社，2014.

[4] 中国铁路总公司. 铁路工程结构可靠性设计统一标准(试行)Q/CR 9007—2014[S]. 北京：中国铁道出版社，2014.

[5] 丁靖康. 多年冻土与铁路工程[M]. 北京：中国铁道出版社，2011.

[6] 全国一级建造师执业资格考试用书编写委员会. 铁路工程管理与实务[M]. 北京：中国建筑工业出版社，2019.

[7] 郭占月. 高速铁路工程施工组织管理[M]. 成都：西南交通大学出版社，2014.

[8] 韩峰. 铁道工程施工及检测技术[M]. 武汉：武汉大学出版社，2014.

[9] 韩仁海，白福祥. 道路与铁道工程试验检测技术[M]. 北京：人民交通出版社，2008.

[10] 韩山农. 现代公路与铁路工程施工测量[M]. 北京：人民交通出版社，2015.

[11] 黄守刚. 铁路工程建设安全生产管理[M]. 北京：中国铁道出版社，2011.

[12] 黄守刚. 铁路工程施工机械作业安全与案例分析[M]. 北京：中国铁道出版社，2011.

[13] 黄守刚. 铁路工程施工现场事故防范与处理[M]. 北京：中国铁道出版社，2011.

[14] 李东侠. 高速铁路工程招投标与项目管理[M]. 北京：中国铁道出版社，2011.

[15] 李明华. 道路与铁道工程施工技术[M]. 长沙：中南大学出版社，2012.

[16] 卿三惠.铁路工程勘察设计与施工技术研究[M].北京:中国铁道出版社,2014.

[17] 尚利云.铁路工程施工组织设计[M].成都:西南交通大学出版社,2013.

[18] 中国铁路经济规划研究院有限公司,中国铁路总公司工程管理中心.铁路工程施工组织设计规范 Q/CR 9004—2018[S].北京:中国铁道出版社,2018.

[19] 铁路工程技术标准所.高速铁路工程施工技术指南[M].北京:中国铁道出版社,2012.

[20] 铁路工程技术标准所.铁路工程施工安全技术规程[M].北京:中国铁道出版社,2012.

[21] 王春武.铁路工程基本作业安全交底[M].北京:中国铁道出版社,2014.

[22] 王军龙.铁路工程施工组织与概(预)算[M].成都:西南交通大学出版社,2012.

[23] 王西林.铁路工程施工组织设计[M].北京:北京邮电大学出版社,2012.

[24] 席浩,武斌忠,乔世雄,等.高速铁路工程施工测量技术研究与应用[M].北京:中国水利水电出版社,2012.

[25] 赵坪锐.铁路工程施工与维护[M].北京:科学出版社,2015.

[26] 中铁电气化局集团公司.铁路工程(桥涵)施工作业操作手册[M].北京:中国铁道出版社,2014.

[27] 中铁电气化局集团有限公司.铁路工程(测量、路基)施工作业操作手册[M].北京:中国铁道出版社,2014.

[28] 中铁电气化局集团有限公司.铁路工程(隧道、轨道)施工作业操作手册[M].北京:中国铁道出版社,2014.

[29] 中铁二十五局集团有限公司.铁路工程施工技术管理指南[M].北京:中国铁道出版社,2014.

[30] 朱颖,陈列.现代铁路工程咨询:方法与实践[M].北京:中国铁道出版社,2013.

[31] 王猛.基于 BIM 技术的铁路工程项目管理应用[J].科技与创新,2021(1):56-57,59.

[32] 季必方.铁路工程施工技术及安全管理措施探讨[J].工程技术研究,2021,6(19):159-160.

[33] 王忠康.铁路工程变更索赔及概算清理[J].经营者,2020,34(5):271,278.

[34] 吴月峰.关于对工程总承包模式下铁路设计变更的探讨[J].铁路工程技术与经济,2022,37(2):53-56.

[35] 李潘.浅析铁路工程结算工作[J].华东科技(综合),2020(1):0344.

后 记

科技的不断进步和创新，使我国的铁路事业取得了举世瞩目的飞跃式的发展。为了增强在交通运输业的竞争能力，满足乘客以及货物运输的需要，已经对火车进行了数次较大范围的提速，这也意味着我国铁路事业取得了巨大的发展，同时也面临着巨大的挑战。在铁路工程的建设过程中，我们要切实对工程中路基施工的工作做到位，对其进行严格的技术指导，严把质量关，只有这样才能保证整个铁路系统的施工质量，保证铁路系统的安全运行。

同时在施工的过程中，工程项目的管理很关键。工程项目管理在提高工程项目质量、保障工程施工安全和控制建筑项目施工成本等方面起着重要的作用。企业只有认识到工程管理中存在的问题，将工程管理贯穿于工程项目建设施工的整个过程，做好各项管理措施的贯彻落实，才能真正地提高工程管理质量，在确保企业经济效益的基础上，促进行业的持续稳定健康发展。